GIANLUIGI FIORINI
STEFANO CORETTI
SILVIA BOCCHI
ELISABETTA CHIESA

sport book

per la secondaria di primo grado

CORPO MOVIMENTO SPORT

marietti scuola

marietti scuola

internet: www.mariettiscuola.it

e-mail: scrivi@scuola.com

La Casa Editrice è certificata da CISQCERT
In conformità alla norma UNI EN ISO 9001:2008 per l'attività di «Progettazione e realizzazione di prodotti per l'editoria scolastica» (certificato n. 02.565)

Redattore responsabile: Lorena Melchiorre
Tecnico responsabile: Daniela Maieron
Redazione e ricerca iconografica: Nicoletta Monteforte Bianchi
Progetto grafico: Daniela Maieron, Donata Rosa
Copertina: Daniela Maieron
Impaginazione e prestampa: Donata Rosa
Illustrazioni: Gianna Pascarelli, Sonia Giubertoni, Moreno Chiacchiera

Art Director: Nadia Maestri

Gli autori ringraziano il professor Paolo Lupini per il suo contributo alla progettazione del corso; ringraziano inoltre per le foto-icone: Alessandro, Beatrice e Luca Ippoliti; Alessia e Lucrezia Sperzani e Lorenzo Chiesa.

1ª edizione: gennaio 2012
Printed in Italy

Le fotografie di questo volume sono state fornite da: Corbis, De Agostini Picture Library, Simone Fiorini, Gettyimages, Grazia Neri, ICP, iStockphoto, Photos.com, Tommaso Chiesa

Immagini in copertina: Corbis, iStockphoto

Ricerca iconografica per la copertina: Cristina Colombo

Stampa: AGS – All Graph System srl – Novara

Ristampa			7	8 9	10 11
Anno	2015	2016	2017	2018	2019

Presentazione

Che cos'è una competenza? Una competenza è la capacità di dare sempre il meglio di te, impiegando le tue conoscenze e abilità per affrontare e risolvere situazioni sempre diverse.

Alla scuola, in questi ultimi anni, è stato chiesto di focalizzarsi meno sul sapere in quanto tale e di valorizzare piuttosto l'effetto che esso produce sulla persona. A questo proposito sono state identificate delle competenze fondamentali, e perciò definite "chiave", necessarie agli studenti per raggiungere la propria personale realizzazione di futuri cittadini nella società in cui vivono e lavorano. Queste competenze sono dei punti di riferimento che ti accompagnano in un percorso che in pratica non si concluderà mai, perché nella logica di una "educazione permanente" non si finisce mai d'imparare.

Sportbook è stato ideato per questa ragione: è un libro di testo che desidera aiutarti a conoscere la tua personalità e a realizzare le tue capacità anche attraverso gli aspetti peculiari delle scienze motorie e sportive.
Il corso è composto da due volumi, un manuale e un quaderno, entrambi suddivisi in otto sezioni tematiche, tante quante le competenze di cittadinanza che ogni studente è chiamato a sviluppare. Gli argomenti di ogni unità del manuale sono infatti organizzati in modo da mettere in luce i possibili legami tra le scienze motorie e sportive e la competenza ricercata:

A. La lezione di scienze motorie e sportive	COMPETENZA: *Collaborare e partecipare*
B. Come sono fatto e come funziono	COMPETENZA: *Individuare collegamenti e relazioni*
C. Imparo nuovi movimenti	COMPETENZA: *Imparare a imparare*
D. Miglioro le mie capacità	COMPETENZA: *Progettare*
E. Mi esprimo con il corpo	COMPETENZA: *Comunicare o comprendere i messaggi*
F. Il gioco, lo sport, le regole e il fair play	COMPETENZA: *Risolvere problemi*
G. Sicurezza e prevenzione	COMPETENZA: *Agire in modo autonomo e responsabile*
H. Salute e benessere	COMPETENZA: *Acquisire e interpretare l'informazione*

Con il **manuale** ti vengono, quindi, forniti gli strumenti e le conoscenze che ti consentiranno, attraverso una positiva esperienza in questo triennio, di gestire anche in futuro una tua personale educazione fisica, che non nasca e muoia nella scuola, ma che ti accompagni per tutta la vita.

Il **quaderno attivo**, caratterizzato da un dialogo continuo con i prof e con i compagni, si contraddistingue invece per la sua operatività: attività di gioco si alternano a domande di approfondimento che ti consentono di riflettere su te stesso e ti aiutano ad analizzare situazioni e a operare confronti, tutti stimoli ulteriori per lo sviluppo delle diverse competenze.
Il quaderno è confezionato come un blocco di schede singole da inserire in un raccoglitore ad anelli, ciò consentirà a voi allievi di costruire un percorso personalizzato che potrà essere ulteriormente integrato con materiali scaricati dall'estensione online sul sito **www.scuola.com**, oppure raccolti autonomamente o ancora forniti dall'insegnante.

Infine, le applicazioni multimediali contenute nel **libro digitale** allargano significativamente la dotazione di strumenti per apprendere in modo diversificato e confacente al tuo stile.

Indice

VIDEO AUDIO ANIMAZIONE APPROFONDIMENTO

A. LA LEZIONE DI SCIENZE MOTORIE E SPORTIVE

LA COMPETENZA TRASVERSALE IN GIOCO

Collaborare e partecipare

La parola competenza *deriva dal latino* cum pètere: cum, *"con"*, e pètere, *"dirigersi verso, cercare": il termine fa quindi riferimento ai valori della collaborazione e della cooperazione. Per collaborare bisogna interagire, cioè essere capaci di mediare le proprie azioni e decisioni con le persone con cui ci si trova a operare. Per fare questo occorre capire e rispettare i diversi punti di vista, essere in grado di riconoscere le proprie capacità e di apprezzare quelle degli altri, imparando ad affrontare situazioni di attrito e di tensione con i componenti del gruppo e riconoscendo che l'importante è il raggiungimento di un obiettivo comune. Nelle prossime pagine scoprirai come anche le scienze motorie e sportive contribuiscono alla maturazione di questa fondamentale competenza.*

Gli obiettivi delle scienze motorie e sportive

Scopo delle scienze motorie e sportive (SMS) è **formare allievi fisicamente educati**, vale a dire studenti che abbiano compreso l'importanza di assegnare all'attività fisica un ruolo centrale nella propria vita, sia a scuola che fuori. Grazie a questa disciplina, che ti permette di sperimentare una vasta gamma di attività sia fisiche sia sportive, il movimento diventerà per te una piacevole abitudine che ti accompagnerà sempre, aiutandoti inoltre a preservare salute e benessere!

All'interno del curricolo scolastico, le scienze motorie e sportive sono l'unica materia che si occupa di questi aspetti. Essa è quindi una disciplina speciale, originale e non sostituibile. Attraverso le esperienze motorie vissute diventerai consapevole della tua unicità, padrone delle tue capacità e conscio dei tuoi limiti, autonomo nel formulare obiettivi e nello scegliere i mezzi per raggiungerli. Per questa ragione non devi considerare l'ora di scienze motorie e sportive un semplice momento di svago, ma come l'occasione in cui puoi vivere esperienze significative, altrove difficilmente realizzabili, che ti permetteranno di sviluppare adeguatamente le tue potenzialità, integrando in modo armonico mente e corpo.

Dalle competenze disciplinari alle competenze chiave di cittadinanza

In questi anni dovrai imparare a usare le *conoscenze* (ciò che sai) e le *abilità* (ciò che sai fare) che hai acquisito rispetto a un argomento in situazioni nuove e complesse, mettendo in gioco tutte le tue risorse personali. Dovrai raggiungere delle competenze che sono specifiche delle scienze motorie e sportive: per esempio, riguardo a uno sport dovrai dimostrare di saper eseguire i gesti fondamentali, conoscerne le regole, impiegare le strategie più adatte alla situazione, riconoscendo quanto lavoro ancora devi fare per migliorare...

Inoltre le scienze motorie e sportive, al pari delle altre materie, contribuiscono al cammino verso l'acquisizione di una serie di importanti **competenze** (per questo definite *chiave*) **di cittadinanza**. Esse hanno lo scopo di prepararti a diventare un cittadino responsabile e consapevole.

All'interno di questo testo scoprirai queste competenze e come le scienze motorie e sportive possano concorrere alla loro conquista.

E ora a lezione!

Prima della lezione: l'abbigliamento

Per praticare attività fisica è necessario un abbigliamento idoneo. Gli indumenti da indossare devono consentirti libertà nei movimenti ed essere adatti al tipo di esercizio fisico e alla temperatura esterna. Non lasciare che l'attività che svolgi sia condizionata dalla preoccupazione di sporcare o sciupare gli indumenti che porti! Soprattutto se svolgi attività all'aperto, quando fa freddo è importante "vestirsi a cipolla", cioè coprirsi a strati, ognuno con diverse caratteristiche di permeabilità, traspirabilità e protezione dal vento. Ti saranno sufficienti pochi minuti di attività per riscaldarti: appena inizi a traspirare elimina uno strato, ma sii pronto a coprirti nuovamente nel caso di una pausa o di abbassamento della temperatura.
Ricorda che comunque al termine della lezione gli abiti andranno cambiati!

Nello spogliatoio

- Cerca di cambiarti sempre con sollecitudine per non togliere tempo (che non è mai abbastanza) alla lezione.
- Riponi in ordine il tuo zainetto in modo che nessuno possa inciamparvi.
- Appendi ordinatamente i vestiti sul portabiti e non lasciare a terra oggetti che possano essere calpestati.
- Cerca di non bagnare a terra in prossimità delle docce e dei lavandini: il pavimento diventa molto scivoloso!
- Evita di coinvolgere o farti coinvolgere in animate discussioni o litigi con i componenti della tua classe.
- Non lanciare le scarpe o altri oggetti.

"Muoviti! Infila le scarpe!"

Durante la lezione

L'entusiasmo e l'eccitazione dei ragazzi che di solito accompagnano la lezione di scienze motorie sono segnali evidenti del desiderio di partecipare attivamente al lavoro. A volte però essi impediscono di valutare con la dovuta attenzione le situazioni che possono creare confusione e diventare pericolose.

Il tuo insegnante ti avrà senz'altro spiegato che per vivere l'ora della lezione in modo sereno e costruttivo è **sempre necessario rispettare alcune regole** e osservare determinati comportamenti. In questo modo si favorisce un clima di maggiore collaborazione fra tutti e si allontana il rischio di incidenti.

La salute è un bene prezioso che va assolutamente preservato.

In palestra

- Cerca di capire bene le consegne dell'insegnante e rispettale.
- Non trascurare mai il riscaldamento a inizio lezione: potrai evitare infortuni piccoli e grandi e sarai più pronto ad affrontare le nuove richieste.
- Non urtare o spingere chi ti è vicino durante gli esercizi e i giochi.

1. Durante l'attività e il gioco cerca di adeguare i tuoi movimenti alle persone con le quali ti trovi a operare: la soddisfazione di un canestro non vale il dispiacere di aver fatto male a un compagno!

COLLABORARE CON RESPONSABILITÀ

Vi sono attività che, per quanto adeguate al tuo livello d'abilità, richiedono l'assistenza dell'insegnante, che deve starti vicino e accompagnarti nell'esecuzione, pronto a intervenire con tempestività in caso di pericolo al fine di evitare anche il minimo incidente. Tuttavia non sempre l'insegnante può seguire l'esercizio di tutti gli allievi; è quindi necessario che gli allievi stessi siano pronti a prestarsi assistenza reciproca con lo stesso senso di responsabilità. In particolare controlla la presenza e la corretta disposizione di materassini e tappeti e rimani sempre concentrato sul compagno che esegue l'esercizio e attento alle sue reazioni per poterlo aiutare.

SEGNALI DA NON SOTTOVALUTARE

All'inizio della lezione ricorda di avvertire il tuo insegnante di situazioni fisiche che possono limitare o impedire l'attività: anche a riposo potrai comunque contribuire alla buona riuscita della lezione collaborando o partecipando alle fasi di riflessione. Se talvolta durante lo svolgimento di una lezione non ti senti pienamente in forma, ma avverti un senso di malessere, è importante che tu lo dica subito al tuo insegnante: saprà valutare, in base all'attività svolta, se il malessere è di origine organica (alcune attività molto intense possono indurre reazioni di nausea, giramenti di testa e altro che scompaiono nel giro di alcuni minuti) oppure segno di malattia.

- Quando usi gli attrezzi, mantieni una distanza adeguata dai compagni per evitare scontri.
- Quando passi una palla o un attrezzo a un compagno, accertati che sia attento e pronto a riceverli.
- Regola l'intensità del passaggio in funzione dell'attrezzo e della persona con cui stai operando.
- Evita di indossare accessori come braccialetti, anelli, collane, orecchini, orologi che potrebbero causare danni a te o ai compagni durante l'attività fisica.
- Attenzione alla stanchezza: molti infortuni avvengono nelle fasi finali delle lezioni, quando sei più affaticato.

Dopo la lezione: l'igiene personale

Uno dei compiti delle scienze motorie è di educarti ad avere **rispetto e cura del tuo corpo**. Il fatto di vivere in uno spazio frequentato da molte persone ti espone al rischio di contrarre malattie perché le strutture della palestra possono diventare veicoli d'infezione.
Ecco alcune semplici regole per lavorare con serenità e salvaguardare la tua salute.
Se hai lezione alla prima ora del mattino, a colazione evita di assumere cibi difficilmente digeribili come il latte. Bevi sempre molta acqua, in particolar modo nei mesi caldi e in caso di forte sudorazione.
Evita di appoggiare i piedi nudi sul pavimento per non rischiare di contrarre malattie della pelle e taglia con regolarità le unghie, sia quelle delle mani che quelle dei piedi, per evitare che graffino o che si schiaccino contro la punta delle scarpe.
Al termine della lezione:
- cambia gli indumenti sudati;
- lavati sempre, possibilmente con una saponetta personale o, meglio ancora, con un sapone liquido;
- asciugati sempre bene ed evita di uscire con la testa ancora umida.

Dopo avere svolto attività al suolo, lava e tieni controllati i capelli: vi è infatti il rischio di prendere i pidocchi.

"Attento alle stringhe!"

"Le tue scarpe puzzano!"

Tutti per uno, uno per tutti

La mentalità di squadra

La mentalità di squadra è una competenza sociale che va acquisita e che si costruisce nel tempo. Non basta essere in tanti per potersi considerare un gruppo. Un insieme di persone diventa "gruppo" quando ciascuna di esse acquisisce la capacità di collaborare con gli altri, valorizzando le qualità di ognuno e imparando a gestire i conflitti che inevitabilmente insorgono quando si è numerosi. Per sviluppare la capacità di collaborare, capire e accettare tutti i compagni, quelli più simpatici e quelli un po' meno, devi convincerti che insieme si è più forti, sia intellettualmente sia fisicamente, e che affrontare le difficoltà è più facile quando si è in tanti rispetto a quando si è soli: nel gruppo infatti ciascuno "porta" il suo personale contributo e offre soluzioni diverse ai problemi che si presentano. Saper riflettere e collaborare con i compagni può aiutare a costruire rapporti migliori che incideranno positivamente anche sui risultati scolastici. Purtroppo molti ragazzi non sono capaci di andare d'accordo e neppure sanno come comportarsi in caso di **conflitto**. A questo scopo è fondamentale poter fare riferimento a esempi positivi, cioè a situazioni nelle quali le difficoltà e i conflitti sono stati gestiti in maniera corretta.

GLOSSARIO

Conflitto Contrasto fra persone che può insorgere quando vi è contrapposizione fra ruoli o aspettative.

METTI IN PRATICA

IO SARÒ LA TUA GUIDA

1. Questa attività insegna agli studenti a comunicare con efficacia. I ragazzi lavorano in coppia: uno deve dare corrette informazioni verbali, l'altro, che è bendato, le deve ascoltare e mettere in pratica. Dopo avere sparso oggetti di diverso tipo per la palestra (cerchi, birilli, coni, appoggi ecc.), a turno gli studenti di ciascuna coppia guidano solo verbalmente il compagno bendato che deve raggiungere il lato opposto del percorso senza toccare alcun ostacolo, pena la ripartenza. Vince la coppia che effettua i due percorsi nel minor tempo.

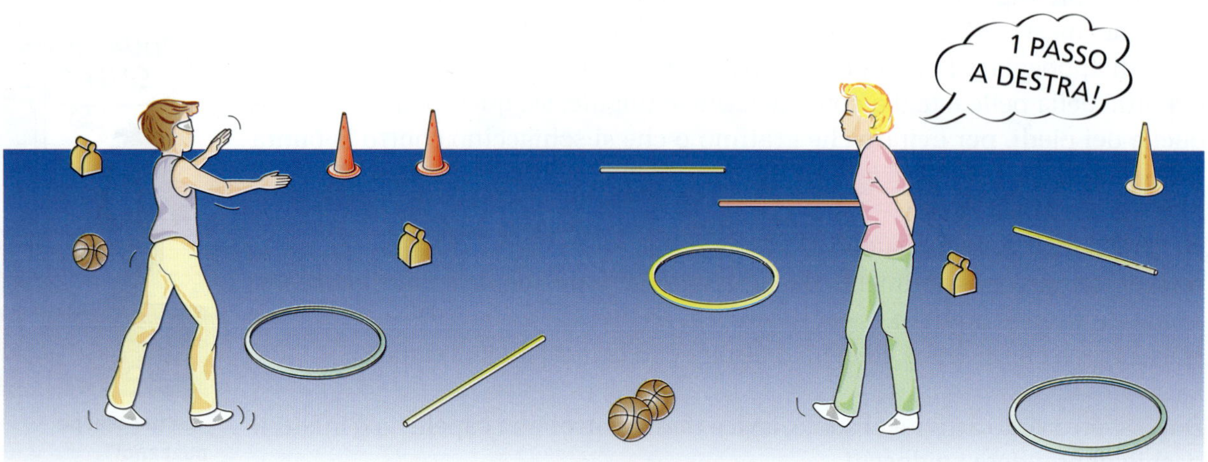

Le tensioni sociali in un gruppo, e quindi il conflitto, possono nascere da diverse situazioni:

- i componenti del gruppo non si conoscono a fondo e quindi hanno difficoltà a comunicare;
- vi sono diversità di vedute su temi rilevanti;
- qualcuno vuole affermarsi come il "capo".

Gestire le tensioni

Non sempre è possibile evitare conflitti: fanno parte della vita! Occorre però imparare a non reagire negativamente, in modo aggressivo oppure "chiudendosi a riccio" così da evitare il confronto.
I componenti del gruppo possono affrontare e risolvere i momenti di tensione più rapidamente se:

- imparano a conoscersi, a comprendere le emozioni e le ragioni degli altri;
- riescono a condividere ciò che sanno del problema da risolvere;
- sono tolleranti in caso di disaccordo;
- sanno gestire le situazioni con un po' di umorismo.

Nel gruppo bisogna essere capaci di dare e ricevere **fiducia**, cioè avere la sincera convinzione di poter contare l'uno sull'altro e credere che ognuno stia operando nell'interesse di tutti.
I giochi che proponiamo qui sotto ti aiuteranno a scoprire come sia possibile lavorare bene assieme ai compagni, in un clima di fiducia e collaborazione, per raggiungere un obiettivo comune, riconoscendosi simili anche se diversi. Vedrai che è molto più divertente andare d'accordo!

IL QUADRATO CIECO

2. È un'attività di collaborazione rapida ma efficace. Occorrono fazzoletti in numero sufficiente per bendare gli occhi dei componenti della squadra (almeno 5 elementi) e una fune di 12 m di lunghezza.
Una volta che tutti i componenti della squadra sono stati bendati, si richiede loro di costruire un quadrato (un vero quadrato!) utilizzando tutta la lunghezza della corda posta a terra di fronte a loro. Da bendati non è così semplice!

IL CARRO

3. Mentre due compagni sono affiancati in quadrupedia a terra, un terzo sale scalzo sopra di essi, appoggiando i piedi sull'osso sacro dei compagni. I compagni a terra lo trasportano spostandosi in quadrupedia in modo sincrono e adattandosi alle capacità d'equilibrio del "cavaliere" che non deve cadere. Ogni 10 m si cambia il "cavaliere".

LA RISALITA

4. Il gioco ha inizio con due studenti seduti a terra schiena contro schiena che devono rialzarsi senza utilizzare né le mani né i gomiti, ma facendo unicamente conto sulla fiducia e il dinamismo trovati nell'appoggio del dorso. Una volta riusciti nell'impresa in due, si proverà in tre e così via. Il record è di 10 persone insieme!

3.

A

ANALIZZIAMO LA COMPETENZA

Collaborare per vincere insieme

Collaborare e *partecipare* sono le prime due competenze di cittadinanza che affrontiamo. Le abbiamo inserite all'inizio del manuale, dove si parla della lezione di scienze motorie, proprio perché in questa disciplina le occasioni di collaborazione sono costanti e tu, insieme ai i tuoi compagni, puoi costruire relazioni sociali autentiche che consentiranno a tutta la classe di lavorare in maniera produttiva.

Abbiamo visto che per lavorare bene insieme occorre imparare ad affrontare i conflitti, a identificarsi nelle emozioni dei compagni, comprendendosi e rispettandosi reciprocamente. In questo modo il conflitto diventa momento di crescita e occasione d'incontro. Occorre diventare assertivi, cioè capaci di esprimere in modo chiaro ed efficace le proprie emozioni e opinioni senza tuttavia offendere né aggredire chi ci sta di fronte.

Per raggiungere questa competenza dovrai lasciarti coinvolgere dalle attività intervenendo con domande e richieste, accettando le proposte di lavoro senza metterle in discussione prima di averle provate, aiutando i compagni e l'insegnante nell'organizzare la lezione, assumendo e portando a termine gli incarichi che di volta in volta vengono attribuiti, in una parola **partecipando**.

In palestra le occasioni per vivere concretamente momenti di collaborazione e partecipazione sono innumerevoli. Eccone due esempi.

1. Devi imparare a lanciare e ricevere una palla in coppia: se entrambi sarete concentrati, riuscirete a portare a termine un maggior numero di ripetizioni dell'esercizio con minori perdite di tempo!

2. Durante un'esercitazione potenzialmente pericolosa l'insegnante attribuisce incarichi di assistenza, per esempio in una verticale: al tuo turno di assistenza non devi distrarti, ma dimostrare al compagno massima attenzione in modo che possa eseguire l'esercizio serenamente confidando nel tuo aiuto.

Per concludere:

- **non tirarti indietro**, ma metti sempre a disposizione di tutti le tue risorse;
- **giustifica le tue idee** e valuta le possibilità di riuscita delle strategie scelte per risolvere un problema con i compagni;
- **accetta le critiche** di compagni e insegnanti e tienile in considerazione senza offenderti ed evitando posizioni di chiusura.

B. COME SONO FATTO E COME FUNZIONO

LA COMPETENZA TRASVERSALE IN GIOCO

Individuare collegamenti e relazioni

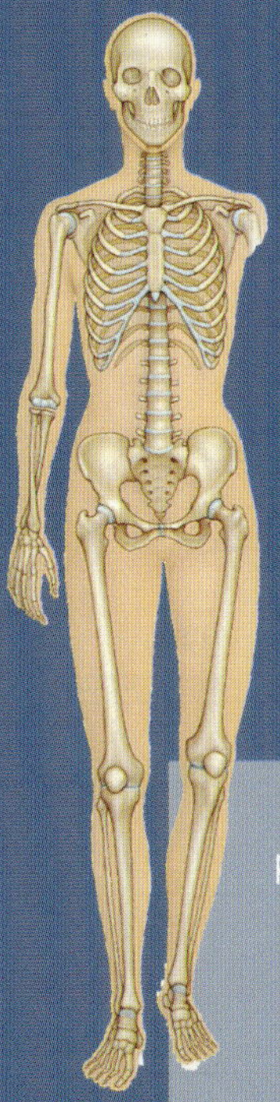

Le informazioni e le nozioni che studi e apprendi, sia in ambito scolastico sia al di fuori, devono essere viste come tante vie che si incrociano fra loro creando una rete di conoscenze. Tutto ciò che apprendi, da qualunque ambito provenga, non deve rimanere "isolato" e separato in uno "scompartimento" speciale della tua mente, bensì va organizzato e messo in relazione, in modo da cogliere analogie e differenze e arricchire le tue conoscenze con nuovi spunti e punti di vista che provengono da ambiti disciplinari differenti.
Il nostro scopo, attraverso lo studio del corpo umano sotto il profilo anatomico e fisiologico (che ti proponiamo nelle pagine che seguono), è fra l'altro quello di stimolarti a raggiungere una competenza molto importante: quella di saper individuare collegamenti e relazioni fra i concetti appresi e l'attività fisica che svolgi, le nozioni acquisite con lo studio delle scienze, i concetti messi in pratica nel disegno d'arte, le notizie che leggi sui giornali…

ANALIZZIAMO LA COMPETENZA

Lo scheletro e le ossa

"Sembra uno scheletro!"

Com'è fatto lo scheletro?

Lo scheletro è la struttura portante del nostro corpo. Esso è costituito dall'insieme delle ossa che hanno funzione di sostegno per i muscoli, di protezione per gli organi (come la gabbia toracica, il cranio e il bacino), di produzione di cellule del sangue, e di un sistema di leve, sulle quali i muscoli esercitano la loro azione. Lo scheletro è, inoltre, una sorta di magazzino per i sali minerali che il nostro corpo impiega per soddisfare le necessità dell'organismo.

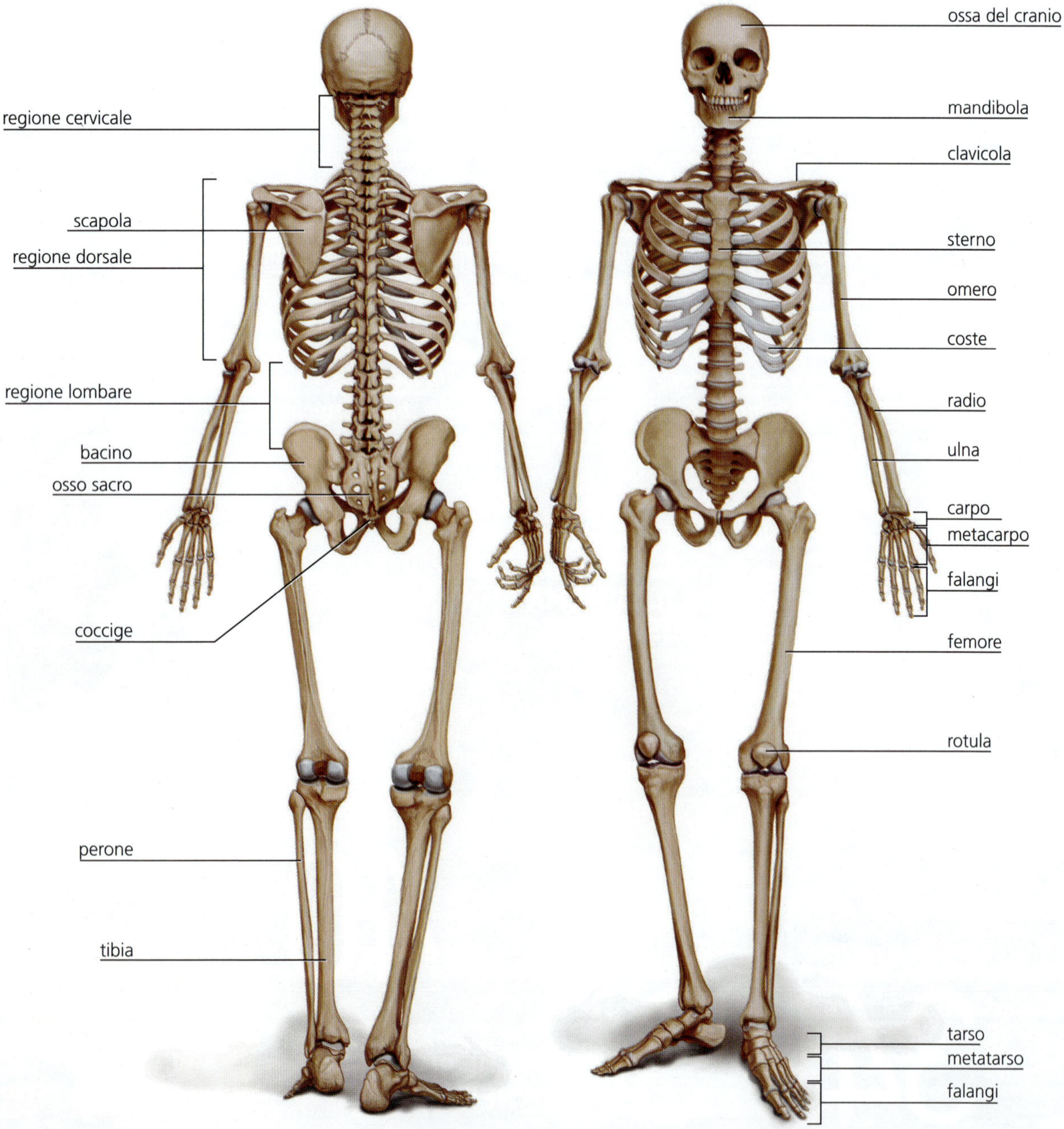

Lo scheletro è costituito da 205-206 ossa divise fra il **tronco** (colonna vertebrale, coste, sterno, bacino), la **testa** (cranio e faccia) e gli **arti** (due superiori e due inferiori).
Le ossa, in base alle tre dimensioni, lunghezza, larghezza e spessore, vengono distinte in **ossa lunghe** (come il femore e l'omero), **piatte** o larghe (come quelle del cranio e dello sterno), **corte** o brevi (come quelle del polso e della caviglia).

GLOSSARIO

Cartilagine
Particolare tessuto elastico che si trova anche nel naso, nell'orecchio e nella laringe.

Come sono fatte le ossa?

In tutti i tipi di ossa la superficie è ricoperta di **tessuto osseo compatto**, costituito prevalentemente da sali di calcio che lo rendono duro e rigido. La presenza di numerosi **vasi sanguigni** e di **terminazioni nervose** permette all'osso di crescere e di ripararsi in caso di frattura.
Un osso lungo è formato da una parte centrale allungata generalmente cava e da due estremità più larghe, rivestite di **cartilagine**, che consentono il collegamento con le ossa vicine. Le ossa corte e piatte e le estremità delle ossa lunghe presentano al loro interno un **tessuto osseo spugnoso**, formato da una fitta rete di cellette, le **trabecole**, che rendono l'osso leggero, elastico e resistente agli urti.

OSSO LUNGO

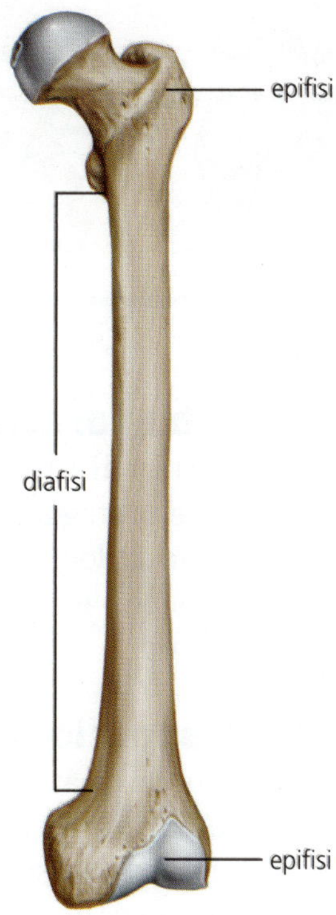

OSSO CORTO

OSSO PIATTO

1. Alcuni caratteri generali permettono di classificare le ossa in tre categorie: ossa lunghe, ossa corte, ossa piatte.

Com'è composto lo scheletro?

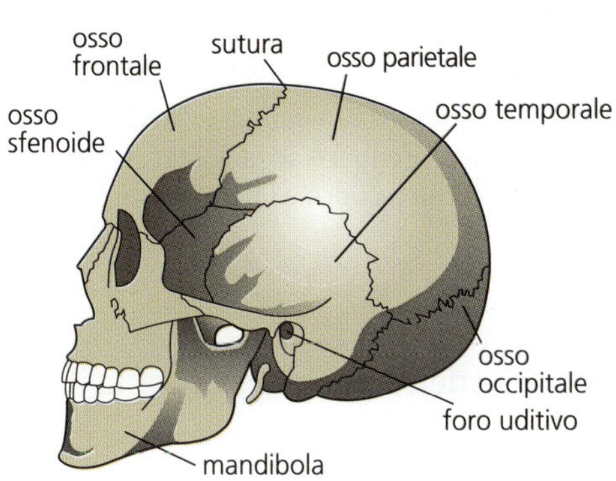

Lo scheletro è costituito da una **parte assile**, che comprende le ossa della testa, della colonna vertebrale e della gabbia toracica, e da una **parte appendicolare**, formata dagli arti superiori e inferiori.

La testa

Comprende il **cranio**, che protegge il cervello, e la **faccia**, che racchiude e protegge quasi tutti gli organi di senso. Entrambi sono composti da ossa piatte.

"L'osso è duro"

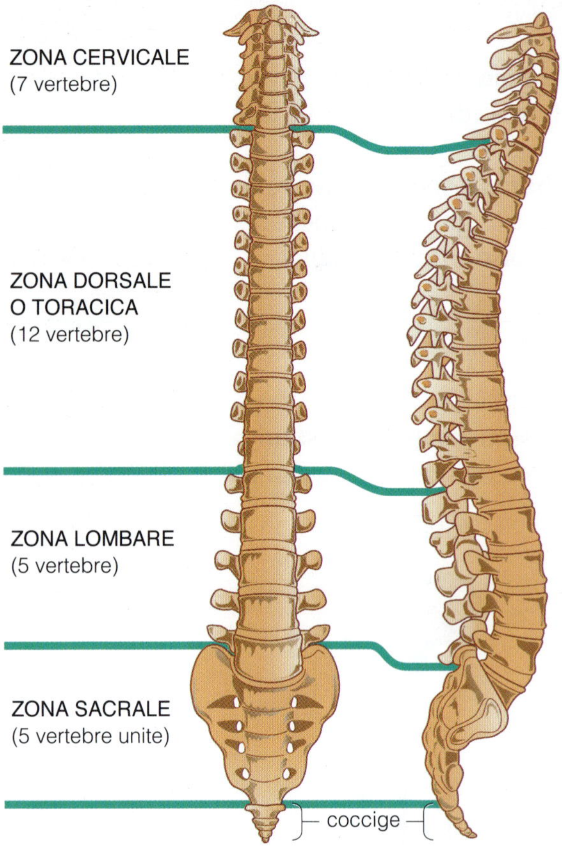

2. La colonna vertebrale vista di fronte e di lato.

La colonna vertebrale

È l'asse portante del corpo umano. È formata da 33 o 34 segmenti ossei sovrapposti, chiamati **vertebre**, che sono ossa corte, di forma e dimensioni variabili a seconda della posizione. Esse svolgono un importante ruolo di protezione del midollo spinale. Tra una vertebra e l'altra si trovano i **dischi intervertebrali**, costituiti da cartilagine, che conferiscono flessibilità alla colonna.
La colonna vertebrale si suddivide in cinque regioni: **cervicale**, **dorsale** o **toracica**, **lombare**, **sacrale** e **coccigea**. Vista di fronte la colonna appare diritta, mentre di profilo presenta quattro curvature che risultano di grande utilità: esse permettono un migliore equilibrio, consentono una maggiore capacità di espansione al torace e aumentano la resistenza della colonna vertebrale alla compressione.

La gabbia toracica

Ha la forma di un cono tronco che contiene e protegge cuore e polmoni. È composta da dodici paia di **coste** (dette anche costole) e da un osso centrale detto **sterno**.

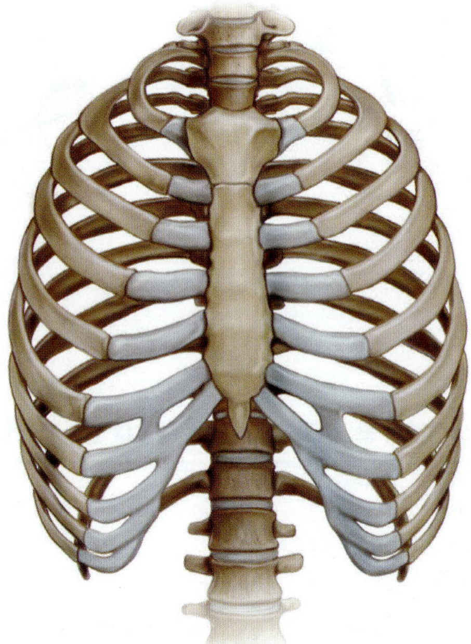

3. La funzione della gabbia toracica è quella di proteggere organi interni delicati e vitali come il cuore e i polmoni.

L'arto superiore

È formato da quattro regioni:
- la **spalla**, composta da *clavicola* e *scapola* che costituiscono il cingolo scapolare, grazie al quale l'arto superiore si unisce allo scheletro del tronco;
- il **braccio**, costituito dall'*omero*, un osso lungo e quasi cilindrico;
- l'**avambraccio**, formato dall'*ulna* e dal *radio*, due ossa lunghe;
- la **mano**, costituita da *carpo* e *metacarpo*, che formano il palmo, e dalle *falangi*, che costituiscono le dita.

L'arto inferiore

È anch'esso formato da quattro regioni:
- il **bacino**, costituito dall'unione delle due ossa dell'anca, che consente il collegamento dell'arto inferiore con la colonna;
- la **coscia**, formata dall'osso più lungo del corpo, il *femore*;
- la **gamba**, composta da due ossa lunghe, la *tibia* e il *perone*;
- il **piede**, con il quale tibia e perone si articolano a livello della caviglia, formato da *tarso*, *metatarso* e *falangi*.

I vizi del portamento

Quali sono i vizi del portamento?

Ogni individuo è differente da un altro per il modo di stare in piedi, seduto o mantenere delle posizioni: ognuno ha una personale postura che evidenzia il suo carattere e le sue abitudini. Queste però non sempre sono corrette e portano ad assumere inconsapevolmente portamenti viziati. Se una postura può essere corretta semplicemente con un'azione volontaria si parla di **paramorfismo**. In altri casi la correzione volontaria non è possibile: ci si trova di fronte a un **dismorfismo**, che è uno stato di malattia che colpisce ossa o articolazioni.

GLOSSARIO

Paramorfismo
Vizio del portamento che è possibile correggere volontariamente. Non sono presenti alterazioni anatomiche di ossa o articolazioni.

Dismorfismo
Malattia che provoca una modificazione anatomica di una parte dello scheletro.

Quali sono i principali paramorfismi?

Nel periodo della crescita non è infrequente riscontrare nei ragazzi e nelle ragazze posture scorrette dovute a forza insufficiente e ad articolazioni instabili. La prima azione da compiere è di prenderne consapevolezza e aumentare l'attività fisica: in questo modo molti piccoli problemi potranno essere risolti prima di aver completato il periodo di crescita.

I **principali paramorfismi** sono:

- il **portamento rilassato**, una postura caratterizzata da spalle in avanti e addome prominente dovuto a una forza incapace di opporsi a quella della gravità;
- l'**atteggiamento lordotico**, un'accentuazione della curvatura fisiologica lombare che determina un'anomala prominenza dell'addome;
- l'**atteggiamento cifotico**, un aumento della curva fisiologica dorsale che determina una postura con il dorso curvo;
- l'**atteggiamento scoliotico**, una deviazione laterale della colonna vertebrale sul piano frontale senza rotazione dei corpi vertebrali, che è invece sempre presente nella "scoliosi vera" (dismorfismo). Generalmente è dovuto all'assunzione di posizioni troppo scomposte prolungate nel tempo, all'accorciamento di un arto inferiore, a un'insufficiente pratica motoria;
- le **scapole alate**, dove le scapole sono "scollate" dalla gabbia toracica e causano un avanzamento delle spalle e la rotazione in dentro delle braccia;
- le **ginocchia valghe**, in cui gli arti inferiori visti frontalmente appaiono disallineati con le ginocchia che si toccano e i piedi separati;
- le **ginocchia vare**, in cui gli arti inferiori visti frontalmente appaiono disallineati con le ginocchia distanziate e i piedi uniti;
- il **piede piatto**, caratterizzato da un abbassamento dell'arco plantare;
- il **piede cavo**, nel quale la volta plantare è troppo accentuata.

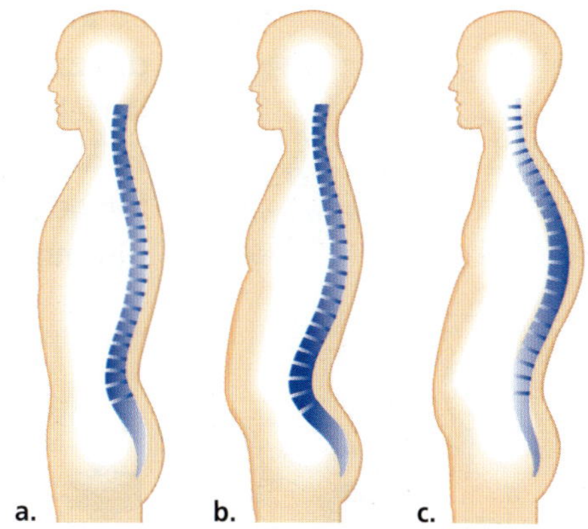

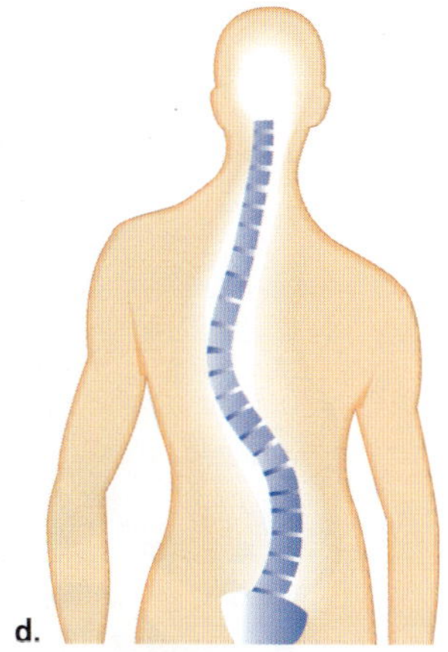

1. Paramorfismi della colonna vertebrale:
a. curvatura normale;
b. atteggiamento lordotico;
c. atteggiamento cifotico;
d. atteggiamento scoliotico.

Le articolazioni

Le ossa sono collegate fra loro da strutture complesse, le **articolazioni**. Esse, consentendo il movimento reciproco fra due o più ossa, svolgono un'importante **funzione dinamica**. Contemporaneamente, collegando saldamente le ossa fra loro, garantiscono un'altrettanto fondamentale **funzione statica**.

Come sono suddivise le articolazioni?

Le articolazioni presenti nel corpo umano possono essere fisse, semimobili e mobili.

Nella maggior parte delle **articolazioni fisse**, le ossa sono unite senza possibilità di movimento: l'esempio più evidente sono le suture che uniscono le ossa del cranio.

Le **articolazioni semimobili** permettono invece piccoli movimenti in tutte le direzioni, come quelli consentiti dai dischi presenti fra le vertebre della colonna vertebrale.

Le articolazioni più diffuse sono le **articolazioni mobili**, che con le loro diverse forme permettono movimenti nello spazio più o meno ampi. Le articolazioni più mobili sono quelle della spalla e dell'anca e si chiamano **enartrosi**.

1. I diversi tipi di articolazione mobile.

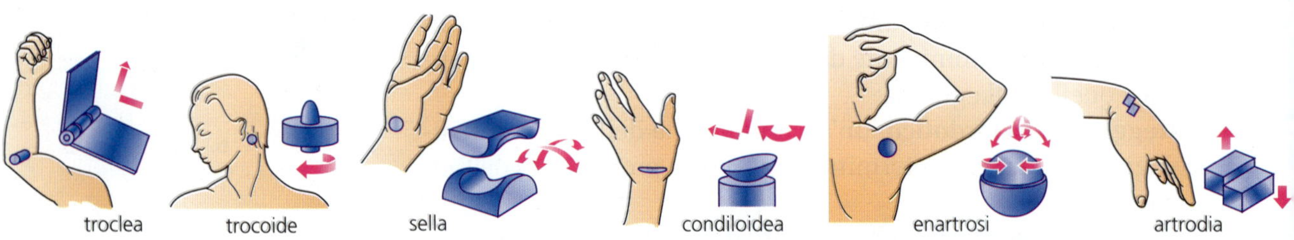

Com'è fatta un'articolazione mobile?

Perché un'articolazione possa realizzare i movimenti che le sono consentiti è necessario che le **superfici articolari** delle ossa, per scorrere una sull'altra, siano rivestite di **cartilagine** (un tessuto liscio e resistente) e che l'intera articolazione sia avvolta da una **capsula articolare**, una sorta di manicotto che mantiene collegati i capi articolari.

L'articolazione è poi resa stabile dalla presenza di **legamenti** (nastri fibrosi che collegano le due ossa), di **tendini** dei muscoli e anche dei **muscoli** stessi.

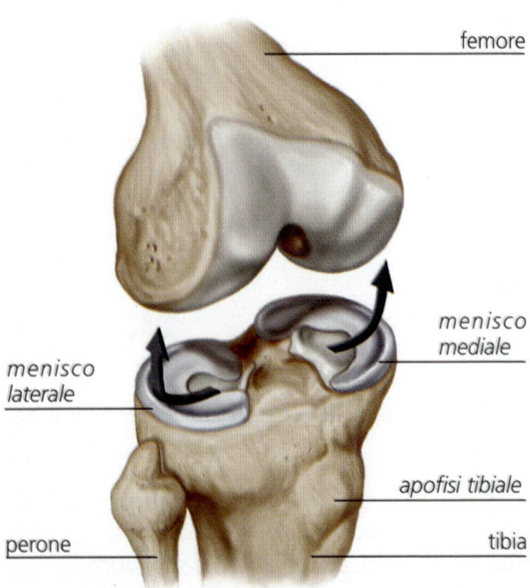

2. L'articolazione del ginocchio. Dall'immagine si capisce come i menischi, oltre a svolgere una funzione ammortizzante e di facilitazione dei movimenti, rendano congruenti le superfici articolari di femore e tibia.

All'interno dell'articolazione una **membrana sinoviale** produce un liquido, la **sinovia**, che nutre le cartilagini e lubrifica i capi articolari per favorirne lo scivolamento. In alcune articolazioni vi sono inserti cartilaginei che separano l'articolazione in modo completo (si parla allora di **dischi** articolari, per esempio tra le vertebre) oppure parziale (**menischi**, a livello del ginocchio). La funzione di queste strutture è di ammortizzare gli impatti e di salvaguardare le superfici articolari da un consumo precoce.

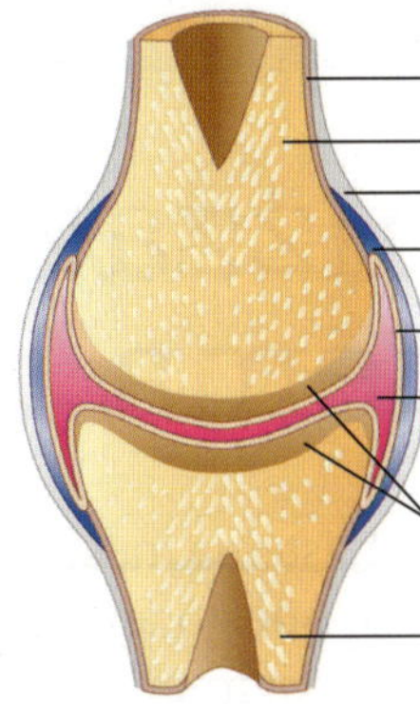

3. Sezione frontale dell'osso.

Qual è il segreto della colonna vertebrale?

La colonna vertebrale riesce a conciliare due aspetti opposti: garantisce **rigidità** per sostenere il peso del corpo e allo stesso tempo **flessibilità** per permettere di assumere una quantità infinita di posizioni.
Muscoli e legamenti agiscono come i "tiranti" che reggono l'albero maestro di un veliero, assicurando alla colonna la necessaria stabilità, mentre le vertebre e i dischi intervertebrali sovrapposti fra loro funzionano come dei giunti che con piccoli spostamenti, inclinazioni e torsioni consentono il movimento della colonna in tutti i piani dello spazio.

Come agisce il movimento sullo scheletro?

L'attività fisica svolge un ruolo fondamentale per la salute di **ossa e articolazioni**. L'aumento della circolazione del sangue durante l'esercizio, accrescendo il rifornimento di calcio alle ossa, le irrobustisce e allontana il rischio di osteoporosi, una malattia che rende l'osso molto fragile. Grazie al movimento si riduce poi il rischio di **ipocinesi** e si mantengono efficienti le articolazioni, evitando che nel tempo l'ampiezza dei movimenti diminuisca: l'attività fisica garantisce infatti un aumento di produzione del liquido sinoviale che consente la lubrificazione delle superfici articolari e irrobustisce le capsule, i legamenti e i muscoli, così da rendere meno probabili traumi come fratture, lussazioni e distorsioni.

GLOSSARIO

Ipocinesi Carenza di attività fisica che comporta varie conseguenze dannose per la salute.

UN GINOCCHIO DOLORANTE

Tra i 10 e i 15 anni può capitare, soprattutto fra i giovani atleti, di avvertire dolore appena sotto al ginocchio tanto da limitare, e spesso sospendere, l'attività sportiva: si tratta del ***morbo di Osgood Schlatter****. Questa malattia è causata dall'eccessiva trazione esercitata dal tendine rotuleo sulla tibia per effetto delle potenti contrazioni del muscolo quadricipite in occasione di salti o calci al pallone. Queste trazioni inducono una produzione eccessiva di tessuto osseo in quel punto, determinando una sporgenza localizzata sulla tibia. L'osso s'indebolisce e, in casi estremi, il tendine può distaccarsi. La situazione dolorosa persiste fin tanto che il processo di ossificazione si completa (attorno ai 16 anni).*

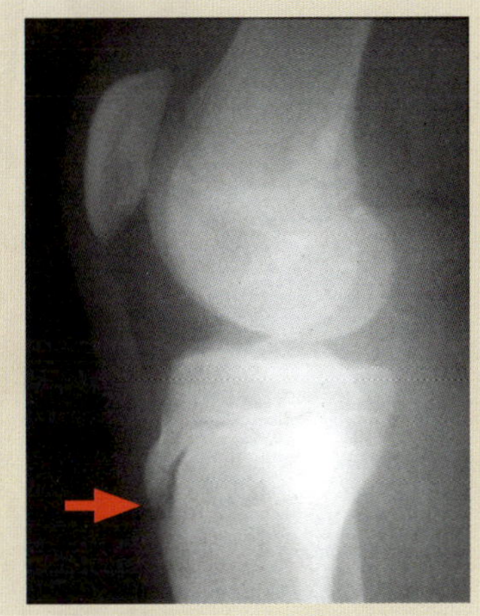

4. Nell'immagine è evidente la sporgenza ossea nella zona di inserzione del tendine rotuleo, tipica della malattia.

L'organizzazione del sistema muscolare

Il sistema muscolare, insieme al sistema scheletrico, forma l'**apparato locomotore**. Di questo apparato è il muscolo che, attraverso la contrazione, rende possibile il movimento. Quando uno stimolo nervoso avvia la contrazione del muscolo, si genera una forza che attraverso il tendine si trasmette all'osso collegato a un'articolazione. Ciò permette di muovere la parte o di mantenerla in una determinata posizione.

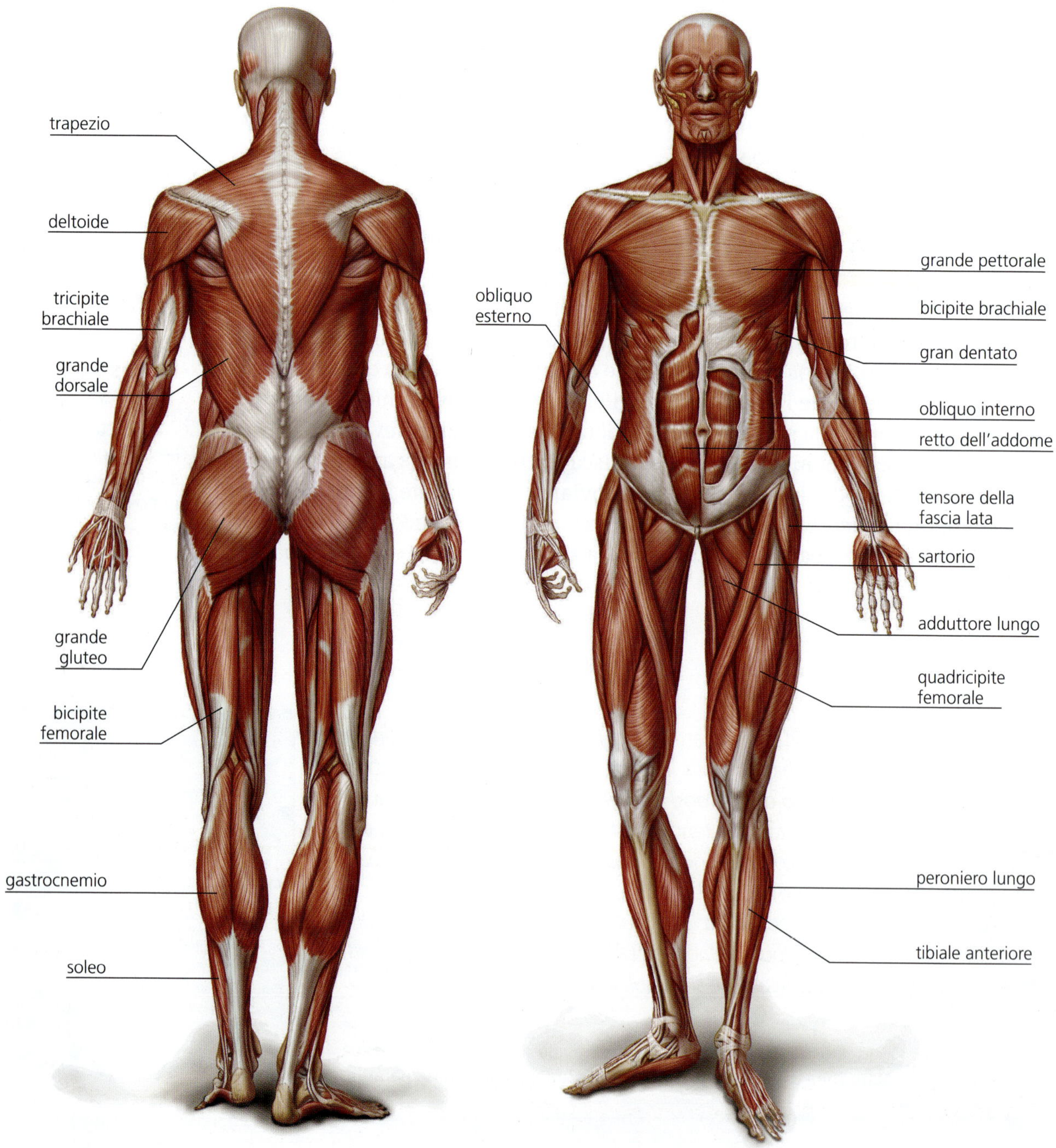

Come si ottiene il movimento?

Per realizzare un movimento è necessario che un muscolo, contraendosi, sviluppi forza. Nel corpo umano riconosciamo tre tipi di muscoli:

- i **muscoli scheletrici**, detti **volontari** perché sono controllati dal sistema nervoso centrale e la loro contrazione avviene grazie alla nostra volontà. Essi vengono detti anche **striati** perché sono formati da tessuto muscolare striato;
- il **muscolo cardiaco** (miocardio), anch'esso **striato** ma **involontario** perché innervato dal sistema nervoso autonomo;
- i **muscoli lisci**, propri dei vasi sanguigni e degli organi interni, anch'essi controllati dal sistema nervoso autonomo e, quindi, **involontari**.

In questo testo prenderemo in esame i muscoli striati scheletrici, perché sono i soli a essere direttamente coinvolti nel movimento.

Com'è fatto un muscolo scheletrico?

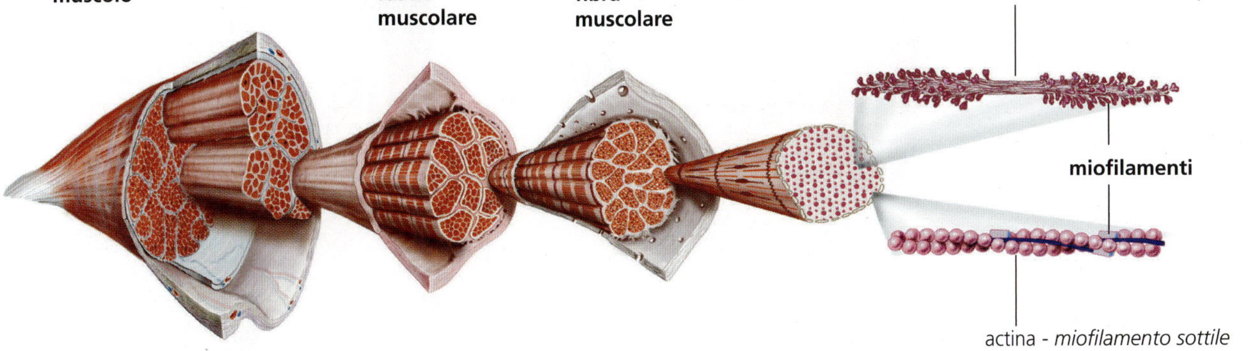

1. L'organizzazione del muscolo scheletrico.

Un muscolo scheletrico è composto da cellule di forma allungata: le **fibre muscolari**. Le fibre sono organizzate in **fasci**, ognuno composto da un numero variabile di fibre. Ogni fibra, fascio di fibre e l'intero muscolo sono rivestiti da **tessuto connettivo**: esso fa da "collante" fra le varie fibre, così che la loro contrazione venga trasmessa a tutto il muscolo. All'estremità del muscolo il tessuto connettivo si fonde con un tessuto più denso, il **tendine**, che è il mezzo attraverso il quale il muscolo, ancorandosi alle ossa, può esercitare la sua forza.
I muscoli scheletrici possono essere classificati a seconda della loro forma o del numero di ventri muscolari.

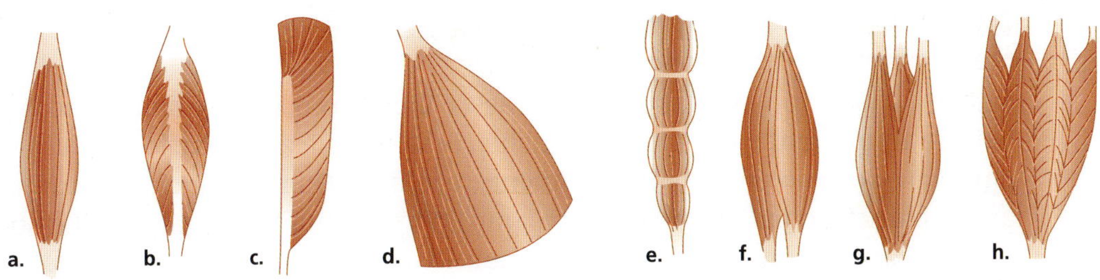

2. Tipi di muscoli:
a. fusiforme
b. pennato
c. semipennato
d. triangolare
e. nastriforme
f. bicipite
g. tricipite
h. quadricipite

Quando i muscoli si dicono agonisti, antagonisti o sinergici?

Il muscolo direttamente responsabile di un movimento si dice **agonista**. Quando flettiamo il gomito portando l'avambraccio verso il braccio, il muscolo agonista è il bicipite (muscolo flessore dell'avambraccio sul braccio). Perché questa azione avvenga è però necessario che i muscoli incaricati dell'azione contraria, cioè gli **antagonisti**, siano rilasciati per non risultare di freno al movimento. Nell'azione descritta l'antagonista è il tricipite (muscolo estensore). I ruoli s'invertono nello svolgimento dell'azione opposta quando si distende l'avambraccio: il tricipite diventa agonista e il bicipite antagonista.
Quando i muscoli agonisti e antagonisti collaborano per realizzare un movimento (e ciò avviene nella maggior parte delle azioni motorie) sono detti **sinergici**.

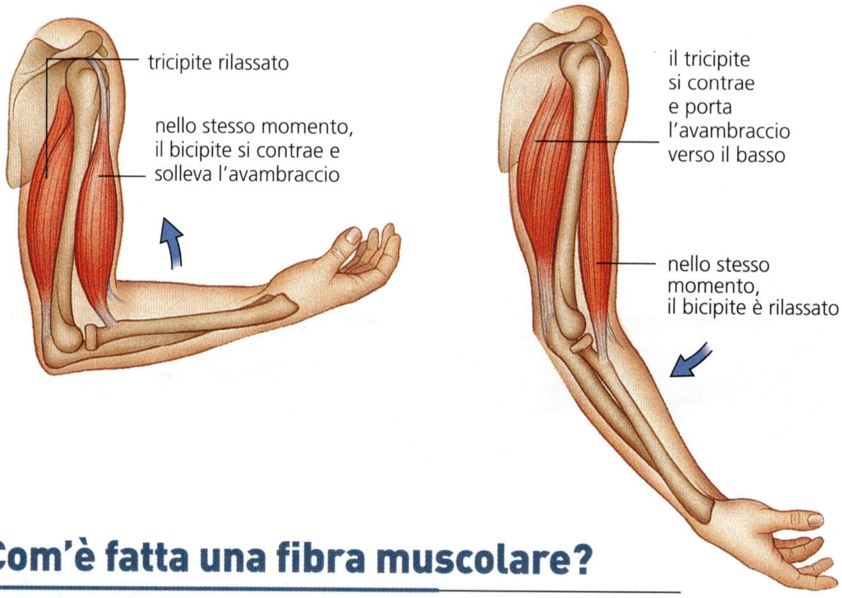

3. Il bicipite e il tricipite brachiale sono un tipico esempio di coppia di muscoli agonisti-antagonisti.

Com'è fatta una fibra muscolare?

Ogni fibra muscolare è formata da centinaia di filamenti proteici chiamati **miofibrille** che sono costituite da proteine filamentose: l'**actina** e la **miosina** (vedi fig. 1 p. 27). Queste proteine sono organizzate in una sovrapposizione di elementi identici, i **sarcomeri**, che sono gli elementi più piccoli del muscolo in grado di contrarsi. Quando per effetto di uno stimolo nervoso il muscolo si contrae, i filamenti di actina scorrono su quelli di miosina, spostandosi verso il centro del sarcomero. Di conseguenza la fibra si accorcia e s'ingrossa per il sovrapporsi dei filamenti.

Quali sono i tipi di fibre muscolari?

Ogni muscolo contiene al suo interno, mescolate fra loro, diverse fibre muscolari: le **fibre tipo I**, **lente**, denominate anche **rosse** perché a un particolare esame chimico risultano colorate intensamente, e le **fibre tipo II**, **veloci**, denominate anche **bianche** o **pallide** perché all'esame non presentano colorazione. Le fibre lente si contraggono lentamente, ma hanno una buona resistenza alla fatica, quelle veloci hanno una contrazione rapida, ma sono molto affaticabili. Si è osservato che i velocisti, i saltatori e i lanciatori possiedono una percentuale elevata di fibre veloci, mentre gli specialisti di attività di resistenza come i maratoneti e i ciclisti hanno una percentuale maggiore di fibre lente.

*Il movimento si realizza per mezzo dei muscoli, che rappresentano l'***elemento attivo dell'azione***. Essi agiscono spostando le ossa su cui s'inseriscono e che ne rappresentano l'***elemento passivo***. Le articolazioni sono gli* ***elementi di congiunzione e perno*** *delle ossa. Queste tre strutture costituiscono un* ***sistema di leve****: tutte le volte che si compie un movimento, si sfrutta una leva.*

Ogni leva è costituita da tre elementi: un fulcro, una potenza e una resistenza. Il ***fulcro*** *della leva è dato dall'asse di rotazione (di solito l'articolazione, ma può essere anche un punto di appoggio o di presa); la* ***potenza*** *è data dal punto in cui viene applicata la forza (l'inserzione del muscolo); la* ***resistenza*** *è data dal peso di un segmento corporeo e di un eventuale carico aggiuntivo.*

Ogni movimento si realizza attraverso leve che possono essere di I, II o III genere.

TIPO DI LEVA	AZIONE	CARATTERISTICHE
Leva di I genere (leva interfissa) 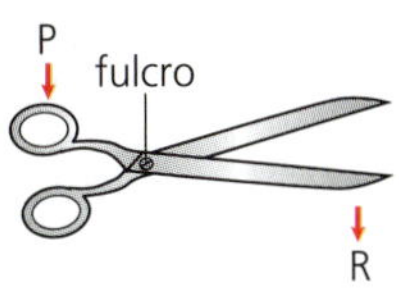	L'articolazione (il fulcro, **F**) si posiziona tra il braccio della potenza **P** (il muscolo) e quello della resistenza **R** da vincere (il carico). 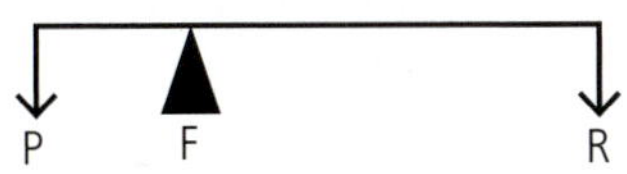	Quando i **momenti della forza** sono uguali la leva è in equilibrio (leva indifferente). Con un peso costante, più il **braccio di leva** della potenza è lungo, tanto minore è lo sforzo muscolare necessario per contrastare la resistenza.
Leva di II genere (leva interresistente o di forza) 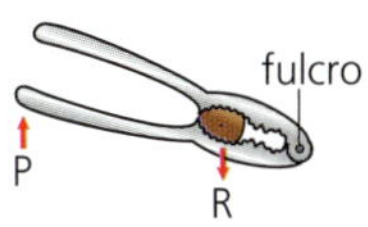	La resistenza si posiziona sempre tra il fulcro e la potenza. 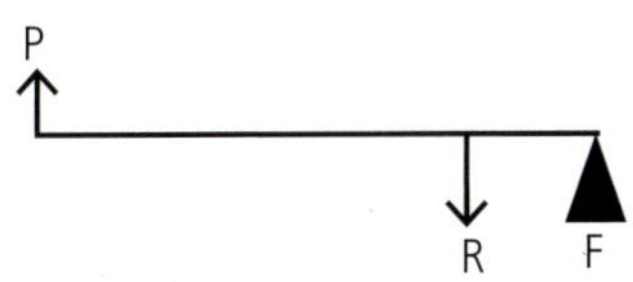	È una leva vantaggiosa. Un braccio della potenza più lungo di quello della resistenza concede un buon vantaggio meccanico. Si riscontra raramente nel corpo umano.
Leva di III genere (leva interpotente o di velocità) 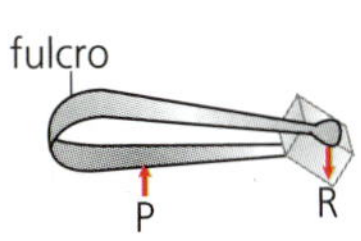	La potenza si posiziona tra la resistenza e il fulcro. 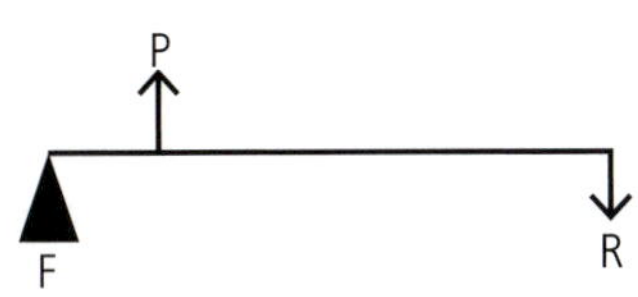	È la leva più frequente nel corpo umano. È svantaggiosa, ma consente, con un limitato accorciamento muscolare, uno spostamento del segmento corporeo molto ampio e veloce.

GLOSSARIO

Momento della forza È il prodotto della forza (potenza o resistenza) per il braccio di leva.

Braccio di leva Distanza dal fulcro dei punti d'applicazione sia della potenza che della resistenza.

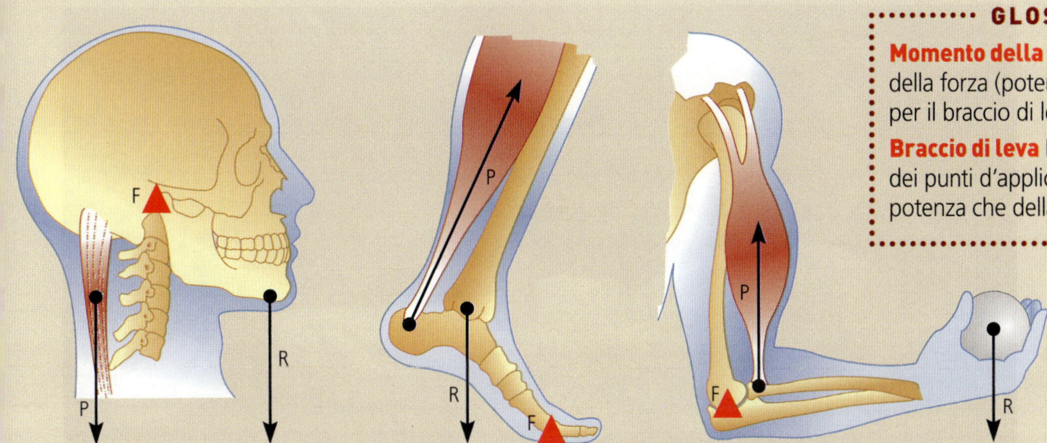

4. L'articolazione tra testa e colonna vertebrale costituisce una leva di primo genere; l'articolazione tra piede e gamba rappresenta una leva di secondo genere; l'articolazione del gomito costituisce una leva di terzo genere. Nel corpo umano si possono contare oltre 1000 leve differenti.

La contrazione del muscolo

Qual è il rapporto tra fibre muscolari e forza?

La dimensione di un muscolo (**trofismo**) dipende dal numero di fibre di cui è composto e da quanto esse sono sviluppate. Il numero di fibre non può cambiare, ma l'uso ne può aumentare la dimensione. In questo caso si parla di **ipertrofia**. Quando invece il muscolo per varie ragioni non viene utilizzato, come accade durante un periodo d'ingessatura, si "sgonfia", riduce cioè le sue dimensioni: si parla allora di **ipotrofia**. Nell'organismo, infatti, tutto ciò che è attivo cresce, mentre tutto ciò che non viene utilizzato degenera.
Le fibre muscolari più sensibili all'ipertrofia sono le fibre veloci, ma per essere stimolate richiedono sforzi importanti.
Le fibre lente invece meglio si adattano a sforzi moderati prolungati: poiché per lavorare hanno bisogno di ossigeno, sono circondate da molti capillari, che ne garantiscono l'afflusso.

Quali sono le forme di contrazione del muscolo?

Un muscolo per produrre forza ha tre diverse possibilità di contrazione: la **contrazione isometrica**, la **contrazione concentrica**, la **contrazione eccentrica**.

Come si realizza una contrazione isometrica?

Se spingi con tutte le tue forze contro un muro apparentemente non succede nulla, ma in realtà i tuoi muscoli si stanno contraendo. E infatti ti affatichi. Stai effettuando una **contrazione muscolare isometrica**, parola che significa "di uguale lunghezza". In questo caso il muscolo si contrae, ma non c'è spostamento di nessuna parte del corpo. Se non c'è movimento stai realizzando una contrazione **statica**.

1. Negli esercizi agli anelli, il ginnasta assume diverse posizioni statiche che richiedono intense contrazioni isometriche della muscolatura per essere mantenute.

Cos'è una contrazione concentrica?

Quando la forza muscolare è superiore alla forza esterna che gli si oppone, il muscolo riesce ad accorciarsi e le sue **inserzioni** (cioè i punti in cui i tendini si inseriscono sull'osso) si avvicinano, determinando lo spostamento di parti del corpo. Questo succede quando, per esempio, sollevi un peso. Il muscolo, avvicinando le sue estremità, si ingrossa, si "concentra" verso il centro: è una contrazione **dinamica** in accorciamento e viene chiamata **contrazione concentrica**.

2. Nel sollevamento pesi, solo se la contrazione concentrica sviluppa una forza superiore alla resistenza offerta dal peso l'atleta riuscirà a sollevare il bilanciere.

Come avviene una contrazione eccentrica?

Il muscolo può agire anche come un "freno"; questo accade per esempio quando depositi a terra uno scatolone o atterri dopo un salto: nel movimento che si produce, le estremità del muscolo in contrazione si allontanano. Il muscolo quindi non si accorcia e tuttavia, pur contraendosi, è costretto ad allungarsi. In questo caso si realizza una contrazione **dinamica** in allungamento chiamata **eccentrica**.

Quali muscoli usiamo per mantenere una postura e quali per muoverci?

Dopo aver visto in quali forme i muscoli possono contrarsi diventa più evidente capire che nel corpo umano i muscoli svolgono due differenti funzioni: mantenere una posizione o permettere il movimento.

I muscoli **posturali**, utilizzando principalmente contrazioni di tipo isometrico, contrastano la forza di gravità e ci permettono di stare in piedi e di mantenere una posizione.

Per compiere movimenti, come sollevare pesi, spingere o tirare oggetti utilizziamo prevalentemente i muscoli **dinamici** con contrazioni di tipo concentrico ed eccentrico.

I muscoli posturali sono a più elevato contenuto di fibre rosse, o lente, perché svolgono un compito blando ma continuo nel tempo, mentre i muscoli dinamici contengono una maggior quantità di fibre bianche, o veloci, che però si affaticano prima e più facilmente.

Come agisce l'allenamento sul sistema muscolare?

L'allenamento agisce **aumentando la dimensione delle fibre** e migliorando la **trasmissione degli stimoli nervosi ai muscoli**. Di conseguenza si potenziano il tono muscolare, la forza, la velocità di contrazione e la coordinazione dei movimenti. Un lavoro di bassa intensità protratto a lungo accresce la **capillarizzazione**, cioè il numero dei capillari che riforniscono d'ossigeno le cellule muscolari, e la quantità di **glicogeno muscolare**, la principale fonte di energia per le cellule muscolari. L'aumento della massa muscolare in seguito all'allenamento accresce il metabolismo generale del nostro corpo perché il tessuto muscolare, a differenza di quello grasso, è in continuo rinnovamento e per questo consuma una maggior quantità di calorie.

"Ho braccia muscolose"

I meccanismi di produzione di energia

GLOSSARIO

Metabolismo
Insieme di reazioni chimiche e fisiche che avvengono in un organismo per produrre molecole più semplici partendo da molecole complesse o viceversa.

Acido lattico
Sostanza ottenuta dall'utilizzo incompleto del glucosio (zucchero). Determina sensazione di fatica.

Dragster
Automezzo particolare usato in America per gare di accelerazione su brevi distanze. Può superare i 500 km/h.

Che cos'è l'ATP?

Per svolgere un qualsiasi lavoro, di tipo sia fisico che mentale, abbiamo bisogno di energia. Con l'alimentazione introduciamo zuccheri, grassi e proteine che il **metabolismo** trasforma in sostanze più semplici. Queste sostanze andranno a formare un particolare composto chiamato **ATP**. L'ATP (acido adenosintrifosforico) è la sola molecola che l'organismo è in grado di utilizzare per fornire energia alla contrazione muscolare e per svolgere tutte le sue altre funzioni.
I processi che sfruttano le **molecole di ATP** per liberare energia sono detti **meccanismi di produzione energetica**.

Come si riforma l'ATP?

Per svolgere le loro funzioni tutte le cellule hanno bisogno di grandi quantità di ATP. Quella presente nelle cellule è molto limitata (è sufficiente per 1 secondo di attività intensa). L'organismo deve allora risolvere un problema: poter utilizzare grandi quantità di ATP e al tempo stesso riuscire a riformarle in continuazione.
Per produrre energia l'organismo utilizza tre diversi meccanismi:

- il **meccanismo anaerobico** (in assenza di ossigeno) **alattacido** (senza produzione di **acido lattico**);
- il **meccanismo anaerobico lattacido** (in assenza di ossigeno, ma con produzione di acido lattico);
- il **meccanismo aerobico** (in presenza di ossigeno).

Come agisce il meccanismo anaerobico alattacido?

Questo meccanismo permette di riformare le molecole di ATP nel modo più veloce e semplice: produce una grande quantità di energia in assenza di ossigeno e senza formazione di acido lattico. Tale produzione di energia, però, si esaurisce nel giro di pochissimi secondi (6-8 secondi).
Questo sistema è pertanto sfruttato durante attività di alta intensità e breve durata (come i salti, i lanci o i tuffi). È un meccanismo di **grande potenza** (fornisce cioè grandi quantità di energia nell'unità di tempo), ma di **scarsa capacità** (esaurisce nel giro di pochi secondi le proprie riserve). Per questo può essere paragonato a un **dragster**, che ha un motore in grado di esprimere una potenza elevatissima che si esaurisce però in pochi secondi a causa di un serbatoio di capacità estremamente ridotta.

1. Il meccanismo anaerobico alattacido si comporta come un *dragster*.

Come agisce il meccanismo anaerobico lattacido?

Con questo meccanismo viene riformato ATP all'interno del muscolo in assenza di ossigeno, utilizzando parte del glucosio presente nel sangue, nei muscoli e nel fegato. Questo processo, chiamato **glicolisi**, sviluppa la sua massima potenza per 1-2 minuti. Oltre all'ATP si produce anche **acido lattico** (da cui il termine di meccanismo *lattacido*). Questa sostanza, accumulandosi nei muscoli, causa fatica e rende difficoltosa la contrazione, come avviene, per esempio, correndo i 400 m, che non a caso in atletica vengono chiamati "il giro della morte". Capita di vedere atleti che cedono di schianto negli ultimi metri: l'eccesso di acido lattico e l'incapacità del sistema di produrre nuovo ATP costringono l'atleta a un evidente rallentamento! Il meccanismo anaerobico lattacido può essere paragonato a un'auto di formula 1. Il motore è potente e il serbatoio ha una capacità tale da garantirle di mantenere prestazioni elevate sufficientemente a lungo prima di doversi rifornire di nuovo.

2. Il meccanismo anaerobico lattacido può essere paragonato a un'auto di formula 1.

Come agisce il meccanismo aerobico?

Il terzo meccanismo è il più lento a mettersi in moto. Si chiama *aerobico* perché utilizza l'ossigeno, trasportato dal sangue alle cellule, per bruciare gli zuccheri, i grassi e, in certi casi, anche le proteine al fine di produrre ATP. Questo meccanismo produce ATP in modo più economico rispetto ai due precedenti, ma non è in grado di consentire le stesse prestazioni. Permette infatti di prolungare molto l'attività, anche per parecchie ore, senza però poter raggiungere gli stessi livelli d'intensità. È per questo che correndo a lungo non si può mantenere la stessa velocità che si raggiunge, per esempio, nei 100 m! Il meccanismo aerobico può essere paragonato a una vecchia 500. Il motore di potenza ridotta ha un consumo scarso che, abbinato a un serbatoio di elevata capacità, permette di mantenere il mezzo a lungo in movimento.

3. Il meccanismo aerobico può essere paragonato a una vecchia 500.

Come lavorano i tre meccanismi?

L'energia di cui un atleta ha bisogno durante l'attività sportiva è fornita dai **tre meccanismi di rigenerazione dell'ATP che lavorano insieme**. Se l'attività è breve ma intensa come uno sprint, tutti i meccanismi si mettono in moto, ma quello che prevale è il sistema anaerobico alattacido. Se l'attività si prolunga oltre i 6-8 secondi, questo meccanismo non è più in grado di produrre ATP: l'intensità deve essere diminuita per adeguarsi alla produzione di energia fornita prima dal sistema anaerobico lattacido e quindi da quello aerobico, che è quello più lento ad entrare in azione. Al termine di uno sforzo cuore e respiro rimangono accelerati per alcuni minuti per permettere al sistema aerobico di ricaricare nuovamente i sistemi anaerobici in vista di un nuovo sforzo.

La respirazione

A che cosa serve la respirazione?

L'apparato respiratorio è formato da un insieme di organi: le **vie aeree** e i **polmoni**. Essi hanno la funzione di portare l'ossigeno dall'ambiente esterno al sangue e quindi alle cellule e, viceversa, di trasportare l'anidride carbonica dalle cellule attraverso il sangue fino all'ambiente esterno.

L'ossigeno è indispensabile al nostro organismo perché solo grazie ad esso le cellule possono ricavare l'energia di cui hanno bisogno. Il **combustibile delle cellule** (l'**ATP**) è ricavato da zuccheri, grassi e proteine che assumiamo con l'alimentazione, mentre la **combustione**, con produzione di energia, richiede l'ossigeno procurato dall'apparato respiratorio.

Una volta giunto alle cellule, l'ossigeno viene utilizzato per bruciare l'ATP e ottenere l'energia necessaria per il movimento e per la vita.

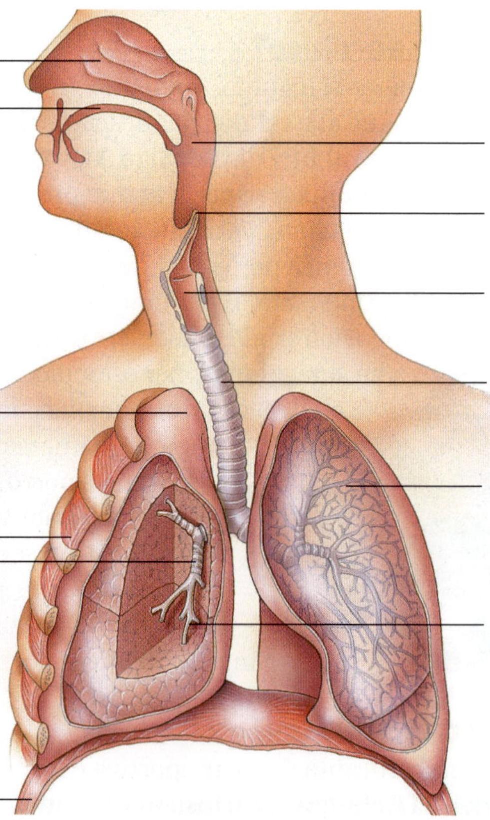

1. L'apparato respiratorio. Gli ingrandimenti mostrano gli alveoli e i capillari polmonari che li circondano.

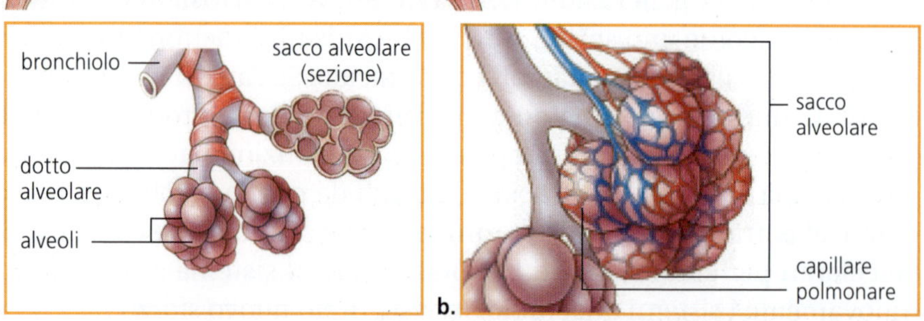

a. - **b.** Ingrandimento dei bronchioli, degli alveoli e dei capillari polmonari che li circondano.

Come sono suddivise le vie aeree?

L'aria entra nel **naso** attraverso le narici, dove viene riscaldata e umidificata dalla mucosa interna delle cavità nasali, mentre le ciglia che rivestono le pareti la depurano (per questo è sempre meglio respirare dal naso piuttosto che dalla bocca). L'aria continua il suo viaggio attraverso la **faringe** e la **laringe**, per scendere poi nella **trachea** e, dopo essersi suddivisa nei **bronchi**, entra nei **polmoni**, espandendosi nei **bronchioli** che terminano negli **alveoli polmonari**. Questi ultimi appaiono come una struttura a grappolo, le cui pareti sottilissime sono circondate da capillari attraverso i quali avviene lo scambio gassoso.

"Mi manca il respiro!"

Come sono fatti i polmoni?

I polmoni, che si trovano all'interno della cassa toracica, sono organi di consistenza spugnosa: il polmone destro è leggermente più voluminoso del sinistro. Sono rivestiti da una membrana detta **pleura** che è costituita da due foglietti: la pleura interna, che avvolge i polmoni, e la pleura esterna, che riveste le pareti toraciche e il diaframma, il muscolo che divide il torace dall'addome.
Il **liquido pleurico** presente fra i due foglietti permette il loro reciproco scorrimento durante le fasi della respirazione e mantiene in espansione i polmoni che, essendo organi passivi e senza muscolatura propria, altrimenti si affloscerebbero. In questo modo qualsiasi movimento della gabbia toracica e del diaframma si ripercuote direttamente sui polmoni.

Come respiriamo?

L'**inspirazione** e l'**espirazione** sono le fasi che compongono la respirazione (o ventilazione).
I muscoli inspiratori, il **diaframma** e gli **intercostali esterni**, contraendosi, ampliano la cavità toracica e favoriscono l'**inspirazione**. In questo modo aumenta il volume dei polmoni e diminuisce la pressione interna, per cui l'aria dall'ambiente esterno viene risucchiata nei polmoni. Nell'**espirazione**, invece, il rilasciamento dei muscoli inspiratori e l'elasticità intrinseca dei polmoni riportano la cavità toracica alla dimensione di partenza, aumentando la pressione interna che determina l'uscita dell'aria senza necessità di intervento dei muscoli espiratori.

2. Per un nuotatore è indispensabile affinare la meccanica respiratoria.

Nuotando con il viso immerso nell'acqua, invece, per poter espirare è necessario vincere la resistenza dell'acqua, per cui occorre l'intervento dei muscoli espiratori (**addominali** e **intercostali interni**).
Un'inspirazione e un'espirazione costituiscono l'**atto respiratorio**.

Che cosa sono la respirazione esterna e la respirazione interna?

L'ossigeno che introduciamo nei polmoni con l'inspirazione deve legarsi al sangue ed essere trasportato fino alle cellule che invece cederanno al sangue l'anidride carbonica derivata dalle reazioni che avvengono al loro interno. Questo scambio di gas fra polmoni e sangue (**respirazione esterna**) e fra sangue e cellule (**respirazione interna**) è consentito dalle differenti pressioni che i gas hanno all'interno dei diversi ambienti. Le molecole di gas si sposteranno dall'elemento dove hanno maggiore pressione verso quello dove hanno minore pressione, fino a creare un equilibrio. Sia l'ossigeno che l'anidride carbonica, in quanto elementi gassosi, ubbidiscono a questa regola generale.

La circolazione sanguigna

Perché circola il sangue?

Il nostro apparato cardiocircolatorio può essere paragonato a un sistema idraulico: la pompa è il **cuore**, la rete di tubi i **vasi sanguigni** e il liquido che vi scorre il **sangue**.
La funzione di questo apparato è di permettere al sangue di raggiungere tutti i distretti corporei e trasportare alle cellule dell'organismo l'ossigeno necessario per l'utilizzo delle sostanze nutritive. Allo stesso tempo il sangue allontana i prodotti di rifiuto che, se accumulati, diventerebbero tossici.

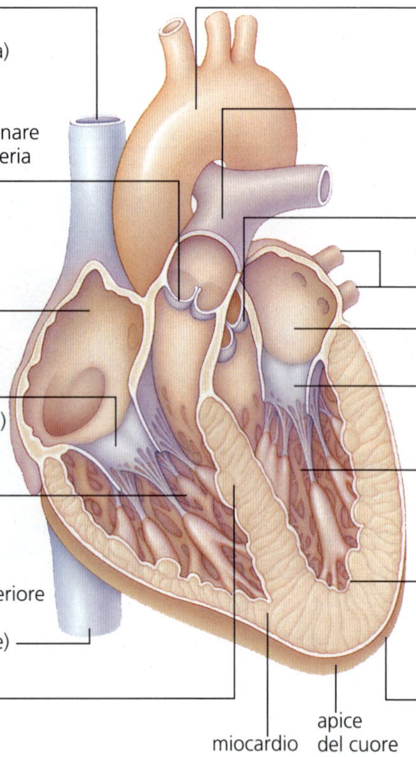

Com'è fatto il cuore?

Il cuore, la pompa del nostro sistema, è formato da un muscolo, il **miocardio**, striato ma involontario e dotato di capacità contrattile propria. Si trova al centro del torace, tra i polmoni.
Osservando la sezione del muscolo cardiaco, si nota la presenza di una parete che divide il cuore longitudinalmente in due parti, destra e sinistra: cuore destro e cuore sinistro in condizioni normali non comunicano quindi tra loro. Una valvola in ciascuna parte separa il cuore in una porzione superiore (**atrio**) e in una inferiore (**ventricolo**), permettendo al sangue di scorrere solo in una direzione e impedendo che ritorni indietro. Il cuore risulta quindi suddiviso in quattro cavità: due superiori, **atrio destro** e **atrio sinistro**, e due inferiori, **ventricolo destro** e **ventricolo sinistro**.

1. Osservando la sezione del muscolo cardiaco, si nota la presenza di un setto che divide il cuore longitudinalmente in due parti, destra e sinistra.

Che cos'è il ciclo cardiaco?

Durante tutta la sua attività il cuore alterna momenti in cui il muscolo cardiaco si rilassa (**diastole**) a momenti in cui si contrae (**sistole**). Un **ciclo cardiaco** è l'alternarsi e il ripetersi di queste fasi. In un ciclo cardiaco si passa da una prima fase di **rilassamento** degli atri, in cui questi si riempiono di sangue, a una di **contrazione**, in cui il sangue viene spinto nei ventricoli. Poi i ventricoli, che nella fase di riempimento sono rilassati, si contraggono per spingere il sangue in circolo.
Al termine di questo ciclo, dopo un breve intervallo, il cuore è pronto a ricominciarne uno nuovo. Mediamente, in condizione di riposo, il ciclo cardiaco si ripete per **70 volte al minuto** in un uomo adulto.

Come avviene la circolazione del sangue?

Il sangue nel corpo segue due distinti percorsi, chiamati **grande circolazione** e **piccola circolazione**.
La **grande circolazione** ha inizio con la sistole del ventricolo sinistro. Tramite l'aorta e le sue ramificazioni porta sangue in tutto il corpo. Lascia a tutte le cellule ossigeno ed elementi nutritivi e si carica di anidride carbonica e prodotti di rifiuto, che porta fino all'atrio destro del cuore attraverso le vene cave.
La **piccola circolazione** (circolazione polmonare) inizia con la sistole del ventricolo destro. Attraverso le arterie polmonari il sangue venoso viene portato ai polmoni, dove rilascia anidride carbonica e si carica di ossigeno, che trasporta all'atrio sinistro del cuore attraverso le vene polmonari.

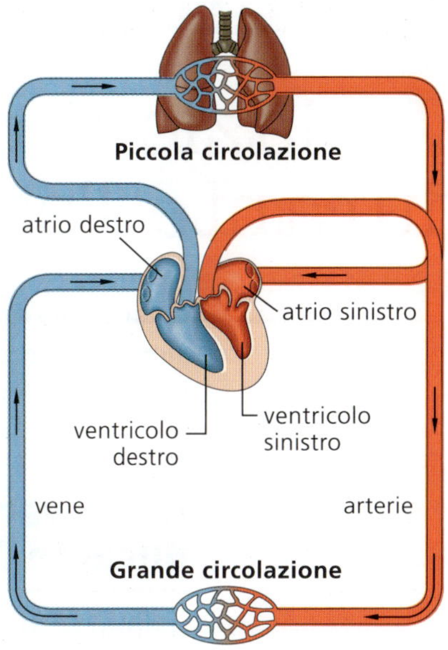

2. La **grande circolazione**: partendo dall'aorta permette il passaggio del sangue in tutti i distretti corporei, garantendo l'apporto di ossigeno e di elementi nutritivi a tutte le cellule e il ritorno di anidride carbonica e prodotti di rifiuto fino al cuore. La **piccola circolazione**: attraverso le arterie polmonari il sangue giunge ai polmoni per gli scambi gassosi e ritorna al cuore con le vene polmonari.

Dove circola il sangue?

Il sangue circola in una rete di tubi, i **vasi sanguigni**, che si suddivide in arterie, vene e capillari.
Le **arterie** conducono il sangue dal cuore a tutte le parti del corpo. Hanno pareti robuste ed elastiche, per sopportare pressioni elevate e favorire lo scorrimento del sangue. Durante il loro percorso si ramificano e si riducono progressivamente di calibro e di spessore, divenendo **arteriole** e **capillari arteriosi**.
Le **vene**, invece, portano il sangue carico di anidride carbonica dalla periferia al cuore. Hanno pareti più sottili e meno resistenti delle arterie e sono dotate, nella parete interna, di valvole che, aiutando a vincere la forza di gravità, facilitano il cammino del sangue verso il cuore con un flusso continuo. Come le arterie, si suddividono in **vene**, **venule** e **capillari venosi**.
I **capillari** formano una fitta rete di vasi di dimensioni piccolissime. Essi sono a contatto diretto con le cellule degli organi. Attraverso la loro sottilissima parete, i capillari arteriosi cedono ossigeno e sostanze nutritive alle cellule, i capillari venosi si caricano di sostanze di rifiuto che vengono trasportate nei polmoni per essere eliminate attraverso la respirazione.

Che cos'è il sangue?

Il sangue è un liquido opaco, di colore rosso vivo quando è arterioso, rosso cupo se venoso.
Si compone di due parti: **plasma**, un liquido di colore giallastro costituito per il 90% di acqua e per il 10% di proteine, sostanze di rifiuto e inorganiche, **elementi corpuscolati** (globuli rossi, globuli bianchi e piastrine).
I **globuli rossi**, cellule a forma di disco biconcavo, contengono l'**emoglobina** che ha la funzione di veicolare l'ossigeno alle cellule. I **globuli bianchi** difendono l'organismo dalle infezioni, mentre le **piastrine** ricoprono un ruolo fondamentale nella coagulazione, arrestando o limitando la perdita di sangue in caso di emorragia.

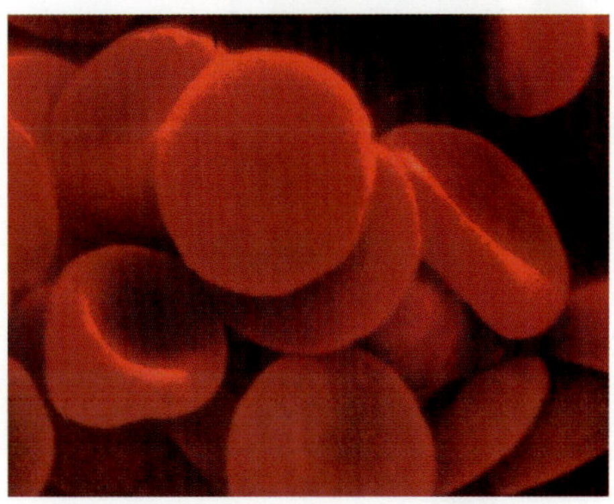

3. I globuli rossi o eritrociti sono cellule prive di nucleo prodotte dal midollo rosso delle ossa piatte. La vita media di un globulo rosso è di 120 giorni.

Variazioni cardio-respiratorie durante l'esercizio

Quanto più grande è la richiesta di ossigeno da parte dei muscoli durante uno sforzo, tanto più sarà necessario che i sistemi cardiocircolatorio e respiratorio lavorino intensamente.

Come varia il lavoro del cuore durante l'esercizio fisico?

Il numero di contrazioni che il cuore effettua in un minuto è detto **frequenza cardiaca**: in un adulto a riposo è pari a circa 70 pulsazioni. Durante l'attività fisica le pulsazioni salgono in modo direttamente proporzionale all'intensità del lavoro, fino a un massimo, variabile da persona a persona, di oltre 200 battiti al minuto (indicativamente la frequenza massima si calcola in questo modo: **220 – l'età del soggetto**). Anche la quantità di sangue spremuto dai ventricoli ad ogni contrazione aumenta in modo proporzionale: in un adulto dai 70 ml a riposo può arrivare al doppio!

1. Delle specialità aerobiche, lo sci di fondo è quella che fa registrare fra i suoi atleti i valori più elevati di funzionalità cardiovascolare.

L'allenamento influisce sulla circolazione?

L'allenamento, in particolare quello per la resistenza, induce cambiamenti che rendono più forte il cuore aumentandone l'efficienza: le cavità cardiache si dilatano e quindi possono contenere ed espellere una maggiore quantità di sangue a ogni battito. Questo fenomeno, detto **ipertrofia cardiaca**, consente di abbassare la frequenza di lavoro del cuore. Il vantaggio che si ottiene con questo tipo di allenamento è che, a parità di pulsazioni, la maggiore quantità di sangue in circolo trasporta più ossigeno ai muscoli che possono bruciare più sostanze organiche e quindi produrre maggiori quantità di lavoro. Inoltre a riposo il cuore può battere più lentamente.

Come varia la respirazione durante l'esercizio fisico?

La frequenza di ventilazione a riposo è di circa 12-14 atti al minuto e la quantità d'aria ventilata ad ogni atto (detta **volume corrente**) è di circa 500 ml.

Moltiplicando il volume corrente per la **frequenza respiratoria**, cioè il numero di atti respiratori in un minuto, si ottiene il volume di aria che entra ed esce a riposo dai polmoni: la **ventilazione polmonare**. In genere essa è pari a 6-7 litri al minuto, pur variando considerevolmente da persona a persona.

Durante l'attività intensa la ventilazione aumenta sia in fre-

SEI CAPACE DI CONTARE LE PULSAZIONI CARDIACHE?

Per verificare se l'allenamento che stai conducendo è sicuro ed efficace, abituati a misurare correttamente la frequenza cardiaca.
Puoi localizzare e contare il battito cardiaco sul collo, lateralmente al pomo di Adamo, a livello delle ***arterie carotidee****, o sulla parte anteriore del polso, a livello della base del pollice, in corrispondenza dell'****arteria radiale****. Ricordati di premere leggermente appoggiando indice e medio e, se effettui la rilevazione alla carotide, solo da un lato per non alterare il flusso di sangue arterioso al cervello. Dopo uno sforzo ciò potrebbe causare uno svenimento!*
Per calcolare il numero di pulsazioni al minuto, cioè la frequenza cardiaca, in genere si contano le pulsazioni per 15 secondi e si moltiplica il risultato per 4.
Una curiosità: quando un soggetto ha meno di 60 pulsazioni al minuto si dice ***bradicardico****; quando supera le 80-90 si dice* ***tachicardico****.*

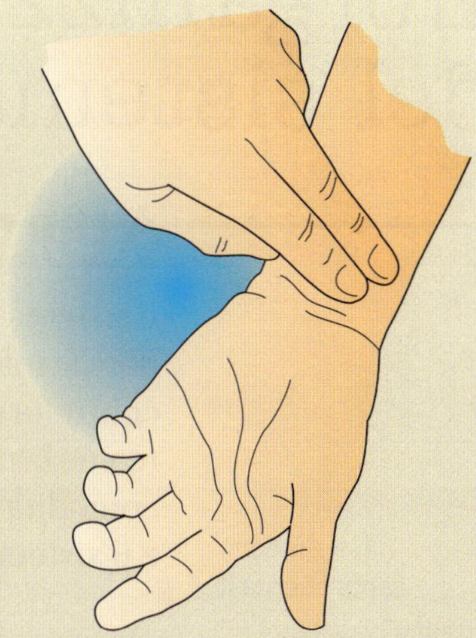

quenza che in profondità, per effetto dell'accresciuto fabbisogno di ossigeno dei muscoli, arrivando fino a 180 litri al minuto in atleti uomini e 130 in atlete donne. Questo aumento, come per il battito cardiaco, è direttamente proporzionale all'intensità dello sforzo. Una volta raggiunto un punto di equilibrio, rimane costante fino al termine dell'esercizio. Finito l'esercizio, la ventilazione ritorna in breve tempo ai valori di riposo.

"Controlla la tua frequenza cardiaca"

L'allenamento influisce sulla respirazione?

Durante un'attività di resistenza la ventilazione polmonare garantisce normalmente una quantità di ossigeno superiore alle possibilità di utilizzo! Quali sono allora i vantaggi che l'allenamento porta all'apparato respiratorio? Le ventilazioni a riposo diventano meno numerose e più profonde, consentendo una più efficace ossigenazione dei tessuti. Inoltre migliora l'elasticità dei polmoni e della cassa toracica. Respirare perciò diventa più economico e l'ossigeno "risparmiato" dai muscoli respiratori può essere sfruttato dagli altri muscoli in azione durante uno sforzo, con un miglioramento della prestazione.

2. Nel nuoto l'espirazione avviene nell'acqua ed è fondamentale espirare sempre tanta aria quanta se ne è presa. Se questo non succede, dopo poche espirazioni il nuotatore va in affanno ed è costretto a interrompere la nuotata.

L'organizzazione del sistema nervoso

A che cosa serve il sistema nervoso?

Il sistema nervoso è responsabile di numerose attività: riceve, trasmette ed elabora le informazioni che giungono dall'ambiente esterno e dall'interno del corpo; controlla e regola le varie funzioni dell'organismo; dà forma ai processi mentali (come la memoria, l'emozione, il pensiero). Si tratta di un'unica struttura, ma per comodità espositiva lo distinguiamo in due parti: il **sistema nervoso centrale** e il **sistema nervoso periferico**.

Che cos'è un neurone?

La **cellula nervosa**, o **neurone**, è l'unità di base del sistema nervoso. È formata da un **corpo cellulare**, da un lungo prolungamento che costituisce la fibra nervosa, denominata anche **assone**, e da numerosi brevi prolungamenti (anche oltre 10 000) detti **dendriti**. Questi servono principalmente per collegare le cellule nervose fra loro e trasmettere verso il corpo cellulare gli impulsi nervosi ricevuti da altri neuroni. L'assone, invece, trasmette l'impulso nervoso dal corpo cellulare verso la periferia. La maggior parte delle fibre nervose che innervano i muscoli scheletrici sono rivestite di una sostanza di colore bianco detta **mielina**, che rende più veloce la propagazione dell'impulso. Le fibre nervose, riunite in fasci, formano i **nervi**.

1. Il disegno rappresenta il neurone. La guaina mielinica che ricopre l'assone è suddivisa in segmenti separati da piccoli spazi, detti nodi di Ranvier, che velocizzano la propagazione dell'impulso nervoso.

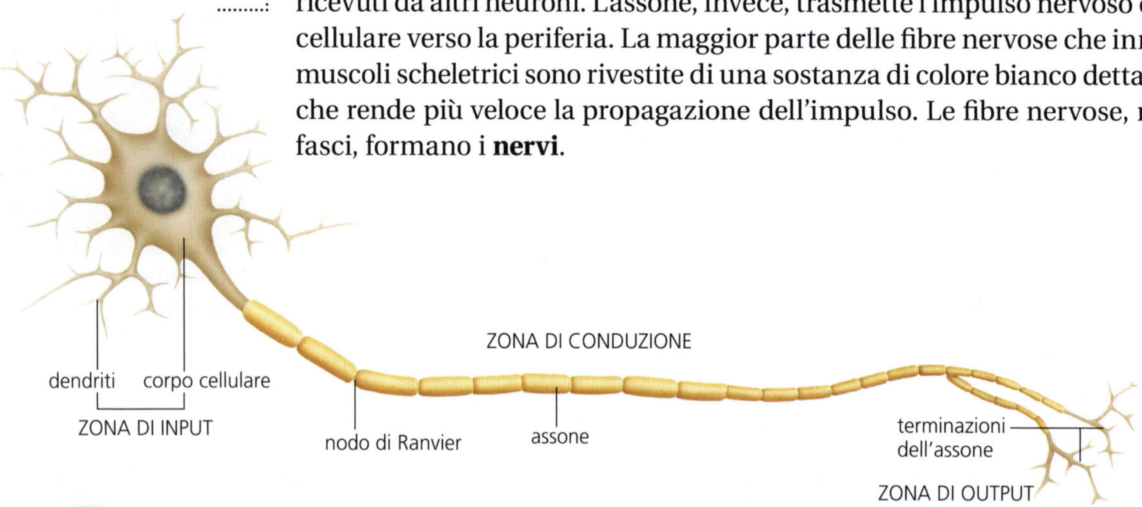

Qual è la funzione del sistema nervoso centrale?

Il sistema nervoso centrale (SNC), formato dall'**encefalo** e dal **midollo spinale**, traduce i segnali provenienti sia dall'esterno che dall'interno del corpo ed elabora risposte immediate ai vari tipi di stimolo.

"Hai un cervello di gallina"

Com'è organizzato l'encefalo?

L'encefalo contiene le parti più voluminose del SNC, il cervello e il cervelletto, e si trova nella scatola cranica.

- Il **cervello** è diviso in due **emisferi** separati da un solco profondo e uniti alla base da fibre nervose (che nell'insieme formano il **corpo calloso**) che consentono lo scambio reciproco di informazioni fra un emisfero e l'altro. La parte superficiale degli emisferi è chiamata **corteccia cerebrale**. Essa è costituita da diversi strati di corpi cellulari dei neuroni, che formano la **sostanza grigia**. Subito sotto si trova la **sostanza bianca**, formata dagli assoni (rivestiti di mielina) delle cellule nervose della corteccia. Nella corteccia cerebrale aree diverse presiedono a funzioni differenti. Vi sono: **aree sensoriali**, a cui arrivano le informazioni sensitive; **aree motorie**, da cui partono le fibre che controllano i muscoli; **aree di associazione**, che coordinano l'operato delle altre aree.

- Il **cervelletto** è posizionato posteriormente e sotto gli emisferi cerebrali. Svolge un ruolo fondamentale nella **coordinazione dei movimenti**, assicurando la corretta **postura** e l'**equilibrio** del corpo.

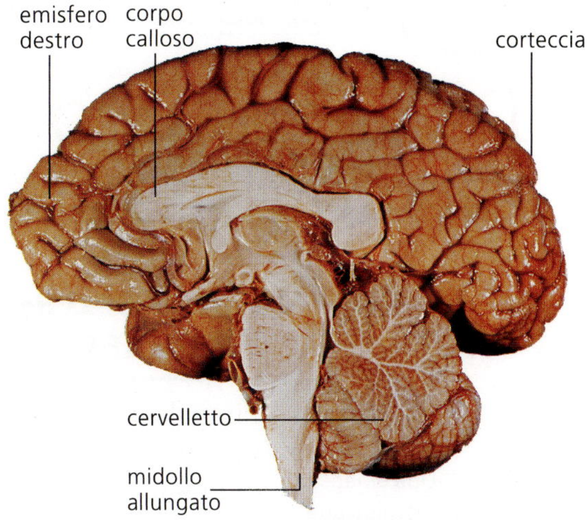

2. Sezione longitudinale dell'encefalo.

Qual è la funzione del midollo spinale?

Il midollo spinale, racchiuso e protetto dalla colonna vertebrale, è costituito da un **fascio di nervi** che, partendo dall'encefalo, stabilisce delle connessioni tra questo e il resto del corpo. Esso svolge un duplice compito:

- trasporta gli impulsi provenienti dagli organi sensoriali e destinati al cervello;
- invia gli impulsi motori ai muscoli.

3. Le 12 paia di nervi encefalici (o cranici) che fuoriescono dall'encefalo originano in realtà dal tronco cerebrale, mentre le 31 paia di nervi spinali fuoriescono dal midollo.

Com'è composto il sistema nervoso periferico?

Il sistema nervoso periferico (SNP) è costituito dai **nervi che collegano il sistema nervoso centrale con tutti gli organi del corpo**. I nervi sono formati da fasci di fibre nervose: se queste sono collegate con i neuroni dei centri motori sono chiamate **fibre motrici** e formano i **nervi motori**, se invece sono collegate alle cellule degli organi di senso sono chiamate **fibre sensorie** e formano i **nervi sensitivi**. Quasi tutti i nervi sono però formati da fibre di entrambi i tipi e sono detti **misti**.

Il SNP è a sua volta suddiviso in:

- **sistema nervoso somatico**, che agisce sull'attività dei muscoli scheletrici, volontari, e comprende i nervi cranici (che sono in rapporto con l'encefalo) e i nervi spinali (che sono collegati al midollo spinale);
- **sistema nervoso autonomo**, dal quale dipende la regolazione delle funzioni organiche che avvengono senza l'intervento della volontà, come la respirazione e la circolazione.

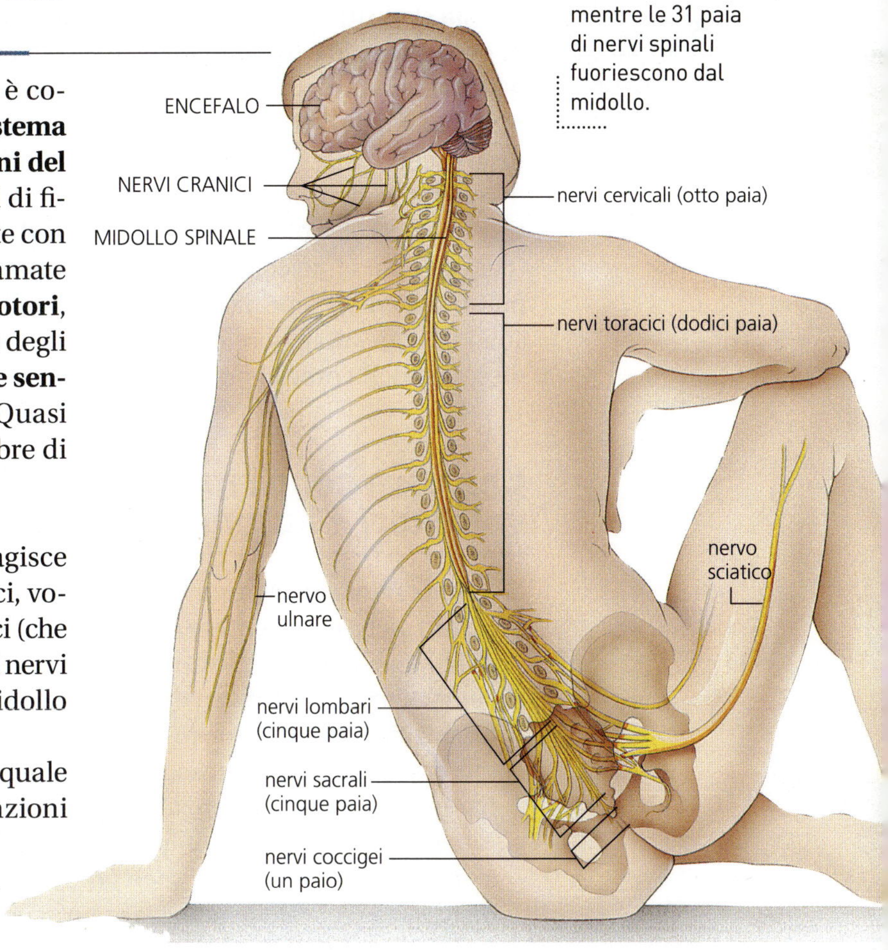

Dall'impulso nervoso al movimento

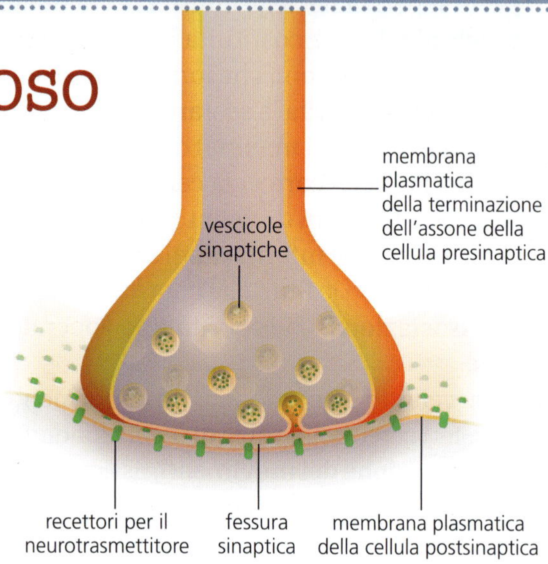

1. Una sinapsi. La trasmissione dell'impulso nervoso nella sinapsi avviene attraverso la liberazione di molecole particolari, dette neurotrasmettitori.

Come si trasmette l'impulso nervoso?

L'impulso nervoso si trasmette da un neurone all'altro per mezzo di fenomeni chimico-fisici che avvengono in particolari strutture chiamate **sinapsi**. L'impulso si propaga molto rapidamente in tutto il tessuto nervoso come se questo fosse percorso da una corrente elettrica in grado di diffondersi autonomamente. Quando invece l'impulso nervoso si trasferisce al muscolo utilizza una particolare forma di sinapsi, la **giunzione neuromuscolare** o **placca motrice**.

GLOSSARIO

Unità funzionale È la parte più piccola di un organo o di un insieme che da sola è in grado di svolgere il lavoro della struttura che costituisce.

Che cos'è l'unità motoria?

Un insieme di fibre muscolari collegate fra loro e connesse da un'unica fibra nervosa motoria comandata da un motoneurone costituisce un'**unità motoria**. Questa struttura è l'**unità funzionale** della contrazione muscolare.
In ogni muscolo ci sono migliaia di unità motorie e ognuna di esse è composta da un numero variabile di fibre muscolari, a seconda della funzione svolta dal muscolo. I muscoli deputati a realizzare movimenti molto precisi, come quelli degli occhi o delle mani, hanno unità motorie che attivano poche fibre muscolari: in questo modo il sistema nervoso può regolare con precisione il livello di contrazione del muscolo. Viceversa, i muscoli deputati a lavori pesanti o grossolani (per esempio i muscoli glutei) possiedono unità motorie che attivano contemporaneamente anche parecchie migliaia di fibre muscolari. Più fibre muscolari sono attivate, maggiore è la forza prodotta dalla contrazione, ma questo va a discapito della precisione del movimento.

Che cosa sono i movimenti riflessi, volontari e automatizzati?

Il sistema nervoso dà origine a tre tipi di movimento.

- La forma più elementare di attività muscolare è costituita dal **riflesso**: un movimento semplice, istintivo e molto rapido, non controllato dalla volontà, come quando si ritrae un dito che tocca una fiamma. Succede infatti che l'informazione sensitiva dolorosa giunge al midollo spinale e da qui parte l'impulso motorio destinato ai muscoli flessori del braccio per allontanare il dito dalla fiamma: tutto questo senza la necessità d'intervento dell'encefalo.
- Altro tipo di movimento è quello **volontario**: un'attività consapevole e intenzionale controllata da aree ben precise della corteccia (aree motorie). Guidati da un'idea è possibile realizzare un'azione mai provata prima.

- Se un movimento volontario viene riprodotto numerose volte, il suo controllo passa dai centri superiori (la corteccia) ad altri inferiori. È un passaggio importante perché in questo modo la sua esecuzione diventa più fluida, rapida ed economica: il movimento è detto **automatizzato**. Quando un movimento viene eseguito in forma automatizzata significa che è stato appreso e che è possibile eseguirlo "meccanicamente" dirottando la propria attenzione su altro.

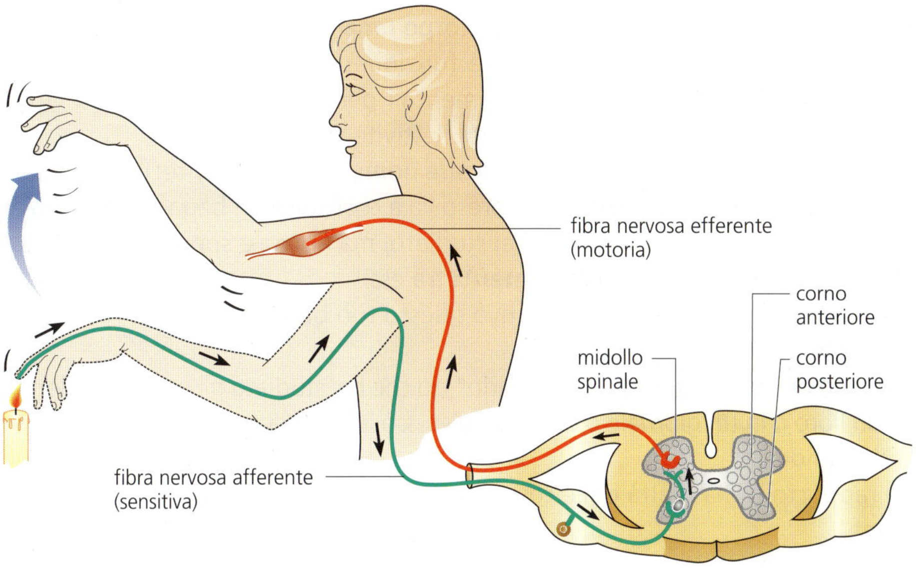

2. Il contatto del dito con la fiamma stimola i recettori dolorifici che trasmettono l'informazione al midollo spinale mediante le fibre nervose sensitive. Immediatamente le fibre nervose motorie inviano impulsi ai muscoli per allontanare la mano dalla fiamma.

Qual è il ruolo del cervelletto?

Ogni movimento del corpo (o di una parte di esso) deve essere organizzato e controllato nello spazio e nel tempo per potersi dire efficace. La coordinazione motoria opera questa serie di regolazioni, ma il ruolo di regia spetta al cervelletto, che integra le diverse informazioni provenienti dai sensi ordinando le sequenze di movimento, regolando l'equilibrio, stabilizzando la postura e calibrando il tono muscolare.

Che cos'è il tono muscolare?

Anche a riposo i muscoli mantengono un minimo livello di contrazione determinato dal sistema nevoso centrale: è il cosiddetto **tono muscolare**. Esso aumenta prima di uno sforzo mentre diminuisce quando si è rilassati. L'aumento del tono muscolare ha la funzione di preparare la muscolatura all'azione mentre la sua diminuzione permette di risparmiare energia e di poter dedicare maggiore attenzione al lavoro mentale.

3. In ogni gesto sportivo la soluzione del "problema motorio" è in larga parte a carico del cervelletto che deve mettere in corretto rapporto tutte le informazioni provenienti dai diversi organi sensoriali.

B

ANALIZZIAMO LA COMPETENZA

Ripetere a pappagallo? Basta!

In questa sezione hai imparato a conoscere il corpo umano nel suo aspetto sia esteriore (l'anatomia) che funzionale, cioè come funzionano e interagiscono i diversi organi e apparati (la fisiologia). Sono conoscenze fondamentali per poter affrontare l'attività motoria e comprendere le richieste dell'insegnante durante l'attività fisica.

È importante che la fatica che hai sopportato per memorizzare nomi, nozioni e concetti non vada sprecata e finisca per perdersi col tempo. Ciò che hai appreso va a costituire un bagaglio di conoscenze, del quale fanno parte non solo i concetti che hai studiato, ma anche e soprattutto la tua capacità di **individuare** e creare **relazioni** e **collegamenti** tra essi.

Che cosa potresti fare allora per mantenere fresco e attivo questo tuo bagaglio?

Per assimilare, cioè fare tue le nuove informazioni:

- prova a collegarle alle conoscenze che già hai, "ripescando" ciò che hai studiato gli anni precedenti, ciò che hai letto in un libro o in un giornale o di cui hai discusso in famiglia o con gli amici;
- poniti sempre delle domande;
- sforzati di cogliere il rapporto fra la realtà delle cose e la tua esperienza;
- cerca di essere curioso!

A proposito, hai visto che per aiutarti in questo nuovo approccio alla conoscenza tutti i paragrafi sono stati introdotti da una domanda? Dopo aver letto il paragrafo, hai chiara la risposta?

L'atteggiamento giusto è quindi quello di voler "fare tuoi" i diversi argomenti mettendo in gioco la motivazione ad apprendere ed essendo disposto a fare uno sforzo maggiore rispetto al semplice "ripetere a pappagallo".

Se imparerai a ragionare in questo modo ti renderai conto che non esistono tante "conoscenze" diverse, ma che il sapere è unico e ogni nuova acquisizione va a modificare anche tutte le precedenti. Ogni nuovo collegamento che riesci a creare va a inserirsi in una rete in cui le diverse nozioni sono interconnesse e si modificano costantemente.

C. IMPARO NUOVI MOVIMENTI

LA COMPETENZA TRASVERSALE IN GIOCO

Imparare a imparare

Oltre ad apprendere nozioni nuove e a consolidare quelle vecchie, nella vita è importante "imparare a imparare". Questa è una competenza molto speciale: significa avere ben chiaro l'obiettivo che ci siamo prefissati rivolgendo il nostro impegno in una certa direzione. Quale aspetto della nostra conoscenza o della nostra abilità vogliamo migliorare? Quali sono gli strumenti più adatti in questo senso? Quali le fonti a cui rivolgerci? Quanto tempo possiamo dedicare al nostro obiettivo? Possiamo stabilire un metodo di studio e di lavoro efficace?
In definitiva, rispondere a queste domande ci permette di fare chiarezza e di raggiungere più facilmente il nostro scopo.
Questo è vero non solo con riferimento allo studio teorico, ma anche alla pratica. Anche per apprendere un movimento o un'azione devi "imparare a imparare", perché i processi logici, lo sforzo di attenzione e volontà, la capacità di organizzare il lavoro sono gli stessi che utilizzi nello studio.
Le scienze motorie e sportive ti offrono l'opportunità di mettere in relazione conoscenze teoriche e attività fisica, di sperimentare attraverso la pratica, contribuendo alla maturazione di questa fondamentale competenza.

ANALIZZIAMO LA COMPETENZA

Scopriamo le capacità motorie

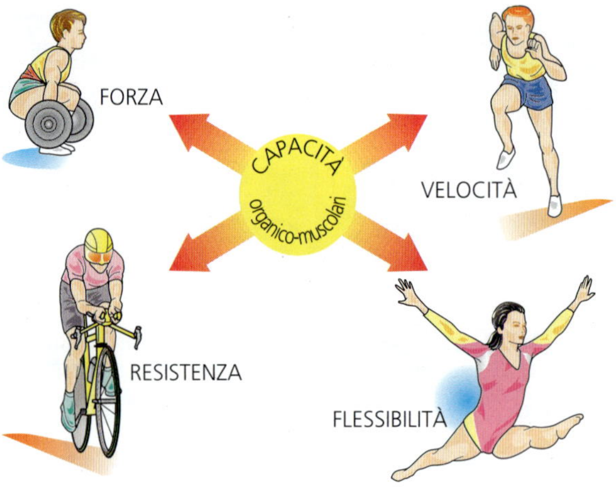

Imparare nuovi movimenti per alcuni è un fatto spontaneo e naturale, una stimolante sfida con se stessi; per altri invece è una fatica e spesso comporta una difficoltà enorme. Ti sei mai domandato come mai?
Alla base del movimento ci sono delle capacità fisiche e coordinative che sono innate. Esse quindi sono già presenti in ciascuno di noi ma in modo diverso da persona a persona, cioè in misura più o meno sviluppata. Si chiamano **capacità motorie**, e le impieghiamo spontaneamente, anche senza un insegnamento specifico.
Le **capacità motorie** sono dunque l'insieme delle risorse che un individuo possiede per eseguire un movimento. Sono proprie di ogni individuo, in parte legate all'ereditarietà e possono modificarsi con l'allenamento. Comprendono le **capacità coordinative** e le **capacità organico-muscolari**.

Le capacità coordinative

Le capacità coordinative sono il risultato della **collaborazione tra sistema nervoso centrale**, il "centro di controllo" dell'organismo, **e sistema muscolare**, capace di tradurre in movimento gli "ordini" impartiti dal sistema nervoso.
Ogni volta che esegui un'azione il sistema nervoso deve risolvere in tempi rapidissimi una notevole serie di problemi: elaborare ininterrottamente vari tipi di informazioni sensoriali, scegliere quelle rilevanti per l'azione, inviare impulsi nervosi corretti ai giusti muscoli e, in caso di errore, apportare le necessarie correzioni.
Potrai incrementare queste capacità nel corso di tutta la vita, ma quello che stai vivendo è un periodo d'oro per migliorarle: affinando la tua coordinazione ti sentirai più "padrone" del tuo corpo e ciò contribuirà fra l'altro ad accrescere la tua autostima. Dal punto di vista sportivo, il perfezionamento delle capacità coordinative migliora l'efficacia di ogni azione rendendo il gesto più preciso ed economico.

Le capacità organico-muscolari

L'apporto delle capacità coordinative non è sufficiente a garantire uno sviluppo ottimale delle possibilità di movimento: esse hanno bisogno del sostegno di adeguate capacità organico-muscolari. Queste capacità, che sono **alla base della condizione fisica**, sono: la forza, la velocità, la resistenza e la flessibilità. Non sono uguali per tutti: fattori come l'età, il sesso, il peso, la struttura corporea, la massa muscolare, il sistema nervoso e quello **endocrino** condizionano il loro livello. Le tue capacità organico-muscolari si incrementano in modo continuo, anche se non regolare, grazie ai normali stimoli provenienti dall'ambiente e per il semplice fatto che stai crescendo. Se avrai bisogno di capacità di livello superiore dovrai allenarti per ottenerle.

GLOSSARIO

Sistema endocrino
Sistema formato da ghiandole capaci di produrre gli ormoni. Gli ormoni immessi nel circolo sanguigno, fra le molte azioni che svolgono determinano aumento della massa muscolare e quindi della forza.

Alla scoperta di schemi e abilità motorie

Normalmente, quando ti muovi e quindi usi le tue capacità motorie, non sei preoccupato della precisione del gesto: l'importante è raggiungere lo scopo che ti sei prefissato. Se però fai pratica, ti eserciti, ti accorgi che le tue capacità migliorano e con esse il gesto. Questo significa che le capacità motorie possono essere incrementate.
È grazie alle capacità motorie che puoi camminare, correre, saltare, rotolare e ruotare, spostarti in quadrupedia, strisciare, arrampicare, equilibrarti, afferrare e lanciare, tirare e spingere, cioè eseguire una serie di azioni che costituiscono le prime forme di movimento finalizzato che ciascuno apprende.
Questi "mattoni" con cui costruisci tutti i tuoi movimenti sono detti **schemi motori**. Li hai già sperimentati in innumerevoli occasioni, senza forse renderti conto di quanto fossero importanti per la tua crescita!

1. Un ideale parco giochi per bambini è organizzato in modo da offrire ai piccoli l'opportunità di sperimentare liberamente i diversi schemi motori.

Le abilità motorie

È a partire da questi schemi motori che si andranno a formare le **abilità motorie**: esse altro non sono che schemi motori finalizzati al raggiungimento di un obiettivo. Se consideriamo, per esempio, l'azione di lancio della palla, lo schema motorio è il lanciare, mentre l'abilità motoria consisterà nel lanciare di precisione, lanciare lontano, a una o due mani, in modo che la palla possa essere presa da un compagno o compagna e molto altro ancora. Dallo schema motorio, infatti, si possono sviluppare un numero enorme di abilità specifiche, legate al contesto in cui sono realizzate.
Incrementando le abilità riesci anche a migliorare il controllo del corpo e questo ti permette di affinare lo **schema corporeo**, cioè l'immagine che hai di te

stesso, tanto nella sua globalità quanto nelle singole parti, sia in movimento che da fermo. La padronanza e la consapevolezza del corpo, che proprio in questi anni va incontro a cambiamenti rapidi e continui, ti permetteranno di essere più sicuro e a tuo agio nell'ambiente che ti circonda!

I primi requisiti del movimento

Per modificare un movimento o impararne uno nuovo devi innanzi tutto sapere che ci sono degli elementi che possono facilitare o meno questo apprendimento. Innanzitutto l'**esperienza**: se fin da piccolo sei stato stimolato a muoverti avrai "collezionato" un numero considerevole di esperienze motorie diverse. Per realizzarle il tuo organismo si sarà adattato modificando sia la sua **struttura**, cioè come sei fatto fisicamente, sia la sua **funzionalità**, cioè come sei in grado di far funzionare, usare, le diverse parti del corpo.

Un esempio ti chiarirà il concetto. Uno scooter ha diverse componenti meccaniche (ruote, manubrio, freni, motore) che rappresentano la sua struttura, mentre la funzionalità dipende dall'abilità di guida del conducente. Entrambe sono necessarie per la conduzione dello scooter!

Adesso lasciati coinvolgere dalla voglia di conoscere e sperimentare i diversi schemi motori: potrai così scoprire l'infinita varietà di abilità che derivano da questi elementi fondamentali della motricità umana!

"Lei si mette a correre"

Gli schemi motori di base

Camminare

È il movimento eseguito appoggiando a terra un piede dopo l'altro, mantenendo sempre almeno un contatto sul terreno. È importante camminare appoggiando bene il piede a terra, oscillando le braccia in avanti e indietro e tenendo la testa eretta e lo sguardo in avanti. La camminata in postura eretta è una delle conquiste più importanti che ha determinato l'evoluzione della specie umana, ma non solo. Ha segnato anche un importante successo nella tua vita: il passaggio dal "gattonare" alla "stazione eretta", con cui hai enormemente ampliato il tuo spazio d'azione e di conoscenze.

DOVE	COME	IN QUALI SPORT
• in palestra sul pavimento, sulle righe, sui materassi, sui ceppi, sulla trave, sulle panche • nell'acqua, sulla sabbia, nell'erba, sulla neve, sul ghiaccio, in pista	• in avanti, indietro, lateralmente • in salita e in discesa, sulla punta dei piedi, sui talloni, a gambe piegate • mantenendo sempre la stessa distanza rispetto a un compagno davanti, dietro o di fianco • lanciando la palla o facendola rotolare, rimbalzare • trasportando con un compagno vari attrezzi o oggetti senza usare le mani • appoggiando i piedi solo sulle linee del campo	• Marcia, specialità dell'atletica (in cui bisogna sempre mantenere il contatto con il terreno con almeno uno dei due piedi) • Nordic walking, camminare a passo spedito con l'aiuto di due bastoncini • Trekking, cioè spostarsi a piedi in campagna o in montagna • Ciaspolare, cioè procedere nella neve con le racchette • Golf

Correre

Consiste nell'avanzare velocemente alternando l'appoggio di un piede a una sospensione, cioè una fase di volo. L'oscillazione delle braccia è importante per migliorare la coordinazione.
La corsa, soprattutto alla tua età, è una delle attività più importanti per il tuo benessere: può essere una corsa liberatoria dopo lunghe ore seduti nei banchi o un elemento fondamentale di molti giochi presportivi che puoi organizzare insieme ai compagni della tua classe. Correre, soprattutto in compagnia, regala sempre una bella sensazione.

DOVE	COME	IN QUALI SPORT
• in palestra sulle righe, sui materassi, sulle panche, dentro ai cerchi, in mezzo ai tuoi compagni • sull'erba, sulla sabbia, sulla neve	• liberamente senza urtare gli altri, velocemente o lentamente, con passi lunghi o corti, leggeri o pesanti • a ginocchia alte, a calci indietro, alternando un passo lungo a uno corto, incrociando le gambe • avanti, indietro, lateralmente, a zigzag, in circolo, a serpentone, in salita e in discesa • con una o più persone in fila dietro o davanti a te, superando con uno scatto per portarti in prima posizione, per rincorrere o per scappare • dentro e fuori dai cerchi • con attrezzi che rotolano vicini a te	• Corsa di resistenza, corsa veloce, corsa a ostacoli, staffette (sono discipline dell'atletica) • Tutti i grandi giochi sportivi: basket, calcio, pallamano, rugby, pallavolo ecc.

Saltare

Consiste in un movimento di spinta degli arti inferiori per vincere la forza di gravità. C'è una fase di volo, più o meno lunga e alta, in cui manca il contatto con il terreno, determinata da una spinta del piede chiamata stacco. In quest'azione, lo slancio delle braccia è fondamentale. Altrettanto importante è la fase di atterraggio, soprattutto quando salti a terra da un rialzo, in cui bisogna ammortizzare piegando le gambe e fare attenzione all'appoggio dei piedi sul terreno.

DOVE	COME	IN QUALI SPORT
• in palestra sul pavimento, su una panca, su e giù dai materassi e dalla spalliera, oltre gli ostacoli, sul trampolino, sulla pedana elastica • in acqua, sulla sabbia	• liberamente, con uno o due piedi, paralleli o divaricati, facendo piroette, da fermo, oppure con la rincorsa, in alto o in lungo • da diverse altezze, sul materasso, variando la distanza del punto di atterraggio • afferrando il più in alto possibile una palla lanciata verso l'alto • con la funicella, in tutti i modi che conosci • dentro e fuori dai cerchi • su e giù da attrezzi vari	• Salto in alto e salto in lungo (sono discipline dell'atletica) • Tuffi dal trampolino o dalla piattaforma • Ginnastica artistica, soprattutto nelle specialità del corpo libero e del volteggio • Trampolino elastico • Salto con gli sci (sulla neve e sull'acqua)

Rotolare e ruotare

Rotolare consiste nel girare su se stessi, toccando con diverse parti del corpo una superficie, come quando si esegue una capriola (il termine corretto è capovolta); *ruotare* significa invece girare attorno a un asse, a un perno, come quando si gira su se stessi stando in piedi (piroettare). Grazie a questi movimenti svilupperai il tuo equilibrio e il tuo senso d'orientamento.

DOVE	COME	IN QUALI SPORT
• in palestra sui materassi, da una panca • in acqua, sul pavimento, sull'erba, in aria	• sulla schiena, sul fianco, in avanti e indietro come un dondolo, in discesa su materassi inclinati • facendo capovolte, "piroette" a terra o in volo • appoggiato con la pancia sulla panca e le mani a terra, rotolando sul materasso	• Ginnastica artistica • Ginnastica ritmica • Nuoto sincronizzato • Tuffi dal trampolino o dalla piattaforma • Pattinaggio (su ghiaccio o a rotelle)

Strisciare

Questo movimento consiste nel muoversi tenendo più parti del corpo a contatto con il terreno contemporaneamente. Presenta notevoli difficoltà, soprattutto per l'attrito della superficie che frena il movimento.

DOVE	COME	IN QUALI SPORT
• in palestra sul pavimento, sopra i materassini, sotto o sopra le panche, la trave e la scala curva • sulla neve, sul ghiaccio, nell'acqua, sull'erba	• sui glutei, sulla pancia, sulla schiena, sul fianco, facendo forza sulle gambe e sulle braccia • sotto ostacoli e attrezzi posti a diverse altezze, sopra una panca, sotto o sopra i materassini	• Nuoto a stile libero (*to crawl* significa "strisciare"), delfino, rana, dorso • Pallanuoto

Spostarsi in quadrupedia

Si tratta di un movimento eseguito tenendo mani e piedi a contatto con la superficie e una posizione che può essere prona (con la pancia verso il basso) oppure supina (con la pancia verso l'alto). Attraverso spostamenti in quadrupedia il neonato comincia a esplorare il mondo.

DOVE	COME	IN QUALI SPORT
• in palestra su superfici diverse (suolo, tappeti...), sopra, sotto e attraverso vari attrezzi (parallele, trave, panche, cerchi...) • sull'erba, sulla sabbia	• a pancia in su o in giù • in avanti, all'indietro, lateralmente • a corpo libero o trasportando oggetti	• Lotta

Arrampicare

Si tratta di un movimento effettuato tendenzialmente verso l'alto, in salita, che implica, però, anche fasi di spostamento laterale e in discesa. Per arrampicarsi si utilizzano prese delle mani, trazioni delle braccia, appoggi dei piedi e spinte delle gambe.
Puoi arrampicare verso l'alto, ma anche verso il basso o lateralmente. L'importante è tenere sempre almeno tre punti in appoggio. Per esempio, se stacchi una mano, devi avere sempre l'appoggio dei due piedi e la presa dell'altra mano; se invece sposti un piede, devi avere l'altro in appoggio e la presa contemporanea delle mani.

DOVE	COME	IN QUALI SPORT
• in palestra sulla spalliera, sulle parallele, sulle pertiche, sul quadro svedese e su qualsiasi altro attrezzo della palestra • con le apposite attrezzature da scalata, sulla roccia, sulla parete attrezzata per la scuola di roccia	• sui grandi attrezzi spostandoti lateralmente o effettuando salite e discese con la fronte o la schiena rivolte all'attrezzo, oppure cercando di ruotare su te stesso; puoi rendere più complicato l'esercizio usando piccoli attrezzi (cerchi) • appendendoti con le mani a una scala orizzontale sospesa da terra • appendendoti a una trave d'equilibrio e rimanendo in presa con le mani e le gambe	• Alpinismo, in montagna, su pareti di roccia naturali, in sicurezza grazie a un'apposita attrezzatura • Arrampicata sportiva o *free climbing* su pareti naturali o attrezzate, anche al chiuso

GLOSSARIO

Traiettoria
La linea descritta da un oggetto in volo rispetto a un punto di partenza e di arrivo. Ogni traiettoria ha una componente verticale e una orizzontale che dipendono dal tipo di lancio.

Afferrare e lanciare

È un gesto che permette di trattenere un oggetto e di inviarlo in una specifica direzione. Presuppone una buona capacità di controllo del proprio corpo, soprattutto degli arti: sono fondamentali coordinazione, organizzazione delle informazioni relative allo spazio, alle distanze, alle **traiettorie** e alle direzioni, oltre a una buona conoscenza delle caratteristiche dell'oggetto che si vuole lanciare o afferrare.

DOVE	COME	IN QUALI SPORT
• in palestra. contro una parete, sul pavimento • all'aperto, nell'acqua • in un campo sportivo o di atletica	• lanciando da fermo o in movimento, con una o due mani, con i piedi; lanciando oggetti vari o ogni tipo di palla; lanciando il più lontano possibile o per colpire un bersaglio, individualmente o con qualche compagno • afferrando con una o due mani, con le gambe, con le ginocchia, con i piedi, con le braccia, da fermo o in movimento, oggetti e attrezzi differenti	• Lancio del peso, lancio del martello, lancio del disco, lancio del giavellotto (sono discipline dell'atletica) • Lancio della pallina, del vortex, della palla medica (sono attrezzi di allenamento ai lanci) • Pallanuoto • Pallamano • *Ultimate* (*frisbee*)

Tirare e spingere

Consiste nell'esercitare una forza al fine di effettuare una trazione verso di te (cioè tirare) rispetto a qualcosa o qualcuno, oppure al fine di premere su un oggetto (cioè spingere) per produrne uno spostamento.

DOVE	COME	IN QUALI SPORT
• in palestra sul pavimento, contro una parete • nell'acqua, sulla sabbia	• spingere con le mani, con le spalle, con la schiena, con le gambe • in avanti o all'indietro, in tutte le direzioni • in coppia con un compagno, in piano, in salita o in discesa tirare o spingere un materasso • in coppia, impugnando le mani dell'altra persona o cingendogli il bacino, anteriormente o posteriormente, tirare o spingere il compagno	• Rugby, gioco in cui si spinge in azioni di gruppo dette "mischie" e si tira nel placcaggio • Judo • Lotta greco-romana

Alla scoperta delle capacità coordinative

La coordinazione è la capacità di organizzare, regolare e controllare il movimento delle varie parti del corpo nello spazio e nel tempo per raggiungere un obiettivo. La capacità di muoversi con agilità e armonia, di imparare rapidamente e saper realizzare differenti compiti motori viene comunemente sintetizzata col termine **destrezza**.

1. Oltre alla ripetizione del gesto, la motivazione e l'attenzione giocano un ruolo fondamentale nell'apprendimento.

La classificazione delle capacità coordinative

La coordinazione è una capacità complessa e per poter tenere conto delle sue diverse sfaccettature si parla di **capacità coordinative**. Secondo la più diffusa classificazione, esse sono distinte in generali e speciali.

Le **capacità coordinative generali** sono interdipendenti tra loro e presenti in ogni azione e sono quindi alla base dello sviluppo della coordinazione. Comprendono:

- la **capacità di apprendimento motorio**, cioè saper far propri gesti o azioni che prima non si era in grado di realizzare;
- la **capacità di controllo motorio**, cioè saper organizzare il movimento in modo da realizzare in maniera corretta l'azione programmata e raggiungere lo scopo prefissato mentalmente prima dell'esecuzione;
- la **capacità di adattamento e trasformazione del movimento**, cioè saper modificare l'azione iniziata per poter far fronte a situazioni impreviste o sconosciute, e raggiungere comunque il risultato ricercato.

Anche le **capacità coordinative speciali** sono presenti in ogni azione, ma in modo più o meno evidente a seconda della situazione. Sono: le capacità **di differenziare le informazioni sensoriali**, **di orientamento spaziale**, **di reazione**, **di ritmo**, **di combinare i movimenti**, **di equilibrio**, **di adattare e trasformare i movimenti con fantasia**.

A seconda delle necessità di ogni disciplina sportiva, una determinata capacità coordinativa speciale potrà essere stimolata in modo mirato. Nelle prossime pagine le passeremo in rassegna e ti verranno proposti alcuni esercizi per migliorarle.

2. Nella danza sul ghiaccio non solo gli atleti devono possedere un alto livello di controllo corporeo e di espressività, ma devono anche abbinare la propria azione a quella del compagno e al ritmo della musica.

3. La corsa a ostacoli è un esempio di attività che richiede coordinazione intersegmentaria, cioè la capacità di organizzare movimenti di diverse parti del corpo su differenti piani dello spazio.

Altre forme di coordinazione

La coordinazione motoria è un capitolo così importante nell'organizzazione del movimento che non sempre si riesce a racchiudere nelle classificazioni più comuni, che sono quelle che abbiamo visto precedentemente. Spesso anche l'insegnante utilizza termini di non immediata comprensione. Vediamo di fare un po' di chiarezza.

Coordinazione intersegmentaria

È la capacità di **coordinare fra loro i movimenti di singole parti del corpo**: per distendere un braccio è necessario coordinare l'intervento di colonna, spalla, gomito, polso, dita. Questa capacità serve, per esempio, a un giocatore di basket non solo per coordinare l'intervento delle articolazioni dei diversi segmenti corporei nella stessa azione, ma anche per compiere azioni diverse nello stesso momento. Controllare il pallone con la mano e difendere la propria posizione con l'altro braccio, guidare la palla e guardare attorno a sé, sono azioni nelle quali segmenti corporei differenti fanno cose differenti, e questa indipendenza delle diverse parti corporee è caratteristica della coordinazione intersegmentaria.

Coordinazione senso-motoria

Si parla di coordinazione senso-motoria quando il movimento si coordina a una percezione. La più usuale coordinazione senso-motoria è la **coordinazione occhio-mano** (o oculo-manuale), che è necessaria quando occorre abbinare l'informazione visiva con i movimenti della mano. È una capacità indispensabile in tutte le attività di mira (basket, tennis, tiro con l'arco ecc.). Quando occorre abbinare il controllo dei movimenti del piede con la vista, come avviene per esempio nel calcio, si utilizza una **coordinazione occhio-piede** (o oculo-podalica).

4. Il tiro in porta nella pallamano è un classico esempio di coordinazione oculo-manuale.

Apprendere un nuovo movimento

Imparare un nuovo movimento implica un numero elevato di aspetti e di problemi specifici che, per semplicità espositiva, suddividiamo in tre fasi successive.

1. LA FASE DELLA COORDINAZIONE GREZZA

In questa prima fase dell'apprendimento comprendi l'azione e, in particolare, lo scopo per cui la esegui ascoltando la spiegazione di un esperto (l'insegnante, l'allenatore, il maestro di sci ecc.), osservando l'esecuzione del gesto e provando a ripeterlo.
Dovrai unire subito teoria e pratica: l'ascolto e l'osservazione dovranno essere accompagnati alla ripetizione dell'azione, per creare una corretta programmazione del movimento.
Il movimento realizzato è di tipo volontario e, fintanto che non diventa automatizzato, mancherà di fluidità e costanza. L'organo di senso che più ti aiuta è la vista. In questa fase, è prioritario riuscire a realizzare l'azione programmata, mentre la qualità del gesto è un aspetto secondario.

5. Andare in bicicletta è un'attività in cui sono evidenti le diverse fasi dell'apprendimento, da quella grezza delle prime pedalate continue a quella della disponibilità variabile dei salti funambolici delle gare di bmx.

2. LA FASE DELLA COORDINAZIONE FINE

In questa fase arrivi a eseguire il gesto in forma automatizzata, quindi con costanza e armonia. Perché questo avvenga, occorre che il movimento o la sequenza di movimenti vengano fissati nella tua memoria attraverso numerose ripetizioni. L'intervento di fattori esterni di disturbo (un avversario, il cambio di superficie, l'emotività) possono però far riaffiorare vecchi errori. Il controllo del gesto, che nella fase precedente era principalmente visivo, diventa ora prevalentemente cinestesico, basato cioè sulle informazioni provenienti da muscoli e articolazioni. Diventi così più abile nel riconoscere e utilizzare i *feedback* sensoriali forniti dal movimento.

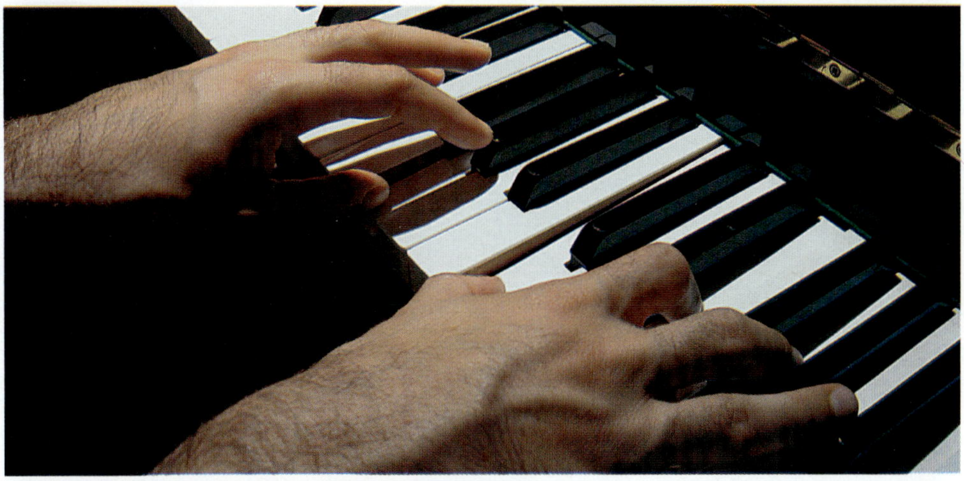

6. Per suonare il pianoforte con fluidità occorre che l'azione sia eseguita in forma automatizzata e questo consentirà al pianista di concentrarsi sull'espressività del brano.

3. LA FASE DELLA DISPONIBILITÀ VARIABILE

Una volta raggiunto un certo grado di automatizzazione del movimento, la sua realizzazione sarà ormai precisa e costante. A questo punto, potrai trasformarlo e adattarlo a seconda delle situazioni in cui ti trovi ad agire.
Diventi sempre più capace di anticipare le conseguenze della tua azione e i comportamenti degli avversari o degli attrezzi che stai usando.

Differenziare le informazioni sensoriali

Questa capacità svolge un ruolo centrale nella costruzione dei propri schemi di movimento e nella loro regolazione e correzione. Consiste nel **saper distinguere e selezionare le percezioni corrette che permettono di dosare in maniera ottimale, cioè in modo economico e preciso, la forza e l'ampiezza del movimento necessari per eseguire l'azione desiderata**.

Negli sport dove l'azione si ripete uguale a se stessa come la corsa o il ciclismo, la capacità di differenziare concorre a **distribuire in modo razionale l'energia** per far fronte all'impegno, mentre negli sport di alto livello coordinativo, dove

PROVA PER IMPARARE

Lancia oggetti di forma e funzione differenti contro un bersaglio: copertone di bicicletta, camera d'aria, *frisbee*, pallina da tennis, vortex, palla medica, bottiglietta di plastica...

ANALISI DELLE DIFFICOLTÀ

L'esercizio richiede di distinguere e selezionare le percezioni corrette per eseguire l'azione desiderata. Devi sapere:

- scegliere quale azione di lancio è più opportuna in funzione dell'attrezzo;
- impugnare correttamente ogni oggetto in modo da poterlo lanciare in maniera ottimale;
- percepire il differente peso dei vari oggetti;
- prevedere la traiettoria che vuoi imprimere a ogni attrezzo;
- dosare la forza necessaria per lanciare ogni attrezzo verso il bersaglio.

l'accuratezza è fondamentale, interviene con la **regolazione dell'applicazione della forza nei diversi gruppi muscolari** coinvolti nell'azione. Per esempio nel calcio, per eseguire un cross in modo che il compagno possa colpire la palla con la testa, dovrai calibrare con precisione la forza del tiro; allo stesso modo per controllare lo skateboard ed eseguire le evoluzioni desiderate dovrai saper regolare la pressione dei piedi sulla tavola.

1. Per acquisire sempre più padronanza nella conduzione dello skateboard occorre selezionare informazioni sensoriali.

VERSO LA RIUSCITA

Innanzitutto progetterai le **diverse azioni di lancio** che varieranno sia come traiettoria sia come esecuzione dell'azione di lancio.
Sicuramente per realizzare il compito richiesto occorre aver acquisito, almeno in forma grezza, **varie tipologie di azioni di lancio con movimenti sui diversi piani dello spazio**: lanciare un copertone è sicuramente differente dal lanciare una pallina da pingpong e richiede una diversa presa dell'oggetto; per esempio avrai scelto se utilizzare una o due mani.

2. Giocando a baseball, per mettere in difficoltà il battitore, il lanciatore può utilizzare lanci della pallina con traiettorie curvilinee, tese e differenti velocità.

Una volta definito il movimento di lancio per ogni singolo attrezzo, il problema principale da risolvere è quello di **applicare il livello di forza ottimale**, cioè dosare l'impegno muscolare, in funzione del peso dell'oggetto e della distanza da coprire. **Qui entra in gioco la capacità di differenziare**: il livello di forza che il tuo cervello deciderà di applicare dipenderà dalle informazioni che hai registrato soppesando i diversi oggetti.
Nel tempo, con la pratica, per prove ed errori, ti costruirai dei riferimenti da applicare al bisogno. Un giocatore di basket può tirare a canestro con grande precisione da 2 come da 6 m, ma il livello di forza che applica cambia molto! L'applicazione di forza varia anche a seconda della traiettoria che desideri realizzare: in generale, a parità di distanza da coprire, un tiro teso richiede una maggiore applicazione di forza rispetto a uno a parabola.
Per mirare il bersaglio e colpirlo dovrai coordinare l'attività dell'arto superiore con la vista (coordinazione oculo-manuale), dovrai cioè mettere in relazione l'azione della mano con la vista.

METTI IN PRATICA

1. Lancia palle di peso e dimensione differenti in una scatola.
2. Palleggia contemporaneamente due palloni di diverso peso.
3. Palleggia alternatamente due palloni di diverso peso.
4. Cammina senza soluzione di continuità appoggiando i piedi su una panca, sull'asse d'equilibrio, su una sedia, su una bacchetta, su un appoggio, su una palla medica sgonfia, su una camera d'aria…
5. Effettua balzi alternati o a piedi pari in successione sul pavimento, fra cerchi, sulla pedana elastica, sul materassino, sul materassone…
6. Esegui il tiro al bersaglio con vari oggetti (pallina, mazza da unihockey, pallina da baseball, *frisbee*…).
7. Cimentati in gare di tiro a canestro (a due mani dal basso, da sopra la testa, a una mano dal basso…).
8. Esegui tiri a canestro bendato.
9. Esegui palleggi di pallavolo in successione.
10. **Gara di tiro a canestro con pressione temporale *Fulmine*.** Una fila di giocatori davanti a un canestro, con due palloni. Il 1° della fila tira: se realizza passa la palla al 3° della fila; in caso di errore continua a tirare sino a realizzare un canestro. Il 2° inizia a tirare appena il 1° avrà fatto partire il suo tiro. Tutte le volte che il giocatore seguente segnerà prima di quello davanti, lo eliminerà. Il gioco termina quando rimane solo un giocatore.

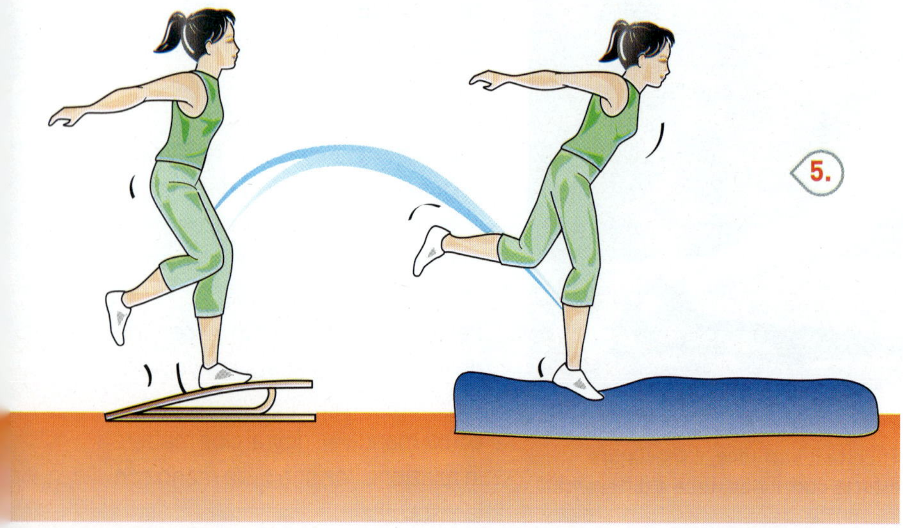

Aspetti dell'apprendimento motorio

Sensazioni e percezioni alla base del movimento

In ogni momento, attraverso i sensi, ricevi informazioni dall'ambiente. La vista, l'udito e il tatto ti mettono in relazione col mondo esterno: si parla in questo caso di **sensazioni esterocettive**; attraverso le **sensazioni propriocettive**, con le quali invece rimani in contatto col tuo "mondo interno", riconosci la posizione e il movimento del corpo nello spazio, le sensazioni di pressione, dolore e temperatura.

La sensazione diventa percezione

Solo le sensazioni che ricerchi volontariamente e che ritieni importanti per compiere un'azione raggiungono il livello di coscienza. Le sensazioni che vengono prese in considerazione, riconosciute e associate a precedenti esperienze dal tuo cervello diventano **percezioni**.

Fra tutte le informazioni, quelle provenienti dalla **vista** sono di gran lunga le più numerose. Puoi valutare la distanza (come nell'esercizio proposto a p. 56), la direzione, la traiettoria degli attrezzi, il movimento di compagni e avversari sia attraverso la visione **focale**, dove tutte le immagini sono ben nitide e a fuoco, sia attraverso quella **periferica**, più sfuocata e imprecisa, ma che ti consente di tenere sotto controllo l'ambiente rilevando il movimento e la posizione di più giocatori o oggetti.

Altre importanti fonti d'informazione in campo motorio sono: l'**udito**, che ti permette di riconoscere il richiamo di un compagno e la sua posizione nello spazio, e il **tatto**, che ti consente di riconoscere la natura di una superficie (liscia, ruvida ecc.) grazie alla capacità di identificare gli stimoli meccanici che agiscono sulla pelle.

3. Con la visione focale inquadri il canestro per effettuare il tiro, con l'udito avverti la presenza di un avversario che sopraggiunge alle spalle.

Il "sesto senso"

Le informazioni propriocettive provenienti da sensori, detti **recettori**, posti all'interno di muscoli, tendini e articolazioni ti permettono di **controllare l'ampiezza e la forza da imprimere ai gesti** per lanciare i differenti attrezzi verso il bersaglio stabilito. È il tuo sistema nervoso che, identificando il grado di tensione muscolare e le posizioni delle articolazioni nello spazio, riesce a ricreare l'immagine del tuo corpo sia ferma (statica) che in movimento (dinamica) anche senza la necessità di controllare visivamente l'azione.

L'insieme di queste differenti percezioni determina il "**senso del movimento**" detto **cinestesi**.

La percezione riveste un ruolo fondamentale nella guida del movimento: tanto più varie e numerose saranno le informazioni che sarai in grado di utilizzare, tanto più completa e precisa sarà l'immagine del corpo e del mondo circostante che saprai costruire.

GLOSSARIO

Recettore Particolare struttura anatomica specializzata nella raccolta delle informazioni che colpiscono un organo di senso.

Cinestesi Dal greco *kinêin* ("muovere") e *áisthìsis* ("sensazione"): sensazione dei movimenti del proprio corpo.

Orientarsi nello spazio

L'orientamento spaziale è la capacità di **organizzare il movimento nella dimensione spazio-temporale in cui agisci**, sfruttando soprattutto le informazioni visive e cinestesiche (quelle

1. Nell'esecuzione della trottola la pattinatrice deve saper mantenere dei riferimenti visivi nello spazio per poter riprendere l'esercizio nella giusta direzione.

PROVA PER IMPARARE

Un compagno, da diverse posizioni, lancia una palla da pallavolo alta e corta abbastanza da costringerti ad avanzare per eseguire un palleggio di pallavolo verso un canestro che si trova lateralmente a una distanza di 4-5 m. Cerca di far entrare la palla nel canestro.

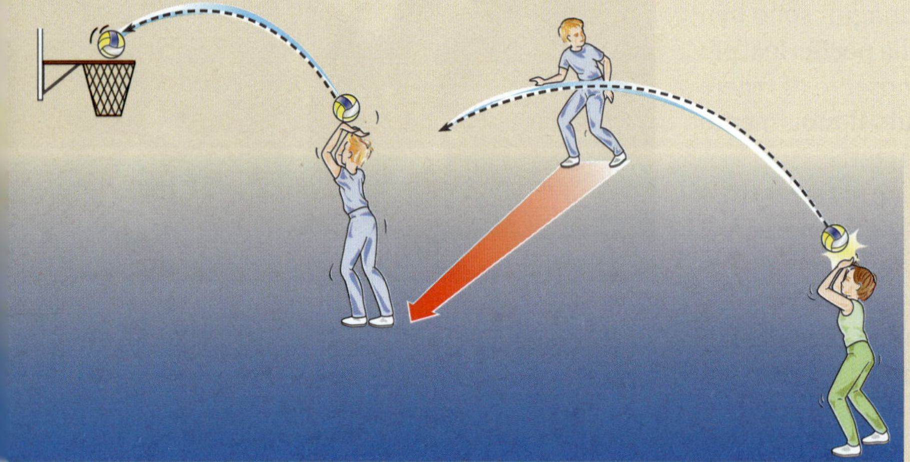

ANALISI DELLE DIFFICOLTÀ

Per eseguire l'esercizio è indispensabile che tu sia già capace di eseguire l'azione di palleggio della palla, altrimenti il livello di difficoltà risulterebbe eccessivo.
Innanzitutto devi tenere presente:

- la posizione del compagno che effettua il lancio;
- la direzione da cui proviene la palla;
- la direzione verso cui devi inviare la palla;
- l'altezza della parabola del lancio;
- l'ampiezza della parabola del lancio (di conseguenza devi considerare l'ampiezza del tuo spostamento);
- la distanza dal canestro nel momento del palleggio;
- l'altezza della parabola del palleggio per far entrare la palla nel canestro.

VERSO LA RIUSCITA

Ogni volta che hai a che fare con una palla in movimento utilizzi **informazioni legate allo spazio e al tempo**. Sia che lanci sia che ricevi una palla, infatti, devi considerare:

- la velocità che possiede o che le devi imprimere;
- le sue caratteristiche di peso, dimensione, forma, materiale;
- le condizioni ambientali in cui ti trovi (all'aperto o al chiuso).

Devi poi considerare la **traiettoria**, ossia il tragitto che la palla compie in volo. Ogni traiettoria ha una **componente verticale** (l'altezza) e una **orizzontale** (la lunghezza) che dipendono dal tipo di lancio che viene eseguito (**fig. 1**). Maggiore è la componente verticale (l'altezza) della parabola e più tempo avrai a disposizione per posizionarti al posto giusto per colpirla, passarla, prenderla.
L'esercizio sarà quindi più semplice da eseguire se il compagno ti lancerà la palla sufficientemente alta da darti il tempo per spostarti nel punto d'impatto, altrimenti, con un lancio

provenienti dai muscoli e dalle articolazioni). Sono queste informazioni che ti permettono di organizzare o variare le posizioni e i movimenti del corpo nello spazio e nel tempo, non solo rispetto a te stesso, ma anche rispetto a compagni, avversari o attrezzi. Per esempio, applichi questa capacità quando nel calcio devi orientarti durante l'esecuzione di una rovesciata con le spalle alla porta oppure quando, mentre pattini, devi saper riprendere la giusta direzione dopo aver eseguito una piroetta.

2. Per eseguire una rovesciata, l'atleta deve essere in grado di orientare il proprio corpo rispetto a punti di riferimento non immediatamente visibili ed eseguire il gesto nel momento opportuno.

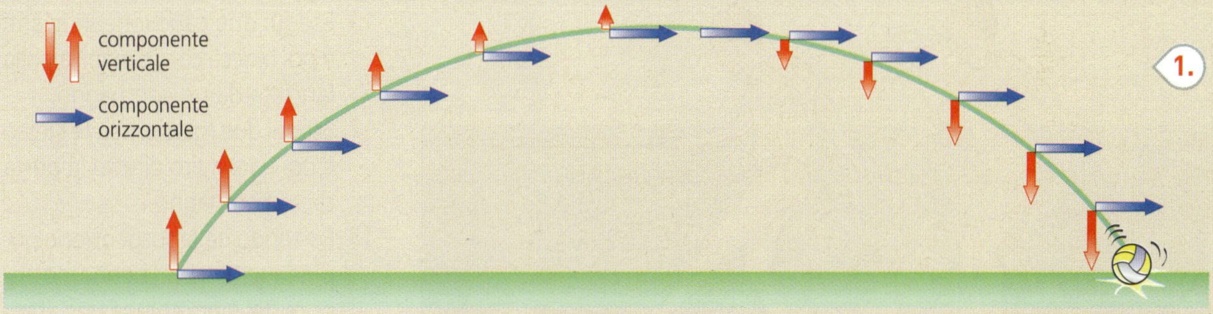

basso, o peggio teso, diminuisce il tempo che hai per spostarti (aumenta la componente orizzontale del passaggio; **fig. 2**).
Abituati quindi a effettuare gli spostamenti durante la fase ascendente della traiettoria e, comunque, prima dell'inizio della fase discendente, perché in questa fase la palla accelera sensibilmente: in questo modo potrai posizionarti in tempo utile nel punto in cui cadrà la palla (**fig. 3**).

È importante che tu assuma la posizione con il corpo rivolto verso il canestro, cioè orientato, **prima** di effettuare il palleggio. Non si deve palleggiare e insieme ruotare!
Per concludere, per risolvere il problema di far entrare la palla nel canestro dovrai valutare con precisione qual è la distanza della palla dal canestro e applicare nel palleggio il corretto livello di forza in rapporto alla parabola che sceglierai per fare canestro.

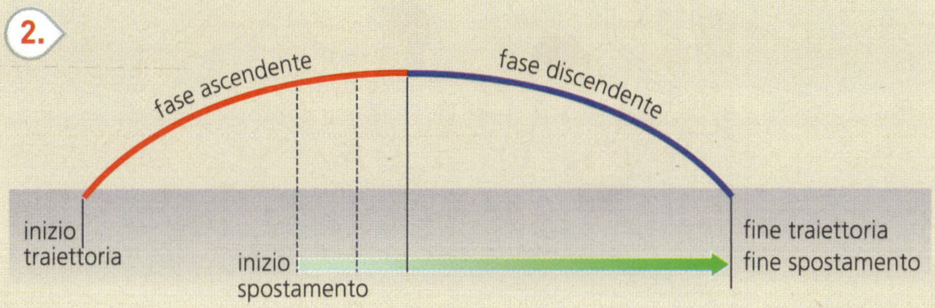

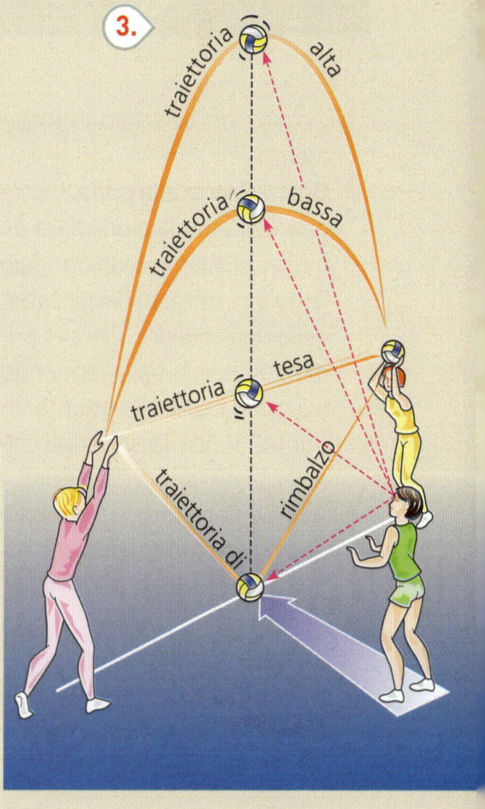

METTI IN PRATICA

4.

6.

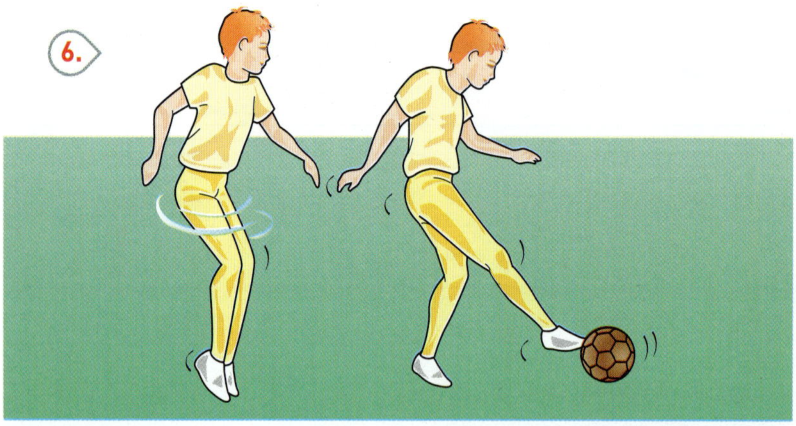

1. Colpisci un bersaglio in movimento.
2. **Gioco *Caccia alla palla*.** L'insegnante fa rotolare una palla da basket all'interno di un corridoio largo 9 m formato dai giocatori delle due squadre. Chi per primo colpisce la palla lanciando il proprio pallone conquista un punto. Vince la squadra che realizza per prima dieci punti.
3. A una distanza di 5 m fai passare una palla in un cerchio che rotola attraversando la palestra.
4. Fai rotolare un cerchio, inseguilo e saltalo senza toccarlo.
5. Salta e gira su te stesso (oppure effettua una capovolta), quindi tira un pallone a canestro.
6. Come l'esercizio 5, ma tira in porta con i piedi.
7. Come l'esercizio, 5 ma con 2 o 3 rotazioni.
8. Come gli esercizi precedenti, ma sotto pressione temporale.
9. **Gioco *Calcio-scalpo*.** Devi condurre la palla con i piedi evitando di farti rubare il fazzoletto infilato in vita.
10. Come l'esercizio 9, ma palleggiando la palla con la mano.
11. Esegui due capovolte in avanti e poi blocca con le mani la palla lanciata da un compagno.
12. Esegui due rotazioni su te stesso e poi para il tiro diretto in porta di un compagno.
13. Partendo dalla sospensione poplitea (cioè con la zona posteriore del ginocchio) a uno staggio delle parallele, appoggia le mani al suolo e, passando per la verticale, ritorna alla stazione eretta.
14. Bendato, gira due volte su te stesso e poi cerca di raggiungere un compagno che continua a chiamarti.

13.

Aspetti dell'apprendimento motorio

Giocare "d'anticipo"

L'abilità di collocarti nello spazio in rapporto alle altre persone e agli oggetti, fermi o in movimento, richiede la capacità di prevedere l'andamento, la successione, gli esiti dell'azione e di programmare conseguentemente la tua condotta: è la **capacità di anticipazione**. Immagina per esempio di scendere le scale a occhi chiusi: non conoscendo il momento esatto dell'impatto del piede con il terreno ti prepari in anticipo mettendo in tensione i muscoli delle gambe.

L'anticipazione per esperienza aiuta a superare l'avversario

In gran parte degli sport le azioni si susseguono così rapidamente che se aspettassimo di avere tutti i dati per realizzare l'azione più opportuna, avremmo concesso agli avversari il tempo necessario per organizzare la difesa. Per aumentare l'efficacia del gioco dovrai dunque imparare a riconoscere in anticipo, sulla base delle esperienze fatte, le informazioni più utili (disposizione in campo di compagni e avversari, velocità della palla, distanza dalla rete ecc.) e a non considerare quelle meno importanti (per esempio, dove guarda un avversario mentre passa la palla non è fondamentale: un giocatore esperto, per evitare di farsi intercettare la palla, eviterà di rivolgere lo sguardo nella direzione del passaggio!). Questa capacità di anticipazione, detta **per esperienza**, è fondamentale per raggiungere un buon livello di efficacia in tutti gli sport che prevedono un confronto con avversari (scherma, tennis, calcio, rugby ecc.).

L'anticipazione percettiva aiuta la precisione

3. Solo un esercizio continuo e attento può rendere un tuffatore capace di interpretare le informazioni sensoriali così velocemente da poter correggere un movimento in fase di esecuzione.

4. Il portiere, osservando l'azione dell'avversario, anticipa il tiro sollevandosi fuori dall'acqua per chiudere lo specchio della porta.

Anche in sport come la ginnastica artistica, i tuffi, il pattinaggio artistico occorre saper "anticipare", però in modo diverso da quello appena descritto. In questi sport **sono le informazioni inviate da sensi, articolazioni e muscoli che permettono di operare le regolazioni fini dei movimenti** che queste discipline richiedono. Prendiamo un tuffatore che deve tuffarsi compiendo una rotazione in avanti. Egli si aspetta di provare determinate sensazioni muscolari al momento della spinta: se percepisce di aver spinto troppo poco sul trampolino, dovrà aggiustare la rotazione, velocizzandola, per riuscire a completare il tuffo. In questo caso l'anticipazione è di tipo **percettivo**.

Pronti a reagire

La capacità di reazione è la capacità di **iniziare ed eseguire un'azione motoria in modo corretto e appropriato in risposta a un segnale**, che può essere acustico, visivo o tattile. Se conosci qual è il segnale a cui devi reagire (come quando l'insegnante fischia per dare la partenza in una gara di corsa), la tua è una reazione **semplice**. Se invece sai di dover reagire a un segnale, ma non sai bene né quando sarà dato né quale sarà, la tua reazione sarà più lenta e viene definita **complessa**.

PROVA PER IMPARARE

Morra cinese sprint: due allievi, alla distanza di circa un metro uno dall'altro, giocano a morra cinese. Quando uno fa un gesto che prevale su quello dell'avversario, lo deve inseguire e toccare prima che l'altro abbia raggiunto una linea posta a 15 m dalla zona di morra.

Come si gioca alla "morra cinese"? Si gioca in due utilizzando la mano destra per tirare. Ogni volta che si tira si possono fare tre differenti gesti: *la forbice* (si separa il dito indice dal medio della stessa mano), *la carta* (si tiene la mano aperta) e *il sasso* (si tiene la mano chiusa a pugno). Ogni gesto è potenzialmente vincente (o perdente): la forbice taglia la carta, la carta avvolge il sasso, il sasso rompe la forbice, due oggetti uguali si annullano e così via.

I due giocatori, uno di fronte all'altro, contano fino a tre e tirano mostrando il loro "oggetto". A seconda del risultato occorrerà decidere qual è la reazione giusta da mettere in atto.

ANALISI DELLE DIFFICOLTÀ

Per riuscire a reagire velocemente devi:

- riconoscere le figure della morra;
- decidere l'azione da svolgere: scappare, inseguire, stare fermo;
- ridurre il tempo che intercorre tra il riconoscimento della "vittoria" o della "sconfitta" e la scelta dell'azione motoria adeguata;
- reagire rapidamente con un'azione di scatto per "prendere" o "scappare".

1. Nella partenza dei 100 m gli atleti devono reagire in modo fulmineo allo sparo dello *starter*.

VERSO LA RIUSCITA

Per prima cosa abituati a reagire il più rapidamente possibile a stimoli semplici: un segnale, un suono, un tocco, sapendo che il tempo di reazione cambia a seconda della stimolazione.
La reazione è più veloce in caso di stimolazione tattile, più lenta in caso di stimolo visivo (ma si parla di centesimi di secondo!).
Il gioco della morra cinese richiede invece la capacità di reagire a uno stimolo complesso. Al tre, quando si mostrano le mani (**fase percettiva**), non è possibile reagire immediatamente come allo sparo dello *starter*. Occorre prima decidere se occorre inseguire (in caso di tiro vincente), scappare (tiro perdente) o rimanere fermi (entrambi hanno tirato lo stesso oggetto) e questa valutazione richiede del tempo (**fase della decisione**). Questa abilità nell'operare una scelta è collegata al livello di attenzione e allo stato emotivo della persona.
Chi è più abile e rapido nell'operare la scelta dell'azione opportuna avrà buone possibilità di avere il sopravvento sul compagno.
Segue la **fase motoria**, che consiste nel realizzare l'azione più adeguata: scattare in avanti, girarsi e scappare o rimanere fermi. La ripetizione delle azioni di scatto e di corsa, aumentando la coordinazione dei gesti, diminuirà il tempo di esecuzione, mentre anche con un allenamento specifico non sarà possibile ridurre più di tanto il tempo che intercorre tra la presa di decisione e la messa in moto.
Una volta terminata l'azione occorre verificare l'effetto della propria azione: è la **fase di controllo**. È una fase molto importante che consente, utilizzando l'informazione di ritorno (*feedback*), di apportare modifiche al proprio piano d'azione in vista delle successive esecuzioni.

2. Nella scherma la velocità di reazione complessa è determinata dalla capacità di saper "leggere" nei movimenti dell'avversario il momento opportuno per sferrare l'attacco.

METTI IN PRATICA

1. Partendo da varie posizioni (seduto, supino, prono, in ginocchio ecc.), esegui uno sprint di 15 m al segnale sonoro, visivo, tattile.
2. **A coppie.** A 5 m di distanza uno dall'altro, un compagno tiene in verticale, appoggiata a terra, una bacchetta. Al segnale convenuto la lascia mentre l'altro corre a prenderla prima che cada a terra.
3. **Gara di sprint a coppie.** Un terzo compagno con un mazzo di carte gira una carta per volta. Si "scatta" quando esce una carta del seme concordato (picche, fiori ecc.).
4. **Gioco *Segui la palla*.** I giocatori seguono il più rapidamente possibile il movimento della palla che un compagno (o l'insegnante) ha in mano: quando la palla avanza si indietreggia, quando indietreggia si avanza, quando va a destra o a sinistra ci si sposta a passo accostato, se si alza si eseguono salti, se si abbassa ci si mette proni a terra.
5. **Gioco *Mani bollenti*.** I corridori in riga con le mani in avanti: un compagno passa in rassegna i corridori e quando colpisce la mano di uno di questi scappa inseguito dal compagno "toccato" verso una zona franca.
6. **Gioco *Bandiera*.** Due squadre poste su due righe contrapposte; ogni squadra è formata da giocatori contraddistinti da un numero, i quali una volta chiamati devono correre verso l'insegnante, impossessarsi del fazzoletto che l'insegnante tiene in mano e cercare di riportarlo dietro la propria linea di partenza senza farsi toccare dall'avversario.
7. **Gioco *Bianco-nero*.** Due squadre (una "bianco" e l'altra "nero") schierate a centrocampo in riga, una di fronte all'altra, a una distanza di 6 m. Una palla leggera in mezzo ad ogni coppia di avversari. Quando l'insegnante dice "bianco", i neri scappano e cercano di raggiungere la linea di fondo campo a loro più vicina. Ogni "bianco" deve raccogliere la palla e, lanciandola, cercare di colpire il diretto avversario della squadra dei neri prima che giunga a fondo campo. *Variante*: si possono utilizzare diverse posizioni di partenza.

Aspetti dell'apprendimento motorio

Concentràti verso il successo

Con il termine *concentrazione* s'intende la capacità di dirigere l'attenzione su un compito. La concentrazione può essere mantenuta per un **tempo limitato** e richiede che il tuo **desiderio di riuscita sia forte**. Quando non hai voglia di fare una cosa, è improbabile che tu possa concentrarti bene. Per mettere in gioco le energie mentali e nervose necessarie per concentrarsi occorre la presenza di uno **stimolo profondo**. Solo se saprai **motivare te stesso**, chiarendoti per quale ragione è importante portare a termine quel compito, ne sarai capace.

3. Prima della gara l'atleta si concentra, focalizza cioè la sua attenzione sul compito da svolgere, cercando di non essere distolto da fattori di distrazione interni (pensieri negativi) ed esterni (rumore della folla).

Pensare positivo

Concentrarsi significa innanzitutto sapere verso cosa dirigere l'attenzione: nel caso del movimento vuol dire **saper focalizzare l'attenzione sugli elementi più importanti per la prestazione**, e cioè le informazioni sulla situazione, l'obiettivo ricercato e i mezzi per ottenerlo. **Alcuni fattori rendono difficile mantenere la concentrazione**: possono dipendere dall'ambiente oppure da pensieri che attraversano la mente nel momento dell'azione.

Nel primo caso può trattarsi di suoni o rumori, di particolari condizioni di luce o del terreno di pratica: per esempio osservando il comportamento dei nuotatori nei momenti che precedono la partenza dai blocchi, noterai quanta cura mettono nel ricercare la massima concentrazione possibile prima del "via". Nel secondo caso l'azione è disturbata da pensieri negativi del tipo: "adesso sbaglio, non ce la faccio più, è più bravo di me…". Il primo passo da fare in questo caso è **prendere coscienza** dell'esistenza di questi pensieri "distraenti": il solo fatto di riconoscerli fa già loro perdere parte della loro forza negativa.

Dovessero persistere, esistono **tecniche psicologiche** che possono aiutare a renderli meno influenti. Saper limitare il potere negativo di questi fattori può esserti utile anche in molte situazioni della vita di tutti i giorni: quando ascolti la spiegazione dell'insegnante, durante un compito in classe, quando studi a casa e devi lottare contro le varie fantasie che ti passano per la testa.

4. La capacità di concentrazione è indispensabile in ogni momento della nostra vita, dallo sport, allo studio, al lavoro.

Il ritmo del movimento

Ogni forma di movimento ha un proprio ritmo di esecuzione, fatto di durate, pause, velocità e intensità. Con la capacità di ritmizzazione, cioè di organizzazione del ritmo, **puoi acquisire il ritmo di base di un movimento e adattarlo al tuo schema di movimento.** Puoi adattarti a un ritmo proveniente dall'esterno, come fai quando, ballando, segui il ritmo di un brano musicale, oppure riprodurne uno tuo che hai interiorizzato con la pratica e che sei in grado di ripetere autonomamente, come nella corsa a ostacoli o nel canottaggio.

PROVA PER IMPARARE

Esegui saltelli con la funicella incrociando e allargando le braccia alternatamente.

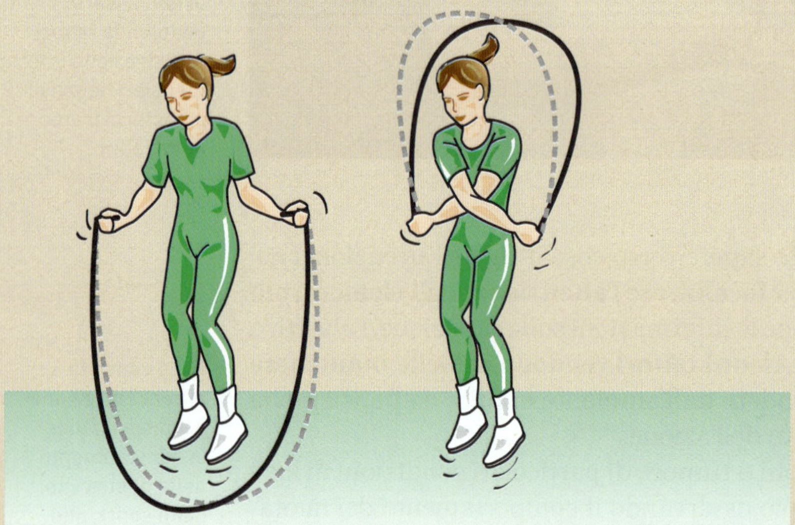

ANALISI DELLE DIFFICOLTÀ

Per eseguire questo esercizio è necessario:

- saper saltare sul posto con la funicella;
- utilizzare la rotazione dei polsi per dare l'impulso alla fune;
- capire quale movimento devono effettuare gli arti superiori;
- collegare l'azione degli arti inferiori con quella degli arti superiori;
- trovare il ritmo adatto fra salti e rotazioni;
- possedere una sufficiente resistenza.

Sicuramente imparare ad eseguire i saltelli con la funicella incrociando le braccia non è semplice; la prima difficoltà da risolvere è però proprio quella di "saper saltare la funicella", quindi di saper eseguire il gesto in modo fluido, elastico ed economico.

VERSO LA RIUSCITA

Per cominciare procurati una funicella adatta. Potrebbe essere un pezzo di corda da arrampicata da 0,8-1 cm di diametro. La lunghezza deve essere proporzionata alla tua statura: la calcoli mettendoti in stazione eretta con un piede sulla fune e portando con le mani le due estremità sotto le ascelle e qui formando un nodo per parte.

Per imparare a saltellare dapprima **saltella sul posto "simulando" di avere la funicella fra le mani** e ricercando una **cadenza** di saltelli regolare. Quindi fa' ruotare la funicella di fianco a te tenendo entrambe le estremità con una sola mano, **concentrandoti sull'azione del polso** (prima uno e poi l'altro) e abbinando a ogni rotazione un saltello.

Quindi **salta liberamente la funicella ricercando una cadenza regolare**. In questa fase utilizza il tipo di saltello che preferisci, a uno o due piedi contemporanei, con o senza saltello intermedio fra una rotazione e l'altra. **Cerca di saltare il meno in alto possibile**.

Quando avrai acquisito una certa

1. Nel nuoto sincronizzato le atlete seguono il ritmo della musica anche quando sono in immersione attraverso un diffusore detto "subacqueo".

regolarità **introdurrai l'incrocio**: quando la funicella sta passando dietro ed è circa sopra la testa, incroci velocemente le mani e salti la fune con le braccia incrociate. Quindi apri le braccia e ripeti.

Per organizzare una sequenza ritmica in modo che il movimento risulti fluido e armonioso, devi saper **alternare i momenti di tensione e di rilassamento** della muscolatura impegnata nell'esercizio.

Nel caso dei saltelli con la funicella e azione d'incrocio, devi **mantenere costante la cadenza dei saltelli verticali e scoprire il giusto momento per eseguire l'azione d'incrocio/riapertura delle braccia**. Saper trovare il giusto istante per eseguire un'azione motoria si dice trovare il *timing* del movimento.

GLOSSARIO

Cadenza Andamento ritmico regolare, frequenza regolare con la quale si ripetono i gesti.

"Prova a incrociare la funicella"

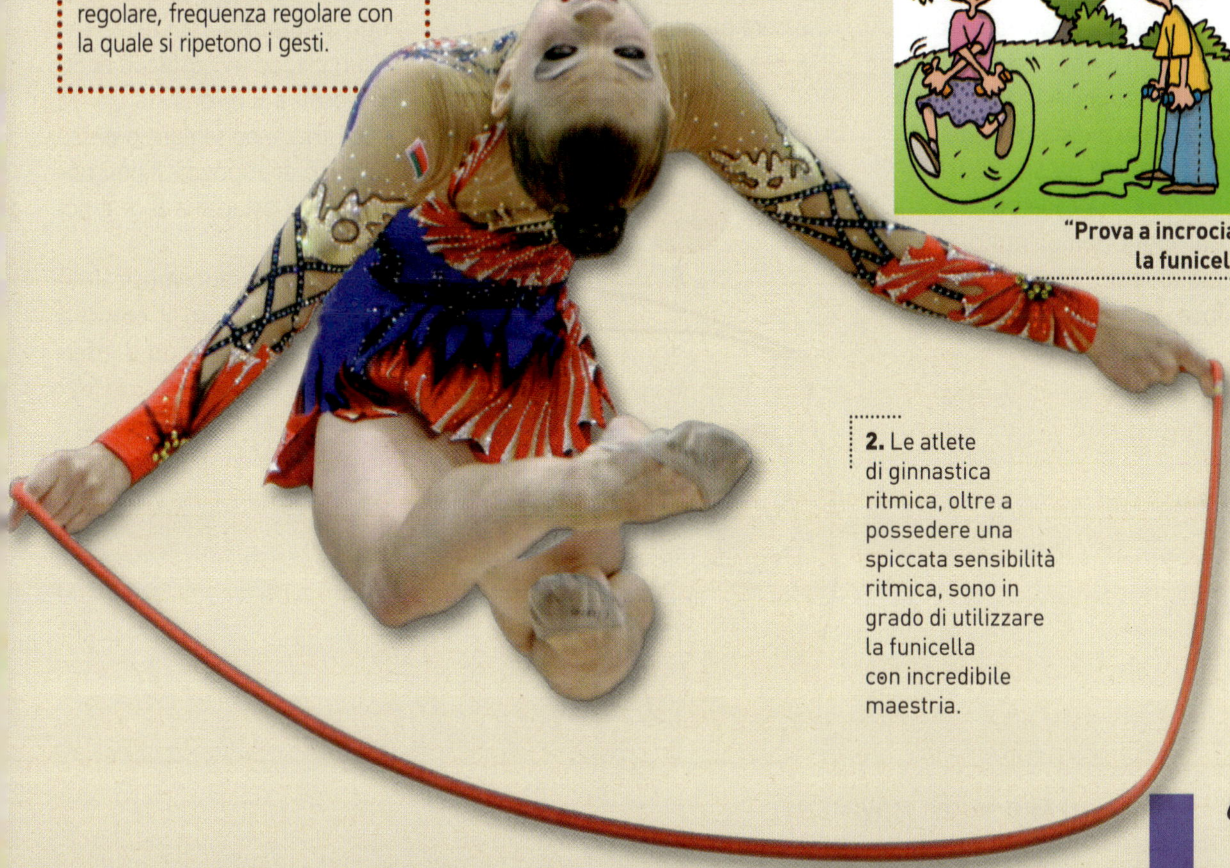

2. Le atlete di ginnastica ritmica, oltre a possedere una spiccata sensibilità ritmica, sono in grado di utilizzare la funicella con incredibile maestria.

METTI IN PRATICA

2.

1. Corri attorno alla palestra e registra il tempo impiegato. Ripeti poi per 10 giri sempre alla stessa velocità (quindi cercando di impiegare lo stesso tempo).
2. Esegui dei balzi nei cerchi posti a distanze regolari, a zigzag, avanzando di due e indietreggiando di uno…
3. Corri superando vari tipi di ostacoli posti a distanza regolare.
4. Corri a slalom in palleggio fra coni posti a distanze regolari.
5. Sali e scendi da una panca seguendo una cadenza imposta dal metronomo: ritmo lento, molto lento, veloce, molto veloce.
6. Con una mano lancia la palla verticalmente e riprendila mentre quella opposta fa ruotare orizzontalmente una funicella sopra la testa.
7. Adatta la tua velocità di corsa al ritmo di un tamburello suonato da un compagno. Esempi di strutture ritmiche che possono essere proposte: • •• • // • ••• • // •• ••• • //

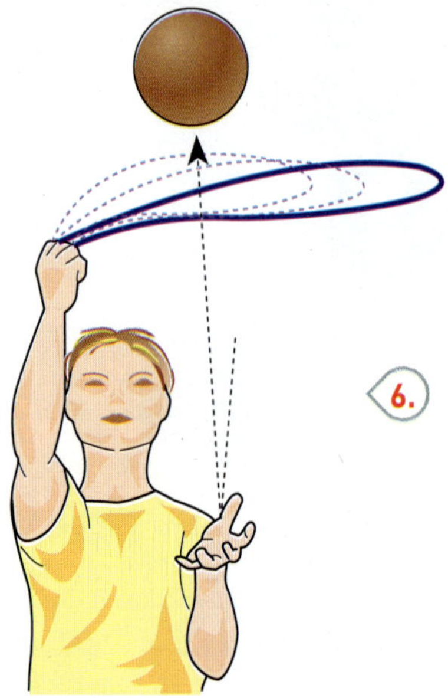

6.

8. Sul posto, segui la struttura ritmica proposta utilizzando parti del corpo sempre diverse.
9. Data una semplice base musicale, costruisci una sequenza di passi e movimenti che coinvolgano tutto il corpo.
10. Con la funicella riproduci una sequenza di salti che varierai ogni 6 rotazioni.
11. Corri e supera 3 ostacoli di 50 cm posti a 5 m di distanza fra loro utilizzando sempre lo stesso numero di appoggi. Ripeti ponendo gli ostacoli a 6 m e poi a 7 m.
12. Ascolta un brano musicale e muoviti con tutto il corpo a occhi chiusi cercando d'interpretarlo.

Aspetti dell'apprendimento motorio

Il tempo del movimento

Il tempo determina la durata di un movimento da eseguire nello spazio. Con l'espressione **ritmo del movimento** s'intende **la successione o la frequenza di gesti che si susseguono nel tempo**.

Per allenarti all'esecuzione corretta delle azioni devi essere in grado di regolare e organizzare i movimenti sia del tuo corpo nel suo complesso sia delle sue singole parti. Ogni persona ha un proprio **ritmo interno** con cui affronta la vita di tutti i giorni e che gli permette di muoversi con spontaneità e naturalezza.

La cadenza

Quando cammini, corri o esegui saltelli a velocità costante, il ritmo è regolare e i movimenti si succedono in modo sempre uguale nel tempo: segui una **cadenza**. Puoi modificare il ritmo intervenendo sulla cadenza: la puoi velocizzare, per esempio dimezzando gli intervalli di tempo tra un movimento e un altro; la puoi rallentare, invece, raddoppiandoli.

3. Nell'aerobica gli esercizi seguono la cadenza della musica: un allenamento costante consentirà di velocizzare i movimenti rendendo l'impegno fisico sempre maggiore.

La struttura ritmica

Gran parte dei gesti non segue ritmi cadenzati. In un'azione si possono susseguire fasi con movimenti che seguono ritmi differenti, ma che vengono percepiti come un insieme con una propria organizzazione interna. Per esempio nel salto in lungo distinguiamo: la fase della rincorsa che ha un suo ritmo fatto di appoggi che accelerano fino al momento dello stacco; il rapido momento dello stacco con l'innalzamento del ginocchio libero; la fase del volo in cui si eseguono dei gesti per mantenere l'equilibrio in aria; il momento dell'atterraggio in cui bisogna cercare di portare avanti i piedi per non perdere centimetri preziosi. Tutta quest'azione ha un suo ritmo globale che andrà rispettato in ogni esecuzione. Si tratta di una **struttura ritmica**.

L'uso di strumenti sonori (il battito delle mani o di un tamburo, il suono di un fischietto o di una musica) o visivi (dei cerchi disposti secondo determinate sequenze spaziali) ti permetterà di sviluppare la tua capacità di adattamento a ritmi diversi. **Abituandoti ad eseguire gli esercizi con ritmi differenti**, li renderai meno ripetitivi e questo ti porterà ad adeguare progressivamente le tue abilità motorie alle diverse circostanze. Pensa a come è diverso compiere uno slalom di corsa tra birilli separati dalla stessa distanza e tra birilli posti a distanze diverse l'uno dall'altro (come in una gara di sci)! **Abituati a seguire i ritmi musicali**: familiarizzando con i concetti di cadenza e di struttura ritmica renderai i tuoi movimenti più fluidi ed economici. Quanto più abile diventerai nel riconoscere e utilizzare gli elementi temporali su cui si regola l'azione, tanto più migliorerà la tua capacità di movimento.

Combinare i movimenti

1. Il salto in lungo è una specialità dell'atletica leggera che richiede la capacità di combinare l'azione di corsa e di salto.

"Stai mirando troppo in alto!"

Utilizzi questa capacità per **collegare tra loro diverse abilità e realizzare un movimento unitario in cui è necessario coordinare**, contemporaneamente o in successione, **movimenti di singole parti del corpo** (nel nuoto a delfino, l'accoppiamento dell'azione di braccia e gambe) **o combinare singole azioni** (l'azione di rincorsa, battuta, stacco e schiacciata nella pallavolo). Saper combinare differenti movimenti è una capacità fondamentale in gran parte delle discipline sportive. Occorre riconoscere quali segmenti corporei, masse muscolari, articolazioni sono realmente responsabili di un gesto, per poi essere capaci di far intervenire solo i segmenti direttamente coinvolti nel gesto stesso.

PROVA PER IMPARARE

Lancia una palla (a una o due mani, come preferisci) per avanti alto, esegui una capovolta, rialzati e riprendi al volo la palla con due mani.

ANALISI DELLE DIFFICOLTÀ

L'esercizio richiede di **combinare l'esecuzione di differenti azioni motorie**. Devi sapere:

- lanciare una palla con una traiettoria adeguata al tempo d'esecuzione della capovolta e allo spazio d'esecuzione del rotolamento, che è di circa 2 m;
- eseguire una capovolta avanti rialzandoti senza perdere l'equilibrio;
- recuperare visivamente la palla lanciata;
- afferrare la palla senza farla cadere.

VERSO LA RIUSCITA

Per riuscire a eseguire l'esercizio è necessario innanzitutto padroneggiare le singole abilità.
Per quanto riguarda il **lanciare**, decidi se ti senti più sicuro lanciando la palla con una o con due mani. Esercitati quindi a lanciare e a riprendere la palla prima stando fermo e poi camminando, variando l'altezza dei tuoi lanci. Per rendere la riuscita dell'esercizio più probabile, il lancio dovrà essere alto, ma fai attenzione perché alzando la traiettoria è più facile sbagliare!
La **capovolta** deve essere già ben padroneggiata nelle sue fasi (presta attenzione a non appoggiare la testa ma la nuca!), ricordando che più raccolti si rimane e più rapidi si rotola: sarà più facile rialzarsi.
Il **rotolamento** crea difficoltà d'equilibrio e di orientamento nello spazio (queste capacità verranno analizzate più avanti) che con la pratica imparerai a controllare e questo ti darà la possibilità di rivolgere lo sguardo in direzione della palla per poterla prendere.
Per mettere insieme tutte queste abilità in modo da eseguire correttamente l'esercizio, devi aver ben presente la **sequenza delle azioni**. Non puoi lanciare a caso la palla sperando che ti ritorni in mano: devi controllare il lancio della palla, valutarne la traiettoria, abbassarti rapidamente per rotolare e rialzarti con gli occhi rivolti in alto per cercare la palla da prendere al volo.
Adesso si tratta di provare un po': difficilmente ti riuscirà al primo tentativo!
Se saprai riconoscere in ogni esecuzione le ragioni dell'eventuale errore, potrai ben presto raggiungere il risultato ricercato!

5.

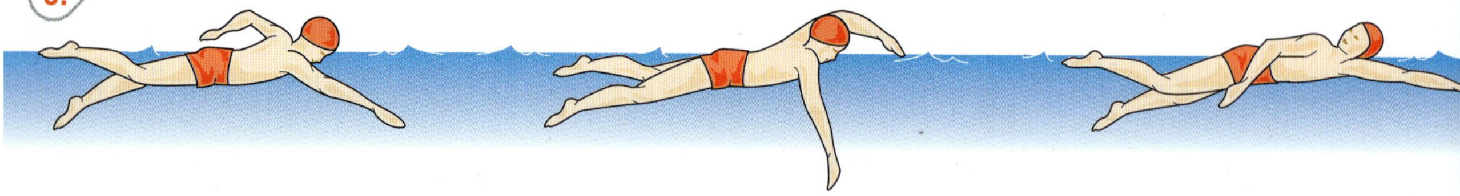

1. Esegui una rincorsa, con stacco e atterraggio.
2. Esegui oscillazioni degli arti superiori.
3. Salta e tocca un riferimento in altezza.
4. Dall'appoggio addominale alla cavallina, esegui uno scivolamento e una capovolta in raccolta.
5. Nuota a delfino o crawl.
6. Palleggia contemporaneamente due palloni di uguale peso.
7. Palleggia in forma alternata due palloni di uguale peso.
8. Palleggia in forma alternata due palloni di uguale peso, uno a terra e uno contro il muro (ripeti cambiando le mani).
9. Esegui saltelli con circonduzioni delle braccia.
10. Sali la pertica.
11. Salta a dx e a sx della trave (o di un compagno accovacciato) con mani in appoggio.
12. Esegui saltelli vari con uso della funicella.
13. Avanza conducendo il pallone da calcio.

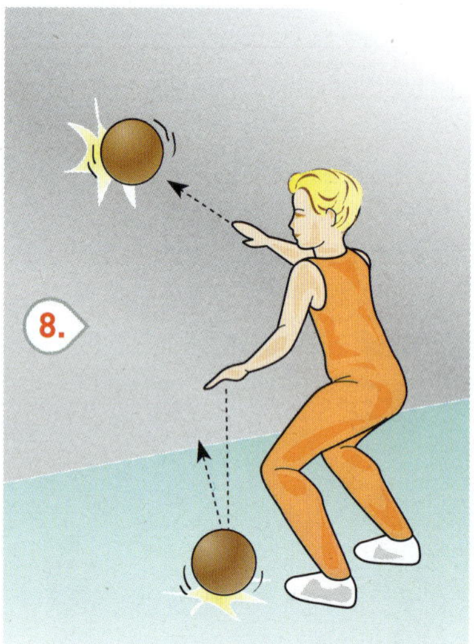

8.

14. Cammina e palleggia la palla.
15. Esegui una rincorsa e un lancio del vortex o di una pallina.
16. Gira su te stesso e tira una pallina contro un bersaglio.
17. Fai rotolare a terra in avanti una palla, esegui una capovolta, ti rialzi e fermi la palla.
18. Salta a terra da una panca: mentre salti esegui un giro completo su te stesso lanciando contemporaneamente in alto la palla con le mani e riprendendola al volo.
19. **Gioco presportivo *Tutti contro tutti*.** Ognuno gioca per sé. Per eliminare un giocatore bisogna colpirlo con la palla. Non si può correre con la palla in mano. Non si è presi se la palla prima di colpire rimbalza per terra. Se invece la palla viene presa al volo è eliminato chi l'ha lanciata!

15.

Aspetti dell'apprendimento motorio

Sbagliare per imparare

L'errore rappresenta un passaggio inevitabile nell'apprendimento e devi imparare a considerarlo come un'opportunità per migliorare: l'apprendimento beneficia tanto dei successi quanto degli errori. **Gli sbagli sono tappe obbligatorie nell'acquisizione e nel miglioramento di un movimento.** Per perfezionare un movimento devi continuamente **confrontare** ciò che sei riuscito a compiere con quanto avresti invece dovuto realizzare: ti costruisci, in questo modo, quelle "regole interne" che ti permetteranno di trovare le soluzioni di movimento più adatte alle diverse situazioni.

2. Nel tiro con l'arco l'errore può essere causato da un'impropria tensione impressa alla corda o dalla scorretta valutazione della distanza.

Perché ho sbagliato?

È importante riuscire a identificare le cause effettive che portano a un insuccesso o a un'esecuzione imperfetta. Si può sbagliare nella scelta dell'azione motoria da eseguire, nell'esecuzione del gesto tecnico o nell'interpretare le informazioni dei sensi. È fondamentale però **evitare di ripetere troppo spesso lo stesso errore** per non correre il rischio di "imparare" il movimento sbagliato!

3. Per eseguire correttamente un gesto motorio complesso è necessario ripeterlo più volte eliminando progressivamente gli errori compiuti.

Un aiuto all'apprendimento: il *feedback*

Nell'esercizio che ti abbiamo suggerito a p. 73 l'eventuale errore non dipende dalla scelta del gesto, ma probabilmente da un'esecuzione imprecisa per quanto riguarda la quantità di forza e la direzione impresse alla palla, dalla scelta dei tempi d'esecuzione della capovolta o dalla capacità di presa. Il tuo sistema nervoso confronta il risultato ottenuto con quello che era il tuo obiettivo e attraverso un **sistema di controllo** invia un'informazione (chiamata *feedback*) che ti rende cosciente di quanto è avvenuto. Nel caso di movimenti lenti o ciclici come la corsa o la pedalata in bicicletta, il *feedback* ti permette di eseguire correzioni del movimento durante l'azione, mentre nei movimenti rapidi, che in ambito sportivo sono la maggioranza, ciò non è possibile: potrai mettere in pratica la correzione solo nell'esecuzione successiva! I consigli dell'insegnante, l'uso della videoregistrazione, il responso del cronometro o la constatazione di aver mancato il bersaglio, insieme alle percezioni del tuo corpo in movimento, ti aiuteranno a comprendere l'errore e ad apportare le necessarie correzioni.

Equilibrio sotto controllo

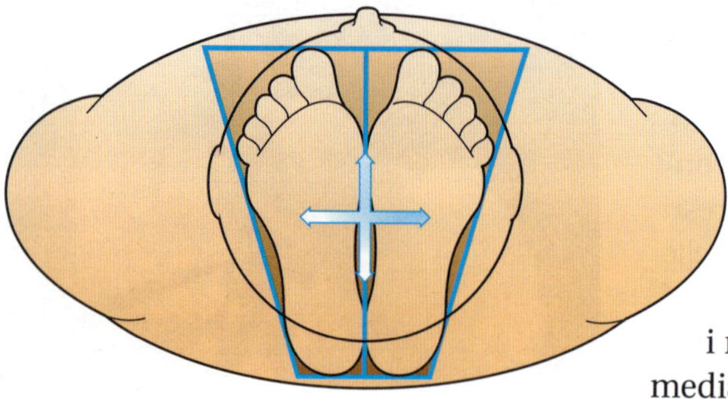

1. Per non cadere bisogna mantenere il baricentro il più possibile al centro della base d'appoggio. Infatti, più la linea di gravità si sposta verso la periferia del poligono d'appoggio e più precario diventa l'equilibrio.

L'equilibrio è la capacità di **mantenere o ripristinare una posizione stabile del corpo, sia da fermi che in movimento**.

Il corpo è in equilibrio quando **il baricentro cade all'interno della base di appoggio**. Per ottenere questo risultato i muscoli posturali devono costantemente intervenire mediante contrazioni e rilasciamenti per opporsi all'azione della gravità. Sono risposte muscolari riflesse, che avvengono in forma automatica e quindi non volontarie: pertanto non è possibile eliminare la reazione d'equilibrio.

Vi sono diversi tipi di equilibrio: **statico**, quando mantieni una posizione, per esempio la postura eretta; **dinamico**, che varia al variare della posizione delle parti del corpo; **di volo**, quando il tuo corpo non si appoggia né a terra né a un attrezzo; **di rotazione**, quando ruoti attorno agli assi corporei.

Ogni sport richiede capacità d'equilibrio specifiche: l'equilibrio richiesto a un canoista è differente da quello richiesto a una ginnasta o a uno sciatore!

GLOSSARIO

Baricentro Può essere rappresentato come il punto in cui, a causa della forza di gravità, si concentra il peso corporeo. Quando si è in piedi, si trova un poco dietro l'ombelico.

Base d'appoggio Superficie di contatto al suolo. Nel caso della posizione eretta, coincide con l'area di superficie tra i margini laterali dei piedi e la loro parte anteriore e posteriore.

2. L'equilibrio dinamico dello sciatore deve continuamente adattarsi alle condizioni della neve, alla pendenza della pista, alla presenza o meno di altri sciatori.

"Non riesco a mantenere l'equilibrio"

PROVA PER IMPARARE

Cammina sulla trave appoggiata su un materasso

ANALISI DELLE DIFFICOLTÀ

L'esercizio consistente nel camminare sulla trave, caratterizzata da un'area disponibile per appoggiare i piedi limitata a soli 10 cm, e per di più con l'attrezzo appoggiato su un **fondo cedevole** (il materasso), è di difficile esecuzione. L'azione è resa poi ancora più complicata perché l'**attrezzo è sollevato dal suolo**. La **base d'appoggio ristretta** comporta oscillazioni laterali del corpo a cui corrispondono reazioni di raddrizzamento che, accentuate dall'emotività derivante dal timore di cascare, risultano spesso troppo brusche e portano alla caduta.

VERSO LA RIUSCITA

Camminare su un attrezzo che offre una superficie d'appoggio ristretta e per giunta instabile mette a dura prova le tue capacità d'equilibrio! La prima cosa che devi fare è **facilitare i riflessi d'equilibrio**. Appena sali puoi constatare il funzionamento dei riflessi d'equilibrio rimanendo per un istante fermo: anche desiderandolo non puoi evitare che i piedi effettuino continui aggiustamenti! Per agevolare i riflessi d'equilibrio non bisogna assumere posizioni rigide; esse infatti ostacolano le fini regolazioni muscolari messe in atto dal cervelletto che sfrutta e coordina le informazioni provenienti da vista, udito, muscoli, articolazioni, tatto e **sistema vestibolare**. La mancanza anche di una sola informazione disturba l'equilibrio. Se chiudi gli occhi e provi a sollevarti sulle punte dei piedi, ti renderai subito conto di quanto sia più difficile mantenere la posizione senza l'aiuto della vista. Ecco altre strategie che puoi adottare per mantenerti in equilibrio sulla trave: abbassare il baricentro, cioè piegare le ginocchia (più lo porti vicino a terra, migliore è l'equilibrio), mantenere ben allineata in verticale la colonna vertebrale, fissare lo sguardo su punti di riferimento immobili (l'attrezzo stesso o la parete di fronte), allargare le braccia e la base di appoggio separando i piedi, rilassare la muscolatura non interessata al movimento, orientare i piedi in avanti (nella direzione in cui si svolge l'azione).
Ricorda che **tutte le forme d'equilibrio si possono allenare**.

GLOSSARIO

Sistema vestibolare Apparato sensoriale posto nella parte più interna dell'orecchio che rileva informazioni relative alla posizione e al movimento della testa e del corpo nello spazio.

3. Gli esercizi alla trave richiedono in ugual misura l'intervento di tutti i tipi di equilibrio: statico, dinamico, di volo e di rotazione.

METTI IN PRATICA

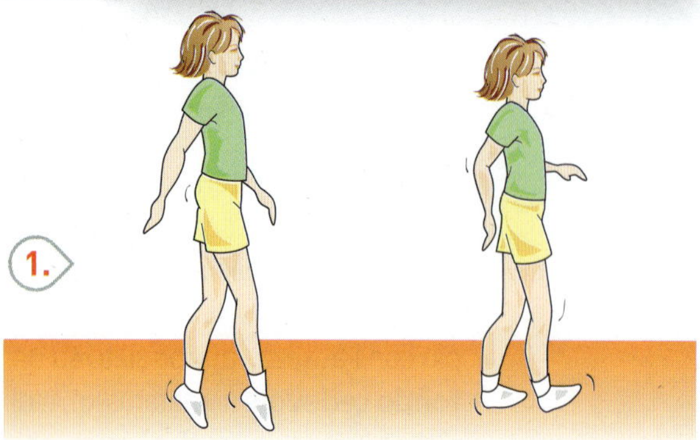

1. Sollevati sulle punte dei piedi e mantieni la posizione. Ripeti l'azione sui talloni, quindi passa lentamente dai talloni alle punte dei piedi.
2. Stacca da terra un piede, sollevando il ginocchio alto in avanti; ripeti la stessa cosa portando una gamba in avanti, lateralmente, indietro.
3. Dalla quadrupedia, stacca da terra una mano o un piede o entrambi.
4. Con l'aiuto di un compagno, sali su una palla medica e restaci (tenendoti con due mani, poi con una e infine senza mani) per almeno 10 secondi.
5. Cammina lungo una linea in quadrupedia, prima con due mani e un solo piede, poi con una mano e due piedi.
6. All'aperto crea un percorso appoggiando i piedi solo su dei sassi.
7. Cammina su attrezzi instabili posti sul pavimento: tappetoni impilati, asse d'equilibrio basculante, tappetone appoggiato sopra palloni medicinali, asse d'equilibrio con un solo appoggio a una delle estremità ecc.
8. Esegui gli esercizi appena descritti tenendo le braccia in varie posizioni: in fuori, conserte, in avanti, indietro, in alto, in basso.
9. Avanza sulla trave eseguendo saltelli a piedi alternati, a piedi pari, superando piccoli ostacoli.
10. Avanza sulla trave, siediti, rialzati e continua. Prova anche a sdraiarti prono e supino.
11. Corri e a un segnale esegui una giravolta verso destra, cercando di non sbilanciarti o perdere l'orientamento, senza interrompere l'azione di corsa; ripeti ruotando verso sinistra.
12. **In coppia.** Distanti 3-4 m, in appoggio sul piede destro e con il ginocchio destro semipiegato: mantenendo sempre la posizione passatevi una palla lanciandola con la mano sinistra e ricevendola con entrambe. Ripetete per 10 volte, quindi cambiate piede d'appoggio e mano di lancio.
13. Come nell'esercizio 12, ma dopo ogni ricezione toccate il terreno con la palla prima di passarla.
14. Cammina ad occhi chiusi appoggiando i piedi su una funicella distesa sul pavimento.
15. Come nell'esercizio 14, ma la funicella forma delle curve.
16. Cammina sulla trave mantenendo lo sguardo sui compagni davanti a te, che volutamente ondeggiano.
17. Spostati lateralmente in quadrupedia sulle parallele.

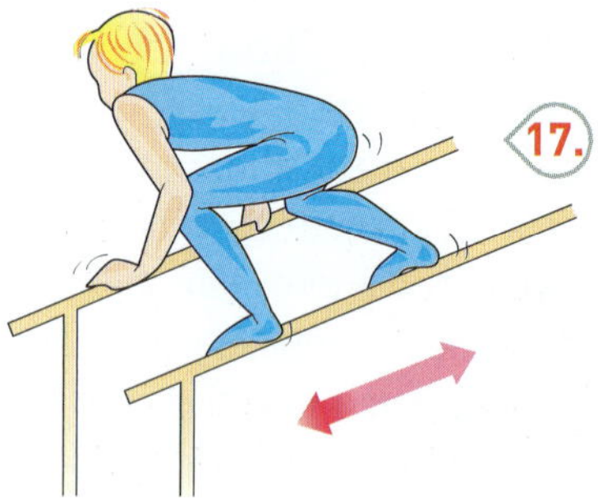

18. Avanza sulle parallele con le due mani sullo stesso staggio e i piedi sui due staggi.

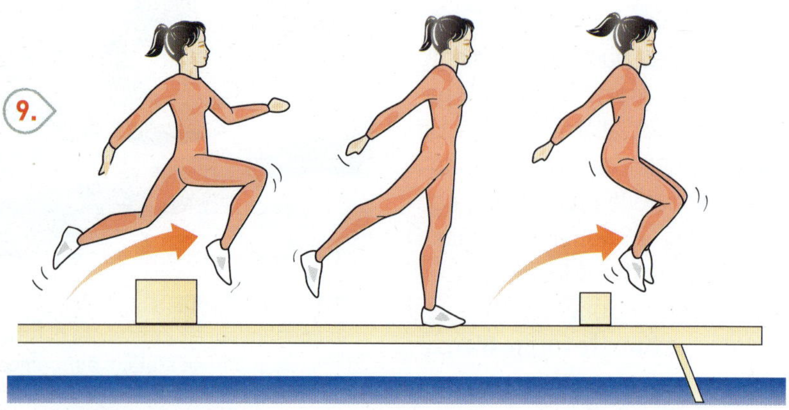

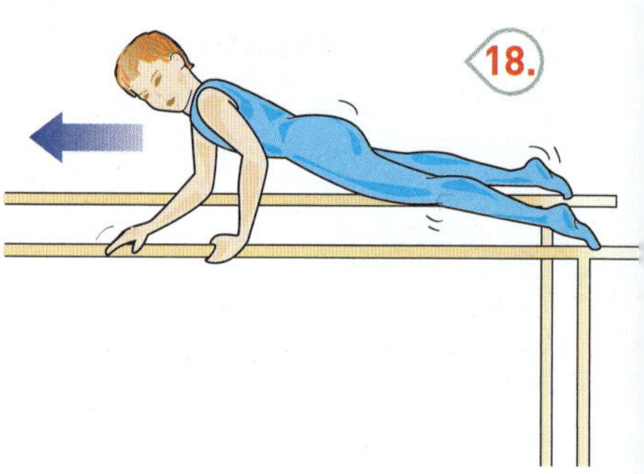

Aspetti dell'apprendimento motorio

Emotività sotto controllo

Camminando sulla trave, all'inizio avrai provato un momento d'apprensione: "Com'è stretta! Sarò capace? E se cado?". Hai avvertito delle emozioni e questa capacità è detta **emotività**.

L'emotività provoca delle reazioni soggettive. A livello fisico si nota spesso un aumento degli atti respiratori, della frequenza cardiaca, della sudorazione e della tensione muscolare; a livello psicologico si possono riscontrare variazioni nella capacità di attenzione e concentrazione.

Eccitazione o ansia?

A seconda delle circostanze l'emotività può avere un effetto positivo o negativo, variabile da persona a persona. Abbinata a situazioni piacevoli, come la riuscita in un compito impegnativo, un goal segnato, una risposta corretta a un quesito difficile, genera maggiore fiducia in sé ed è quindi positiva. Quando invece è legata a una situazione negativa, aumenta lo stato di tensione generale che riduce il controllo corporeo: il movimento diventa lento e poco fluido o viceversa troppo caotico e affrettato. Nel caso dello spostamento lungo la trave un eccesso di tensione muscolare può comportare un cattivo funzionamento dei riflessi d'equilibrio!

D'altra parte le emozioni non si possono eliminare: se ne può ridurre l'influsso cercando di controllare le reazioni che esse provocano. Nello sport, come nella vita di tutti i giorni, bisogna **imparare a tenere sotto controllo l'emotività**. Non bisogna lasciarsi condizionare da pensieri negativi. È la stessa paura di sbagliare che spesso provoca l'errore. Il tiro mancato a porta vuota, il passaggio troppo corto, lo smash terminato fuori ne sono alcuni esempi.

Un respiro per controllare l'emotività

Abbiamo visto che l'emozione altera il ritmo consueto degli atti respiratori, aumentandoli senza necessità fisiche o diminuendoli, talvolta fino all'apnea. Il mancato controllo della respirazione può indurre tensioni muscolari anomale e, quindi, portare all'errore. È dunque necessario **esercitarsi a mantenere una respirazione normale**, soprattutto in momenti di pressione emotiva.

Molti atleti si preparano a un gesto di precisione con **esercizi di rilassamento e respirazione**, curando soprattutto l'espirazione. Avrai notato che spesso gli atleti prima di un tiro libero, di una battuta nel tennis, di un tuffo o di un salto eseguono una lunga espirazione: questo aiuta a ridurre le tensioni sia emotive che muscolari e predispone a un miglior controllo corporeo.

Le reazioni emotive si possono quindi controllare, ma questa capacità va esercitata specificatamente. Gli allenatori sono consapevoli di questa necessità, per cui predispongono, in allenamento, situazioni simili a quelle di gara per imparare a controllare lo stress.

4. Prima della prova l'atleta si concentra per controllare ed eliminare le tensioni che potrebbero compromettere la buona riuscita del tuffo.

Adattare e trasformare i movimenti con fantasia

Questa capacità consiste nel **saper percepire o prevedere possibili variazioni della situazione che intervengono durante lo svolgimento di un'azione** (per esempio, un pallone che viene deviato o il terreno che diventa improvvisamente scivoloso) e nel **riuscire a modificare opportunamente l'azione già avviata**.
Un movimento si adatta modificando la velocità dell'azione, accelerando o decelerando con un aumento o una diminuzione dell'accelerazione, effettuando cambi di direzione improvvisi, variando il ritmo dell'azione, applicando maggiori o minori livelli di forza o cambiando l'ampiezza del gesto. **Un movimento si trasforma** cambiando in maniera evidente l'azione in corso. Capita con molta frequenza soprattutto negli sport di combattimento e nei giochi di squadra, per esempio quando, per l'intervento di un avversario, devi in un istante decidere di rinunciare all'azione programmata (per esempio un tiro) e realizzarne una differente (per esempio un passaggio).

PROVA PER IMPARARE

Costruisci un percorso disponendo nello spazio, a distanze irregolari, i seguenti attrezzi: scaletta (o *speed ladder*), coni, ostacoli di h 50 cm, ostacolini bassi (*over*), cerchi. Corri e supera tutti gli elementi disposti al suolo adattando la corsa in modo da impiegare il minor tempo possibile. Prova ad eseguire il percorso anche palleggiando una palla a terra oppure lanciandola e riprendendola.

ANALISI DELLE DIFFICOLTÀ

L'esercizio richiede **capacità d'adattamento** in considerazione della disposizione casuale degli attrezzi. Inoltre, poiché il percorso non è stato provato in anticipo, sono molto sollecitate la **memoria motoria nell'individuare lo schema motorio** più adatto per superare i punti difficili e la **capacità di anticipazione per individuare il percorso più razionale e veloce**.

"Non smettere! Continua!"
"Non ho più fiato!"

1. In una regata le continue variazioni del vento e del mare oltre al comportamento degli avversari obbligano l'atleta a operare continui adattamenti e trasformazioni del gesto motorio.

Per percepire ed eseguire con efficacia una trasformazione del movimento occorrono quindi **precisione** e **rapidità**. La capacità che stai studiando è strettamente legata alla **fantasia motoria**, perché permette di risolvere in modo creativo un problema motorio mai affrontato prima.

VERSO LA RIUSCITA

Saper adattare e trasformare un movimento con fantasia significa essere in grado di eseguire quello stesso movimento con sufficiente precisione anche in situazioni complesse e mai affrontate prima.
Molto dipende dalle esperienze motorie che hai potuto accumulare nel tempo: la "disponibilità a variare" si basa, infatti, su un patrimonio motorio ricco e flessibile che ti potrai creare **evitando di ripetere forme di movimento rigide e stereotipate**, cioè eseguite sempre allo stesso modo, senza varianti né di tipo spaziale né di tipo temporale.

Per migliorare la "qualità" delle azioni che devi eseguire nella realizzazione del percorso che hai ideato, prendi spunto da questi suggerimenti:

- aumenta la gamma di abilità motorie semplici, che fanno riferimento agli schemi motori di base. Per esempio corri variando: le direzioni (avanti, indietro, lateralmente, a zigzag...), le ampiezze (a passi piccoli e grandi), il tempo (lento/veloce, accelerando/decelerando, grande/piccolo tempo di volo...), gli appoggi (sulle punte, sui talloni, sui margini laterali dei piedi...), l'azione (a ginocchia alte, calciando dietro i talloni, a passo incrociato...), l'aspetto espressivo (pesante, leggero, come un bambino piccolo, come un vecchio...);
- combina il maggior numero di abilità (esempio: corri e salta, corri e palleggia, corri e lancia...);
- incrementa la velocità esecutiva delle abilità apprese (mantenendo comunque la precisione, cioè superando correttamente gli attrezzi, senza inciampare o dover interrompere l'azione, o perdere la palla...);
- varia le dimensioni degli spazi di lavoro (attrezzi più o meno vicini fra loro, campi più piccoli o più grandi del normale comportano nuove difficoltà da superare) o degli attrezzi utilizzati (palloni più grandi o più piccoli, più pesanti o più leggeri...);
- abituati a sopportare situazioni di disturbo introdotte appositamente, come eliminare o ridurre la presenza di un senso (per esempio manipolando la palla a occhi chiusi oppure indossando un paio di guanti).

METTI IN PRATICA

1. Organizza delle stazioni di lavoro in cui escogiti varianti esecutive di abilità già conosciute (salti, rotolamenti, lanci ecc.).
2. **Gioco *L'opposizione*.** A coppie, piede destro a contatto, mano destra impugnata reciprocamente. Far spostare uno dei due piedi all'avversario agendo con trazioni e spinte della mano impugnata.
3. Nel cerchio di centrocampo 1 contro 1 in palleggio: vince chi porta via la palla all'avversario (eseguire sotto forma di torneo).
4. Situazioni di gioco a campo ristretto.
5. Situazioni di gioco con numero di giocatori ridotto.
6. Situazioni di gioco con azione difensiva facilitata (2 contro 3) o resa più difficile (3 contro 2).
7. Situazioni di gioco con consegne restrittive: partita di calcio segnando solo di testa o solo di sinistro, partita di pallamano senza palleggio, partita di pallavolo senza *bagher* ecc.
8. Situazioni di gioco con inibizione di uno dei sensi (per esempio eliminare l'udito mettendo i tappi nelle orecchie).
9. Partita di pallavolo o basket indossando dei guanti (riduzione delle informazioni tattili).

Aspetti dell'apprendimento motorio

L'esperienza insegna!

Per riuscire a progettare velocemente una nuova azione devi diventare **capace e rapido nel selezionare le informazioni, cogliendo quelle utili e tralasciando quelle inutili**. Che cosa ti permette di distinguere fra esse? È l'esperienza. Le esperienze già vissute, infatti, servono come raffronto immediato con gli stimoli prodotti dall'ambiente e dall'organismo (le percezioni) e ti permettono di "costruire" la risposta più adatta a una determinata situazione. In particolare, grazie all'esperienza puoi comprendere quanto sta avvenendo nel presente attraverso ciò che è accaduto in passato. Tutto questo non potrebbe avvenire se le diverse esperienze che hai già vissuto non avessero lasciato una traccia, se non fossero state cioè **memorizzate in modo stabile dal tuo sistema nervoso**, così da poter essere richiamate, al bisogno, in momenti successivi.

2. Le esperienze realizzate nei momenti di gioco libero entrano a far parte del "bagaglio" personale di attività motorie cui poter far riferimento al bisogno.

La memoria motoria

La capacità del tuo cervello di ricordare, in modo temporaneo o permanente, delle informazioni è detta **memoria**. Alcuni "ricordi" svaniscono anche dopo soli pochi secondi, altri si fissano nella mente. Nel primo caso lo stimolo nervoso, di tipo elettrico, non lascia traccia, nel secondo si creano delle connessioni chimiche tra cellule nervose che fissano il ricordo e permettono, quando necessario, di "richiamarlo" alla coscienza. Purtroppo col passare del tempo queste tracce possono cancellarsi e si è allora soggetti alla dimenticanza. **Perché le informazioni si fissino nella mente sono necessarie attenzione e ripetizione**: per imparare a memoria le parole di una canzone devi ascoltarla e cantarla molte volte. Se per un lungo periodo non riporti alla coscienza il testo della canzone, esso viene, almeno in parte, dimenticato. Fortunatamente questo non avviene per le abilità motorie: una volta che hai appreso a sciare, a nuotare o ad andare in bicicletta, non te ne dimentichi neppure dopo anni di abbandono.

3. Molte abilità motorie, come sciare, nuotare o andare in bicicletta, non vengono dimenticate anche se non sono praticate per anni.

C

ANALIZZIAMO LA COMPETENZA

Chi molto pratica, molto impara

A scuola si va per imparare: quante volte ce lo siamo sentiti ripetere? Eppure qualche volta, malgrado la fatica, l'impegno, la volontà, i risultati non sono quelli che ci aspettiamo e ci sembra di non aver imparato niente. È allora importante ricordare che il principale obiettivo di ogni studente non è tanto apprendere "cose", quanto soprattutto quello di imparare a imparare, cioè saper individuare e utilizzare i comportamenti e le strategie più adatti per raggiungere i risultati voluti.

Ecco gli "ingredienti":

- comprendere le richieste (**comprensione**);
- riconoscere le difficoltà (**esperienza**);
- scegliere il percorso più congeniale (**metodo di lavoro**);
- affrontare il percorso con metodo e determinazione (**esecuzione**);
- utilizzare gli strumenti più adatti (**mezzi**);
- analizzare in modo oggettivo il risultato ottenuto (***feedback***).

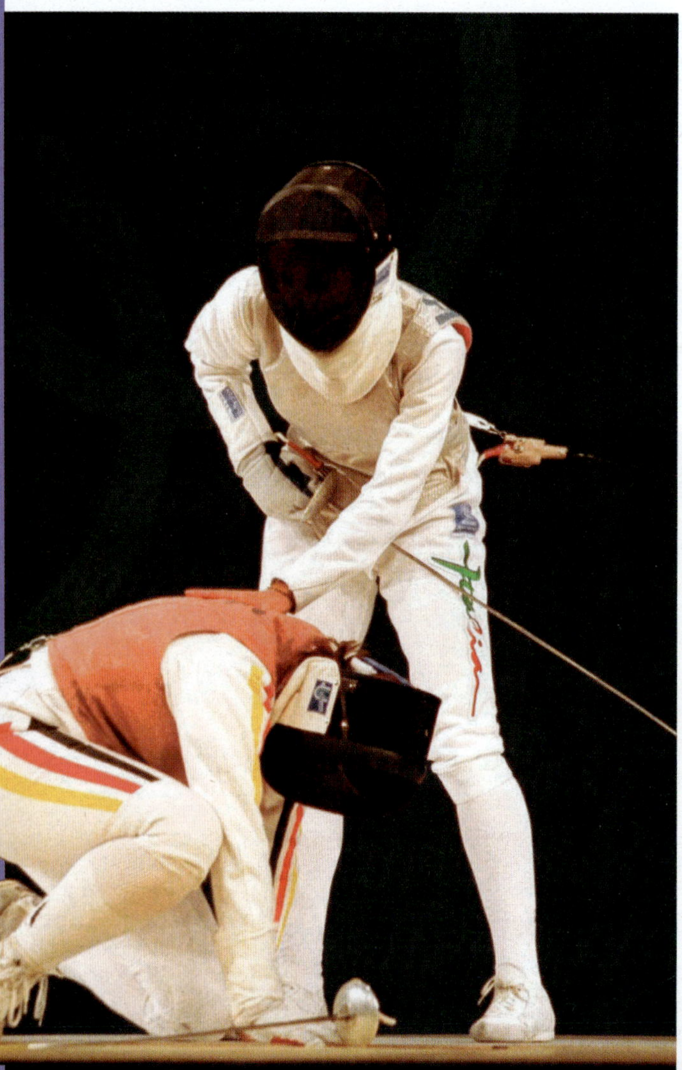

Se ci pensi, non solo la scuola con le diverse discipline, ma la vita intera è un continuo stimolo ad apprendere, per cui la maturazione di questa competenza ti accompagnerà nella tua crescita.

Applicandoti nello studio e nella pratica delle scienze motorie ti sei reso conto che le difficoltà devono essere, prima di tutto, **riconosciute**, quindi **affrontate** con metodo e determinazione, individuando i percorsi a te più congeniali e riflettendo sugli aspetti che influiscono maggiormente sul raggiungimento del traguardo sperato. Devi essere attivo nel tuo processo di apprendimento!

Avrai poi notato che nel testo è stata data molta importanza al **valore educativo dell'errore**: sbagliare è infatti un momento importante per capire e migliorare. A patto che dopo aver sbagliato se ne indaghi la causa e si individui la possibile **correzione**. Sarà la consuetudine a "riflettere" prima, durante e dopo il lavoro che ti farà capire quanto sei diventato **più consapevole della realtà che ti sta attorno**, padrone di te stesso e autonomo nella costante rielaborazione delle tue abilità e conoscenze.

D. MIGLIORO LE MIE CAPACITÀ

LA COMPETENZA TRASVERSALE IN GIOCO

Progettare

Questa competenza ti richiede di saper progettare e si riferisce a molteplici aspetti della tua vita, non solo di studente, ma anche di futuro adulto e cittadino del mondo. Significa prefiggersi un obiettivo e volerlo portare a termine riconoscendo e utilizzando i mezzi e i tempi adeguati per "costruire" quanto stabilito. Con le scienze motorie e sportive puoi sviluppare la competenza del "progettare" ad esempio per raggiungere un livello maggiore di abilità in uno sport o per aumentare i livelli di forza o resistenza. Una volta riconosciuto il punto di partenza, imparerai a organizzare un lavoro personale, basato su impegno costante, tecniche precise e conoscenze scientifiche per raggiungere il tuo obiettivo.

ANALIZZIAMO LA COMPETENZA

Gli elementi della prestazione

La condizione fisica

Non è semplice definire il concetto di condizione fisica. Un conto è quella di una persona normale, un altro è quella di un atleta.
Una **persona "normale"** può essere considerata a posto dal punto di vista fisico, e quindi in grado di svolgere attività fisica con tranquillità nell'ambito di ragionevoli limiti, se ha un sistema cardiovascolare ben funzionante, una percentuale ottimale di grasso corporeo, adeguate forza e resistenza muscolari e una sufficiente flessibilità.
Diverso è il caso di un **atleta**. La prestazione sportiva di un atleta è il risultato di una sintesi perfetta tra armonia dei movimenti e potenza fisica. Per raggiungere risultati di alto livello deve avere caratteristiche fisiche legate al suo patrimonio genetico che gli permettano di riuscire meglio di altri nella pratica di un determinato sport. Queste caratteristiche sono individuabili nelle capacità motorie.

Le capacità motorie

Tutte le persone hanno le medesime capacità, intese come **potenzialità**. Quello che cambia in ognuno è il **grado di sviluppo** di queste capacità. Una persona può essere veloce e tuttavia dotata di scarso equilibrio, un'altra resistente ma poco reattiva. Alla base della prestazione ci sono le **capacità motorie**: come già sai, esse sono l'insieme delle caratteristiche fisiche di un individuo, normalmente suddivise fra **capacità organico-muscolari** (o condizionali) e **capacità coordinative** (ne abbiamo parlato nella sezione precedente). Questa suddivisione permette di semplificarne lo studio, ma in realtà le diverse capacità motorie interagiscono costantemente.

Le capacità organico-muscolari e l'allenamento

Le capacità organico-muscolari sono alla base dell'esecuzione del movimento e dipendono dai sistemi energetici e dall'apparato cardiocircolatorio. Sono **forza**, **velocità**, **resistenza** e **flessibilità**.
Per aumentare il tuo livello di prestazione o anche solo per mantenerti in efficienza dovrai aumentare significativamente il tuo livello di attività fisica ed esercitarti con costanza. Dovrai cioè **allenarti** con metodi efficaci, accorgimenti ed esercizi adatti alla tua età e al tuo livello di preparazione. In questo modo potrai conseguire una preparazione adeguata alle prove o alle gare sportive che intenderai sostenere. Nelle prossime pagine vedrai come.

L'allenamento

Che cos'è l'allenamento?

In questa fase della tua vita le tue capacità di prestazione si accrescono per il semplice fatto **che stai crescendo**, ma solo allenandoti potrai raggiungere risultati ancora migliori. L'allenamento è infatti una **ricerca mirata e pianificata dello sviluppo delle capacità di prestazione fisica** che ti permetterà di correre più velocemente, saltare più in lungo o sollevare pesi maggiori.

Si rompe un equilibrio

L'organismo umano ha bisogno che diverse condizioni fisiologiche necessarie alla vita, come la temperatura corporea, la composizione del sangue, la quantità di liquidi cellulari, rimangano costanti. Quando questa situazione d'equilibrio, chiamata **omeostasi**, viene modificata, l'organismo si adegua (si organizza) rapidamente per ristabilirla. Anche la fatica che provi dopo aver svolto attività fisica rompe l'omeostasi che, quindi, dovrà essere ristabilita una volta terminato l'esercizio.

Aggiustarsi e adattarsi

Per ritornare a uno stato d'equilibrio l'organismo può **aggiustarsi** o **adattarsi**. Si aggiusta per **reagire rapidamente** a una richiesta che modifica il suo normale stato, come quando il tuo cuore si mette a pompare una maggiore quantità di sangue per rifornire le cellule muscolari di ossigeno perché ti sei messo a correre. Nel giro di alcuni minuti, però, esso tornerà allo stato di quiete precedente. Quando invece gli stimoli si ripetono nel tempo e sono d'intensità sufficiente, oltre alla reazione immediata di aggiustamento, avvengono delle **lente ma durature modificazioni organiche che portano a maggiori capacità di prestazione**: è l'adattamento. Avrai notato come il muscolo, nel giro di qualche tempo, aumenti di volume in seguito ad allenamenti per la forza: è l'adattamento che rende il muscolo capace di affrontare sforzi sempre maggiori!

GLOSSARIO

Omeostasi Funzione che permette agli organismi viventi di mantenere una condizione di equilibrio interno stabile.

Aggiustamento Risposta rapida e momentanea dell'organismo che si realizza durante l'esercizio e che scompare quando questo è terminato.

Adattamento Risposta dell'organismo a una sollecitazione. Tale risposta s'instaura lentamente, ma persiste nel tempo permettendo di reagire in maniera più adeguata a successivi stimoli dello stesso tipo.

1. L'allenamento induce dei cambiamenti fisici che si mantengono fin tanto che l'esercizio è svolto con regolarità.

Come funziona l'allenamento

La supercompensazione

La reazione di adattamento avviene **durante il recupero**, che è un momento di pausa durante il quale l'organismo risponde alla fatica e si organizza per poter sopportare nuove e più elevate quantità di lavoro, non solo ripristinando il livello di prestazione iniziale ma addirittura acquisendone uno superiore. La differenza tra il livello di partenza e quello, più alto, che viene raggiunto al termine della fase di recupero, viene chiamata **supercompensazione**.
Allenandoti con regolarità le prestazioni aumenteranno, mentre se gli allenamenti vengono interrotti l'efficienza fisica gradualmente diminuirà.

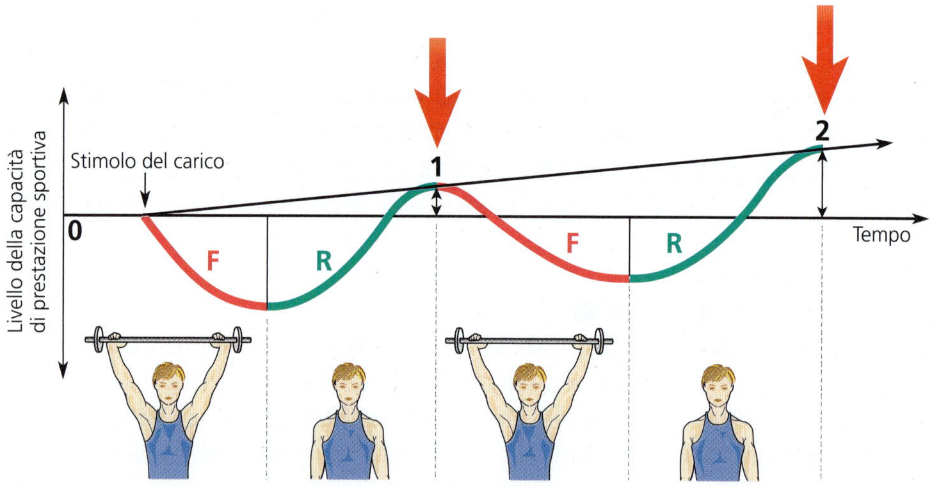

1. La parte discendente del grafico rappresenta la fatica (F); quella ascendente il recupero (R). Le frecce rosse indicano i punti di massima supercompensazione, cioè il momento ottimale per sostenere un nuovo allenamento. Puoi notare che dopo ogni supercompensazione il livello di prestazione sportiva è maggiore.

Il carico di allenamento

Perché avvenga la reazione di supercompensazione, che varia a seconda dell'età, del sesso e del grado di allenamento, occorre che il **carico di lavoro**, cioè l'insieme degli stimoli a cui viene sottoposto l'organismo durante una seduta di allenamento, **superi un livello minimo**. Per questo è necessario misurare e calibrare l'intensità e la quantità del carico.
L'**intensità** rappresenta la grandezza della sollecitazione. Per calcolarla si prende come riferimento la massima capacità di prestazione di un soggetto. Nelle prove di corsa veloce il riferimento è il tempo d'esecuzione e per questo si usa il cronometro; nel caso di sforzi prolungati il riferimento è il battito cardiaco perché il lavoro del cuore è direttamente correlato allo sforzo; nelle prove di forza i kilogrammi che si sollevano.
La **quantità** rappresenta la somma degli stimoli cui si sottopone l'organismo in un allenamento: i kilometri percorsi correndo, i kilogrammi sollevati, i lanci

effettuati. La quantità è in relazione inversa con l'intensità: tanto più intenso è uno stimolo, tanto minore sarà la quantità di lavoro che si potrà realizzare e viceversa.
In ogni caso è importante che l'allenamento raggiunga un **livello minimo d'intensità**, altrimenti non viene stimolata alcuna reazione di adattamento: correre troppo lentamente (bassa intensità) per breve tempo (bassa quantità) non induce **fatica** e quindi neppure reazioni di adattamento.

La risposta al carico d'allenamento

Così come lo stesso allenamento proposto a due persone differenti produce effetti diversi, uno stesso allenamento proposto in momenti diversi può generare reazioni differenti nella stessa persona: ogni organismo non reagisce all'allenamento sempre allo stesso modo.
Tu stesso, a seconda del tuo stato fisico o psicologico, in alcune giornate sarai disposto a lavorare più intensamente, in altre meno: trovare il **giusto bilanciamento** tra intensità e quantità delle sollecitazioni, soprattutto con soggetti in età evolutiva come te, è uno degli aspetti più difficili da risolvere per un allenatore!

GLOSSARIO

Fatica È uno stato fisico e psichico transitorio, determinato da carichi di lavoro, che si manifesta con un peggioramento della prestazione. È un fenomeno indispensabile all'allenamento e un presupposto per il miglioramento delle prestazioni.

La fase di recupero

A ogni periodo di attività deve seguire un **adeguato tempo di pausa**, e questo vale sia all'interno della stessa seduta di allenamento, sia fra una seduta e l'altra. In queste importanti fasi di recupero avvengono fenomeni di **rigenerazione organica**: essa è la risposta di adattamento alla fatica.

Quando l'allenamento è troppo

Quando un organismo viene sollecitato in maniera eccessiva, per effetto di una metodologia sbagliata oppure per un esagerato desiderio di successo che porta un atleta a non rispettare i necessari tempi di recupero, può andare incontro a uno stato di stanchezza continua, d'insonnia e inappetenza, seguiti da un vistoso calo delle prestazioni. È la **sindrome da sovrallenamento**, una vera e propria malattia che richiede di ridurre o sospendere l'attività curando il riposo, in particolare quello notturno, e l'alimentazione.

Per un allenamento ottimale

"Sono fuori esercizio"

I mezzi dell'allenamento

Gli **esercizi** sono i mezzi, gli strumenti basilari che permettono di migliorare la prestazione. A seconda dell'obiettivo che ci si propone si distinguono:

- **esercizi a carattere generale**, o fondamentali: sono quelle attività che concorrono al miglioramento e al mantenimento di una condizione fisica ottimale. Sono esercitazioni anche molto diverse dai gesti di gara, che servono a preparare l'organismo dell'atleta a sopportare lo stress dell'allenamento specifico. Esercizi a corpo libero, sollevamenti di manubri o bilancieri, saltelli con la funicella ne sono un esempio;
- **esercizi a carattere speciale**: contengono gesti non necessariamente utilizzati durante la competizione, ma che influenzano il gesto di gara in modo evidente. Per esempio lanciare un peso più leggero o più pesante dell'attrezzo da gara lascia sostanzialmente inalterata la forma del gesto, ma ne modifica l'applicazione di forza;
- **esercizi a carattere specifico**: riproducono in parte, o completamente, i movimenti di gara. Nel caso degli sport di squadra, si tratta di esercitazioni di gioco che si rivolgono agli aspetti tecnici e tattici.

Gli obiettivi dell'allenamento

Con l'allenamento migliori:

- le **capacità fisiche**, cioè le capacità organico-muscolari di forza, resistenza, velocità e flessibilità;
- le **capacità psichiche**, cioè quegli aspetti legati alla conoscenza di te stesso, all'autocontrollo e alla forza di volontà;
- le **capacità coordinative**, ossia le tue capacità tecniche;
- le **capacità cognitive**, vale a dire le conoscenze degli aspetti tecnici e tattici del tuo sport e del processo d'allenamento.

I CONSIGLI DEL PROF

- Adegua il carico di allenamento al tuo livello di esperienza, condizione fisica e disponibilità psicologica.
- Varia le attività per evitare la monotonia e divertirti di più.
- Fai in modo che l'allenamento sia stimolante e sufficientemente intenso.
- Aumenta prima la quantità di lavoro e solo in un secondo tempo l'intensità.
- Incrementa gradualmente il carico di lavoro: i kilogrammi da sollevare, la velocità d'esecuzione, i minuti da correre, l'ampiezza o la frequenza dei movimenti.
- Ricorda che le capacità di prestazione acquisite velocemente si perderanno altrettanto rapidamente, mentre quelle acquisite lentamente regrediranno più gradualmente.
- Allenati con costanza evitando lunghi periodi d'inattività. Anche in vacanza sfrutta tutti i momenti possibili per mantenerti attivo!
- Presta attenzione ai tempi di recupero: se sono troppo brevi, possono condurti troppo in fretta alla fatica, mentre se troppo lunghi possono non stimolare sufficientemente l'organismo.

Organizzare l'allenamento

1. Effettuare un buon riscaldamento prima di qualsiasi pratica sportiva è fondamentale nella prevenzione degli infortuni.

La seduta di allenamento

Ogni seduta di allenamento si compone sostanzialmente di tre parti.

1. Il **riscaldamento**: corrisponde alla parte introduttiva della lezione o dell'allenamento. Consiste nel preparare l'organismo agli specifici impegni previsti dall'allenamento.
2. La **parte principale**: è la fase in cui è opportuno sviluppare la tecnica e le capacità fisiche perché l'organismo si trova in condizioni ottimali di freschezza fisica e nervosa e, quindi, nelle migliori condizioni di rendimento e di apprendimento. La sua durata varia secondo la quantità e l'intensità del lavoro da svolgere.
3. Il **defaticamento** o **fase di ripristino**: è la fase che termina la seduta di allenamento. Facilita il ritorno alla fase di equilibrio delle funzioni fisiologiche e organiche sollecitate dall'attività. Serve inoltre a ridurre il rischio di fastidi a muscoli, tendini e articolazioni. È in questa fase che è opportuno praticare esercizi di allungamento muscolare statici.

Il riscaldamento

Il riscaldamento coincide, come abbiamo detto, con la fase iniziale della lezione o dell'allenamento e comprende quell'insieme di esercizi che ha lo scopo di preparare l'organismo a sopportare con efficienza i carichi di lavoro che dovrà affrontare durante la lezione di scienze motorie, l'allenamento o una competizione, preservandolo nel contempo da infortuni.

"Devi riscaldarti sul serio!"

Gli obiettivi del riscaldamento

Gli obiettivi del riscaldamento sono:

- il miglioramento della disponibilità generale alla prestazione;
- il miglioramento delle capacità coordinative;
- la prevenzione degli infortuni.

Gli effetti del riscaldamento

L'aumento della temperatura corporea che si ottiene col riscaldamento porta benefici:

- a **livello circolatorio** velocizzando le reazioni chimiche, come anche il trasporto e la cessione dell'ossigeno ai tessuti;
- a **livello muscolare** migliorando il rendimento muscolare (il muscolo lavora in maniera ottimale a 38 °C) e prevenendo il rischio d'infortuni perché riduce la possibilità di traumi ad articolazioni, legamenti, tendini e muscoli;
- a **livello nervoso** facilitando la trasmissione degli impulsi;
- a **livello psicologico** aiutando a trovare la concentrazione, il giusto equilibrio tra tensione e rilassamento, la fiducia nei propri mezzi, a richiamare alla mente gli schemi motori che saranno utilizzati nell'attività.

La durata del riscaldamento

In una seduta d'allenamento il riscaldamento dura normalmente da 10 a 45 minuti, mentre in una lezione di scienze motorie è ridotto a pochi minuti.

In linea generale la durata del riscaldamento dipende da diversi fattori, fra i quali vi sono:

- l'**età**: diventa più lungo, progressivo e realizzato con prudenza con l'aumentare dell'età del soggetto che si riscalda;
- il **momento della giornata**: le capacità di prestazione cambiano durante la giornata. Generalmente al mattino il riscaldamento dev'essere più graduale e prolungato che in altri momenti;

- le **condizioni climatiche o meteorologiche**: il caldo contribuisce ad abbreviarlo, il freddo e l'umido lo prolungano;
- la **durata dell'attività**: è tanto più lungo quanto più breve e di elevata intensità è la disciplina praticata. Per esempio il riscaldamento che precede una corsa di 100 m è più lungo di quello che si fa prima di una corsa di 5000 m;
- il **livello di preparazione**: in un soggetto poco allenato non deve essere troppo intenso per non provocare eccessivo affaticamento, con possibile peggioramento della prestazione e maggiore rischio d'infortunio.

I tipi di riscaldamento

Esistono due tipi di riscaldamento.

Il **riscaldamento generale attivo** è la parte del riscaldamento indicata per tutte le attività. I suoi obiettivi consistono nell'aumentare il livello della capacità generale di lavoro e nel creare le condizioni per passare al lavoro principale o al riscaldamento specifico. Comprende semplici esercizi di flessibilità, di allungamento muscolare e di scioltezza articolare, oltre ad azioni di marcia e corsa.

Il **riscaldamento specifico attivo**, invece, ha come obiettivo principale quello di preparare il sistema nervoso centrale e l'apparato neuromuscolare allo svolgimento di quegli esercizi che formano la parte principale della lezione o dell'allenamento. Gli esercizi di riscaldamento specifico variano a seconda dello sport: per esempio, tiri a canestro ed entrate in terzo tempo per un giocatore di pallacanestro, corsa a zigzag e colpi di testa sul posto per un calciatore, sollevamento di carichi leggeri per l'attività in palestra.

Un allenamento al femminile

Un momento di cambiamento

1. Le ragazze scelgono volentieri di praticare sport di squadra.

Durante l'infanzia le prestazioni di forza, velocità e resistenza di maschi e femmine sono praticamente uguali, ma le diversità morfologiche e fisiologiche (cioè relative alla struttura del corpo e al suo funzionamento) che si delineano nella pubertà portano ad un diverso adattamento dell'organismo femminile all'allenamento. Questo fenomeno determina la **differenza di prestazione sportiva esistente fra uomo e donna** e questo è il motivo per cui la maggior parte degli sport è suddivisa in categorie maschili e femminili. Proprio negli anni che stai vivendo tu si incominciano a vivere questi cambiamenti: lo sviluppo corporeo femminile, in anticipo rispetto a quello maschile, porta le ragazze ad avere un atteggiamento più attento e critico verso il proprio corpo, modificando perfino la considerazione nei confronti dell'attività fisica e dello sport in genere, fino ad allora praticato senza problemi. È importante, però, non lasciarsi prendere dalla pigrizia ma continuare a considerare lo sport un **indispensabile mezzo per il mantenimento del proprio benessere psicofisico**. La scelta fra le innumerevoli discipline sportive è così ampia che ogni ragazza potrà trovare quella più rispondente alle proprie caratteristiche individuali!

Le differenze fisiologiche fra uomo e donna

L'allenamento provoca effetti molto simili sul fisico maschile e femminile. Quello che differenzia i due sessi è la **capacità di produzione di energia e di forza**. La costituzione fisica femminile, inoltre, presenta alcune particolarità che la rendono generalmente più svantaggiata:

- una struttura mediamente più bassa dell'uomo, minor peso corporeo, bacino più largo; queste caratteristiche, abbassando il baricentro corporeo della donna, rendono più dispendiosi corse e salti;
- un volume di sangue inferiore del 20% circa, con relativo minor trasporto di ossigeno, che comporta prestazioni aerobiche inferiori;
- il ciclo mensile, che costituisce, infine, la differenza fisiologica fondamentale, con perdita di ferro e conseguente ulteriore diminuzione delle prestazioni di resistenza.

La donna poi presenta una minore percentuale di massa magra, quindi minore massa muscolare (che significa minore forza), e una maggiore percentuale di massa grassa. Quest'ultima caratteristica si traduce però in un migliore galleggiamento che, a parità di condizioni, favorisce risultati migliori nelle attività acquatiche.

La definizione e la classificazione

Che cos'è la forza

La **forza** è una capacità organico-muscolare determinante in quasi tutti gli sport ed è la **capacità dell'apparato neuro-muscolare di vincere una forza esterna o di contrapporsi ad essa con un impegno muscolare**.

Come si classifica

Una prima classificazione fa riferimento **al modo in cui il muscolo si contrae** (contrazione isometrica, contrazione concentrica, contrazione eccentrica); una seconda **al tipo di tensione muscolare prodotta**, cioè al modo in cui la forza si può esprimere (massima, veloce e resistente).

La contrazione isometrica, concentrica ed eccentrica

1. In questo esercizio di isometria, una volta assunta la posizione con i gomiti a 90°, occorre mantenerla fino all'affaticamento.

Si parla di **contrazione isometrica** quando il muscolo si contrae ma non avviene spostamento di nessuna parte del corpo. La ottieni per esempio quando spingi con tutte le tue forze contro un muro: apparentemente non succede nulla, ma i tuoi muscoli si stanno contraendo. E infatti ti affatichi! Poiché in questo tipo di contrazione non c'è movimento, viene definita **contrazione statica**.

In una **contrazione concentrica** le inserzioni del muscolo si avvicinano e determinano lo spostamento di parti del corpo. Il muscolo, avvicinando le sue estremità, si accorcia e si "concentra" verso il centro. È una **contrazione dinamica in accorciamento**. Questa contrazione si può ottenere se la forza del muscolo è superiore alla forza esterna che gli si oppone. Solitamente corrisponde al sollevamento di un peso.

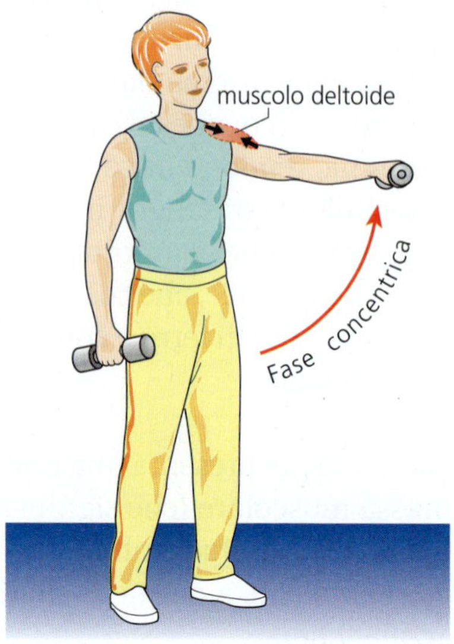

2. Regime concentrico. Ogni esercizio con pesi comprende una fase concentrica e una fase eccentrica. Nell'esempio, il sollevamento del manubrio rappresenta il momento della contrazione di tipo concentrico.

In una **contrazione eccentrica** le due estremità opposte di un muscolo in contrazione si allontanano. Si ottiene quando un muscolo, per far fronte a un carico molto elevato, agisce come un "freno", come quando appoggiamo a terra un pesante vaso: gradualmente la muscolatura cede e si allunga pur mantenendo uno stato di contrazione. In questo caso si realizza una **contrazione dinamica in allungamento**.

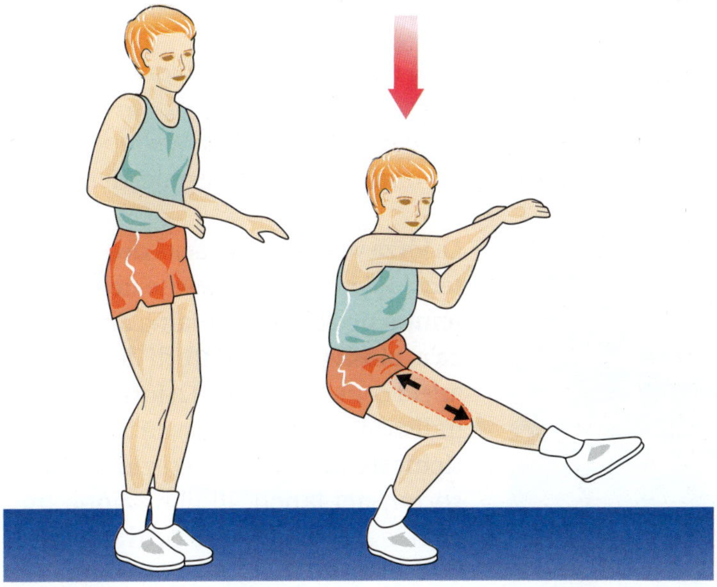

3. Contrazione eccentrica. Durante una contrazione di tipo eccentrico il muscolo produce forza, allungandosi. Nel caso di un piegamento su una gamba il quadricipite, contraendosi, funziona come un vero e proprio freno nel movimento di discesa.

METTI IN PRATICA

Vediamo ora un semplice esempio, tratto dall'esperienza quotidiana, che ti permetterà di capire come i tre tipi di contrazione muscolare concorrano a creare il movimento. Se vuoi bere un bicchiere d'acqua e prendi una bottiglia dal tavolo della cucina:

- quando sollevi la bottiglia la muscolatura del braccio realizza una contrazione concentrica;
- quando versi l'acqua nel bicchiere devi mantenere ferma in posizione la bottiglia grazie a una contrazione isometrica del braccio;
- quando riappoggi la bottiglia sul tavolo, i muscoli frenano la discesa della bottiglia utilizzando una contrazione eccentrica.

"Sono molto forte"

4. Il sollevamento pesi è un classico esempio di forza massima di tipo concentrico.

La forza massima, veloce e resistente

La **forza massima** è la capacità che permette al muscolo di esprimere la **massima tensione possibile con una contrazione volontaria**. Quando si definisce "forte" un atleta, si fa riferimento a questo tipo di forza.
Il miglioramento della forza massima si può ottenere:

- spostando un carico. Significa che il muscolo sfrutta una contrazione concentrica. Gran parte delle macchine con carichi regolabili utilizzate nelle palestre per incrementare la forza sono state concepite per effettuare esercizi di questo tipo;
- frenando lo spostamento di un carico molto elevato. La contrazione utilizzata è quella eccentrica;
- tentando di spostare un carico invincibile o mantenendo la posizione di una parte del corpo. Si utilizza in questo caso una contrazione isometrica.

5. Nel nuoto sincronizzato, l'esecuzione di figure acrobatiche richiede elevati livelli di forza veloce nei sollevamenti e nelle spinte.

La **forza veloce** è la capacità di esprimere **tensioni muscolari elevate nel minore tempo possibile**; si chiama anche **forza esplosiva** e permette di definire un atleta come "potente". La forza veloce è indispensabile nelle attività in cui sono richieste doti di accelerazione (nello *sprint*, nei lanci), di elevazione (nei salti, nei volteggi) e in tutti quei movimenti in cui l'efficacia è direttamente influenzata dalla velocità d'esecuzione del gesto tecnico (la battuta nel tennis, la schiacciata nella pallavolo, l'affondo nella scherma).

La **forza resistente** è la capacità di un gruppo muscolare o dell'intero organismo di **opporsi all'insorgere della fatica nelle azioni in cui è richiesto un impegno muscolare prolungato e ripetuto** (per esempio, nello *sprint* finale di un ciclista o nell'azione di remata di un canottiere).

6. Nel canottaggio il massimo consumo di ossigeno è correlato alla massa del soggetto. Per compensare lo svantaggio degli atleti di taglia inferiore è stata creata la categoria dei "pesi leggeri".

METTI IN PRATICA

Se ci hai fatto caso, prima di effettuare un'azione di una certa intensità esegui sempre un **movimento di preparazione**. Per esempio, prima di saltare porti indietro le braccia e pieghi rapidamente le ginocchia. Così facendo metti in tensione i muscoli principalmente implicati nel gesto e sfrutti una particolare proprietà della muscolatura che, grazie a quello stiramento, è in grado d'immagazzinare una certa quantità di **energia elastica**.
Nel momento del salto questo surplus di energia ti verrà restituito, consentendoti di raggiungere una distanza maggiore rispetto a quella che avresti ottenuto se tu l'avessi eseguito da fermo. Ogni volta che esegui dei balzi (nelle loro varie forme), alleni i tuoi muscoli a sfruttare questa loro particolare proprietà. Ecco alcuni esempi di balzi utilizzati molto frequentemente.

7. a. balzi in successione simultanea (a piedi pari), **b.** balzi successivi su un piede, **c.** balzi alternati, **d.** corsa balzata.

I metodi di allenamento

Gli esercizi a corpo libero e con sovraccarico

Vi sono due principali tipologie di esercizi che ti consentiranno di allenare la forza.
Gli **esercizi a corpo libero** o **a carico naturale** sfruttano il peso del corpo come resistenza da vincere e hanno il pregio di poter essere eseguiti ovunque. Puoi rendere l'esercizio più o meno difficile modificando la posizione di partenza, variando la velocità esecutiva, distribuendo il peso su una superficie più o meno grande, utilizzando uno o due arti in appoggio ecc.
Quando al tuo peso corporeo aggiungi un peso ulteriore per aumentare lo sforzo della contrazione muscolare, esegui un **esercizio con sovraccarico**. Per questo tipo di esercizi gli attrezzi di uso più frequente sono: i manubri, i bilancieri, gli elastici e gli estensori a molla, le macchine da palestra.

1. Si può aumentare la difficoltà di un esercizio a carico naturale semplicemente modificando la posizione del corpo. **a.** Le mani sono più in alto dei piedi: la maggior parte del peso grava su questi ultimi e quindi l'azione degli arti superiori è facilitata. **b.** Il peso è ripartito su mani e piedi. **c.** I piedi sono più in alto delle mani: gli arti superiori sono maggiormente sollecitati e l'esercizio risulta più impegnativo.

L'organizzazione degli esercizi

Per poter quantificare l'intensità e la quantità di un allenamento della forza, sia con gli esercizi a corpo libero che con quelli con sovraccarico, occorre suddividere le esercitazioni in maniera opportuna. Ogni esecuzione viene detta **ripetizione** e ogni gruppo di ripetizioni viene detto **serie**. Tra una serie di ripetizioni e un'altra viene introdotta una pausa di **recupero**. Quando nella descrizione di un esercizio trovi per esempio l'indicazione *3×12 con 2 minuti di recupero* significa che devi eseguire tre serie, cioè tre gruppi, di 12 ripetizioni dell'esercizio dato, intervallando ogni serie con 2 minuti di pausa.

La respirazione negli esercizi di forza

Nell'esecuzione degli esercizi di forza **la respirazione è molto importante**. Abìtuati a eseguire la fase attiva del sollevamento di un carico, cioè quella di maggiore sforzo, espirando ed evitando di trattenere il fiato. Bloccare la respirazione prima del sollevamento del carico può causare problemi all'apparato circolatorio.
Per esempio, quando ti eserciti con i manubri, espira mentre sollevi il peso (fase muscolare concentrica) e inspira ritornando alla posizione di partenza (fase muscolare eccentrica).

I principi dell'allenamento

I giovani e la forza

La forza aumenta con il **crescere dell'età** (si incrementa con lo sviluppo) ed è in relazione con il sesso (dopo i 14 anni aumenta decisamente nei maschi, mentre nelle femmine tende a stabilizzarsi), con il **peso** e la **statura** (le persone più alte e pesanti sono generalmente più forti).
Anche se per un giovane è importante sviluppare le capacità di forza, **è bene non usare sovraccarichi prima dei 14-15 anni** per non rischiare di danneggiare strutture ancora in accrescimento come ossa e articolazioni. Per allenare la forza usa quindi preferibilmente gli esercizi a corpo libero e rimanda l'allenamento con i sovraccarichi a un'età più avanzata. Cura maggiormente la **qualità dell'esecuzione** invece che la quantità: esegui correttamente gli esercizi, controllando in particolare la posizione di partenza e la postura durante l'esecuzione.

I CONSIGLI DELLA PROF

- Cura con attenzione il riscaldamento: prima quello generale e poi quello specifico.
- Durante l'esecuzione, mantieni la concentrazione sull'esercizio e sui muscoli impegnati.
- L'allenamento deve essere sistematico. Meglio più sedute brevi ma intense, piuttosto che poche e prolungate.
- Cura in modo particolare la respirazione: inspira durante la fase eccentrica, espira durante quella concentrica evitando di trattenere il fiato.
- "Ascolta" le tue sensazioni: se non ti senti "in forma", non aver paura di modificare il programma di allenamento.
- Attenzione all'affaticamento: quando si è esausti è più facile andare incontro a traumi dell'apparato locomotore.
- Al termine di ogni seduta effettua esercizi di allungamento muscolare statico (*stretching*).

UNA CONTRAZIONE "ELETTRICA"

L'elettrostimolazione è una forma particolare di allenamento isometrico molto utilizzata in riabilitazione, branca della medicina che si occupa di riportare alla normale attività una parte del corpo menomata. La contrazione del muscolo si ottiene attraverso la stimolazione elettrica che un apparecchio invia a elettrodi applicati sulla pelle, in corrispondenza dei muscoli da allenare. Il muscolo si contrae secondo il ritmo imposto dal software dell'apparecchio, compiendo veri e propri esercizi fisici senza l'intervento volontario del soggetto. Alcune pubblicità indicano questo metodo come adatto a tutti e di semplice utilizzo, ma la sensazione fisica di contrazione simile al crampo non è esattamente piacevole!

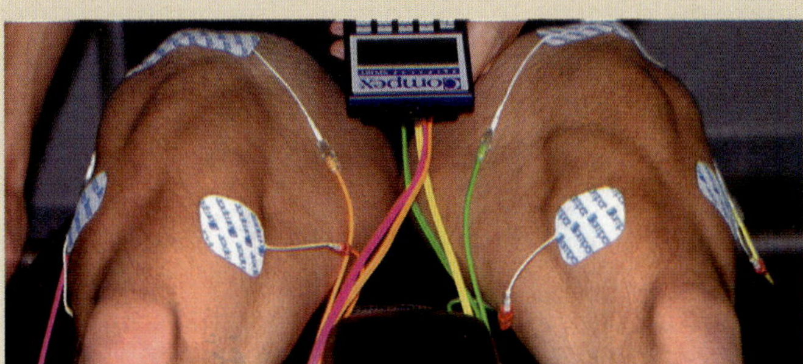

La definizione e la classificazione

Che cos'è la velocità

La **velocità** è la **capacità di compiere azioni motorie nel minor tempo possibile**. È una capacità complessa, condizionata dal sistema nervoso e dal sistema muscolare, oltre che dalla tecnica esecutiva del soggetto. Per questo essa si pone a mezza via tra le capacità coordinative e quelle condizionali.

Come si classifica

1. Velocità di reazione, velocità di azione singola e velocità di frequenza di movimento sono capacità fondamentali nella partenza dei 100 m.

La velocità ciclica e aciclica

La velocità svolge un ruolo importante nel rendere efficace l'azione sia nei **movimenti ciclici**, cioè in quei movimenti che si ripetono sempre simili, quali corsa, pattinaggio, ciclismo, sia nei **movimenti aciclici**, cioè caratterizzati dall'esecuzione di un movimento o dalla successione di movimenti con una struttura non regolare, come avviene, per esempio, negli sport di situazione come la scherma e la pallacanestro.

La velocità di reazione

Viene comunemente chiamata "prontezza di riflessi". Può essere semplice o complessa.

Nella **velocità di reazione semplice** (o elementare) è fondamentale la **capacità di reagire nel minore tempo possibile a uno stimolo**. Questo tipo di velocità è richiesta, per esempio, alla partenza nelle gare di velocità, quando bisogna essere pronti a partire allo sparo dello *starter*. In questo caso è importante ridurre il più possibile il **tempo di latenza**, cioè il periodo compreso tra la percezione dello stimolo e l'azione muscolare.

Negli sport di situazione come il basket la **velocità di reazione** è **complessa** perché prima di eseguire un'azione occorre valutare molte e differenti informazioni e scegliere rapidamente fra esse quella più opportuna per eseguire l'azione: per esempio, al momento del passaggio l'attaccante deve valutare la traiettoria della palla, la disposizione dei difensori, dei compagni e del canestro e scegliere di conseguenza l'azione d'attacco più efficace per segnare.

"Accelera, veloce, siamo in ritardo!"

La velocità gestuale

La **capacità di eseguire un'azione singola** – un salto, il lancio di un attrezzo, la presa di una palla – **nel più breve tempo possibile** si chiama **velocità gestuale**. È legata alla capacità del sistema nervoso di far contrarre contemporaneamente il maggior numero possibile di fibre muscolari di un muscolo per sviluppare un alto livello di forza. Dipende quindi dalla forza veloce e dalla coordinazione di un soggetto.

2. Per eseguire un "fuori campo" in baseball si deve battere la pallina con la mazza sfruttando un'elevata velocità gestuale.

La frequenza gestuale

È la **capacità di ripetere il gesto con la più alta frequenza** nei movimenti ciclici, come nella corsa e nel canottaggio. Si può essere rapidi a reagire, ma lenti nei movimenti e viceversa. Per vincere, spesso occorre che tutti gli aspetti della velocità si manifestino contemporaneamente (velocità di reazione, velocità gestuale e frequenza gestuale), anche se spesso l'atleta migliore non primeggia in ogni singolo elemento, ma nella loro espressione "media".

La velocità di spostamento

La velocità di spostamento è una **forma complessa di velocità**. Oltre che dalla velocità di reazione, di realizzazione di un singolo movimento e dalla frequenza, dipende infatti:

- dalla padronanza della tecnica del gesto specifico;
- dalle caratteristiche della muscolatura e, quindi, dalla forza muscolare (forza esplosiva);
- dalla elasticità muscolare.

In gran parte degli sport di squadra, più che la velocità di spostamento, sono importanti le capacità di **accelerazione** (*sprint*) e **decelerazione**, sia di tutto il corpo che di singole parti, in quanto è richiesta la capacità di adattarsi rapidamente a situazioni di gioco mutevoli.

3. Il tuffo del portiere per impedire alla palla di entrare in porta è un esempio di capacità di reazione e di velocità aciclica.

I fattori della velocità

La velocità dipende da fattori sia nervosi che fisiologici:

- **nervosi**, quando i processi di trasmissione dell'impulso nervoso sono molto veloci e gli stimoli nervosi sono frequenti;
- **fisiologici**, quando si attiva il maggior numero di fibre muscolari bianche (a contrazione rapida) e si raggiunge un'ottimale alternanza di contrazione e decontrazione dei muscoli.

GLOSSARIO

Frequenza
Numero di volte in cui il movimento si realizza in un determinato tempo (per esempio, nel nuoto il numero di bracciate al minuto).

4. Negli sport di combattimento la riuscita è strettamente legata alla velocità di esecuzione gestuale e di reazione, che dipendono da fattori fisiologici e nervosi.

I metodi di allenamento

1. Nella figura si propone un esercizio per allenare la velocità di reazione con varie posizioni di partenza.

Il metodo di allenamento varia a seconda del tipo di velocità che vogliamo sviluppare.

Per la velocità di reazione

- Partenze in cui si utilizzano diversi stimoli sensoriali (uditivi, visivi, tattili) e di differente intensità.
- Partenze da posizioni diverse (in quadrupedia, in posizione supina, prona, in ginocchio, in piedi ecc.).

Per la velocità gestuale

- Saltelli e balzi verticali, sul posto o in spostamento (avanti, indietro, laterale).
- Salti in successione, triplo, quintuplo, in linea retta o con cambi di direzione.
- Balzi a uno e a due piedi nei vari piani dello spazio.
- Combinazione e alternanza di balzi orizzontali eseguiti in ampiezza e in velocità.
- Lanci della palla medica da varie posizioni.

2. Esercizio con la palla medica: lancio a due mani dall'alto.

Per la frequenza gestuale

- Tutte le forme di *skip*.
- Esercizi di *skipping* con ostacoli bassi (10-15 cm) e ravvicinati (40-70 cm).
- Esercizi di *sprint* (da 15 a 50 m).
- Esercitazioni di corsa lanciata.
- Corsa in condizioni facilitate (discesa con leggerissima pendenza) o di resistenza esecutiva (*sprint* con traino di modesta entità).

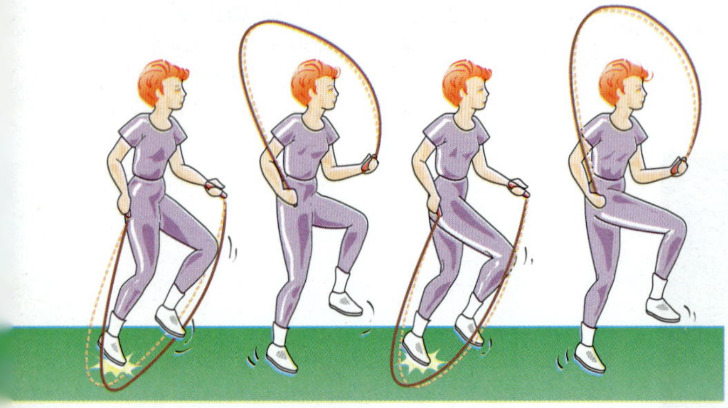

3. Esercizio di *skip* con la funicella.

4. Esercizio di *sprint*.

I principi dell'allenamento

1. Per correre velocemente occorre trovare la miglior combinazione tra ampiezza del passo e frequenza degli appoggi. Le capacità coordinative influiscono sulla frequenza dei movimenti, mentre l'ampiezza è condizionata dalla forza dei muscoli degli arti inferiori.

I giovani e la velocità

Con la maturazione del corpo e della mente si sviluppa di pari passo anche la velocità. L'età più favorevole per la formazione di questa capacità è **tra gli 8 e i 16 anni**. La massima velocità d'azione si raggiunge a circa 20 anni. Con l'aumentare dell'età, la velocità diminuisce prima – e in maniera più evidente – rispetto alle altre capacità organico-muscolari.

I CONSIGLI DEL PROF

- Devi allenare la velocità con costanza, altrimenti questa capacità tenderà a regredire in breve tempo.
- Quando alleni la velocità, ricorda che devi esprimerti sempre alla massima velocità esecutiva.
- Gli esercizi devono essere svolti in condizioni ottimali di freschezza e attenzione: per questo è bene inserire tali esercizi all'inizio della lezione di scienze motorie o dell'allenamento.
- Presta attenzione alla buona esecuzione degli esercizi.
- Il tempo di esecuzione degli esercizi deve essere breve, non più di 6-8 secondi.
- Prima di ripetere uno stesso esercizio o altri differenti, recupera in maniera ottimale: circa un minuto di **recupero attivo** ogni 10 m di accelerazione percorsi.
- Pratica sempre un riscaldamento adeguato.

GLOSSARIO

Recupero attivo Fase di ripristino dalla fatica caratterizzato dal fatto che un'attività non s'interrompe ma viene mantenuta a intensità ridotta.

100 METRI: QUALE LIMITE?

Il tempo ottenuto nei 100 m di corsa dal giamaicano Usain Bolt ai Campionati mondiali di atletica di Berlino 2009 è di 9"58. Sembra un tempo difficilmente migliorabile, ma alcuni fisiologi, utilizzando modelli matematici, ritengono che il limite umano possa essere abbassato a 9"15 e ipotizzano il raggiungimento di questo risultato nel 2187!
La velocità di punta raggiungibile in tale prestazione sarebbe di circa 50 km/h, una velocità ancora lontana dai 112 km/h raggiunti dal ghepardo, che è l'animale più veloce sulla Terra.

La definizione e la classificazione

Che cos'è la resistenza

La **resistenza** è la **capacità di protrarre un'attività fisica nel tempo** senza che diminuisca l'intensità di lavoro. Comincia a essere sollecitata già dopo pochi secondi di attività fisica intensa.
È una capacità determinante in gran parte delle discipline sportive, tanto in quelle che richiedono un livello di prestazione alto e costante, come la corsa e il ciclismo, quanto in quelle che prevedono alternanza di sforzo e recupero, come avviene in diversi sport di squadra e individuali.

1. Nelle gare di resistenza di lunga durata, soprattutto con temperature elevate, gli atleti sono soggetti a intensa sudorazione: durante il percorso bevono spesso per evitare la disidratazione.

Come si classifica

In **funzione delle masse muscolari** implicate nell'attività, la resistenza può essere classificata in:

- **resistenza generale**: si riferisce alla capacità di eseguire per un lungo tempo un'attività fisica che impegna, assieme all'apparato cardiorespiratorio, gran parte delle masse muscolari. Avere una buona resistenza generale, detta anche **di base**, è garanzia di benessere ed è la premessa per poter sostenere l'impegno richiesto dagli allenamenti specifici di un'attività sportiva;
- **resistenza locale**: è la capacità di una limitata parte della muscolatura di

eseguire un lavoro a lungo. Nel caso di un arrampicatore è necessario che i muscoli dell'avambraccio siano in grado di sopportare l'affaticamento muscolare locale per mantenere prese efficaci per tutta la durata della scalata;
- **resistenza specifica**: è il tipo di resistenza richiesto per realizzare uno specifico gesto di gara di una disciplina sportiva. Un canoista e un ciclista necessitano entrambi di una resistenza che è specifica per la disciplina praticata, ma di tipologia molto differente!

A seconda dei **meccanismi energetici utilizzati** la resistenza si classifica in:
- **resistenza aerobica**: il lavoro muscolare può essere protratto per lunghissimo tempo, anche per parecchie ore o giorni, ma le tensioni muscolari sviluppate sono piuttosto basse. Utilizza il processo di produzione d'energia più economico, detto aerobico, che sfrutta l'ossigeno per bruciare prevalentemente zuccheri e grassi durante la prestazione;
- **resistenza anaerobica**: la produzione di energia avviene in assenza di ossigeno. Quando in occasione di uno sforzo intenso l'apporto di ossigeno non è più sufficiente per far fronte alla richiesta di energia, si sfruttano i meccanismi anaerobici per produrla ma, per le loro caratteristiche, questi meccanismi possono "sostenere" un lavoro di media-alta intensità solo per un tempo limitato.

"Adoro arrampicare"

A seconda di **quanto a lungo si prolunga lo sforzo**, la resistenza può essere classificata in questo modo:
- di **breve durata** (fino a 2 minuti): è predominante il meccanismo anaerobico lattacido;
- di **media durata** (da 2 a 10 minuti): coinvolge sia il meccanismo anaerobico lattacido che quello aerobico;
- di **lunga durata** (oltre i 10 minuti) è predominante il meccanismo aerobico.

Gli effetti dell'allenamento

Allenare la capacità di resistenza comporta molti benefici.
A livello **generale**:
- migliorano le capacità di recupero;
- si riducono i traumi, spesso dovuti al sopraggiungere della stanchezza (con una buona resistenza si rimane lucidi più a lungo);
- aumenta la capacità di sopportazione psicologica della fatica;
- rimane costantemente elevata la rapidità di reazione e d'azione;
- diminuiscono gli errori tecnici;
- la salute diventa più stabile, migliora la resistenza alle malattie infettive e agli sbalzi di temperatura.

A livello **fisiologico**:
- aumenta il volume delle cavità cardiache e la forza di contrazione del cuore (le pareti cardiache aumentano di spessore);
- diminuisce la frequenza cardiaca a riposo: questo significa una minor usura del cuore, che nella maggior parte delle ore batte più lentamente;
- aumentano il diametro e il numero dei capillari, con relativo miglioramento del trasporto e dello scambio dell'ossigeno;
- aumentano i globuli rossi e quindi il trasporto dell'ossigeno;
- aumenta la capacità di sopportare più alti livelli di acido lattico nel sangue;
- aumentano i volumi polmonari.

I metodi di allenamento

I principali metodi utilizzati per migliorare la resistenza sono i metodi continui e i metodi interrotti da pause.

I metodi continui

I metodi continui **stimolano e migliorano l'efficienza del sistema cardiocircolatorio e respiratorio**. Sono fondamentali nell'allenamento giovanile e rappresentano la base indispensabile per un recupero della fatica più facile e pronto, tra un allenamento e l'altro e/o tra diverse prove o frazioni di gioco.
Comprendono due tipi di attività:

- a **velocità costante**: ha per obiettivo il miglioramento del sistema aerobico. L'impegno fisico può prolungarsi senza interruzioni per molte decine di minuti. Più si aumenta l'intensità, più il tempo di lavoro diminuisce e viceversa. È il caso di quando il tuo insegnante ti chiede di correre per un determinato tempo: se non ti viene imposta una velocità da rispettare, devi saper scegliere un'andatura che sia sufficientemente veloce per essere allenante, ma che ti consenta di portare a termine la richiesta;
- a **ritmo variabile**: prevede l'alternarsi di fasi di lavoro a maggiore e a minore impegno. Il metodo più conosciuto è il *fartlek* (gioco di velocità), un tipo di corsa in ambiente naturale vario, con salite e discese che favoriscono la scelta e l'alternarsi dei ritmi di corsa in modo da avvicendare momenti di lavoro aerobico e anaerobico.

I metodi interrotti da pause

Comprendono i metodi intervallati, il metodo delle ripetizioni e il *circuit training*.

- **Metodi intervallati**: permettono di svolgere un volume di lavoro elevato a intensità superiori a quelle permesse nel lavoro continuo e quasi uguali o superiori a quelle utilizzate in gara, con l'obiettivo di stimolare la capacità anaerobica. Si tratta di alternare momenti di attività intensa (di solito della durata da 30 secondi a 3 minuti) ad altri di attività a ritmo inferiore, che servono per recuperare in modo parziale prima di riprendere l'attività intensa. Comporta alti livelli di produzione di acido lattico.
- **Metodo delle ripetizioni**: consiste nel ripetere distanze piuttosto brevi o tempi di lavoro inferiori a 60 secondi, recuperando in modo completo o meno tra una prova e l'altra. Di solito si suggerisce di ripartire quando le pulsazioni sono tornate a 120/min.
- ***Circuit training***: si tratta del tipico lavoro a stazioni: si esegue un esercizio in una zona della palestra per un determinato tempo o numero di ripetizioni, quindi ci si sposta secondo un ordine prestabilito per effettuare altri tipi di esercizi che solleciteranno in successione le principali masse muscolari.

I principi dell'allenamento

I giovani e la resistenza

Nell'allenamento della resistenza, bambini e adolescenti hanno la stessa capacità di adattamento degli adulti. L'età d'oro per lo sviluppo della resistenza è **12-13 anni per le ragazze e 13-14 per i ragazzi**: a quest'età infatti, grazie al favorevole rapporto peso/potenza, si registra il punto più alto di crescita della capacità di resistenza, che raggiungerà poi il massimo verso i **17-18 anni**. Il cuore degli adolescenti possiede un'elevata plasticità e praticare attività di resistenza produce allungamento e ispessimento delle fibre muscolari cardiache che, insieme all'aumento delle dimensioni delle cavità del cuore, rendono il lavoro cardiaco sempre più efficace ed economico. Verso la fine dell'adolescenza si può aumentare l'intensità dell'allenamento, perché la funzionalità degli apparati cardiocircolatorio e respiratorio è giunta a maturazione.

1. Per eccellere in prestazioni di resistenza, come quelle richieste in una gara di sci di fondo, occorre possedere in ugual misura capacità fisiologiche, tecniche e mentali.

I CONSIGLI DELLA PROF

- Innanzitutto devi aumentare la resistenza generale, accrescendo prima la quantità di lavoro (per esempio i kilometri percorsi) e solo in un secondo tempo l'intensità di lavoro (per esempio la velocità di percorrenza).
- Se sei principiante, devi utilizzare innanzitutto il metodo continuo a velocità costante.
- Cura il riposo e l'alimentazione per poter recuperare in maniera ottimale fra una seduta di allenamento e un'altra.
- Una volta terminato il lavoro programmato, non interrompere bruscamente l'esercizio, ma prosegui per alcuni minuti "corricchiando" o camminando.

UNA FITTA AL FIANCO

Durante uno sforzo muscolare intenso, come una corsa prolungata, soprattutto se non si è allenati, i muscoli hanno bisogno di molto sangue per poter lavorare bene e lo richiedono agli organi che ne hanno meno bisogno. La milza, situata nella parte sinistra dell'addome, sotto il diaframma, è un organo che ne contiene una grande quantità, per cui funge da "serbatoio" al quale attingere in caso di necessità. La milza lo cede volentieri, ma la sua improvvisa contrazione può causare dolore, che è possibile limitare riducendo l'intensità dello sforzo.

La definizione e la classificazione

Che cos'è la flessibilità

La **flessibilità** o **mobilità articolare** è la **capacità che ti permette di compiere movimenti di grande ampiezza** sfruttando al massimo le possibilità offerte dalle tue articolazioni.

Si può dire che una persona è "sciolta" quando riesce a sfruttare i movimenti al massimo dei propri limiti fisiologici; diversamente, diremo che è "legata" quando alcuni movimenti sono difficoltosi o impediti.

La flessibilità dipende dalla struttura delle articolazioni e dalla estensibilità, cioè dalla capacità di allungamento, di muscoli, tendini, legamenti e capsule articolari.

Come si classifica

La flessibilità può essere di due differenti tipi: attiva o passiva.

La flessibilità attiva

La flessibilità si può realizzare in **forma attiva** allungando **dinamicamente** i muscoli e mobilizzando le articolazioni con ampi movimenti degli arti o del busto nei vari piani dello spazio, anche attraverso molleggi, cioè oscillazioni rapide e successive. Gli esercizi di allungamento dinamico attivo devono essere praticati soprattutto prima di eseguire gesti molto rapidi e di grande escursione articolare, per esempio il lancio della pallina da baseball.

La flessibilità può essere stimolata anche **staticamente in forma attiva** se si mantiene una posizione articolare estrema, sfruttando cioè, per un certo tempo, tutta l'ampiezza di movimento che le è consentita.

In questo caso la contrazione di un gruppo muscolare dovrà contrastare la tensione dei gruppi muscolari antagonisti posti in allungamento, che cercheranno di riportare l'articolazione nella posizione di partenza.

La flessibilità passiva

Si parla di **flessibilità passiva** quando i muscoli vengono messi in tensione da **forze esterne** (la gravità, attrezzi come gli elastici o l'aiuto di un partner) portando le articolazioni al limite delle loro possibilità anatomiche. Per rendere efficaci gli esercizi di flessibilità passiva bisogna saper decontrarre i gruppi muscolari coinvolti e ricordare che i muscoli hanno bisogno di tempo per allungarsi.

1. La ginnasta ha assunto una posizione di flessibilità statica attiva, che può mantenere grazie alla contrazione della muscolatura posteriore che contrasta lo stiramento di quella anteriore.

Allenare la flessibilità

Lo *stretching*

Fra le tecniche di allungamento passivo, quella che in assoluto è più conosciuta e utilizzata in campo sportivo, perché efficace e pressoché priva di effetti nocivi per l'apparato locomotore, è lo ***stretching***, parola che deriva dall'inglese *to stretch*, cioè "stirare, allungare". È una forma di allungamento statico passivo semplice da applicare. Consiste nel portare lentamente un gruppo muscolare nella **massima posizione di allungamento** e nel **mantenerlo così per un periodo di tempo prolungato** (da alcuni secondi al minuto). Lo stiramento **non deve provocare dolore** e inoltre **durante l'esercizio non bisogna trattenere il respiro**. Quando ti rendi conto che la posizione di allungamento diventa più facile, puoi sfruttare la fase espiratoria, cioè il momento in cui si manda fuori l'aria, per accentuare la posizione assunta incrementando un poco lo stiramento.
Lo *stretching* è indicato nella fase di **riscaldamento**, quando però i muscoli non sono più freddi. In ogni caso se si allena la forza veloce, come quella di velocisti, saltatori e lanciatori, non bisogna eccedere con questi esercizi: la prestazione potrebbe peggiorare. Il muscolo sottoposto a un allungamento statico troppo prolungato utilizza in maniera meno efficiente le sue caratteristiche elastiche.
Lo *stretching* è invece particolarmente adatto nelle **attività che richiedono il mantenimento di posizioni di stiramento estreme**, come nella ginnastica artistica, e soprattutto nel **defaticamento** al termine dell'attività per favorire un recupero più rapido.

Come si esegue lo *stretching*

Ogni gruppo muscolare dovrebbe essere messo in tensione, ripetendo la sequenza 3 o 4 volte, secondo tre fasi distinte.

1. **Posizione di tensione facile**: ricerca la posizione di allungamento in 6-8 secondi circa.
2. **Posizione di tensione di sviluppo**: mantieni la posizione di allungamento per 20-30 secondi con il massimo rilassamento, evitando irrigidimenti e senza superare la soglia del dolore. Devi avvertire la sensazione che la tensione tenda gradualmente a diminuire.
3. **Ritorno alla posizione di partenza**: in 6-8 secondi circa.

Zona di tensione: ▬ ▬ ▬ ▬ ▬ ▬ ▬ ▬ ▬ ▬ ▬

ESERCIZI DI *STRETCHING*

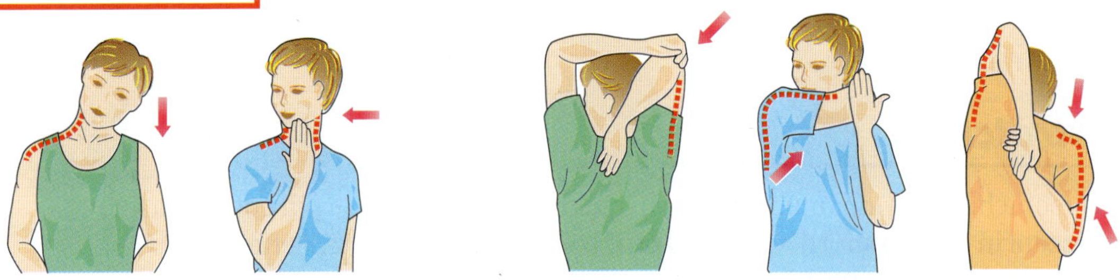

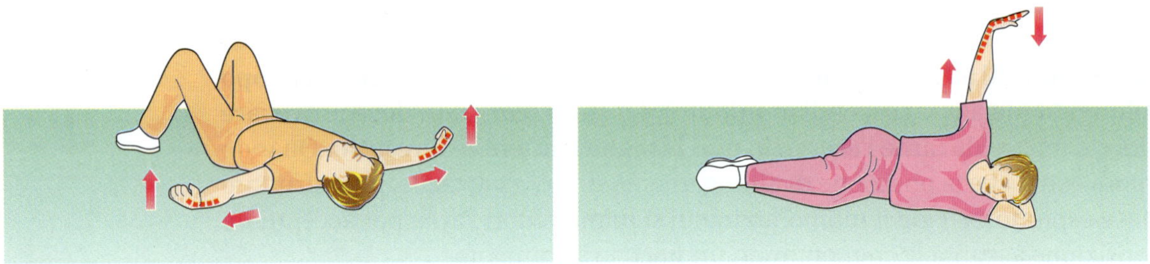

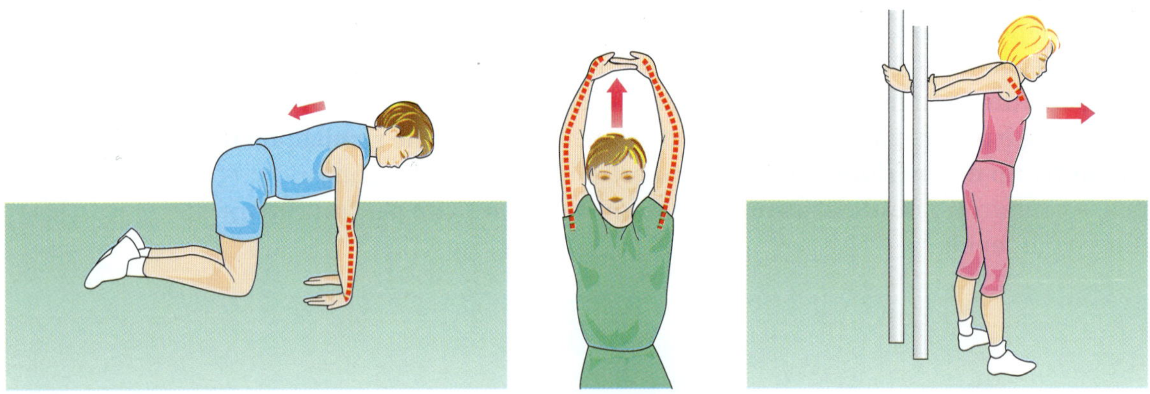

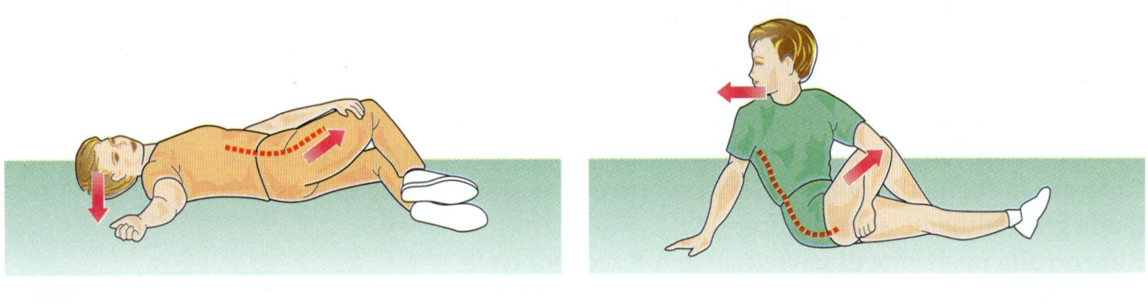

Zona di tensione:

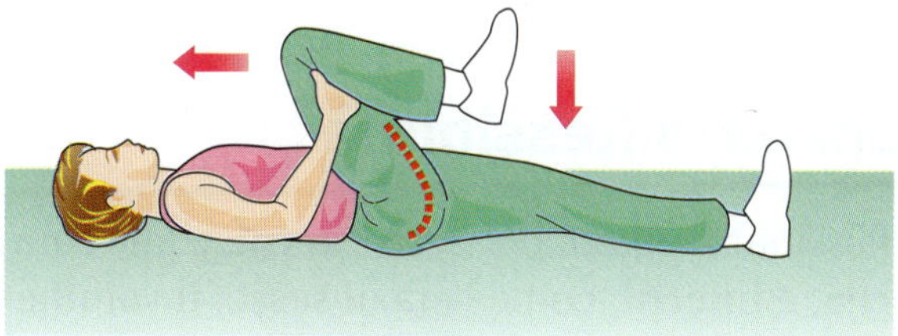

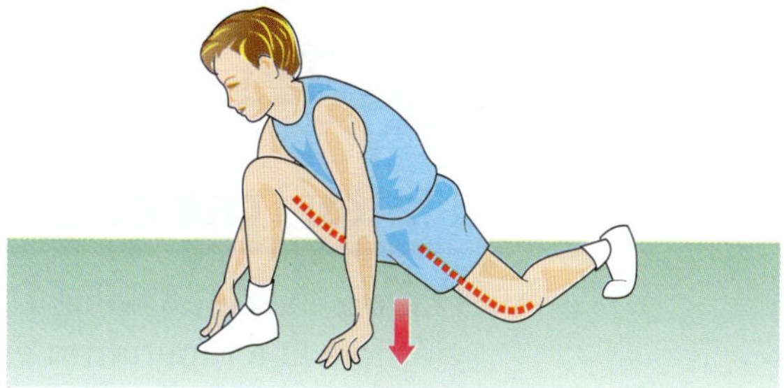

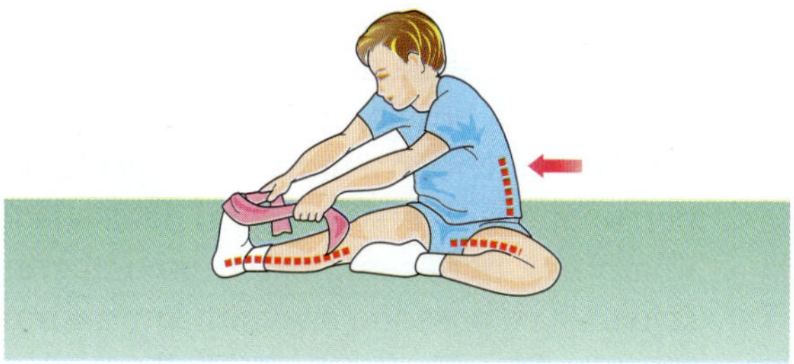

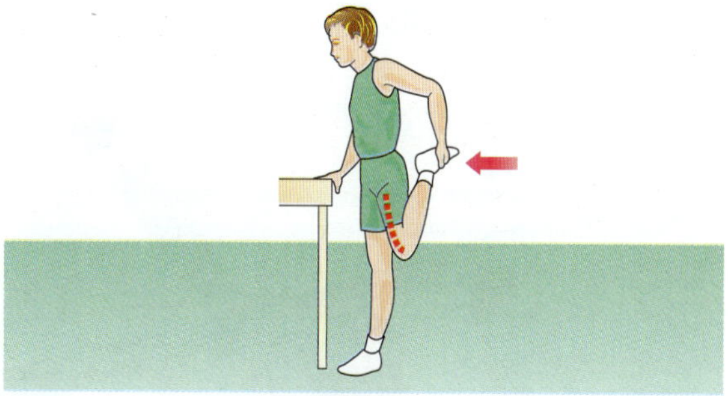

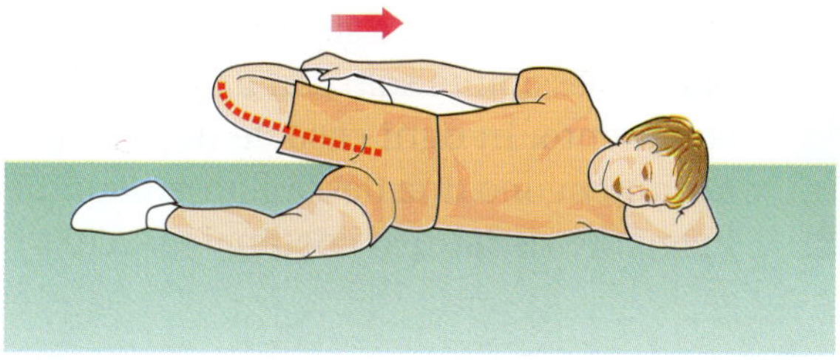

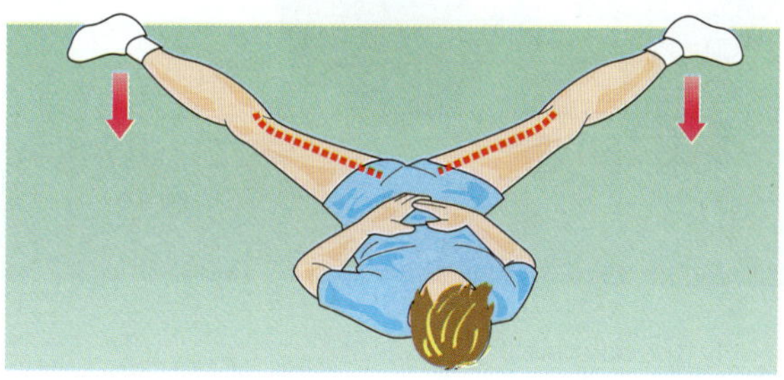

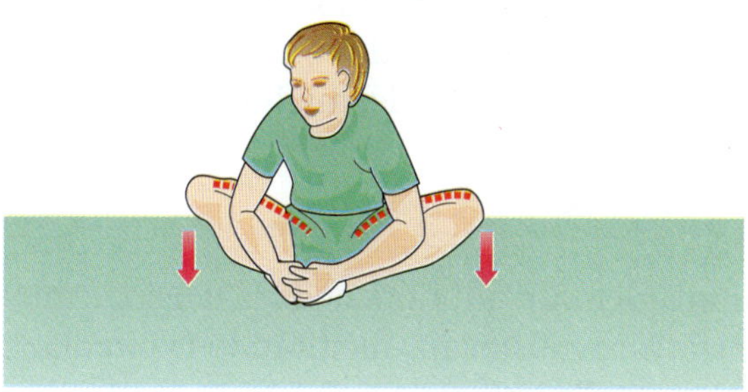

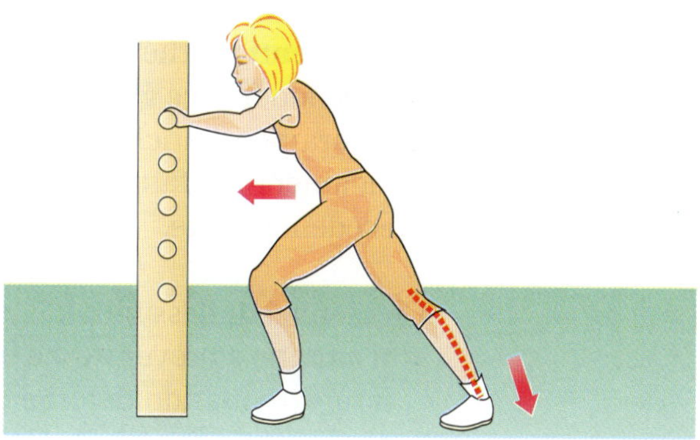

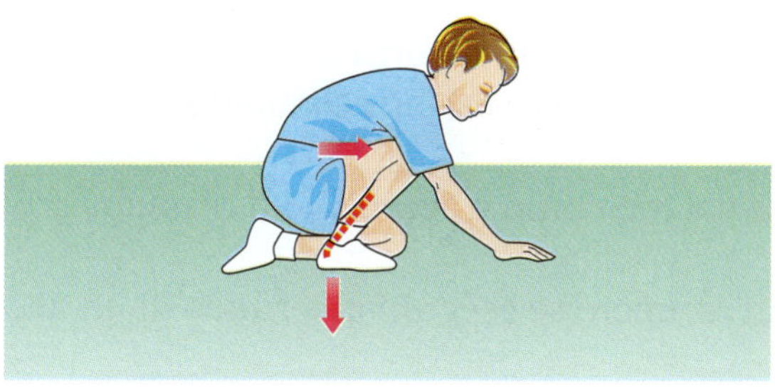

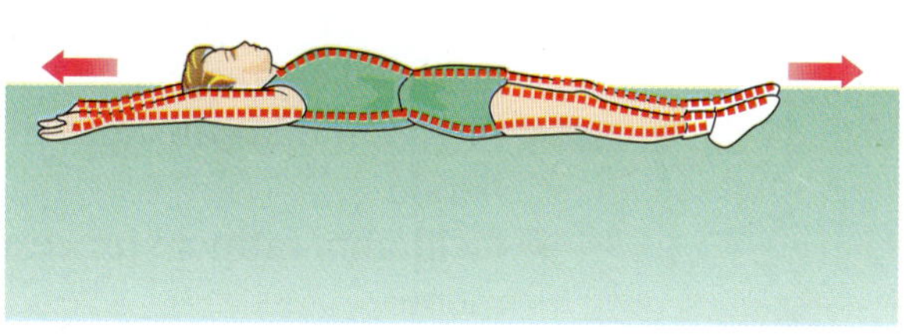

Fattori ed effetti degli esercizi

I fattori che condizionano la flessibilità

I fattori che condizionano la flessibilità possono essere **esterni**, come l'ora del giorno e la temperatura esterna, e **interni**, come l'età, il sesso, il volume dei muscoli, la struttura delle articolazioni, la temperatura interna, la capacità di rilassamento della muscolatura antagonista, l'elasticità delle strutture articolari; possono anche influire gli stati di ansia e stress o particolari situazioni di affaticamento del muscolo. La flessibilità è, quindi, molto diversa da individuo a individuo e, per la stessa persona, nei diversi momenti della sua vita. I bambini, per esempio, hanno una grande scioltezza e possono agevolmente assumere posizioni, come succhiarsi l'alluce, che invece già a dodici anni sono difficoltose. Con l'avanzare dell'età, i muscoli tendono, infatti, a perdere elasticità e si potrà mantenere una buona flessibilità solo con un opportuno allenamento. In ogni caso, le ragazze hanno e mantengono una flessibilità generalmente maggiore rispetto ai coetanei maschi.

1. Una colonna vertebrale flessibile è in grado di assumere posizioni di torsione, flessione ed estensione di grande ampiezza grazie alla particolare struttura articolare e all'elasticità della muscolatura.

Gli effetti degli esercizi di flessibilità

Esercizi di flessibilità eseguiti con continuità negli allenamenti ti portano **effetti permanenti** poiché vanno a modificare le proprietà di muscoli e articolazioni; eseguendo invece gli esercizi di allungamento in modo saltuario puoi ottenere miglioramenti anche vistosi ma solo **temporanei**: dopo pochi minuti di raffreddamento, infatti, i muscoli perdono gran parte del miglioramento ottenuto precedentemente.

Gli esercizi di flessibilità:

- ti aiutano a prevenire o a limitare gli infortuni riducendo la tensione muscolare, attenuando dolori e contratture muscolari, facilitando la circolazione sanguigna e favorendo il recupero dalla fatica;
- facilitano l'apprendimento, lo sviluppo e il perfezionamento delle abilità motorie;
- ti consentono di raggiungere maggiori livelli di forza e velocità: l'esecuzione dei movimenti, oltre che più ampia, diviene così più economica, vantaggiosa, fluida ed espressiva;
- migliorano la consapevolezza del tuo corpo e agevolano il rilassamento generale;
- facilitano, infine, i processi di recupero se eseguiti al termine di un allenamento.

I principi dell'allenamento

I giovani e la flessibilità

Il periodo **fra gli 11 e i 14 anni**, sia per i maschi che per le femmine, è quello più indicato per influire sulla flessibilità. A questa età, infatti, a una massa muscolare ridotta si unisce una struttura particolarmente elastica dei tendini e dei legamenti. Dopo l'adolescenza, con la maturazione progressiva dell'apparato muscolare, l'elasticità inizia a diminuire in misura evidente se non allenata. Non perdere quindi l'occasione per migliorare questa tua importante capacità fisica, anche se il suo allenamento può risultare talvolta un po' noioso.

1. È bene stimolare la capacità di flessibilità fin dai primi anni di vita: da adulti non sarà possibile raggiungere livelli di mobilità articolare superiori a quelli raggiunti da piccoli.

I CONSIGLI DEL PROF

- Assumi con precisione la posizione di *stretching*: un piede spostato o un ginocchio ruotato possono ridurre o annullare l'effetto dell'esercizio.
- Il dolore tende a irrigidire la muscolatura per proteggerla: non superare, quindi, la soglia del dolore!
- Mantieni l'attenzione sul settore corporeo impegnato e sul modo corretto di eseguire l'esercizio: evita, quindi, di chiacchierare.
- Inspira profondamente ed espira lentamente e in modo controllato. L'espirazione è il momento in cui accentuare leggermente lo stiramento.
- Non eseguire esercizi di allungamento come se fossi in competizione con qualcuno.
- Non eseguire gli esercizi di *stretching* a freddo; nella prima fase del riscaldamento è meglio utilizzare semplici esercizi di flessibilità attiva e solo in seguito passare allo *stretching*.
- Se sei stanco esegui gli esercizi di allungamento in maniera leggera.
- Effettua almeno 3-4 serie per gruppo muscolare o parte del corpo interessata esercitando sia i muscoli agonisti che gli antagonisti.
- Gli effetti positivi ottenuti con lo *stretching* tendono a scomparire se non esercitati regolarmente: sollecita, quindi, la stessa regione muscolare e articolare per almeno 3 volte a settimana.

ANALIZZIAMO LA COMPETENZA

Progettare il proprio miglioramento

Progettare è un verbo che racchiude in sé l'idea di futuro: fa pensare a qualcosa che si deve ancora realizzare e che è importante che si realizzi. I progetti che restano chiusi nel cassetto non servono a nessuno e nascondono delusione. Un progetto deve innanzitutto essere:

- **ideato**: che cosa voglio realizzare? Quale idea è alla base del mio progetto?
- **pianificato**: quali mezzi e quali tempi ho a disposizione?
- **portato a termine**: sono determinato a impegnarmi con senso di responsabilità per seguirlo in tutte le sue fasi fino alla realizzazione?

Questo vale per qualsiasi progetto: quello che ti ha assegnato l'insegnante chiedendoti di organizzare il torneo d'Istituto, quello dell'architetto che deve ristrutturare un nuovo quartiere, quello "di vita" che ti viene richiesto alla fine di questo ciclo di studi per scegliere con consapevolezza l'indirizzo futuro.

Anche per muoverti hai bisogno di un progetto, perché un conto è *muoversi*, un conto è *sapere come e perché muoversi*. Tutte le conoscenze e le abilità che hai acquisito devono essere ordinate e finalizzate a un obiettivo che, nelle scienze motorie e sportive, è quello di diventare consapevole della tua motricità. Sarai tu il diretto artefice del mantenimento della tua salute e del tuo benessere psicofisico!

Per organizzare in modo autonomo il tuo personale allenamento (il tuo progetto), dovrai sfruttare corrette e adeguate conoscenze scientifiche riguardanti l'organismo e acquisire precise nozioni per pianificare una serie di operazioni e le loro differenti fasi:

- **stabilire l'obiettivo** del tuo allenamento;
- **scegliere i mezzi** (le esercitazioni pratiche che verranno utilizzate nell'allenamento);
- **decidere il carico di lavoro**, definendo l'intensità e la quantità di lavoro da svolgere e i tempi di recupero;
- **stabilire**, in base al tempo a disposizione, il giusto numero di sedute di preparazione e fissare la frequenza di svolgimento.

A questo punto potrai valutare e giudicare in modo obiettivo i risultati che sarai in grado di raggiungere... e raggiungerli! Un'esperienza vissuta sulla "propria pelle" sarà senz'altro un aiuto a maturare una competenza così importante nella vita di ciascuno.

E. MI ESPRIMO CON IL CORPO

LA COMPETENZA TRASVERSALE IN GIOCO

Comunicare o comprendere i messaggi

Comunicare *significa stabilire un rapporto. Per entrare in relazione i soggetti della comunicazione devono usare un linguaggio che possa essere compreso sia da chi emette il messaggio sia da chi lo riceve.*

La comunicazione avviene attraverso diverse forme di linguaggio, molto differenti fra loro, ed è importante comprenderle e utilizzarle opportunamente affinché i messaggi siano trasmessi e recepiti in modo preciso e inequivocabile.

Per quanto riguarda la comunicazione linguistica, sia orale che scritta, essa è suddivisa in generi diversi (linguaggio tecnico, letterario, di tutti i giorni ecc.) e linguaggi specifici, per esempio linguaggio scientifico, matematico, simbolico ecc.

Alla forma linguistica si unisce poi quella multimediale: qui il supporto visivo e musicale può dare maggiore enfasi e incisività ai messaggi che si vogliono trasmettere.

Le scienze motorie e sportive possono offrire un contributo specifico allo sviluppo di questa competenza, attraverso la lettura e l'utilizzo del linguaggio corporeo o non verbale, che agisce in modo parallelo a quello verbale, ampliandolo e completandolo.

Comunicare con il corpo

1. L'abbraccio, come ogni contatto corporeo, è fonte di informazioni, un modo di condividere i sentimenti con altri.

2. I segni utilizzati dagli arbitri per comunicare le loro intenzioni sono gesti-messaggio che assumono un significato facilmente interpretabile da tutti.

Segni e gesti

La comunicazione corporea si attua attraverso **segni** e **gesti**.

Utilizziamo il linguaggio dei segni quando vogliamo rafforzare ciò che diciamo o quando la comunicazione verbale è in qualche modo ostacolata.

I segni sono azioni volontarie, codificate, solitamente apprese, con le quali si trasmettono informazioni relative a dati di fatto; sono segni per esempio l'indicazione di una direzione e le segnalazioni di un arbitro per indicare falli e infrazioni.

I segni sono dunque **segnali convenzionali**, riconoscibili da tutti. Sono tali per esempio una stretta di mano, un abbraccio, il pollice alzato, i segnali del vigile urbano. Essi si utilizzano per comunicare in modo consapevole e ci danno anche indicazioni sui rapporti sociali che intercorrono fra i soggetti della comunicazione, per esempio: la stretta di mano tra un superiore e un subalterno, l'abbraccio tra l'ospite e chi è ospitato, le indicazioni tra colui che conosce la strada e colui che chiede informazioni.

Oltre ai segni, vi è tutta una gamma di posizioni, gesti e movimenti del corpo che non hanno lo scopo specifico di comunicare e che, tuttavia, trasmettono messaggi e sono rivelatori della personalità del soggetto che si pone in relazione.

Sono gesti come mordersi il labbro, toccarsi il mento, tamburellare con le dita sul tavolo o toccarsi i capelli; essi compongono il **comportamento comunicativo** e fanno parte di una **grammatica** del linguaggio corporeo legata all'espressività complessiva della persona.

I gesti sono azioni non volontarie, generalmente"istintive" e difficilmente controllabili, a cui partecipano tutte le parti del corpo con prevalenza di alcuni distretti (tra cui capo, mani, volto).

Proprio questi gesti, a volte impercettibili, trasmettono informazioni su atteggiamenti e stati emotivi e sono gli indicatori più veri della relazione.

L'espressione del volto

Il **volto** è un'**area di comunicazione specializzata**. Si esprime attraverso gli spostamenti degli occhi, delle sopracciglia, dei muscoli facciali, della bocca.
È un importante mezzo di comunicazione delle emozioni ed è anche l'area di comunicazione non verbale più immediata e universalmente riconosciuta. Per questa ragione, poiché è relativamente facile "leggere" sul volto i reali sentimenti di una persona al di là della sua dichiarazione verbale, si cerca di solito di controllare e alterare le espressioni spontanee del volto (con l'intenzione quindi di non lasciare trasparire le vere emozioni) e utilizzare invece quelle di convenienza. Un'osservazione attenta, tuttavia, permette comunque di individuare l'emozione fondamentale, sia essa rabbia, paura, smarrimento, felicità, tristezza, attraverso altri segni o modificazioni fisiologiche quali il rossore delle guance, la dilatazione delle pupille in situazione di eccitazione, la traspirazione, il battito cardiaco accelerato negli stati ansiosi.

"Per la vergogna è diventato rosso come un pomodoro"

METTI IN PRATICA

Davanti allo specchio o di fronte ai compagni, prova a trovare il maggior numero di espressioni per rappresentare un'emozione o diverse emozioni utilizzando solo l'espressione del volto.

3. La mimica facciale che esprime i principali stati d'animo è identica in tutte le culture e si sviluppa già nella fase neonatale.

Lo sguardo

Lo sguardo è parte integrante dell'espressione del viso ed è altamente significativo. Viene usato per avviare incontri, per salutare, per rafforzare la comunicazione. Durante la comunicazione verbale permette di avere informazioni di ritorno, di regolare e sincronizzare la relazione.
Non guardare in faccia l'interlocutore può dare un'impressione di rifiuto o indifferenza nei suoi confronti, mentre fissare intensamente l'altro, restando in silenzio, crea sicuramente una situazione d'imbarazzo...

4. Il modo in cui guardiamo "tradisce" il nostro pensiero e la nostra emozione.

METTI IN PRATICA

Insieme ai compagni rappresenta un dialogo che esprima queste differenti relazioni: simpatia/antipatia; euforia/avvilimento; disgusto/piacere; gioia/dolore; debolezza/forza; ansia/tranquillità.

I cenni del capo

I cenni del capo sono generalmente associati ad altri movimenti, sono i **segnali più veloci del corpo** e sono importanti sincronizzatori del procedere della relazione.

Il cenno del capo fatto da chi ascolta, per esempio, è percepito da colui che parla come segnale di assenso e attenzione, svolgendo, in questo caso, funzione di "**rinforzo**". Un cenno di assenso comunica a chi parla di continuare nel discorso (*feed back*), mentre una rapida successione di cenni di assenso può indicare che chi li effettua vuole prendere a sua volta la parola.

METTI IN PRATICA

Rappresentate la relazione di due o più persone che conversano cercando di utilizzare una gestualità contraria a quanto stanno affermando: per esempio, dire di "no" col capo mentre si sta affermando verbalmente di "sì"; fingere di voler intervenire nel discorso senza voler in realtà dire nulla; fingere di essere interessati a quanto l'altro sta dicendo e invece non si è interessati per nulla ecc.

Chiedete poi ai vostri ascoltatori quali "messaggi" hanno recepito durante la comunicazione.

La postura

La posizione che il corpo assume durante la comunicazione è detta **postura**. È un segnale non verbale, in larga misura involontario, meno controllabile rispetto all'espressione del volto e al tono della voce e può svelare importanti informazioni sulla persona. Il modo di stare in piedi, seduti o distesi, è rivelatore di stati emotivi, stili di comportamento, ruoli vissuti e varia in ogni cultura e contesto sociale.

Esistono **posture convenzionali**, che si assumono consapevolmente perché si addicono a specifiche situazioni, come nel caso di cerimonie pubbliche o convegni o in particolari luoghi (per esempio in chiesa ci si inginocchia in segno di rispetto).

Lo stato di **rilassamento o tensione** del soggetto è tuttavia, in generale, difficilmente dissimulabile e rivela il vero stato emotivo dell'individuo. Posizioni chiuse, abbandonate, senza energia comunicano stanchezza, tristezza e scoraggiamento. Posizioni aperte ed energiche danno una sensazione di vitalità e sono queste percezioni che, a volte, ci consentono di avvicinarci e interessarci all'altro con la giusta modalità di relazione.

METTI IN PRATICA

Cammina, muoviti e assumi posizioni:

- come se il tuo corpo fosse di gomma (il più decontratto possibile)/come se il tuo corpo fosse di legno (il più rigido possibile);
- come se tu fossi adirato, di fretta, triste, contento, timido, energico, scontroso, sportivo, stanco, innamorato ecc.

Analizza le posizioni più rappresentative utilizzate dai tuoi compagni.

I movimenti delle mani

I movimenti delle mani sono segnali altamente espressivi che possono essere collegati a stati emotivi e rivelare ansia e tensione. Azioni come tamburellare con le mani sul tavolo, mettersi le mani nei capelli, toccarsi il mento o grattarsi la fronte spesso sono segni di nervosismo, mentre è comune portare le mani sul volto in segno di disperazione.

Altre volte i movimenti delle mani hanno una particolare funzione in rapporto alla comunicazione verbale con lo scopo di illustrare e sottolineare ciò che si sta affermando.

Alcuni gesti sembrano scandire le varie parti del discorso e potrebbero considerarsi come una forma di punteggiatura, altri ne ampliano il contenuto indicando relazioni spaziali o identificando forme di oggetti.
Questo secondo tipo di segnali sono emessi, per lo più, consapevolmente e spesso variano nei diversi ambiti etnici e culturali.

METTI IN PRATICA

Pronuncia un discorso ai compagni dapprima utilizzando l'espressività delle mani e del corpo, poi cercando di evitare qualsiasi tipo di gestualità.
Chiedi ai compagni quali sensazioni hanno registrato nelle due situazioni.

a.

b.

5. I gesti emblematici delle mani sostituiscono il linguaggio: nel caso della foto **a.** è evidente l'intenzione comunicativa.
I gesti fanno parte del linguaggio: quelli illustratori nella foto **b.** sono emessi consapevolmente per indicare relazioni spaziali.

La prossemica

Anche lo **spazio** che occupiamo, nel quale ci muoviamo e che ci divide dagli altri durante la relazione ha un ruolo importante nella comunicazione sociale. Sono distanze che assumiamo spesso inconsciamente e/o per educazione, che regolano la relazione con l'altro e che influiscono sulle nostre sensazioni ed emozioni. Pensa per esempio a come ti senti quando sei seduto vicino a un tuo amico e a un estraneo: nel primo caso sei a tuo agio, nel secondo molto meno.
Gli studi del comportamento spaziale e delle posture assunte nella relazione sono noti con il nome di **prossemica** e individuano quattro diverse **distanze** o **zone** utilizzate per l'interazione interpersonale:

- la **distanza intima**, che va dal contatto fino a 45 cm ed è la distanza che si instaura per esempio tra mamma e bambino o più in generale tra genitori e figli;
- la **distanza personale**, che va da 45 cm fino a 75 cm ed è quella che si usa più frequentemente nella vita di relazione, come per esempio tra due persone che "chiacchierano";
- la **distanza sociale**, che va da 1,5 m fino a 3,5 m. È una distanza tipica delle situazioni professionali perché non ci si sente obbligati a relazionarsi con chi ci sta di fronte;
- la **distanza pubblica**, che va oltre i 3,5 m ed è per esempio quella tenuta dai professori universitari durante le lezioni.

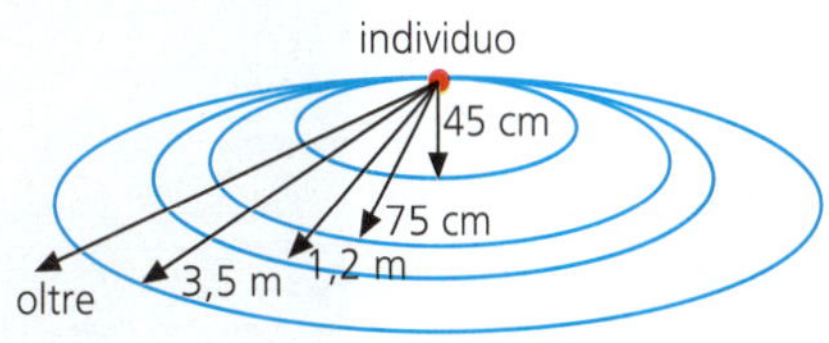

METTI IN PRATICA

Dividetevi in piccoli gruppi e inventate una "scenetta" in uno di questi differenti contesti di comunicazione: l'incontro tra due fidanzati, la discussione tra due amici, il colloquio di lavoro per un impiego, il dialogo tra un vigile che sta dando una multa a un ragazzo in motorino e il discorso di un oratore in pubblico. Ciascuno di voi osservi attentamente lo spazio e la distanza che naturalmente si utilizza e si instaura tra i personaggi in gioco per rappresentare le diverse situazioni. Confrontate poi le vostre osservazioni.

Il mimo

GLOSSARIO

Mimo La parola *mimo* viene dal greco *mimos*, derivato dal verbo *mimeomai*, cioè "imitare, rappresentare imitando".

La capacità di comunicare attraverso i gesti e il corpo si è trasformata in arte attraverso la figura del **mimo**.
L'abilità del mimo è quella di esprimere "l'invisibile attraverso il visibile", narrare emozioni, azioni, storie senza utilizzare la parola.
Originariamente il mimo indicava un particolare genere teatrale e letterario composto da brevi rappresentazioni per lo più buffonesche che prendevano spunto dalle vicende della vita quotidiana.
Nel teatro moderno questa parola indica una forma di spettacolo nata in Francia nei primi del 1900, in cui si affida al gesto e alla mimica la rappresentazione degli stati d'animo, dei sentimenti e delle azioni, in completa autonomia espressiva dalla parola.
L'azione si basa essenzialmente sulla comunicazione non verbale, spesso accompagnata dalla musica, dal ritmo e dalla danza, e deve la propria evoluzione e diffusione negli anni trenta del secolo scorso alle sperimentazioni di Marcel Marceau.
Mimare non vuol dire solo imitare l'ambiente circostante; richiede un profondo lavoro di sintesi per "reinventare" i gesti con i quali si comunica. Il mimo deve essere capace di rielaborare dentro di sé la nascita di emozioni, sensazioni e idee, per trasmetterle e farle vivere agli spettatori. Egli, dunque, deve riuscire a trasformare il gesto in un segno comprensibile e inequivocabile e, perché questo avvenga, i movimenti devono spogliarsi del superfluo, ridursi all'essenziale, diventare pura comunicazione.
Una tecnica utilizzata dai mimi per ottenere tale risultato è quella di enfatizzare e sottolineare i gesti "esagerando i movimenti e le reazioni". Per esempio: spostare il braccio nella direzione opposta prima di compiere un movimento verso il basso servirà a ingrandire il movimento stesso; muovere solo gli occhi e non la testa creerà un effetto "primo piano" sullo sguardo, che altrimenti si perderebbe in un movimento più generale del capo; iniziare una nuova azione solo dopo avere terminato quella precedente servirà a scandire in modo più congeniale allo spettatore i tempi delle azioni.

1. Marcel Marceau è stato uno dei più grandi maestri contemporanei nell'arte del mimo.

METTI IN PRATICA

Fingi di: essere rinchiuso dietro a una vetrina; camminare sopra un baratro; raccogliere fiori in un prato per regalarli a una ipotetica fidanzata; salire o scendere una scala immaginaria; lanciarti con il paracadute. Racconta una storia, un incontro, un incidente senza utilizzare le parole e i suoni.

La danza

La danza è un'espressione naturale dell'uomo. Il suo strumento è il corpo. Tutti possiamo danzare! Tutti possiamo dire di "aver danzato"! Perché *danzare* significa rispondere spontaneamente a una tensione interna generata dalle emozioni.
Fin dai tempi più antichi, con la danza l'uomo ha espresso il suo stupore e la meraviglia di fronte al mistero e alla bellezza della vita, così come il timore e il rispetto verso quelle forze che sembrano determinare il suo destino.
Nel corso dei secoli, la danza è stata usata per accompagnare, propiziare e sottolineare i momenti importanti per l'individuo e la comunità: la nascita, la morte, la caccia, la guerra, la semina e il raccolto, le cerimonie iniziatiche, le cerimonie nuziali.
Nel corso della storia la danza assume valenze diverse, trasformandosi da spontanea espressione delle emozioni, a rito, a mero divertimento, ad arte.
Presso le **grandi civiltà** del passato, la danza è stata spesso usata dal potere politico e religioso. Nelle cerimonie religiose entra a far parte dei rituali sacri e in quelle civili vi si ricorre per rappresentare simbolicamente le istituzioni sociali fondamentali.
In **età rinascimentale** si elaborano precise regole di grazia ed eleganza e la danza si differenzia in **balli di svago** e **danza rappresentativa**, vero e proprio spettacolo ricco di coreografie. Nascono in questo contesto le figure del **ballerino professionista** e del **maestro di danza**. Con il maestro di danza inizia il cammino della **danza accademica**, che attraverso l'opera di coreografi e compositori si sviluppa e si codifica sempre più rigorosamente fino a giungere alla **danza romantica** dell'Ottocento e a quella **moderna** e **contemporanea** dei giorni nostri.
La **danza moderna** sembra volersi liberare dalla rigida codificazione della danza classica e rivendica la capacità espressiva della spontaneità nell'arte di Isadora Duncan. Tuttavia la pura spontaneità non può essere trasmessa: la danza necessita di una propria tecnica.
La **danza contemporanea** accoglie la rivoluzione della danza moderna a favore di nuove espressioni corporee e, partendo da uno studio accademico, esplora gli orizzonti del movimento in forme che accolgono diverse discipline e modalità espressive, facendole proprie.
Oggi la danza si differenzia in numerose forme e stili: **oltre alla danza accademica** vi sono le **danze popolari** e **tradizionali**, espressione delle diverse culture delle comunità locali; i **balli da sala**, provenienti dalle diverse parti del mondo; la **danza sportiva**, evoluzione del ballo di coppia in disciplina sportiva, con regole specifiche e vere e proprie gare agonistiche regolate da una federazione; le **danze urbane** (come *hip hop*, *funk* e *breakdance*) che nascono nelle periferie americane di New York come espressione spontanea dei giovani afroamericani.

"Cammini in punta di piedi"

METTI IN PRATICA

Prova a muoverti in maniera spontanea su brani musicali di diverso genere (classico, moderno, *jazz*, *breakdance*, *hip hop*) e individua le sensazioni e le emozioni che la musica e il movimento ti ispirano; insieme a qualche compagno inventa una sequenza di gruppo (con passi codificati comunemente) su un genere musicale di tuo gradimento.

Anche il corpo parla!

La capacità di comunicare in modo corretto, efficace e coerente, impiegando le forme e i mezzi più opportuni, e quella di comprendere e interpretare chiaramente il contenuto dei messaggi e delle informazioni ci permettono di **entrare in relazione con gli altri**.

Nell'ambito delle scienze motorie e sportive, oltre a fare l'esperienza della comunicazione nelle sue classiche forme, puoi migliorare la tua competenza grazie alla conoscenza e all'uso "consapevole" di un tipo di linguaggio un po' differente dagli altri: il **linguaggio del corpo**.
Questo linguaggio trasmette messaggi anche quando non vuoi comunicare dando "informazione alle informazioni" e influenza profondamente il giudizio del tuo interlocutore.
Rispetto a una comunicazione verbale offrono informazioni aggiuntive:

- la postura;
- il rapporto vicinanza/lontananza;
- i movimenti delle mani;
- le espressioni del volto;
- lo sguardo.

Quando si rileva una mancanza di coerenza tra quanto detto (linguaggio verbale) e quanto viene trasmesso dal corpo (tono di voce, un diverso modo di respirare, rigidezza negli atteggiamenti, rossore delle guance ecc.), la **comunicazione risulta falsata e poco convincente**.

Essere consapevoli di ciò che il tuo corpo comunica e saper "leggere" i messaggi che l'altro ti invia (al di là della timidezza, del silenzio, delle parole) può e deve diventare uno **strumento per una comunicazione più sicura e serena**.

Anche nell'attività sportiva la comunicazione non verbale ha un ruolo importante: saper interpretare i segni arbitrali, codificati e univoci, che regolano lo svolgimento del gioco, e utilizzare gesti d'intesa con i componenti della tua squadra (per esempio per indicare che sei pronto a ricevere la palla o a eseguire uno spostamento) ti permetterà di **migliorare anche come giocatore**.

Conoscere e usare consapevolmente il linguaggio del corpo, utilizzando i suoi aspetti comunicativi e relazionali, ti aiuterà quindi a maturare una competenza comunicativa più efficace.

F. IL GIOCO, LO SPORT, LE REGOLE E IL FAIR PLAY

LA COMPETENZA TRASVERSALE IN GIOCO

Risolvere problemi

Quando si parla di competenza nel risolvere problemi, è chiaro che non ci si riferisce solo ai problemi matematici, ma in generale alla capacità di far fronte alle variabili delle situazioni che quotidianamente affrontiamo. La vita mette sempre di fronte a problemi di natura differente ed è importante saper trovare le risorse più opportune per poterli risolvere.
Lo sport, specialmente quello di squadra, richiede continui adattamenti alle situazioni che variano e costringe ad affrontare differenti scelte di tipo tecnico e tattico, a riconoscere quali sono gli elementi che permettono di ottenere il risultato ricercato, a capire quali strategie sono più adatte allo scopo. È quindi un ottimo strumento per imparare a ricercare nuove, veloci ed efficaci soluzioni.

ANALIZZIAMO LE COMPETENZE

Sport e *fair play*

Che cos'è lo sport

Qual è il significato originale dello sport? Il divertimento, il confronto per diletto, per il piacere di competere con altri mediante un'attività motoria. La dimensione ludica è affiancata dal significato etico del confronto leale, dello sviluppo armonico del corpo, della bellezza del movimento: valori presenti nella storia classica e strettamente connessi all'origine dello sport.

Il *fair play*

I valori della correttezza sportiva e della sana competizione, il riconoscimento del dovuto onore a chi è stato più bravo, sono acquisizioni piuttosto recenti. È solo nell'Ottocento, infatti, che in Inghilterra nasce il concetto di ***fair play*** ("gioco corretto"), cioè una serie di regole dettate da un codice di comportamento che **mette al primo posto il rispetto di se stessi, degli altri e delle regole**.
Questo concetto, applicato inizialmente nelle competizioni sportive, si è quindi diffuso (ma purtroppo non sempre è stato applicato) anche nei rapporti sociali e in politica, perché **il *fair play* è un modo di pensare, non solo un modo di comportarsi**.
È molto di più che giocare nel rispetto delle regole, perché incorpora i concetti di amicizia, di rispetto degli altri e di spirito sportivo.

I valori dello sport

Lo sport, quando non viene contaminato da interessi politici e commerciali, prepotenza e ignoranza, viene unanimemente riconosciuto come un'attività altamente formativa ed educativa. È importante quindi che rimanga predominante una concezione sana di sport, di uno sport che sia al servizio dell'uomo. Fra le sue caratteristiche principali vi è quella di rivolgersi alle persone con un linguaggio immediato, comprensibile da tutti, per trasmettere valori importanti e universali.

Attraverso lo sport hai modo di:

- **conoscere te stesso**, cioè saper riconoscere quali sono i tuoi punti di forza e quali quelli di debolezza dal punto di vista fisico, psicologico, emotivo e sociale;
- **esprimerti e raggiungere soddisfazioni**, cioè manifestare apertamente il tuo modo di essere attraverso l'attività che a te è più congeniale. Grazie ad essa potrai vivere il piacere di sentirti realizzato nel raggiungere un obiettivo, che non necessariamente va identificato con la vittoria;
- **ottenere successi personali**, cioè riuscire a superare difficoltà e raggiungere obiettivi che sembravano impossibili;
- **acquisire capacità tecniche e dimostrare abilità**, cioè entrare nella logica che non si finisce mai d'imparare e che c'è sempre un margine di miglioramento in tutto ciò che si fa;

I PRINCIPI DEL *FAIR PLAY*

1. Giocare per divertirsi.
2. Giocare con lealtà.
3. Rispettare le regole del gioco.
4. Rispettare i compagni di squadra, gli avversari, gli arbitri e gli spettatori.
5. Accettare la sconfitta con dignità.
6. Rifiutare il doping, il razzismo, la violenza e la corruzione.
7. Essere generosi verso il prossimo e soprattutto verso i più bisognosi.
8. Aiutare gli altri a resistere nelle difficoltà.
9. Denunciare coloro che tentano di screditare lo sport.
10. Onorare coloro che difendono lo spirito olimpico dello sport.

- **interagire socialmente**, grazie alle opportunità che tutte le discipline, anche quelle individuali, offrono sia nei momenti della preparazione che in quelli della competizione;
- **divertirti**, grazie alla gioia, al piacere che si prova nel momento della pratica indipendentemente dai risultati che si raggiungono;
- **raggiungere un buono stato di salute**, perché lo sport rappresenta una "medicina" per tutto l'organismo. È provata scientificamente la stretta relazione positiva che esiste tra attività fisica, sport e stato di salute: l'attività fisica è essenziale per una buona salute e una migliore qualità di vita poiché svolge un ruolo fondamentale nella prevenzione di molte malattie;
- **partecipare e assumere responsabilità**, perché per migliorare, per confrontarsi con gli altri e per assumere ruoli e compiti all'interno della squadra o della società sportiva di appartenenza, ci vogliono impegno e voglia di sfruttare fino in fondo le proprie capacità.

Esiste lo sport perfetto?

Purtroppo, o per fortuna, non esiste lo sport perfetto. Ogni disciplina presenta aspetti positivi propri e non può esserci uno sport che li comprenda tutti. La varietà di prestazioni, ambienti, regole e tipologie fisiche richieste dalle diverse discipline sportive non potrebbe certo essere ridotta a un solo movimento, a un solo ambiente o a una sola tipologia d'atleta. Pensiamo alle evidenti differenze tra l'esile tuffatrice e il massiccio lanciatore del peso, tra lo sciatore di fondo e il nuotatore, tra il giocatore di pallavolo e il tiratore con l'arco. Si pensi alla differenza tra la solitudine di un velista e il collettivo in cui si esprime un calciatore. Prestazioni e caratteristiche completamente diverse, o addirittura opposte, impediscono di ridurre, delimitare e classificare con completezza il mondo degli sport. Devi quindi trovare lo sport "perfetto per te", cioè quello congeniale alle tue caratteristiche personali, fisiche e caratteriali.

Che cosa hanno in comune tutti gli sport?

Poiché sono movimenti carichi di significato, i gesti sportivi muovono passioni ed emozioni in chi li esegue e in chi li osserva; hanno una dimensione spettacolare, propria di azioni a elevato contenuto atletico; rivelano un aspetto artistico e addirittura poetico, in gesti armoniosi e precisi, eseguiti con apparente semplicità.

Ogni sport ha le sue tradizioni, fatte di personaggi ed eventi memorabili; ha una sua terminologia specifica che spesso è completata da termini gergali e talvolta anche da gesti con significati particolari, noti solo agli appassionati.

Scegliere il proprio sport

L'ambiente dove vivi, con le sue tradizioni sportive, i tuoi genitori con le loro aspettative, gli amici che ti coinvolgono, sono tutti aspetti che condizionano le tue scelte; a volte però questo condizionamento non soddisfa i tuoi bisogni.
È necessario allora partire dalla comprensione dei tuoi desideri reali, e per fare questo devi avere coscienza delle tue attitudini fisiche e psicologiche, quali:

- la tua struttura corporea (altezza, corporatura ecc.);
- le tue caratteristiche motorie (velocità, coordinazione, agilità ecc.);
- il tuo carattere (impulsività, emotività ecc.).

In seguito dovrai cercare di conoscere i vari tipi di sport, che sono talmente numerosi da soddisfare ogni tipo di esigenza. Essi vengono distinti sostanzialmente in sport **individuali** e sport collettivi, o di **squadra**, e presentano diverse caratteristiche relative a: spazio, durata, materiale e regole di gioco.

Quando ti avvicini a un gioco o a uno sport che non conosci, lasciati coinvolgere totalmente, senza preoccuparti troppo per il risultato.
Non accanirti per impararne immediatamente la tecnica, ma lasciati guidare dall'attrattiva del gioco e potrai trarre beneficio dagli aspetti positivi che ogni attività fisica sa comunicare. Si può dire che ogni sport è un "mondo" a sé tutto da scoprire.

Questa sezione offre una presentazione degli sport più praticati, soprattutto di quelli più diffusi nell'ambiente scolastico.

PREPARIAMOCI ALLA PALLACANESTRO

10 PASSAGGI

1. Si gioca in due squadre di numero variabile da 4 a 6 giocatori.
La squadra in possesso di palla è in attacco, per ottenere un punto deve eseguire 10 passaggi consecutivi senza farsi intercettare la palla dagli avversari. Quando la squadra che è in difesa entra in possesso della palla, diventa attaccante e subito si invertono i ruoli.

Regole

Si può trattenere la palla per un massimo di 5 secondi.

Varianti

- Si può variare lo spazio a disposizione della squadra in attacco (metà campo).
- Si può consentire ai giocatori in attacco di fare 2 palleggi.
- Si può aggiungere come obiettivo per la squadra attaccante, che ha raggiunto i 10 passaggi, di fare canestro.

1.

BUTTAFUORI

2. Gioco individuale.
Ogni giocatore ha un pallone e, senza mai interrompere il palleggio, deve spingere la palla degli avversari fuori dello spazio di gioco; chi perde la palla esce dal campo; vince l'ultimo che rimane con la palla in campo.

Varianti

- Si può restringere il campo (anche durante il gioco).
- Si può giocare a squadre, di numero variabile di giocatori.

IL GRAN PREMIO

3. Si gioca a squadre di 2-3 componenti.

Si distribuiscono sul pavimento della palestra dei cerchi in modo da formare un lungo percorso (circuito). Tutti i concorrenti si posizionano dietro la linea di partenza e, a turno, uno dei componenti della squadra si sposta per eseguire 4 tiri a canestro, secondo le modalità che avrete stabilito (da fermo, in entrata e così via). Chi è in attesa dietro la linea di partenza avanza di un cerchio per ogni canestro eseguito (come avviene nel gioco dell'oca, sostituendo però al lancio dei dadi i tiri a canestro). Le squadre si alternano nei tiri fino a quando una delle squadre, avanzando nei cerchi, non ha completato il percorso stabilito.

Regole

È possibile rimanere nello stesso cerchio in più giocatori di squadre diverse (**fig. a**). I giocatori della stessa squadra si scambiano a ogni turno il ruolo di "segnaposto" con quello di "tiro".

Variante

Si possono introdurre lungo il percorso delle penalità che fanno perdere delle posizioni o dei bonus che le fanno guadagnare.

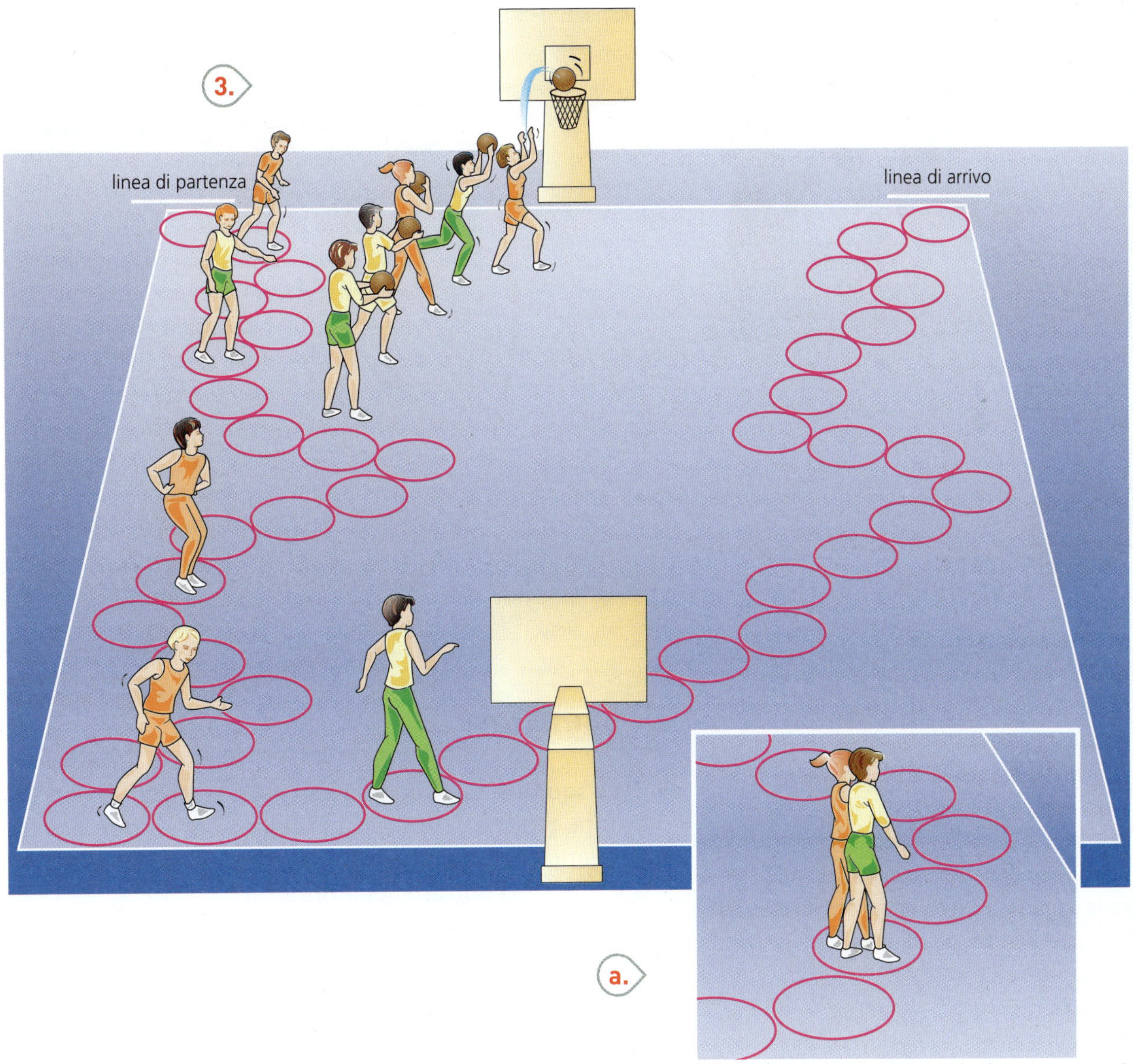

La pallacanestro

"Maneggia la palla molto bene!"

C'ERA UNA VOLTA

Un insegnante di educazione fisica del Massachusetts decise di inventare un gioco per mantenere in attività gli atleti delle squadre di football e di baseball durante il periodo invernale. Tracciava schemi e disegni su fogli di carta per progettare il nuovo gioco, ma non essendo soddisfatto dei suoi tentativi appallottolava il foglio e lo buttava nel cestino; scoprì che questo gesto poteva essere divertente, così nacque il basket ("cesto" in inglese). Era il 1891. La pallacanestro divenne sport olimpico a Berlino, nel 1936.

L'AREA DI GIOCO

Area no sfondamento
A 1,25 m dal canestro una linea curva a forma di mezzaluna indica l'area di "no sfondamento"; in quest'area non viene fischiato fallo di sfondamento all'attaccante.

Area dei tre secondi
Nel rettangolo vicino a canestro l'attaccante non può sostare per più di tre secondi; il terreno in quest'area ha un colore diverso dal resto del campo, per questo è anche detta "pitturato".

Lunetta
Zona adiacente alla linea di tiro libero fuori dall'area dei tre secondi.

L'essenziale

- **Due squadre** formate da **5 giocatori** si affrontano in un campo rettangolare; ciascuna cerca di far entrare la palla nel canestro avversario e di impedire alla squadra avversaria di farla entrare nel proprio.
- La palla può essere controllata e giocata solo **con le mani**.
- L'azione della squadra in attacco non deve durare più di **24 secondi**.
- Non potendo correre trattenendo la palla, per avvicinarsi al canestro avversario si usano il **palleggio** e i **passaggi**.

Le regole di gioco

I CAMBI I cinque giocatori in campo possono essere sostituiti liberamente **senza limitazioni**.

LA DURATA DELLA GARA **Quattro periodi** (quarti) **di 10 minuti** di gioco effettivo ciascuno. Quando la palla è in gioco, la palla è **viva** e il cronometro viene attivato; quando il gioco viene interrotto, la palla diventa **morta** e si ferma il cronometro.

IL PUNTEGGIO Una partita viene vinta dalla squadra che realizza il **maggior numero di punti** durante il tempo di gioco. I canestri valgono normalmente **due punti**; se il tiro è effettuato oltre la linea dei 6,75 m valgono **tre punti**; i canestri realizzati su tiro libero valgono **un punto**. Se alla fine del quarto periodo il punteggio è di parità, la gara deve continuare con uno o più **tempi supplementari** di 5 minuti ciascuno fino a che una squadra non termini il tempo in vantaggio.

1. Nel tiro in sospensione l'atleta cerca di sfruttare la maggior elevazione possibile per evitare che la palla venga intercettata.

I FALLI Un fallo è un'**infrazione alle regole causata da un contatto personale con un avversario**, per esempio bloccare, sfondare, trattenere, spingere, colpire ecc., o da un **comportamento antisportivo**. Il gioco riprende con una **rimessa laterale** a favore di chi ha subìto il fallo oppure con:

- **due tiri liberi**, se chi ha subìto il fallo era in **azione di tiro**;
- **un tiro libero**, se, nonostante il fallo, il tiratore ha realizzato il canestro.

Il giocatore che ha commesso il fallo, in segno di accettazione e riconoscimento, **deve alzare la mano**.
Un giocatore viene **escluso dal gioco** se commette 5 falli personali.

I fondamentali individuali d'attacco

Nella pallacanestro è importante coordinare tra loro una serie di movimenti base che costituiscono i gesti "fondamentali" del gioco.
Iniziamo a vedere i fondamentali individuali d'attacco.

GLOSSARIO

Azione di tiro
Si indica con questo termine tutto il movimento che precede il tiro vero e proprio, quindi anche l'ultimo appoggio di un terzo tempo o il salto prima del tiro in sospensione.

Il cambio di direzione e di velocità

L'attaccante ha un grosso vantaggio sul difensore: la sorpresa. È importante quindi saper cambiare direzione all'improvviso e saper accelerare o frenare senza che l'avversario riesca a intuirlo. Il cambio di direzione consiste nel **modificare la propria direzione di corsa** e serve a **smarcarsi** o a **superare un avversario**

2. Al cambio di direzione viene di solito abbinato un cambio della mano che palleggia.

in palleggio. Mentre lo esegui devi fare anche uno scatto, cioè un cambio di velocità, per evitare l'avversario. Se hai la palla, quando esegui un cambio di direzione dovresti **poi cambiare la mano con cui palleggi**, altrimenti l'avversario potrebbe facilmente portarti via la palla.

CHE COS'È...

Contesa e possesso alternato Si verificano quando uno o più giocatori di squadre opposte hanno le mani saldamente sulla palla. In tale caso si applica il "possesso alternato", indicato da una freccia sul tavolo della giuria.

Tripla Tiro da tre punti, cioè da oltre la linea dei 6,75 m.

La finta

Le finte sono uno dei principali mezzi con cui **ci si smarca** e si riesce a impedire l'intervento del difensore. Lo smarcamento è l'atto di **liberarsi dalla difesa avversaria**: quindi tramite finte, rapidi cambi di velocità e di direzione, riesci a ricevere liberamente la palla e ad avere più tempo e più spazio a disposizione per decidere e realizzare l'azione d'attacco; spesso conviene ricevere la palla il più vicino possibile a canestro; talvolta si preferisce riceverla più lontano per essere meno disturbati nel tiro.

L'arresto a uno e a due tempi

L'azione di arresto permette di fermare la corsa sia dopo aver ricevuto la palla che dopo aver interrotto il palleggio.

- **Arresto a un tempo:** i piedi toccano terra nello stesso momento; si utilizza quando la velocità della corsa è bassa; permette di trovare rapidamente l'equilibrio per un tiro o per una partenza in palleggio.
- **Arresto a due tempi:** i piedi toccano terra in momenti successivi; si usa quando la velocità della corsa è alta. Con l'appoggio del primo piede si rallenta la corsa, col secondo ci si arresta completamente.

3. L'arresto può essere a un tempo (**a**) o a due tempi (**b**).

Il tiro

Il tiro consiste nel lanciare la palla nel canestro avversario. Può essere eseguito vicino al canestro ("da sotto") o da fuori area, in corsa, in sospensione o da fermi.

Con un movimento unico e fluido porti la palla in alto e davanti alla testa, allineando mano, gomito e spalla. Estendi completamente il gomito del braccio di tiro. La palla viene spinta con una mano, mentre l'altra svolge una funzione di sostegno (vedi *In primo piano*).

IL PIEDE PERNO

Nella pallacanestro non si può avanzare con la palla trattenuta in mano: una volta interrotto il palleggio o ricevuta la palla, si possono effettuare solo due appoggi (per esempio: il terzo tempo). Farne di più significa incorrere nell'infrazione di "passi".

Dopo esserti fermato, potrai muovere liberamente in tutte le direzioni un piede, mentre l'altro dovrai tenerlo a contatto col terreno e verrà chiamato "perno".

Questo piede può ruotare, ma non può spostarsi. Sfruttando il piede perno, puoi quindi ruotare su te stesso, spostando il piede mobile quante volte vuoi.

4. Nel "giro" si può ruotare sul piede perno muovendo liberamente l'altro piede.

in PRIMO PIANO

Quando tiri, cerca di imprimere alla palla, con la frustata del polso, una rotazione all'indietro o *back spin*. Tale rotazione permette alla palla di mantenere la traiettoria iniziale e, in caso di rimbalzo sul cerchio, hai più probabilità che entri nel canestro.

Durante tutta l'azione, ricordati di guardare il canestro e non la palla!

La palla viene spinta con una mano, mentre l'altra è solo di sostegno.

Nell'esecuzione del tiro è fondamentale la spinta delle gambe.

TIRO IN SOSPENSIONE

IL TERZO TEMPO

È uno dei gesti classici della pallacanestro; fondamentale per eseguire delle entrate a canestro efficaci e vincenti. Questo movimento presenta un'evidente componente ritmica; infatti la sua sequenza può essere ricordata attraverso la cadenza degli appoggi: • ••

Per i destri il primo appoggio della sequenza corrisponde all'ultimo palleggio, simultaneo al contatto del piede sinistro con il terreno. Durante il lungo passo che segue, si afferra la palla. Seguono quindi due appoggi ravvicinati (destro e sinistro) sempre con la palla in mano, che agevolano il salto verso canestro e il successivo tiro.

5. Per imparare il terzo tempo ci si può aiutare eseguendo l'ultimo palleggio, prima di fermare la palla, un po' più marcato degli altri.

OCCHIO ALLE REGOLE!

- Un canestro è valido solo quando la palla entra nel canestro **dall'alto**.
- La palla si gioca **con le mani**, anche se toccare accidentalmente la palla con il piede o con la gamba **non** costituisce violazione.

IL TIRO IN CORSA O "TERZO TEMPO" Per realizzare il tiro da sotto canestro, ti conviene arrivarci vicino in corsa, effettuando un terzo tempo, che consiste nel fare **due appoggi con la palla in mano**, cioè il massimo consentito dal regolamento, prima di saltare e tirare. Imparando a fare il terzo tempo in molti modi diversi (di destro, sinistro o rovesciato) potrai trovare più facilmente la strada per superare la difesa avversaria e avvicinarti al canestro.

IL TIRO LIBERO Se subisci un fallo mentre stai tirando, hai l'opportunità di eseguire il tiro libero, cioè di tirare a canestro, a gioco fermo, **da dietro la linea dei tiri liberi**. Oltre al tiratore, tre difensori e due attaccanti, disposti lungo l'area dei tre secondi, si disputeranno l'eventuale rimbalzo.

Il passaggio

Il passaggio consente un **veloce spostamento della palla** in campo. Ci sono molti tipi di passaggio: a due mani dal petto, a due mani da sopra la testa, a una mano o laterale, a una mano tipo baseball, a due mani battuto a terra (con rimbalzo). A seconda della situazione ti converrà scegliere quello più adeguato a far arrivare la palla al tuo compagno nel miglior modo possibile.

COME SI ESEGUE IL PASSAGGIO A DUE MANI DAL PETTO Tieni la palla all'altezza del petto con le mani; da questa posizione la passi al compagno con una spinta simultanea delle braccia che estendi in avanti. Per imprimere maggior forza al passaggio, mentre stendi le braccia fa' un passo in avanti. Per non far intuire all'avversario la direzione della palla, non guardare nella direzione del passaggio, ma cerca di avere una visione più generale. Prima di effettuare il passaggio, puoi anche sbilanciare la difesa fingendo di voler indirizzare la palla verso un altro compagno.

6. Il passaggio a due mani dal petto è il più utilizzato durante il gioco.

La rimessa in gioco

Si esegue da dietro la linea laterale o di fondo campo, dove è terminata l'azione precedente. Se sei incaricato della rimessa in gioco, hai a disposizione **5 secondi** per effettuarla e non puoi tirare direttamente a canestro.

7. Mentre si palleggia bisogna proteggere la palla senza doverla guardare.

Il palleggio

Il palleggio è il fondamentale con il quale puoi mantenere il possesso della palla e spostarti nel campo. Impara a eseguire questo fondamentale **senza fissare la palla**, così manterrai il contatto visivo con il campo, i compagni e gli avversari. Si palleggia con la mano più lontana dall'avversario, proteggendo la palla con il corpo e con l'altro braccio. Impara a palleggiare con entrambe le mani con esercizi di **ball handling**: tendenzialmente utilizzerai la mano destra nel lato destro del campo, la mano sinistra nell'altro. Ricorda che non puoi interrompere il palleggio e riprenderlo: incorreresti nell'infrazione di doppio palleggio.

GLOSSARIO

Ball handling
Esercizi di sensibilizzazione con la palla, come palleggiare tra le gambe, con due palloni, da seduti, dietro la schiena ecc.

I fondamentali individuali di difesa

La posizione fondamentale

Per eseguire una buona difesa, è indispensabile assumere la posizione fondamentale, con il **baricentro basso** e ben appoggiati sugli avampiedi.

8. Nella posizione fondamentale, i piedi sono divaricati, in modo da garantire un buon equilibrio.

Lo scivolamento

Per spostarsi velocemente e in equilibrio il difensore utilizza lo scivolamento, cioè uno **spostamento a passo accostato**, muovendo per primo il piede nella direzione scelta, mantenendo il baricentro basso, allo scopo di sbarrare con il corpo la strada verso canestro all'avversario.

La difesa sul giocatore con la palla

Se l'avversario con la palla è fermo e non ha ancora palleggiato, devi essere pronto a difendere uno dei tre possibili movimenti di attacco: palleggio, passaggio o tiro. Dovrai assumere la posizione fondamentale, a una distanza tale da disturbare il passaggio o il tiro, ma senza correre il rischio di farti superare in palleggio. Se invece l'avversario ha interrotto il palleggio, può solo passare la palla o tirare: potrai allora avvicinarti e costringere l'attaccante all'errore.

La difesa sul giocatore senza palla

La posizione del difensore sul giocatore senza palla varia a seconda della distanza di questi dal canestro e dalla palla e, quindi, della sua pericolosità. Devi mantenere una posizione intermedia tra il canestro, la palla e l'attaccante da curare: più questi si avvicinerà al canestro più il difensore deve andargli vicino.

OCCHIO ALLE REGOLE!

Quando viene commesso un fallo su un giocatore che è in atto di tiro, l'arbitro interviene in modo differente:

- se il canestro viene realizzato, lo convalida e concede anche **un tiro libero**;
- se il tiro a canestro da due punti non viene realizzato, concede **due tiri liberi**;
- se il tiro a canestro da tre punti non viene realizzato, concede **tre tiri liberi**.

9. Il tagliafuori viene eseguito il più lontano possibile dal canestro.

10. È necessario saltare con il giusto tempismo per afferrare la palla nel punto più alto possibile.

CHE COS'È...

Buttafuori Il difensore cerca di costringere l'avversario in palleggio verso le linee laterali.

Interferenza illegale Si verifica quando un difensore interviene sulla palla in fase discendente prima che abbia toccato il canestro; in ogni caso viene assegnato il canestro.

Il tagliafuori

Il tagliafuori è l'azione con la quale il difensore cerca di **impedire all'attaccante di prendere il rimbalzo** dopo un tiro. Consiste nel girarsi verso il canestro e nel mantenere alle proprie spalle l'avversario; più lo si tiene lontano dal canestro e meno possibilità ha di prendere la palla. Per sapere dov'è l'avversario e opporsi ai suoi movimenti pur continuando a guardare il canestro, si deve mantenere il contatto con mani e corpo.

Il rimbalzo

Quando un tiro non entra nel canestro, la palla rimbalza sul cerchio o sul tabellone; difensori e attaccanti saltano per cercare di prendere il rimbalzo. Sfruttando il tagliafuori, il difensore è avvantaggiato a rimbalzo e può dare inizio a un'azione d'attacco, magari in contropiede.

I ruoli della pallacanestro

Ecco una panoramica dei ruoli di una squadra di pallacanestro.

PLAYMAKER/GUARDIA È il regista della squadra. Dotato di tecnica di palleggio e velocità, ha un'ampia visione del gioco che gli permette di costruire le azioni d'attacco, scegliere tempi e schemi di gioco. Cerca l'assist ai compagni sotto canestro. In difesa disturba la costruzione del gioco avversario e sa condurre velocemente un contropiede. Spesso rappresenta l'allenatore in campo.

ALA È il giocatore laterale. Le sue qualità tecniche gli consentono sia il tiro da fuori che l'entrata in terzo tempo. È anche capace di passare la palla al pivot in modo efficace. Poiché gioca spesso sotto canestro, dev'essere un buon rimbalzista. È di solito questo il ruolo dei giocatori più spettacolari e dei migliori realizzatori.

PIVOT O CENTRO Sa controllare in attacco e in difesa la zona più vicina a canestro. Per questo dev'essere il miglior rimbalzista della squadra, molto alto e potente. Talvolta è un giocatore un po' lento, anche se non mancano pivot che possiedono sia altezza che agilità nei movimenti. Gioca spesso con le spalle a canestro ed è un buon realizzatore da vicino.

11. I giocatori più alti occupano le posizioni più vicine a canestro.

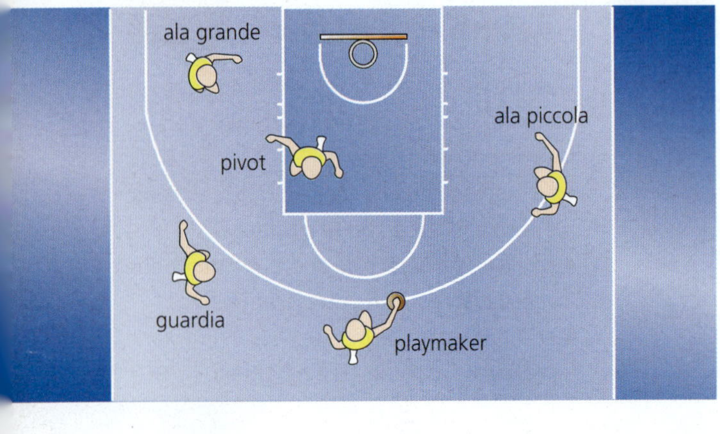

I fondamentali di squadra

L'attacco

Gli attaccanti devono cercare i punti deboli della difesa e gli spazi liberi da sfruttare. I principi da rispettare nell'attacco, oltre a valutare la difesa, sono:

- non affollare l'area;
- essere sempre pronti a ricevere palla;
- muoversi con obiettivi chiari e velocemente, in relazione ai compagni;
- non palleggiare se non è necessario;
- passare la palla a chi si trova meglio posizionato in campo.

CHE COS'È...

Blocco Un aiuto che l'attaccante porta a un compagno di squadra per facilitarne lo smarcamento. Si esegue ponendosi, come un ostacolo, sulla traiettoria di movimento dell'avversario.

IL CONTROPIEDE Tra le azioni offensive, il contropiede è una delle più entusiasmanti, perché trasforma rapidamente una situazione di gioco a favore di una squadra in una a favore dell'altra. Un contropiede può nascere da diverse situazioni di gioco, per esempio da un rimbalzo difensivo o da una palla intercettata. Ricordati: la palla è più veloce di qualsiasi giocatore. I pochi passaggi del contropiede dovranno essere precisi e veloci.

12. La schiacciata (*slum dunk*) è una delle azioni più spettacolari della pallacanestro.

La difesa

Indipendentemente dal tipo di difesa utilizzata, ciascun giocatore è responsabile della difesa del proprio canestro; per questo, comunque, devi andare a difendere sull'avversario più pericoloso, se rimasto libero.

LA DIFESA INDIVIDUALE Nella difesa individuale ogni difensore "marca", cioè difende sullo stesso giocatore, seguendolo nei suoi spostamenti nel campo. Tutti i giocatori devono contribuire all'azione di marcatura, altrimenti la difesa non è efficace. Una buona difesa individuale si adatta velocemente a qualunque situazione e a qualunque tipo di avversario, affidando le giuste responsabilità a ogni giocatore.

LA DIFESA A ZONA In questo tipo di difesa il giocatore non è responsabile sempre dello stesso avversario, ma di una porzione di campo. Questa tattica permette di coprire tutti gli spazi, di rendere difficile l'avvicinarsi a canestro degli avversari e di facilitare l'aiuto tra i difensori. Tuttavia essa rende difficile accoppiare ai migliori attaccanti i migliori difensori e non impedisce il tiro da fuori.

IL TRE CONTRO TRE

*Il "tre contro tre" è un adattamento che comprende quasi tutte le caratteristiche tecniche del gioco completo della pallacanestro, con l'eccezione del contropiede. Le squadre sono composte di **3 giocatori** e si usa solo **un canestro**.*

Spesso è la formula adottata nei playground, cioè nei campi all'aperto di libero utilizzo.

- *L'azione comincia con una rimessa eseguita dalla linea di fondo.*
- *Per realizzare un canestro valido la squadra in attacco deve portare la palla al di fuori della linea dei tre punti; solo successivamente può cominciare l'azione offensiva e tirare a canestro.*
- *La squadra che ha tirato e prende il rimbalzo offensivo può invece tirare a canestro immediatamente, senza allontanarsene.*
- *Quando una squadra realizza un canestro, il gioco riprende con una rimessa della squadra avversaria dietro la linea di fondo. Vince la squadra che per prima arriva a venti punti. Per i **falli** si usano le stesse regole della pallacanestro a cinque ma... **senza arbitro**! Un giocatore che ritiene di aver subito un fallo esclama: «Fallo!» e il gioco si interrompe.*
- *Il gioco "tre contro tre" è caratterizzato da un aumento di entrate in terzo tempo, tiri da sotto canestro, rimbalzi offensivi.*

IL TIRO

1.

2.

1. **Ruota di riscaldamento**
Due file a metà campo. I giocatori di una fila hanno la palla, quelli dell'altra sono senza palla. Il primo della fila con la palla va in palleggio e terzo tempo, il primo della fila senza palla prende il rimbalzo e va dietro alla fila opposta.
2. **Gioco a coppie. *Two-Ball***
Si predispongono 6-8 zone di tiro, assegnando a ciascuna un punteggio a seconda della distanza da canestro. Al via un giocatore tira dalla prima posizione, il compagno prende il rimbalzo e in palleggio va al tiro da un'altra postazione, mentre il primo giocatore va sotto canestro per prendere il rimbalzo.
3. **A ognuno la sua forza**
Sotto canestro con vicine 10 palle di diversa grandezza e peso (da ritmica, palloni da pallavolo, minibasket ecc.). Tirare a canestro da sotto i 10 palloni in massimo 20 secondi, contando il numero di canestri.

GLI ERRORI PIÙ COMUNI

A. La palla viene portata sopra la spalla e da lì spinta verso canestro.

Risultato > *Difficile regolazione della forza. Altezza di rilascio bassa.*
Correzione > *Tirare da sotto canestro con la palla tenuta sopra la testa.*

B. La mano che non dovrebbe spingere si distende insieme all'altra (tiro a 2 mani).

Risultato > *Difficile regolazione della traiettoria e della spinta.*
Correzione > *Tirare da sotto tenendo la palla solo con una mano.*

B.

C. Il braccio che spinge la spalla non si distende del tutto e il polso non "frusta" la palla.

Risultato > *La palla non ruota su se stessa e non mantiene la traiettoria desiderata. Il rimbalzo sul ferro la porta lontano da canestro.*
Correzione > *Tirare la palla sopra la testa (3 metri circa) e lasciarla rimbalzare davanti a sé; la rotazione data dalla frustata con il polso farà sì che la palla rimbalzi verso dietro.*

IL PASSAGGIO

1. **Tic-tac con il muro**
   Individuale, ciascuno con la palla di fianco a un muro. Correre autopassandosi la palla facendola rimbalzare contro il muro; si può far rimbalzare la palla a terra ma non si può palleggiare. Cercare di correre alla massima velocità.
2. **Tic-tac a coppie**
   A coppie, uno di fianco all'altro, con una palla. Attraversare il campo, utilizzandone una metà longitudinale, con rapidi passaggi, senza palleggiare (tic-tac); arrivati vicino a canestro il giocatore esterno esegue un terzo tempo o un tiro piazzato, il compagno prende il rimbalzo e ricomincia i passaggi di ritorno. I piedi sono orientati verso canestro e non verso il compagno, è il busto che ruota verso il compagno.
3. **L'antipatico**
   A gruppi di tre: due giocatori, con una palla, posti l'uno di fronte all'altro; un terzo giocatore in mezzo; i due esterni si passano la palla in tutti i modi possibili senza poter palleggiare ma usando il piede perno; il terzo giocatore può muoversi liberamente cercando di intercettare i passaggi o almeno di renderli difficoltosi.

3.

GLI ERRORI PIÙ COMUNI

A. Scarsa distensione delle braccia, poca forza.
Risultato > *Passaggio lento.*
Correzione > *Esercizi di velocità di passaggi contro il muro, sia da seduti che da in piedi, con palloni pesanti.*

B. Scelta del passaggio sbagliato.
Risultato > *Il passaggio non arriva.*
Correzione > *Passare la palla con un avversario davanti che ostacola il movimento (es. 3* L'antipatico*). Usare il giro sul piede perno per trovare migliori traiettorie di passaggio.*

C. Cattiva valutazione della velocità propria o del compagno.
Risultato > *Il compagno non arriva alla palla oppure deve fermare la corsa.*
Correzione > *Eseguire esercizi tipo* Tic-tac con il muro e Tic-tac a coppie e Dai e vai.

"Fai attenzione quando passi la palla!"

Continua

IL PALLEGGIO

1. ***Ball handling***
   Eseguire esercizi di *ball handling* guardando l'insegnante e dicendo ad alta voce i numeri che egli indica con le dita delle mani.
2. **Slalom tra birilli**
   Con la palla davanti al primo birillo. Correre palleggiando tra i birilli senza toccarli, cambiando mano a ogni cambio di direzione; superato l'ultimo birillo, eseguire un terzo tempo con tiro da sotto.
3. **Gioco *Sparviero***
   Divisi in due gruppi, i giocatori della squadra in attacco, ciascuno con una palla, si posizionano sulla riga di fondo campo, gli avversari senza palla sulla riga di metà campo. Gli attaccanti devono correre in palleggio e attraversare il campo senza farsi toccare la palla dagli avversari. Il giocatore al quale viene tolta la palla si aggiunge ai difensori.

2.

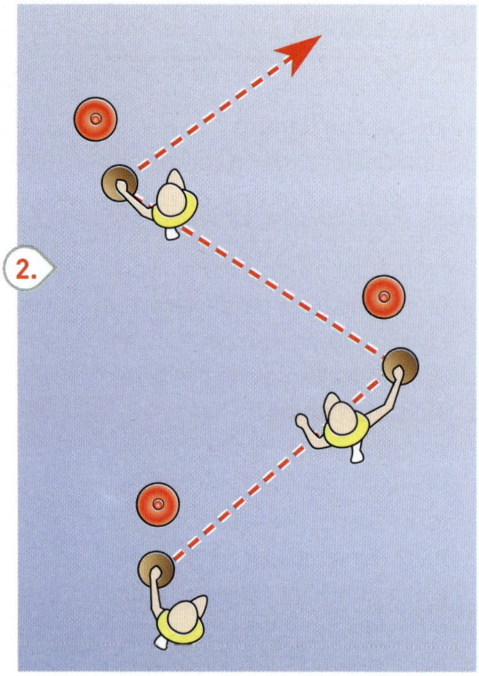

GLI ERRORI PIÙ COMUNI

A. Si guarda la palla durante il palleggio.
Risultato > *Si perdono di vista il campo, i compagni e gli avversari; si eseguono passaggi sbagliati.*
Correzione > *Eseguire esercizi di* ball handling *a occhi chiusi.*

B. Palleggio insicuro con mano debole.
Risultato > *Si preferisce sempre il lato della mano forte.*
Correzione > *Eseguire gli esercizi suggeriti per il palleggio, soprattutto con la mano debole.*

C. Mancata spinta del polso o tempo di contatto mano-palla troppo breve.
Risultato > *Difficoltà a eseguire cambi di direzione, insicurezza nel palleggio e necessità di controllo visivo.*
Correzione > *Palleggiare con due palloni; farli rimbalzare simultaneamente o in modo alternato camminando e correndo, ed eseguire arresti e ripartenze.*

LA DIFESA
FONDAMENTALE INDIVIDUALE

1. **Scivolamento**
   Un attaccante con palla sulla linea di fondo campo; un difensore di fronte con le mani dietro la schiena alla distanza di un metro circa. L'attaccante avanza in palleggio (all'inizio camminando, poi correndo), il difensore si oppone solo con lo spostamento del proprio corpo in scivolamento impedendo all'attaccante di avanzare, o perlomeno rallentandolo il più possibile, in una fascia di campo sempre più larga.

1.

2. Tagliafuori

Un difensore sul cerchio di centro campo o sul cerchio della lunetta. Un attaccante dietro di lui. Un pallone al centro del cerchio. Al via l'attaccante cerca di raggiungere il pallone; il difensore deve impedirgli di entrare nel cerchio con il tagliafuori.

L'ATTACCO
FONDAMENTALE DI SQUADRA

1. Dai e vai

Un giocatore con la palla in posizione di playmaker (**1**) e uno in posizione di ala (**2**).

Il giocatore (**1**) passa la palla al compagno (**2**), fa qualche passo nella direzione opposta e poi taglia verso canestro chiamando la palla, riceve e tira piazzato o in terzo tempo. Successivamente si inserisce un difensore e poi anche il secondo.

2. Dai e segui

Un giocatore in posizione di play e uno in posizione di pivot. Il giocatore con palla la passa al compagno e va a riprenderla, e protetto da lui esegue un tiro piazzato o in sospensione; il compagno durante il tiro ruota sul perno e va a canestro per il rimbalzo. Successivamente si inserisce un difensore e poi il secondo.

3. Contropiede

Un giocatore si dispone sotto canestro, un compagno a metà campo e un altro vicino al canestro opposto. Il primo tira a canestro, prende il rimbalzo e passa al secondo che velocemente fa giungere la palla al terzo che tira al canestro opposto. Si può eseguire a gara contro un'altra squadra di tre.

LA DIFESA
FONDAMENTALE DI SQUADRA

1. Aiuto difensivo

Tre attaccanti (un play con la palla e due ali) e tre difensori. Tre contro tre. La difesa usa le mani solo per intercettare i passaggi e impedisce agli avversari di avvicinarsi a canestro soprattutto con l'aiuto. La posizione dei difensori sui giocatori senza palla sarà tale da permettere una veloce chiusura sull'attaccante con la palla che cerca di andare a canestro.

PREPARIAMOCI ALLA PALLAVOLO

LA PALLA AL VOLO

1. Si gioca in due squadre che si alternano in due tempi nei ruoli di attacco e di difesa. La squadra in difesa si posiziona dentro al campo da pallavolo, senza rete; quella in attacco si mette fuori, attorno al perimetro. Al segnale parte il tempo e i giocatori della squadra in attacco devono lanciare la palla leggera per colpire al volo, cioè prima del rimbalzo della palla a terra, i giocatori in difesa. I colpiti devono uscire dal campo e posizionarsi attorno alle righe del campo in attesa di essere recuperati. Vince la partita la squadra che al termine dei due tempi ha mantenuto più elementi in campo, oppure ha eliminato nel minor tempo tutti gli avversari.

Regole

Chi è in attacco può tirare la palla solamente dall'esterno del campo; se la palla rimane nel campo può entrare a riprenderla, ma deve subito uscire o passarla a un compagno fuori; la palla può essere tirata liberamente con una o due mani; i difensori non possono trattenere la palla; il giocatore della squadra in difesa che viene colpito deve uscire dal campo posizionandosi attorno alle righe: rientra in gioco se riesce a recuperare la palla salvata da un compagno di squadra che la prende al volo, rinviandola alta fuori dal campo (il giocatore non può essere ostacolato); quando l'ultimo elemento della squadra viene eliminato si ferma il tempo e si cambiano le posizioni di attacco e difesa delle due squadre.

Per non essere eliminati bisogna: evitare la palla; rinviarla al volo fuori dal campo, anche con l'aiuto di qualche compagno.

1.

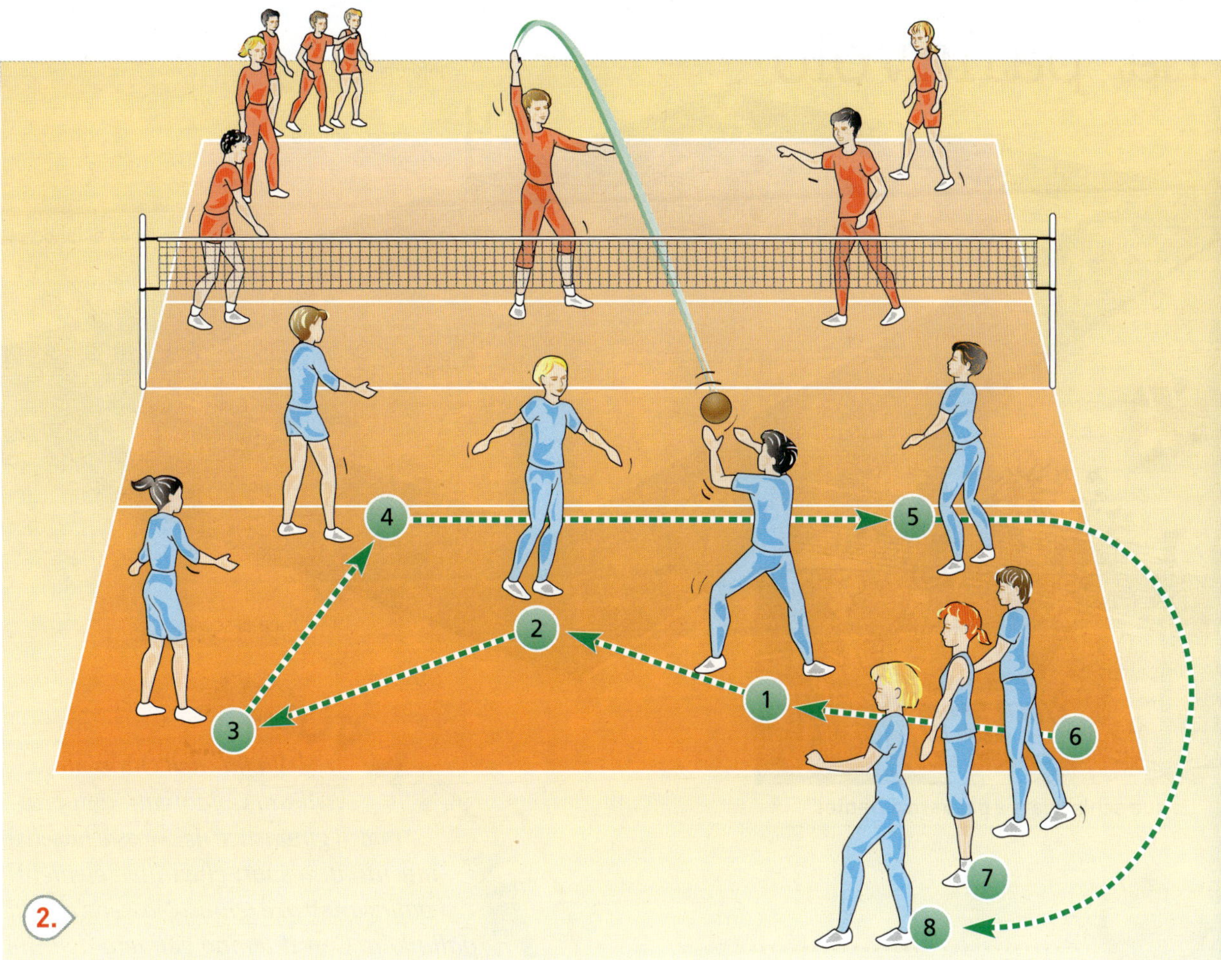

2.

LA PALLA CAMBIO

2. Si gioca in due squadre distribuite nelle due metà del campo da pallavolo con la rete alta 210 centimetri: cinque giocatori sono in campo, due davanti, due dietro, uno al centro e gli altri aspettano fuori campo il turno per entrare. Per ottenere un punto bisogna far cadere la palla nel campo avversario, oppure indurre l'avversario all'errore (palla inviata fuori campo o contro la rete dopo il secondo passaggio). Al momento di inviare la palla nel campo avversario chi è in possesso della palla deve gridare "cambio" e gli elementi della squadra devono ruotare in senso orario in modo che quello che occupa la posizione avanti a destra esca dal campo e si porti in fila dietro ai compagni che aspettano per entrare, mentre il primo dei giocatori fuori entra in campo a occupare la posizione dietro a destra.

Regole

È obbligatorio gridare "cambio" durante il lancio della palla nel campo avversario; la palla deve passare sopra la rete e deve essere colpita con i fondamentali di gioco stabiliti dall'insegnante (palleggio, battuta, attacco ecc.); la palla in difesa e nei passaggi fra i compagni di squadra può essere trattenuta; si possono fare non più di due passaggi prima di inviare la palla nel campo avversario.

LA PALLAVOLO CON RIMBALZO

3. Si gioca come a pallavolo solo che la palla può fare un rimbalzo a terra prima di ogni tocco.

Variante

Diminuire il numero di rimbalzi che la palla può fare prima dei tocchi.

La pallavolo

"La sua schiacciata è davvero potente!"

C'ERA UNA VOLTA

Alla fine dell'Ottocento, William G. Morgan (un istruttore di ginnastica del Massachusetts) inventò uno sport che univa elementi di pallacanestro e tennis. Nasceva così la pallavolo. Con il tempo vennero definite meglio le regole di gioco e i movimenti fondamentali. Per esempio furono i giocatori filippini a inventare l'alzata e la schiacciata, iniziando ad eseguire la cosiddetta azione "bomba": era un passaggio, con traiettoria molto alta, che permetteva a un compagno di colpire la palla con violenza verso il campo avversario. I giocatori cecoslovacchi idearono il "muro" e il bagher *per contrastare le azioni d'attacco avversarie.*

L'AREA DI GIOCO

Zone Il campo da pallavolo è idealmente suddiviso in **sei parti numerate**, tre davanti (2-3 e 4) e tre dietro la linea dei tre metri (5-6 e 1); tali zone regolano la rotazione dei giocatori e le limitazioni relative alle posizioni.

Su ogni campo è tracciata una linea a 3 m dalla linea centrale, che delimita le **zone d'attacco**. La zona di servizio è l'area larga 9 m e situata oltre la linea di fondo.

Altezza della rete La rete, sopra la linea centrale, varia in altezza secondo la tabella:

PER GARE MASCHILI		
SENIORES E UNDER 18	UNDER 16	UNDER 14
2,43 m	2,35 m	2,24 m

PER GARE FEMMINILI	
SENIORES, UNDER 18 E UNDER 16	UNDER 14
2,24 m	2,15 m

Le asticelle che sporgono dalla rete sulla verticale delle linee laterali del campo si chiamano **antenne**. La palla non può attraversare la rete all'esterno di esse.

L'essenziale

- La pallavolo è giocata da **due squadre** di **6 giocatori** ciascuna. Il terreno di gioco è diviso a metà da una rete.
- Lo scopo del gioco è inviare la palla sopra la rete cercando di farla cadere a terra nel campo opposto. Ogni squadra ha a disposizione un **massimo di 3 tocchi** per rinviare la palla nel campo avversario.
- Il gioco ha inizio con un **servizio** che invia la palla oltre la rete verso gli avversari. Ogni volta che una squadra vince un'azione di gioco **conquista un punto**.

Le regole di gioco

LA FORMAZIONE DELLA SQUADRA E LE POSIZIONI Una squadra si compone di un massimo di **12 giocatori**. In campo, tre occupano **le posizioni di attacco 4, 3, 2**; gli altri, detti "**difensori**", sono nelle **posizioni 5, 6, 1**. Nel momento in cui la palla è colpita dal battitore, ogni squadra deve essere posizionata nel proprio campo nell'ordine di rotazione. Dopo il servizio i giocatori possono spostarsi e occupare qualsiasi posizione. Nelle zone di attacco, tuttavia, solo ai giocatori delle **posizioni 2, 3** e **4** è permesso schiacciare, murare e inviare comunque la palla nell'altro campo colpendola al di sopra della rete.

LA ROTAZIONE E LE SOSTITUZIONI Quando la squadra in ricezione conquista il diritto a servire, i suoi giocatori devono **ruotare di una posizione in senso orario**: il giocatore di zona 2 si porta nella 1 per servire, il giocatore in 1 si porta in 6 e così via.

In ogni set ciascuna squadra può effettuare un massimo di **6 sostituzioni**. Un giocatore può uscire e rientrare in gioco solo nella posizione precedentemente occupata nella formazione; quindi può essere sostituito solo dal medesimo compagno a cui aveva dato il cambio, con l'eccezione del giocatore che gioca nel ruolo di "libero", che può sostituire qualsiasi giocatore che gioca in difesa.

IL PUNTEGGIO Una squadra conquista un punto quando la palla cade a terra nel campo opposto o la squadra avversaria commette un'infrazione. La squadra che vince lo scambio **conquista un punto** ed **effettua il servizio**.

Un set è vinto dalla squadra che per prima consegue **25 punti**; in caso di parità è necessario raggiungere uno scarto di almeno due punti. La gara è vinta dalla squadra che **si aggiudica 3 set su 5**. Nel caso di parità di 2 set vinti, il quinto ("**tie break**") è giocato ai 15 punti e con uno scarto di almeno 2 punti.

PALLA DENTRO, PALLA FUORI La palla è **dentro** quando tocca la superficie del terreno di gioco, comprese le linee di delimitazione. La palla è **fuori** quando tocca il suolo completamente all'esterno delle linee, quando tocca i pali o la rete oltre le bande laterali, quando attraversa completamente il piano verticale sotto la rete.

I fondamentali individuali

I movimenti tecnici individuali della pallavolo sono cinque: battuta, palleggio e schiacciata (attacco); muro e *bagher* (difesa). Prima di questi esaminiamo la posizione fondamentale.

1. Durante l'azione tutti i giocatori sono impegnati, pronti a intervenire.

2. Nell'esecuzione della battuta in salto il giocatore effettua una schiacciata su autoalzata.

La posizione fondamentale

Ogni giocatore deve mantenersi pronto a qualsiasi movimento, con lievi, continui e rapidi spostamenti. Le gambe sono in una posizione di divaricata comoda, il peso del corpo è sugli avampiedi, il busto è inclinato in avanti; le braccia sono flesse con le mani avanti.

La battuta

La battuta o servizio è il fondamentale di attacco con cui si comincia il gioco. Si esegue da fondo campo colpendo la palla con una mano in modo che superi la rete e cada all'interno del campo avversario.

La **battuta dal basso** è lenta, facilmente controllabile e quindi facilita il contrattacco avversario. Appena possibile è meglio utilizzare la **battuta dall'alto**, che è quella più usata.

CHE COS'È...

Battuta flottante
Si colpisce la palla in modo tale da non farla ruotare. La palla acquisterà una traiettoria imprevedibile.

3. La battuta "dal basso" o "di sicurezza" è consigliata ai principianti perché garantisce elevate percentuali di riuscita.

OCCHIO ALLE REGOLE!

- Il battitore deve colpire la palla **entro 8 secondi** dal fischio dell'arbitro.
- Nel momento in cui colpisce la palla o nello stacco per un servizio al salto, il giocatore **non deve toccare il terreno di gioco**.

COME SI ESEGUE LA BATTUTA DALL'ALTO O "TENNIS" I piedi devono essere leggermente divaricati (i destri con il piede sinistro avanzato); la palla viene sostenuta da una mano, l'altro braccio libero si alza e si prepara al colpo. Si lancia la palla sopra e davanti alla testa coordinando il movimento del braccio ("mulinello") per colpire la palla nel punto più alto.

Il palleggio

Il palleggio è il fondamentale che permette **un'alzata precisa della palla per l'attaccante**, che può così eseguire il colpo d'attacco in condizioni ideali. È il primo fondamentale che normalmente si insegna perché consente sia di attaccare sia di difendere e di costruire il gioco.

Per imparare a palleggiare è necessario sapersi posizionare correttamente rispetto alla palla e avere sensibilità nelle mani per respingerla senza incorrere nei falli di trattenuta, accompagnata o doppio palleggio.

4. La palleggiatrice alza la palla in salto, un gesto che aiuta a rendere l'azione più veloce.

5. Per eseguire un palleggio occorre arrivare il prima possibile e in equilibrio al punto dell'impatto.

COME SI ESEGUE IL PALLEGGIO Per eseguire il palleggio si portano le braccia sopra la testa per **ammortizzare la discesa** della palla, **senza però trattenerla**; le mani sono bene aperte con **dita allargate** (a forma di scodella). Pollice, indice e medio svolgono il ruolo più importante, mentre anulare e mignolo svolgono un'azione di guida per la palla. Dopo la fase di ammortizzazione, c'è l'**invio della palla nella direzione voluta**: il movimento delle braccia è accompagnato dalla spinta delle gambe.

OCCHIO ALLE REGOLE!

- Un giocatore **non può trattenere la palla** né toccarla due volte consecutivamente.
- La palla può toccare **qualsiasi parte del corpo**.
- La palla che rimbalza contro la rete può essere ripresa entro il limite dei **tre tocchi** permessi.

La schiacciata

La schiacciata è il movimento principale d'attacco. Dal punto di vista coordinativo è molto complessa (vedi *In primo piano*).

COME SI ESEGUE LA SCHIACCIATA Ci si posiziona dietro la linea dei tre metri e si valuta la traiettoria della palla alzata dal palleggiatore per effettuare la rincorsa più efficace.

Alla rincorsa segue lo stacco, mentre le braccia si slanciano da dietro in avanti. Durante la fase aerea l'azione delle braccia porta il corpo ad assumere una posizione ad arco, che permetterà di colpire la palla con forza.

La ricaduta al suolo avviene su entrambi i piedi contemporaneamente ed è seguita dalla flessione delle ginocchia.

La schiacciata dalla seconda linea viene eseguita da un giocatore dalla zona difensiva (1-5-6), che deve avere una grande elevazione per colpire la palla staccando dietro la linea dei tre metri.

CHE COS'È...

Mano e fuori mano
Lo schiacciatore di mano è quello posizionato per ricevere l'alzata dalla parte della mano con cui colpirà la palla. Fuori mano è la posizione opposta.

OCCHIO ALLE REGOLE!

- Dopo il colpo di attacco, al giocatore è permesso passare con la mano **oltre la rete**, sempre che il tocco di palla avvenga nel proprio spazio di gioco.
- Il piede o la mano possono toccare il campo avversario, a condizione che una parte dell'arto invadente resti in **contatto con la linea centrale** o direttamente **sopra di essa**.
- Toccare la rete o invadere il campo avversario non è fallo se il giocatore responsabile **non è coinvolto nell'azione** e il suo intervento **non causa disturbo**.

L'ATTACCO VELOCE

*L'evoluzione del gioco porta a velocizzare l'azione di attacco per rendere difficile l'intervento del muro avversario; questa tendenza è rappresentata dal largo uso della **schiacciata di primo tempo**, o **veloce**; questo attacco viene comunemente giocato centralmente (zona 3). L'attaccante deve colpire la palla mentre essa è ancora in fase ascendente, per cui dovrà saltare ancora prima che l'alzatore giochi la palla. Frequentemente, in ambito femminile si usa un attacco veloce denominato **fast** per effettuare il quale la schiacciatrice salta a un piede, quasi parallelamente alla rete.*

in PRIMO PIANO

Durante la fase aerea il corpo assume una posizione ad arco, che permetterà di colpire la palla con forza.

La palla viene colpita a braccio disteso nel punto più alto possibile La mano è aperta. Il braccio che attacca effettua un caricamento.

Occorre molta pratica per imparare a valutare correttamente la traiettoria della palla e individuare il proprio punto d'impatto.

LA SCHIACCIATA

Il *bagher*

Il *bagher* è il fondamentale che si esegue facendo rimbalzare la palla sugli avambracci uniti. È meno preciso del palleggio; viene utilizzato tutte le volte in cui bisogna giocare una palla bassa (battuta o attacchi avversari). Il *bagher* può essere d'alzata, d'appoggio, di difesa o di ricezione.

6. Per eseguire il *bagher*, dalla posizione di attesa si effettua un rapido spostamento per giungere all'impatto con la palla già fermi e in perfetto equilibrio.

COME SI ESEGUE IL *BAGHER* D'APPOGGIO Le braccia si portano avanti estendendosi e le mani si uniscono solo poco prima dell'impatto. La palla colpisce contemporaneamente la parte anteriore degli avambracci, che rimangono estesi fino alla fine del colpo. L'azione va accompagnata con la spinta degli arti inferiori. Il principio della **frontalità**, comune a *bagher* e palleggio, è molto importante e consiste nell'orientarsi con il busto verso la direzione che si vuole far prendere alla palla.

7. Nel *bagher*, a seconda della velocità della palla, le braccia saranno più o meno inclinate rispetto al terreno (più la palla è lenta e più orizzontali sono le braccia).

Il muro

Il muro costituisce la **prima barriera difensiva** agli attacchi avversari; richiede rapidità di spostamento e una scelta di tempo ottimale nel salto. Il muro ideale dovrebbe essere eseguito da tutti i giocatori di prima linea (muro a 3), ma non sempre è possibile a causa della velocità o imprevedibilità dell'attacco.

8. Nel muro è importante seguire l'azione offensiva degli avversari, cercando di capire in anticipo da dove proverrà l'attacco.

OCCHIO ALLE REGOLE!

- Solo ai giocatori di **prima linea** è permesso effettuare il muro.
- Nel muro il giocatore può passare con le mani e le braccia oltre la rete, ma non può toccare la palla **oltre la rete** prima che l'avversario abbia effettuato il colpo d'attacco.
- È **vietato murare** la palla del servizio avversario.
- Il contatto della palla da parte del muro non è conteggiato come tocco di squadra.

9. Dal muro nasce la difesa e dalla difesa nasce il proprio attacco.

COME SI ESEGUE IL MURO I giocatori assumono la posizione di attesa a gambe piegate, con le mani all'altezza delle spalle, a non più di 30-40 cm dalla rete. Per scegliere il momento del salto bisogna tener conto della distanza dalla rete da cui parte la schiacciata avversaria. Le braccia, passando vicinissime al bordo superiore della rete, possono invadere lo spazio aereo avversario orientandosi in avanti, ma non devono toccare la rete. Ricadendo, il giocatore deve riprendere subito il contatto visivo con la palla.

I ruoli della pallavolo

L'evoluzione del gioco porta ad attribuire a ogni giocatore un ruolo fisso, in funzione delle caratteristiche personali. Questo permette di automatizzare gli spostamenti dei giocatori della squadra per migliorare l'efficacia del gioco. Ecco dunque i ruoli e le relative funzioni.

ALZATORE In stretto contatto con l'allenatore, detta il tipo di gioco da effettuare a seconda della situazione, dell'avversario, del punteggio ecc. Tocca la palla a ogni azione e per questo dev'essere costante nel rendimento.

CENTRALE È quello che si oppone con il muro a ogni attacco avversario; normalmente è tra i più alti e deve essere assai rapido negli spostamenti. In fase offensiva salta in centro alla rete per schiacciare un'alzata "veloce" o comunque per allontanare il muro avversario dai compagni schiacciatori laterali.

SCHIACCIATORE È un attaccante fisicamente dotato di grande elevazione e carica aggressiva. Sa controllare il gesto tecnico, cercando di "perforare" il muro avversario oppure di evitarlo e indirizzare la palla verso le zone scoperte. In difesa si oppone agli attacchi avversari con il muro.

OPPOSTO È il giocatore posizionato nella zona opposta all'alzatore; viene chiamato a schiacciare in varie zone del campo e, spesso, dalla seconda linea.

LIBERO È "specializzato" nella difesa. Deve avere tempi di reazione brevissimi e doti acrobatiche. Indossa una maglia di diverso colore rispetto ai compagni per essere individuato facilmente. Non può servire, murare o tentare di murare. Può palleggiare la palla a un attaccante solo da dietro la seconda linea.

10. Il libero ha la maglietta di un colore diverso dai compagni; dato che il regolamento limita le sue azioni, deve essere facilmente individuabile.

I fondamentali di squadra

La ricezione

Il primo fondamentale di squadra è la **ricezione della battuta avversaria**. I difensori si dispongono sul terreno in modo da poter controllare e indirizzare la palla verso il palleggiatore e costruire la propria azione d'attacco.
Nella **ricezione a W** i tre giocatori avanzati hanno il compito di ricevere i palloni corti, mentre i due giocatori arretrati ricevono tutti gli altri.
Nella **ricezione a semicerchio** ogni giocatore "difende" la fascia di campo assegnatagli.

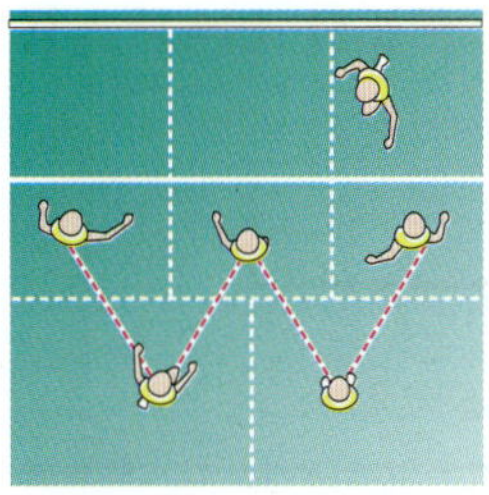

11. La ricezione più utilizzata in una fase iniziale è quella a W (schema a sinistra).
12. La ricezione a semicerchio a quattro giocatori è più adatta a ricevere palloni veloci (schema a destra).

La difesa

L'azione difensiva comprende l'azione del singolo giocatore, che impedendo alla palla di cadere la mantiene in gioco, e l'insieme degli spostamenti che effettuano tutti gli altri giocatori della squadra in difesa. Gli schemi difensivi più utilizzati in una fase iniziale di gioco sono il **3-1-2**, dove il giocatore di zona 6 si posiziona alle spalle del muro, e lo schema **3-2-1**, dove invece si posiziona a presidiare la zona di fondo campo.

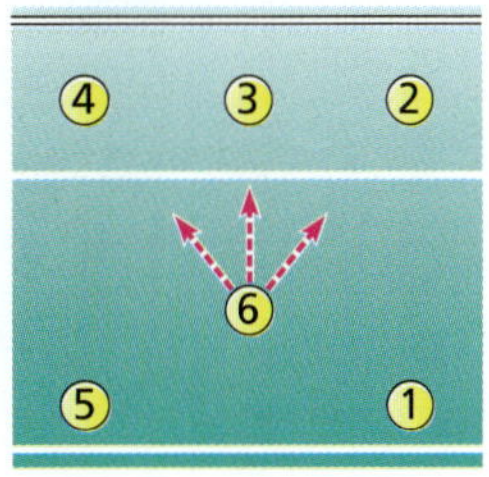

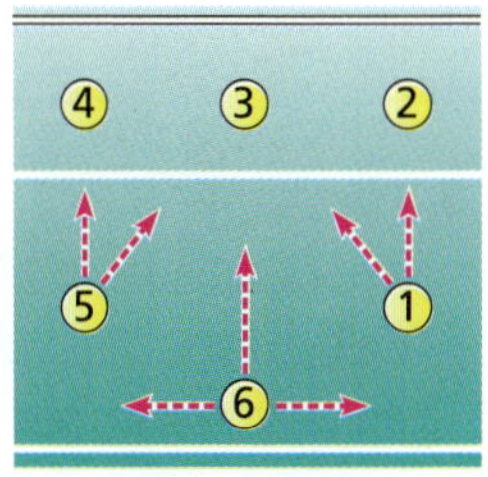

13. Lo schema difensivo 3-1-2 (a sinistra).
14. Lo schema difensivo 3-2-1 (a destra).

La copertura d'attacco

Quando un compagno realizza un attacco, tutti i componenti della squadra sono comunque coinvolti nell'azione, devono cioè disporsi in modo da poter difendere l'eventuale ribattuta del muro avversario. I giocatori delle tre zone più vicine formano un semicerchio intorno al proprio attaccante, coprendo la zona dove è più probabile il rimbalzo della palla.

IL *BEACH VOLLEY*

Il beach volley è una variante della pallavolo. Inventato già nel 1920 in California, si è successivamente diffuso come sport codificato ed è diventato disciplina olimpica ad Atlanta nel 1996. È praticato normalmente in campi di sabbia situati vicino alle spiagge, ma è sempre più frequente vedere campi anche nelle strutture cittadine, dove vengono spesso ospitati tornei, soprattutto durante la stagione estiva.
Ha regole differenti dalla pallavolo. La squadra è composta da due soli giocatori, senza riserve, mentre le dimensioni del campo sono leggermente ridotte (16×8 m).
La formula della partita prevede di giocare al meglio dei tre set. I primi due set sono giocati ai 21 punti. In caso di parità, il terzo e decisivo set è giocato ai 15 punti con almeno 2 di vantaggio.
È fallo quando: un giocatore completa un'azione d'attacco piazzando la palla con un pallonetto; un giocatore completa un attacco con un palleggio indirizzato lateralmente.
Il beach volley si distingue dalla pallavolo indoor per:
- *un maggior impiego della resistenza muscolare, perché muoversi e saltare su un terreno cedevole come la sabbia diminuisce l'utilizzo normale dell'elasticità muscolare (con una minore elevazione nei salti);*
- *un maggior impiego di salvataggi e interventi acrobatici, come tuffi e recuperi spettacolari, che la sabbia rende innocui per i giocatori;*
- *la necessità di adeguare i gesti tecnici a situazioni non ottimali, in quanto l'ampiezza del campo e le condizioni svantaggiose del terreno determinano ritardi negli spostamenti e imprecisione negli appoggi.*

I gesti tecnici, quindi, vanno adattati ed eseguiti anche in condizioni di equilibrio precario.

PROVA PER IMPARARE

LA BATTUTA

1. **La battuta dal basso**
   Provare la battuta dal basso cominciando dalla linea di attacco per allontanarsi poi gradualmente dalla rete, fino ad eseguirla dalla zona di battuta.
2. **La battuta dall'alto**
   Provare la battuta dall'alto utilizzando delle "zone bersaglio" sul muro a diverse altezze.
3. **I bersagli**
   Per ogni tipo di battuta, usare delle "zone bersaglio" nel campo avversario per esercitarsi a indirizzare la palla verso il punto voluto. Provare a colpire i bersagli prima con un lancio tipo baseball, poi con una battuta.

3.

GLI ERRORI PIÙ COMUNI

A. Nella battuta dal basso lanciare la palla troppo in alto nella fase preparatoria.
Risultato > *Maggiore difficoltà a colpire la palla nel modo corretto.*
Correzione > *Abbassare gradualmente l'altezza del lancio.*

B. Nella battuta tipo tennis non lanciare la palla correttamente sopra la testa.
Risultato > *Il colpo sulla palla non può essere corretto e la palla andrà troppo in alto o troppo in basso.*
Correzione > *Provare a lanciare la palla in aria varie volte cercando di farla ricadere appena davanti ai propri piedi.*

C. Nella battuta tipo tennis non colpire la palla a braccio disteso e non tenere la mano sopra la palla.
Risultato > *La palla non ruota in "top-spin" e più facilmente risulterà troppo lunga e lenta.*
Correzione > *Eseguire l'esercizio 3* I bersagli.

IL PALLEGGIO

1. **Palleggi alternati**
   A 2 m dal muro, palleggiare alternando un palleggio contro il muro e uno sopra la testa, allontanandosi gradualmente dal muro. Successivamente posizionare sul muro dei bersagli segnati.
2. **Con la fronte**
   A coppie, uno di fronte all'altro; uno lancia la palla alta al compagno, questi si sposta velocemente e si ferma orientandosi verso chi ha lanciato e colpisce la palla con la fronte.

1.

3. **Palleggi in movimento**
Tre giocatori a rotazione. Si palleggia e si segue la traiettoria.

GLI ERRORI PIÙ COMUNI

A. Gambe distese all'arrivo della palla e mancanza di equilibrio.
Risultato > *Difficile spingere la palla e imprimerle la traiettoria desiderata.*
Correzione > *Provare a palleggiare in salto; è necessario elevarsi in verticale e quindi arrivare in anticipo sotto la palla.*

B. Il busto non è orientato verso la direzione del palleggio.
Risultato > *Facile infrazione nel palleggio e difficoltà di spingere la palla.*
Correzione > *Eseguire esercizi di palleggio a due dopo un rimbalzo. Ripetere l'esercizio 2* Con la fronte.

C. Mani troppo rigide o braccia che si stendono incontro alla palla senza prima ammortizzarla.
Risultato > *Il controllo della palla risulta "rumoroso" e impreciso.*
Correzione > *Eseguire piccoli palleggi sopra la testa o contro il muro con palloni più pesanti (calcio, basket).*

LA SCHIACCIATA

1. **Schiacciate al muro**
A qualche metro dal muro, eseguire schiacciate continuate con piedi a terra, facendo rimbalzare la palla a terra prima del muro. Utilizzare in modo alternato entrambe le mani.

2. **La pallina da tennis**
Rincorsa e movimento della schiacciata lanciando una pallina da tennis con forza verso il terreno avversario.

3. **Schiacciata facilitata**
L'attaccante esegue rincorsa, salto e preparazione per la schiacciata vicino al palleggiatore che ha la palla in mano, e la alza allo schiacciatore quando questi ha già saltato (primo tempo facilitato).

Continua

GLI ERRORI PIÙ COMUNI

A. Rincorsa anticipata e interrotta, salto solo verticale.
Risultato > *Minore possibilità di correggere la rincorsa in funzione dell'alzata e poca potenza nel colpo.*
Correzione > *Il palleggiatore ha due possibilità di alzata (per esempio posizione 4 e 2); lo schiacciatore deve iniziare la rincorsa solo quando vede la soluzione scelta dal compagno.*

B. Colpire la palla non a braccio disteso.
Risultato > *La palla non viene colpita nel punto più alto possibile; sono maggiori le probabilità che vada in rete o lunga.*
Correzione > *Eseguire gli esercizi 1* Schiacciate al muro e *2* La pallina da tennis.

C. Rincorsa perpendicolare a rete o busto verso la rete.
Risultato > *Difficoltà a indirizzare la palla in diagonale; ridotte possibilità di traiettoria e maggiore rischio di invadere.*
Correzione > *Punto di partenza dello schiacciatore esterno al campo.*

IL BAGHER

1. ***Bagher* continuati**
Posizione di *bagher* con le braccia parallele al terreno; effettuare di seguito dei *bagher* facendo rimbalzare la palla sulle braccia tese praticamente ferme; la spinta verso l'alto la danno le gambe.

2. ***Bagher* di difesa**
A coppie, posizionati uno di fronte all'altro a circa 7 m di distanza. Un compagno lancia tipo baseball (o schiaccia); l'altro, a gambe piegate, fa rimbalzare la palla sulle braccia ferme inclinate in modo da indirizzarla sopra la propria testa e poterla palleggiare. Eseguire in modo continuato.

3. **Il *bagher* di ricezione**
Difendere la battuta di un compagno e indirizzare la palla in zona 3.

GLI ERRORI PIÙ COMUNI

A. In posizione di attesa avere già le mani unite in *bagher*.
Risultato > *Già condizionati a colpire la palla in* bagher*; spostamento più lento.*
Correzione > *A coppie, lancio della palla in modo alternato casuale; a seconda della traiettoria, colpire la palla in palleggio o in* bagher *(sempre meglio in palleggio!)*

B. Le braccia sono flesse e troppo basse.
Risultato > *La palla rimbalza male ed è difficile indirizzarla.*
Correzione > *Eseguire l'esercizio 1 Bagher* continuati.

C. Distendere le gambe in anticipo e spingere la palla sollevando le braccia.
Risultato > *La palla probabilmente andrà verso dietro.*
Correzione > *Eseguire gli esercizi 1 Bagher* continuati e *2 Bagher* di difesa.

IL MURO

1. **Murare senza saltare**
   Con la rete bassa, murare senza saltare (o saltando poco), facendo attenzione al tempo e al posizionamento delle braccia e del corpo rispetto al campo e alla posizione dell'attaccante.
2. **Guarda l'attaccante**
   Per allenarsi a guardare l'attaccante e non la palla: un giocatore si prepara a muro, un compagno si mette dietro di lui e alza per un attaccante al di là della rete, che schiaccia.

3. **Il tempo di salto**
   Acquisire il tempo di salto, murando attacchi eseguiti da varie distanze dalla rete.

GLI ERRORI PIÙ COMUNI

A. Saltare a muro troppo presto o troppo tardi.
Risultato > *La palla arriva quando colui che mura non è al massimo dell'elevazione.*
Correzione > *Eseguire l'esercizio 3* Il tempo di salto.

B. Non orientare le braccia e le mani verso il campo avversario.
Risultato > *La palla respinta dalle braccia non va a terra nel campo avversario, ma va verso l'alto o lateralmente fuori dal campo.*
Correzione > *Eseguire l'esercizio 1* Murare senza saltare.

C. Nello spostamento allontanarsi da rete o toccarla.
Risultato > *Muro distante da rete e inefficace o fallo di invasione.*
Correzione > *Effettuare serie di spostamenti a rete con salti a muro.*

L'ATTACCO E LA DIFESA

1. **Salta e schiaccia**
   Il palleggiatore ha la palla tra le mani. Lo schiacciatore salta a muro, indietreggia, prende la rincorsa e salta per la schiacciata; l'alzatore gli lancia la palla a due mani come per una "veloce".
2. **Ricezione, alzata e palleggio**
   Tre giocatori per campo (ridotto) in zone 1, 2 e 3. Ricezione, alzata e palleggio (invece della schiacciata) nel campo avversario. Il giocatore in 1 copre l'attacco e il muro del compagno in 2. Le due squadre si alternano in attacco e difesa.

PREPARIAMOCI AL CALCIO

LE QUATTRO PORTE

1. In metà campo da pallamano si incontrano due squadre di 4 elementi ciascuna.
La squadra che è in possesso di palla gioca in attacco e deve fare goal in una delle quattro porte (si possono usare quattro ostacoli alti oppure dei coni con una bacchetta appoggiata) posizionate sui quattro angoli del campo da gioco.
La squadra senza palla è in difesa e deve impedire che venga segnato il punto in una qualsiasi delle quattro porte cercando d'intercettare il passaggio o il tiro, ma rimanendo sempre a una distanza minima di un metro dalla porta e senza comunque mai commettere falli di gioco (toccare la palla con le mani, spingere, trattenere, colpire o sgambettare gli avversari). Quando la squadra in difesa entra in possesso della palla, passa in attacco e deve segnare. Tutti i giocatori sono quindi sia attaccanti che difensori.
Prima di poter tirare in porta bisogna aver completato almeno tre passaggi.

Varianti

- Le porte possono essere tutte libere, oppure essere assegnate, due per ciascuna, alle rispettive squadre.
- Un eventuale goal di testa vale doppio.
- L'insegnante indica a turno un giocatore per squadra autorizzato alla segnatura: avrà un minuto a disposizione per fare goal.
- La squadra in difesa gioca con solo 3 giocatori che possono unicamente intercettare i tiri in porta. Quanto tempo impiega la squadra in attacco a segnare un goal?

IL FUORI CAMPO

2. Si gioca in più squadre di 3 elementi ciascuna che si muovono liberamente per la palestra controllando una palla con i piedi.
I giocatori devono eliminare gli avversari o guadagnare punti, cercando di colpire con i piedi la palla degli avversari e di mandarla fuori dal campo, difendendo contemporaneamente la propria. I giocatori possono riposarsi all'interno di alcune zone franche distribuite nell'area di gioco. Vince la squadra dell'ultimo elemento che rimane in campo, oppure quella che ottiene più punti al termine del tempo stabilito.

Regole

La palla deve essere governata con i piedi; è vietato il contatto falloso con gli avversari.

Varianti

Si può giocare utilizzando una sola palla per squadra.

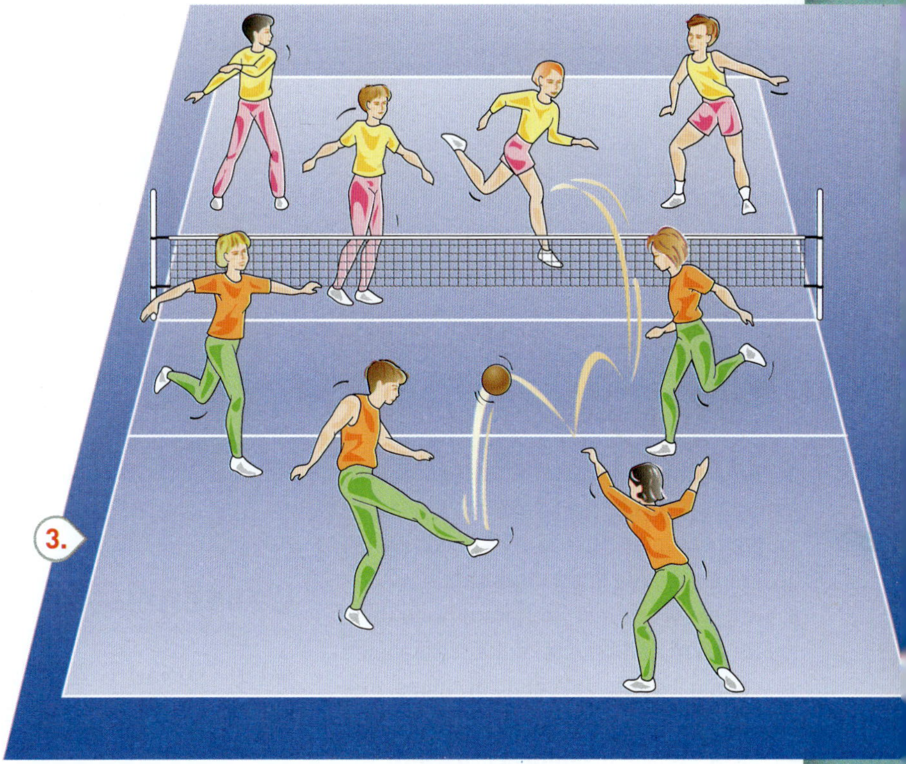

IL CALCIO RIMBALZATO

3. Si gioca in due squadre disposte ciascuna in una metà campo da pallavolo con la rete alta circa un metro. Un giocatore effettua la battuta, da dietro la linea di fondo campo, calciando la palla direttamente nel campo avversario; i giocatori dell'altra squadra la devono rigiocare rimandandola nell'area opposta cercando d'indurre all'errore gli avversari. Perde il punto la squadra che non riesce a mandare la palla nel campo avversario secondo le regole stabilite.

Regole

La palla può fare al massimo due rimbalzi nel proprio campo; i giocatori possono effettuare due passaggi prima di rinviarla nell'altro campo; si possono eseguire quanti palleggi si vuole prima di passarla a un compagno o inviarla nel campo avversario; la squadra che vince il punto ha diritto alla battuta successiva.

Variante

Si può stabilire che il gioco deve essere tutto di "prima", cioè con un solo tocco per giocatore.

Il calcio a 5

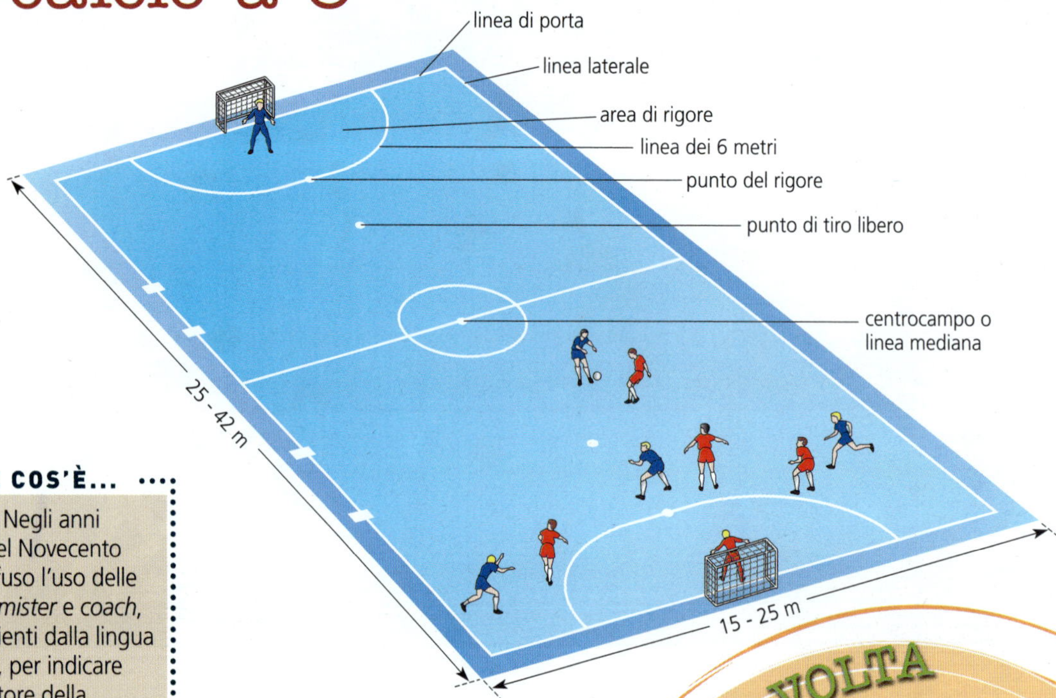

CHE COS'È...

Mister Negli anni venti del Novecento si è diffuso l'uso delle parole *mister* e *coach*, provenienti dalla lingua inglese, per indicare l'allenatore della squadra di calcio.

Pallone a rimbalzo controllato Il primo rimbalzo del pallone, lasciato cadere da un'altezza di 2 m, non deve superare i 65 cm e non può essere inferiore a 50 cm.

C'ERA UNA VOLTA

L'odierno calcio a 5 ha origine dal futsal, *termine derivato dalla contrazione delle parole spagnole* futbol *("calcio") e* salón *("salone"), sport di squadra di origine uruguaiana.*

Il futsal è nato negli anni trenta del Novecento, quando un professore di Montevideo, Juan Carlos Ceriani Gravier, spinto dall'esigenza di far giocare a pallone i propri studenti in una piccola palestra o sui campi di basket e hockey su pista, ne ideò la formula. La prima traduzione italiana di questo sport fu "calcetto". Successivamente, con l'avvento della FIFA e la creazione del football five, *in Italia prese piede la denominazione di* calcio a 5.

L'AREA DI GIOCO

Il rettangolo di gioco deve avere una lunghezza compresa fra **25 e 42 m** e una larghezza compresa fra **15 e 25 m** ed è diviso in due parti dalla **linea mediana**.

L'**area di rigore** è delimitata da una linea posta **a 6 m dalla porta**; sulla stessa linea è segnato il **punto del calcio di rigore**. Alla distanza di 10 m dal centro di ciascuna linea di porta è posto un **punto di tiro libero**.

La larghezza delle porte è di 3 m, l'altezza è di 2 m.

Il pallone deve avere una circonferenza di 62-64 cm e un peso compreso fra 400 e 440 g (misura n. 4).

L'essenziale

- Due squadre si affrontano in un campo rettangolare delimitato da linee bianche; agli estremi del campo si trovano le porte difese da un portiere.
- La squadra deve far entrare il pallone nella porta degli avversari e impedire a questi di fare altrettanto.
- La palla, durante il gioco, **può essere colpita con ogni parte del corpo** con eccezione delle mani e delle braccia. Solo il portiere può usare anche gli arti superiori per parare la palla.

Le regole di gioco

1. Il momento del goal è il più emozionante della partita.

LA FORMAZIONE DELLA SQUADRA E LE SOSTITUZIONI Le squadre sono formate da un massimo di **12 giocatori**, **5 in campo** e **7 riserve**. Il numero di sostituzioni ammesse durante una gara è **illimitato**. La sostituzione può avvenire in qualsiasi momento, anche con il pallone in gioco, a condizione che si effettui nella **zona delle sostituzioni**. Il portiere può scambiare il proprio ruolo con quello di qualsiasi altro calciatore, ma a gioco fermo.

LA DURATA DELLA GARA È di **due periodi di 20 minuti** effettivi di gioco ciascuno. L'incontro è diretto da un **arbitro** e da un **secondo arbitro**, che si posizionano ai lati opposti del campo. Le due squadre possono chiedere un minuto di *time out* per ogni periodo.

IL GOAL Vince la squadra che segna il maggior numero di reti. In caso di parità, se il regolamento della competizione non prevede il pareggio, il tempo di gioco viene prolungato con **due tempi supplementari di 5 minuti l'uno**. Se neanche nell'**overtime** una squadra prevale, si procede ai **calci di rigore** (cinque per squadra).

I FALLI E I CALCI DI PUNIZIONE Il giocatore che commette un'azione fallosa nei confronti di un avversario, per esempio sgambettare, colpire, trattenere o spingere, viene punito accordando un **calcio di punizione diretto** alla squadra avversaria; se il fallo è commesso nell'area di rigore, è punito con un **calcio di rigore**.

Il calcio a 5 non consente contatti e contrasti violenti. Anche un **contrasto scivolato** è punito con un **calcio di punizione diretto**. Se un calciatore gioca in modo pericoloso o commette "ostruzione", impedendo all'avversario di avanzare, viene assegnato alla squadra avversaria un **calcio di punizione indiretto** (la palla prima di entrare in rete dev'essere toccata da un altro giocatore).

Un calciatore è ammonito dall'arbitro (**cartellino giallo**) se si rende colpevole di un comportamento antisportivo o trasgredisce ripetutamente le regole del gioco; è invece espulso dal terreno di gioco (**cartellino rosso**) se commette un fallo di estrema gravità (gioco violento), o impedisce con un fallo una chiara occasione da rete o se riceve una seconda ammonizione nel corso della stessa gara. Quando un giocatore viene **espulso** non può più rientrare in campo né sedersi in panchina; dopo **2 minuti** dall'espulsione può entrare in campo un altro giocatore per sostituirlo.

LA RIMESSA LATERALE La **rimessa dalla linea laterale** deve essere effettuata **con i piedi**. Una rete non può essere segnata direttamente su rimessa dalla linea laterale. Non esiste il fuorigioco.

GLOSSARIO

Contrasto scivolato Intervento in scivolata commesso mentre un avversario è in possesso della palla. La sanzione non si applica al portiere che si trova nella propria area di rigore. È consentita la scivolata che si effettua per impedire che la palla esca dal campo, per respingere o deviare un tiro in porta.

OCCHIO ALLE REGOLE!

- Tutte le infrazioni che comportano una punizione diretta sono considerate **falli cumulativi**, cioè l'arbitro conta il numero di questo tipo di infrazioni.
- Quando una squadra commette il **sesto fallo** (e per ogni successivo fallo cumulativo), nello stesso periodo di gioco, gli avversari hanno diritto a un **calcio di punizione diretto dal punto di tiro libero** (10 m) o **dal punto in cui è stato commesso il sesto fallo** (se più conveniente per la squadra che attacca).
- Durante questa punizione i calciatori della squadra avversaria **non potranno formare una barriera** e il portiere dovrà rimanere nella propria area di rigore **ad almeno 5 m dal pallone**.
- Il giocatore incaricato della punizione deve **calciare con l'intenzione di segnare una rete** e non può passare il pallone a un compagno.

I fondamentali individuali

Lo stop

Lo stop è un movimento tecnico fondamentale usato per **controllare la palla rapidamente e in poco spazio**. La ricezione della palla, a seconda della sua traiettoria e velocità, si può effettuare con il piede (interno, collo, esterno, pianta), la coscia, il petto o la testa.

2. Stop con la pianta e il collo del piede, con il petto, con l'addome, con la coscia.

"Giusto nell'angolino della rete!"

COME SI ESEGUE LO STOP DI PIEDE Per controllare la palla bisogna **rallentarne progressivamente la velocità**; il movimento richiede sensibilità nei confronti della palla, equilibrio del corpo e caviglia morbida per evitare un impatto rigido che farebbe rimbalzare la palla lontano da sé.

I modi più utilizzati per controllare la palla sono **con l'interno del piede e con la suola**; nella prima tecnica si posiziona il piede leggermente sollevato da terra, perpendicolare alla traiettoria della palla; nella seconda si usa la suola della scarpa per fermare i passaggi rasoterra dei compagni, per spostare la palla in tutte le direzioni e per dribblare l'avversario; in entrambe le tecniche è importante **l'uso della gamba di appoggio**, che deve garantire equilibrio.

3. Conduzione con l'interno e conduzione con la suola.

La conduzione

Per condurre la palla in movimento e per evitare i giocatori avversari è necessario **alternare finte e cambi di direzione e velocità**, coordinando il proprio movimento con la spinta data alla palla. Per sviluppare la sensibilità con il pallone si utilizzano esercitazioni di palleggio, stop e conduzione.

4. Saper condurre la palla è necessario per poter dribblare l'avversario.

5. È necessario imparare a condurre la palla con tocchi rapidi e con tutte le parti del piede.

Il passaggio

Quando si è in possesso di palla, o ancora prima di riceverla, se possibile, si deve decidere se tirare in porta, avanzare o passarla a un compagno. Il passaggio è **il mezzo più veloce ed efficace per spostare la palla** nel campo. In questo modo si può far continuare l'azione a un compagno meglio posizionato o con una migliore visuale del gioco, si costringe la difesa a muoversi e si impedisce ai difensori di avvicinarsi troppo al giocatore con la palla.

COME SI ESEGUE IL PASSAGGIO Il modo di eseguire il passaggio dipende dalla situazione. Si può calciare con il piede (interno, esterno, collo o addirittura tacco), eseguire un colpo di testa, calciare al volo o dopo uno stop, rasoterra o alzando il pallone.

IL PASSAGGIO A CUCCHIAIO Si colpisce la palla nella sua parte inferiore e si accompagna sul collo del piede, spingendola verso l'alto. Questo tocco serve ad **alzare la palla in spazi ristretti** per farle scavalcare uno o più avversari; è usato anche per **compiere un passaggio improvviso** senza dover "caricare" la gamba per calciare.

6. Il passaggio di interno piede ("di piatto") è il più usato, soprattutto per passaggi brevi che devono essere molto precisi.

Il tiro in porta

L'azione offensiva è organizzata per consentire a un attaccante di tirare il più vicino possibile alla porta e senza il contrasto dei difensori. Con ricezioni, passaggi e dribbling la palla si sposta nel campo di gioco fino a che si verifica una possibilità di tiro (vedi *In primo piano*).

CHE COS'È...

Tackle Azione di contrasto con la quale si sottrae la palla a un avversario.

Tiro a effetto Il tiro a effetto imprime al pallone una rotazione che gli fa percorrere una traiettoria curvilinea. È usato spesso nei calci di punizione per aggirare la barriera.

I ruoli

Nel calcio a 5 i ruoli sono spesso **intercambiabili**, anche se bisogna sempre garantire una copertura del contropiede e consentire a ogni giocatore di trovarsi nella posizione più adeguata alle sue caratteristiche. La necessità di spostarsi continuamente per smarcarsi e ricevere la palla e rendere la propria azione offensiva imprevedibile richiede che i giocatori siano in grado di giocare in qualunque punto del campo. Tutti i giocatori inoltre partecipano sia all'azione difensiva che a quella offensiva.

PLAYMAKER, LATERALI, PIVOT Si distinguono comunque un **playmaker** (il più arretrato), due **laterali** e un **pivot**; quest'ultimo è un giocatore in grado di muoversi spalle alla porta, proteggere la palla dagli avversari, offrirsi come sponda per i compagni o girarsi rapidamente per cercare il tiro in porta. I quattro attaccanti si dispongono di solito a **rombo** o a **quadrato**.

PORTIERE Il ruolo del **portiere** nel calcio a 5 è molto importante perché la ridotta grandezza del campo consente alla squadra attaccante di arrivare velocemente in zona tiro; normalmente si realizzano più reti che nel calcio a 11. La tecnica del portiere non prevede "tuffi" veri e propri, invece sono numerose le **parate di piede**, su palloni rasoterra e angolati. Determinante è la capacità di **piazzamento** in base alla situazione che si sta creando e alle

7. Il portiere, avanzando verso la palla, riduce "lo specchio della porta" all'avversario, limitandone la possibilità di goal.

in PRIMO PIANO

La punta del piede calciante è orientata verso il basso. Per calciare il pallone con effetto lo si colpisce lateralmente.

Il peso del corpo è ben ripartito sulla gamba portante.

Il piede di appoggio si colloca a 15-30 cm lateralmente alla palla, con la punta rivolta verso la direzione di tiro.

La gamba che calcia compie un'oscillazione prima del tiro, proseguendo in avanti anche dopo l'impatto.

IL TIRO

8. Il portiere spesso si oppone con tutto il corpo ai tiri ravvicinati.

OCCHIO ALLE REGOLE!

- Quando la palla esce dalla linea di porta, si esegue una **rimessa dal fondo**: il pallone deve essere lanciato con le mani dal portiere, entro 4 secondi, e può raggiungere la metà campo avversaria; il portiere non può giocare il pallone una seconda volta fino a quando questo non sarà stato **toccato da un avversario** o avrà **superato la linea mediana**.
- Se vi sono infrazioni a queste regole viene assegnato un **calcio di punizione indiretto** alla squadra avversaria.

possibilità dell'attaccante di tirare; lo spostamento durante l'azione avversaria è praticamente continuo, per anticipare l'intenzione del tiratore; la potenza dei tiri rende spesso necessario respingere la palla senza cercare di bloccarla.

I fondamentali di squadra

L'attacco

Simile alla pallacanestro, l'azione offensiva è costruita spesso con una serie di passaggi nella zona distante dalla porta; durante la **circolazione di palla** gli attaccanti cercano spazi per dribblare i difensori, per effettuare **triangolazioni** o passaggi in profondità o a un compagno che si smarca **tagliando** il campo verso la porta. Il giocatore di calcio a 5 utilizza spesso lo smarcamento andando **incontro alla palla** con le spalle alla porta; è un movimento reso necessario dallo spazio ristretto e dal **pressing** avversario.

AZIONI OFFENSIVE CON "PALLA INATTIVA" Una buona percentuale delle azioni offensive è caratterizzata dalle situazioni di **palla inattiva**: rimesse laterali, punizioni, calci d'angolo. Queste azioni sono preparate in allenamento e si svolgono spesso attraverso **schemi** di movimento prefissati, per arrivare a una conclusione a rete da posizione favorevole. In tali schemi è talvolta previsto un **blocco**, vale a dire un attaccante si pone sulla traiettoria di un difensore per ritardare la sua azione su un compagno, che si avvantaggia liberandosi dalla marcatura per qualche istante.

LE FINTE Nel calcio a 5 le **finte** sono molto usate: basta infatti sbilanciare anche di poco l'avversario per avere spazio e tempo sufficienti per avanzare, tirare, passare ecc.

GLOSSARIO

Triangolazione o "dai e vai" o "sponda" Un giocatore passa la palla a un compagno e scatta in avanti per ricevere il passaggio di ritorno.

Pressing L'azione di *pressing* è l'atteggiamento molto aggressivo della squadra in difesa che, spesso con raddoppi di marcatura, rende difficoltoso l'avanzamento e il passaggio agli avversari.

La difesa

Si può utilizzare sia la **difesa a uomo** (più frequente), sia quella **a zona**; la scelta verrà effettuata in base alle caratteristiche dei propri giocatori e degli avversari. Molte squadre di calcio a 5 in difesa praticano spesso il *pressing*. Questa tattica è molto efficace perché mette in difficoltà la squadra avversaria, che fatica ad impostare il gioco e mantenere il possesso di palla; sugli avversari più pericolosi spesso si tenta di difendere con il "raddoppio" effettuato da un secondo difensore sullo stesso attaccante.

Il calcio a 11

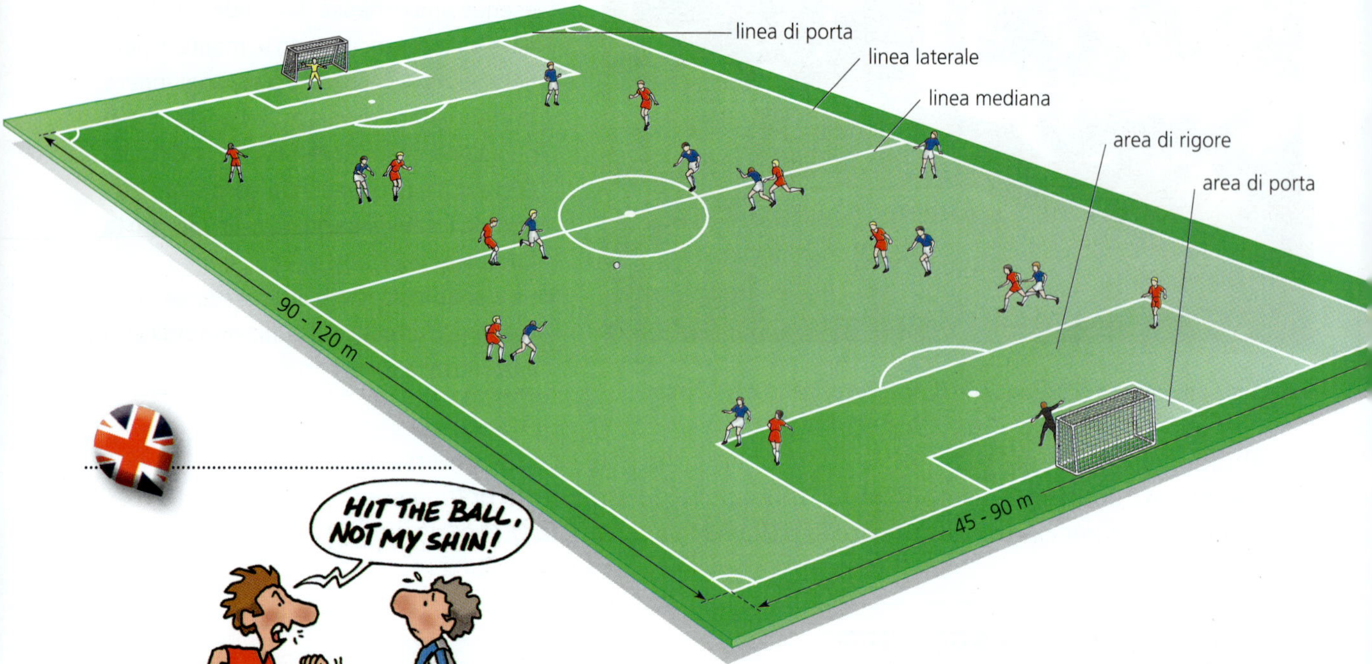

"Colpisci la palla, non il mio stinco!"

L'AREA DI GIOCO

I lati del rettangolo sono denominati **linee laterali** e **linee di porta**. Attraverso il terreno, per tutta la sua larghezza, è tracciata la linea mediana. Dalla linea di porta si estende un'area rettangolare di 18,32 × 5,50 m chiamata **area di porta** e un'altra area più grande (33 × 16,50 m), chiamata **area di rigore**, all'interno della quale, a 11 m dalla porta, si trova il "dischetto" del calcio di rigore. A ciascun angolo del campo è tracciata l'area d'angolo al cui vertice è infissa una bandierina. Al centro di ciascuna linea di porta sono collocate le porte (alte 2,44 m e larghe 7,32 m), formate da due pali e da una traversa.

OCCHIO ALLE REGOLE!

- Un attaccante è in **posizione di fuorigioco** se, al momento del passaggio in avanti, fra lui e la linea di porta non ci sono almeno due difensori (il portiere e un altro giocatore) e partecipa attivamente all'azione di gioco.
- La **rimessa laterale** viene effettuata con le mani avendo i piedi fuori dal campo.
- Il **rinvio da fondo campo** deve essere effettuato con i piedi, calciando la palla dalla linea dell'area del portiere. La palla deve uscire dall'area di rigore.

Due ruoli del calcio a 11

DIFENSORE CENTRALE Attualmente la gran parte delle squadre gioca con uno o, più spesso, due difensori centrali, che agiscono al centro del reparto difensivo. Devono possedere velocità e forza per opporsi all'attaccante, anche nel gioco aereo, e grande abilità nella gestione degli spazi, per muoversi in anticipo verso le zone più deboli della difesa.

1. Il calcio a 11 si differenzia dal calcio a 5 per una maggior frequenza del gioco aereo.

ESTERNO È il giocatore posizionato sulla fascia laterale. In fase difensiva deve opporsi all'attaccante laterale, impedendogli di andare verso la porta e di crossare in area di rigore. In attacco egli supporta l'azione dei propri attaccanti soprattutto operando dei *cross*, cioè dei lunghi passaggi che dalla fascia laterale vengono indirizzati verso l'area di rigore.

I fondamentali di squadra

L'attacco

Per sfruttare al meglio gli spazi è importante impostare le azioni d'attacco sia in **profondità** (in avanti, facendo attenzione a non cadere in fuorigioco) sia in **ampiezza** (sfruttando l'intera larghezza del campo). Se la difesa è ben disposta al centro, si cercherà di condurre l'attacco sui lati e viceversa.
Per l'attacco può essere utile muovere la palla da una zona all'altra del campo per obbligare la difesa a rapidi adeguamenti e trovare nuove traiettorie di passaggio.

La difesa

IL FUORIGIOCO Nel calcio a 11 si utilizza in difesa la "trappola" del fuorigioco: i difensori cercano di rimanere il più possibile lontano dalla propria porta e, in situazioni opportune, avanzano improvvisamente per far sì che l'attaccante senza palla venga a trovarsi alle loro spalle in posizione di fuorigioco.

CHE COS'È...

Modulo Questo termine è spesso seguito da tre numeri che indicano i giocatori disposti nella linea difensiva, di centrocampo e di attacco (per esempio 4-4-2).

Sovrapposizione Un giocatore supera in corsa, passandogli accanto, un compagno con la palla per ricevere il suo passaggio.

COME SI ESEGUE IL COLPO DI TESTA

- *Lo stacco deve essere deciso ed eseguito al momento giusto.*
- *Il corpo, in equilibrio di volo,* ***si inarca*** *per imprimere maggiore potenza al tiro.*
- *Il pallone va colpito* ***con la fronte****.*
- ***Ruotando il busto al momento dell'impatto*** *si indirizza più facilmente la palla nella direzione voluta.*

PROVA PER IMPARARE

LO STOP

1. **Stoppa la palla**
   Di fronte a un compagno o sfruttando il rimbalzo del muro: fermare nel più breve tempo possibile la palla che viene verso di noi. Alternare i piedi e l'uso delle diverse parti (interno, collo, esterno, pianta).
2. **Lo stop con il collo**
   Lanciare la palla in alto e accompagnarla a terra con il collo del piede.
   Per "smorzare" la velocità della palla, rilassare le articolazioni e assorbire così l'energia dell'impatto.
3. **Lo stop alto**
   Sfruttando il rimbalzo del muro, controllare con la coscia e il petto palloni che arrivano alti, fermandoli velocemente tra i piedi.

1.

GLI ERRORI PIÙ COMUNI

A. Gamba di appoggio rigida.
Risultato > *Scarso equilibrio e distanza errata rispetto alla palla.*
Correzione > *Alternare un tocco e un rimbalzo della palla, usando una volta il piede destro e una il sinistro, cercando di rimanere sul posto.*

B. Piede che impatta la palla troppo rigido o troppo "molle".
Risultato > *Non si riesce a far rimanere la palla vicino a sé.*
Correzione > *Effettuare dei palleggi al volo utilizzando entrambi i piedi.*

C. Cattiva valutazione del punto di impatto con la palla.
Risultato > *Distanza inadeguata con la palla e dei piedi tra loro.*
Correzione > *Poco prima dell'impatto con la palla, effettuare con la gamba di appoggio un piccolo saltino di aggiustamento della posizione.*

Oh mamma! Colpire la palla con la testa non è così facile!

LA CONDUZIONE

1. **In linea retta**
   Condurre la palla lungo una linea retta, utilizzando le varie parti del piede. Fermarsi e poi ripartire. Mantenere sempre la palla vicina ai piedi.
2. **Lo slalom**
   Condurre la palla tra birilli (slalom) disposti a diverse distanze. Utilizzare prima solo un piede (di interno ed esterno), poi l'altro e quindi entrambi.
3. **L'avversario**
   Condurre la palla lungo il campo proteggendola da un avversario. Cambiare spesso direzione. Utilizzare soprattutto la suola della scarpa.

GLI ERRORI PIÙ COMUNI

A. Distanza della palla errata.
Risultato > *La palla si allontana troppo o rimane indietro durante la corsa.*
Correzione > *Condurre la palla in linea retta con variazioni di velocità, mantenendola sempre alla distanza corretta.*

B. Gambe troppo rigide nello spostamento.
Risultato > *Baricentro alto e perdita di equilibrio nei cambi di direzione.*
Correzione > *Eseguire lo slalom tra birilli ravvicinati, con gambe piegate e cambiando rapidamente piede di appoggio e piede che calcia.*

C. Guardare costantemente la palla.
Risultato > *Si perde il controllo visivo della situazione e della posizione di compagni e avversari.*
Correzione > *Condurre con cambi di direzione guardando il movimento dei compagni e fintando di passar loro la palla.*

Continua

IL PASSAGGIO

1. **Il bersaglio**
   Distanti 8-10 m dal muro, calciare la palla con l'interno del piede, cercando di colpire i vari bersagli disegnati sul muro a varie altezze.
2. **Passaggi tic-tac**
   Passarsi la palla correndo lungo il campo "tic-tac". Usare soprattutto l'interno del piede più lontano dal compagno, anche se è il piede "debole".
3. **Gioco del "torello"**
   In cerchio, passarsi la palla senza farla intercettare dai difensori che si trovano all'interno del cerchio. Il numero dei difensori normalmente è pari a un quarto degli attaccanti. Il campo e il numero di tocchi sono limitati.
4. **Passaggio a cucchiaio**
   Provare il passaggio a cucchiaio.

GLI ERRORI PIÙ COMUNI

A. Cattiva valutazione della velocità del compagno.

Risultato > *Il passaggio risulta arretrato.*

Correzione > *Correre di fianco al muro autopassandosi la palla sfruttando la sponda del muro.*

B. Colpire la palla sempre "sotto" e con le spalle arretrate.

Risultato > *La palla si alzerà sempre, anche quando non si vuole.*

Correzione > *Calciare contro il muro mantenendo la palla rasoterra; busto "sopra" la palla, colpirla centralmente e bloccare verso il basso il movimento del piede che calcia, subito dopo l'impatto.*

C. Scelta inadeguata della modalità di passaggio (collo, interno, esterno).

Risultato > *Il passaggio risulta inadeguato alla situazione e non è preciso.*

Correzione > *Conoscere il comportamento della palla a seconda del modo con cui viene colpita. Provare a passare la palla in modi diversi.*

IL TIRO

1. **L'obiettivo**
   Tirare in porta con palla ferma. Abituarsi a scegliere sempre l'obiettivo: rasoterra a destra, all'incrocio dei pali a sinistra ecc.
2. **In porta**
   Calciare in porta di prima intenzione palloni provenienti da varie angolazioni. Rivolgere verso la porta la punta del piede di appoggio.
3. **Guarda la palla**
   Da fermi, spostare la palla lateralmente, effettuare due-tre passi di rincorsa, guardare la porta ed eseguire il tiro guardando la palla.
4. **Usa la testa!**
   Eseguire colpi di testa continuati con un compagno o facendo rimbalzare la palla contro il muro.

GLI ERRORI PIÙ COMUNI

A. Posizionamento errato del piede di appoggio.

Risultato > *La gamba che calcia non può distendersi in modo naturale.*

Correzione > *Eseguire dei tiri predisponendo un segno di fianco alla palla dove posizionare il piede di appoggio; modificare il segno a seconda del tipo di tiro.*

B. Non guardare la palla fino all'impatto con il piede.

Risultato > *Difficilmente si colpisce la palla nel punto prefissato per il tipo di tiro deciso.*

Correzione > *Da fermi, dopo aver guardato la porta e aver deciso la traiettoria che si vuole imprimere alla palla, tirare guardando solo la palla.*

C. Insufficiente caricamento della gamba che calcia.

Risultato > *Scarsa potenza nel tiro.*

Correzione > *Allungare l'ultimo passo di rincorsa per avere più tempo per flettere in alto dietro la gamba che calcia; provare inizialmente da fermi e poi in movimento.*

PREPARIAMOCI AL RUGBY

IL RUBA PALLA

1. Si gioca in due squadre contrapposte e ognuna dispone di tre palloni posizionati a terra in un'area delimitata del campo assegnato. Ogni squadra si organizzerà in attacco cercando d'impossessarsi dei palloni avversari e, in difesa, per impedire che vengano presi i propri.
Vince la squadra che prende tutti i palloni e li porta nella propria base; oppure, allo scadere del tempo stabilito, vince la squadra che ha più palloni nella propria base.

Regole

Il difensore non può stare dentro l'area; il giocatore in attacco, senza palla, può essere fermato solo quando supera la metà campo (attacco); l'attaccante toccato deve sedersi nel punto in cui è stato preso e ritorna in gioco solo quando un compagno libero lo tocca nuovamente; se un attaccante riesce a entrare nell'area avversaria (è sufficiente che esegua un salto verso l'area, prima di essere toccato, perché sia salvo) non può essere ostacolato e può prendere un pallone tentando di portarlo alla propria base; in questo caso può essere fermato nell'intero campo di gioco: se questo avviene, si siede nel punto in cui è stato preso e perde la palla, che ritorna alla base; se invece riesce a passare la palla a un compagno che sia più arretrato di lui, questo può continuare la corsa per portare la palla nella propria base.

1.

LA PALLA META

2. Si gioca in due squadre contrapposte: la squadra in possesso di palla gioca in attacco.
Per segnare un punto, la palla deve essere appoggiata a terra dietro alla riga di fondo campo avversaria (meta).

Regole

Si gioca con le mani e non ci si può spostare con la palla che, invece, va passata da un compagno all'altro fino ad arrivare in meta; all'inizio di ogni azione, i primi due passaggi devono essere fatti sempre all'indietro, poi si gioca liberamente; quando la palla viene intercettata, invece, la si può giocare come si vuole; se il giocatore in possesso di palla viene toccato da un avversario ne perde il possesso e si riprende il gioco con una rimessa da fondo campo.
È vietato qualsiasi contatto fisico tra i giocatori senza palla.

2.

Il rugby

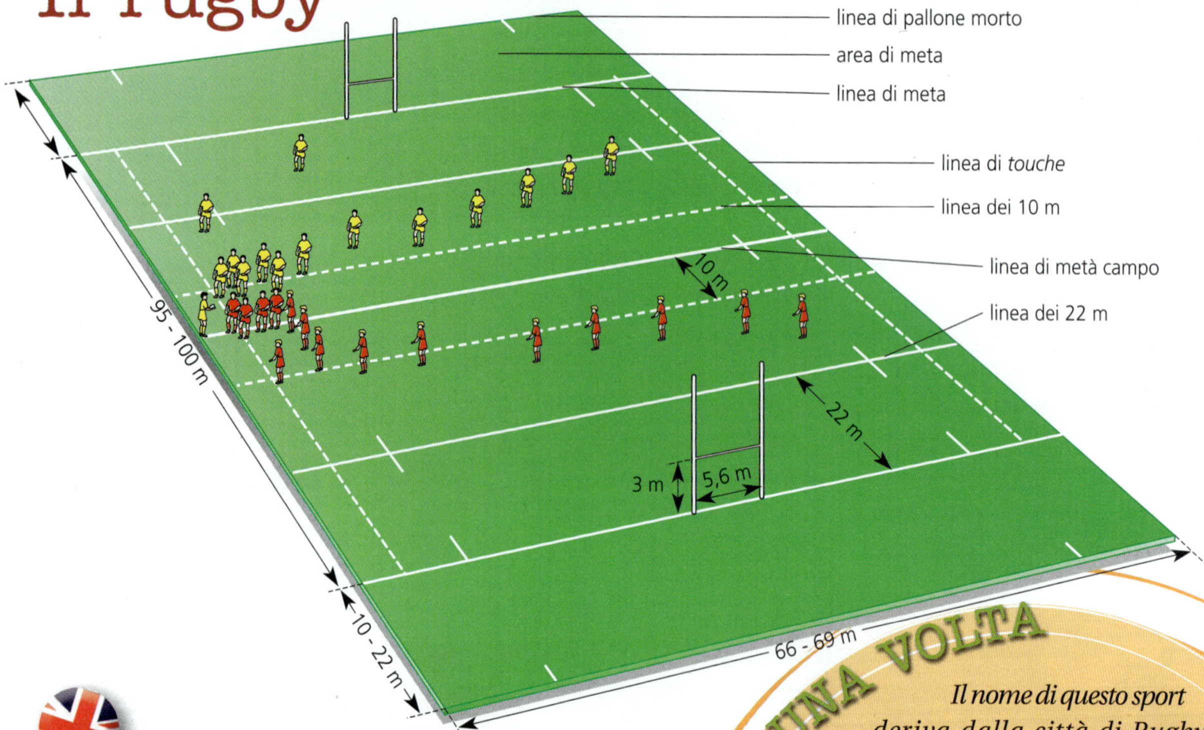

"Non sbaglia mai un calcio di trasformazione. "

C'ERA UNA VOLTA

Il nome di questo sport deriva dalla città di Rugby, in Inghilterra. In un college di questa città, durante una partita di football, un giocatore di nome Webb Ellis, anziché calciare la palla, la raccolse da terra e cominciò a correre verso il limite del campo, lasciando interdetti compagni e avversari e inventando con questa trasgressione uno sport nuovo. Era il 1823. Il rugby si è diffuso soprattutto nell'Europa occidentale, in Oceania e in Sudafrica: attualmente è giocato in ottanta paesi nel mondo.

Il rugby femminile è uno sport piuttosto recente, essendo iniziato nel 1983, ma ora conta più di 230 associazioni e 8000 iscritte nella sola Inghilterra.

L'AREA DI GIOCO

Le linee perimetrali del campo sono le **linee laterali** (***touch*** o ***touche***) e quelle di **meta**; queste ultime, insieme alle **linee di "pallone morto"**, delimitano l'area di meta. Altre linee sono tracciate nelle due metà campo **a 22 m** dalla linea di meta e **a 10 m** dalla linea di metà campo.

Al centro dei lati corti del campo (linee di meta) vi sono due **porte** (a forma di H) larghe 5,6 m, con la traversa alta 3 m e con i pali prolungati in altezza da 1 a 4 m.

L'essenziale

- In un campo erboso di 66 × 100 m si affrontano **due squadre** composte di **15 giocatori** ciascuna.
- Scopo del gioco è realizzare più punti degli avversari sia **facendo meta**, appoggiando cioè con le mani la **palla ovale** oltre la linea di meta avversaria, sia **calciando la palla sopra la traversa**, tra i pali della porta avversaria.
- Il gioco si svolge principalmente **con le mani**.
- La palla può essere portata correndo, passata all'indietro o calciata in qualsiasi direzione.
- Le squadre sono divise da una linea immaginaria, passante per il pallone, che costituisce la **linea di fuorigioco**.

Le regole di gioco

1. Placcaggi in corsa e mete sono le azioni più emozionanti del gioco.

LA FORMAZIONE DELLE SQUADRE Le squadre sono composte di **15 giocatori** in campo **più le riserve** (massimo 7). Le sostituzioni sono definitive e possono essere richieste per infortunio o per motivi tecnici.
LA DURATA E L'INIZIO DEL GIOCO L'incontro, diretto da **un arbitro** e **due guardalinee**, ha una durata di **due tempi di 40 minuti** ciascuno.
All'inizio di ogni tempo e dopo una meta, **il gioco comincia con un calcio da centrocampo**, che deve superare la linea dei 10 m avversaria. I compagni di colui che calcia devono trovarsi dietro alla palla e gli avversari dietro alla propria linea dei 10 m.
IL PUNTEGGIO I punti si assegnano in questo modo:

- **meta**: **5 punti**. Una meta è realizzata quando un attaccante effettua per primo un "toccato a terra", cioè appoggia o spinge la palla a terra, nell'area di meta avversaria;
- **trasformazione: 2 punti**. Dopo una meta si ha diritto a un calcio di trasformazione. La palla deve passare sopra la traversa tra i pali della porta;
- **calcio: 3 punti**. Si può "tentare la porta" anche con un calcio di punizione piazzato o di rimbalzo; in azione, solo di rimbalzo.

IL TRATTAMENTO DELLA PALLA Per giocare si usa una **palla ovale**. Ogni giocatore in possesso di palla può correre, passare o calciare. Scopo della sua azione sarà avvicinarsi alla **linea di meta avversaria** per realizzare una meta o un calcio in porta. La regola del fuorigioco **impedisce di lanciare con le mani la palla in avanti**, sia volontariamente che per un errore di presa.
LA RIMESSA IN GIOCO LATERALE Quando il pallone esce dalle linee laterali, va cioè in ***touche***, viene rimesso da un giocatore della squadra a cui spetta la palla dal punto indicato dal giudice di linea. La palla viene lanciata in mezzo al corridoio formato da alcuni giocatori delle due squadre che si posizionano di fronte al lanciatore e che si contenderanno la palla saltando.

CHE COS'È...

Piramide di salto
Nella rimessa laterale (*touche*), i giocatori di una squadra sollevano un compagno che cerca di impossessarsi della palla. Questa azione è anche detta "ascensore" o "torre".

2. La *touche* è resa spettacolare dall'azione di "ascensore" o piramide di salto.

I fondamentali individuali

L'attacco

3. Il giocatore con la palla è seguito dai propri compagni.

LA CORSA Nel rugby si può correre con la palla in mano senza limitazioni di spazio o tempo. Per evitare l'intervento dei difensori, la corsa è **veloce** e ricca di **cambi di direzione e finte**.

IL PASSAGGIO Con la sola corsa è difficile evitare tutti gli avversari. È necessario invece saper passare la palla al momento giusto. Nel rugby è usuale lo **schieramento degli attaccanti in diagonale**, che permette di far giungere in breve tempo la palla agli esterni, i quali hanno più probabilità di correre in meta senza commettere fuorigioco.

COME SI ESEGUE IL PASSAGGIO Il passaggio, che con le mani può avvenire solo indietro, è normalmente effettuato lanciando la palla **a due mani** (vedi *In primo piano*). Se l'azione avviene in spazi ristretti, si usa spesso il **passaggio consegnato**, eseguito cioè senza il lancio del pallone.

I calci

Durante la corsa un giocatore può calciare la palla sia con l'intento di superare la difesa avversaria, sia per fare un *drop*, cioè per "tentare la porta" e conquistare così tre punti. In fase difensiva spesso è utile calciare la palla in avanti per allontanare la squadra avversaria dalla propria area di meta.

Il **calcio di rinvio** si effettua dietro la linea dei 22 m, per rimettere in gioco la palla dopo che questa è uscita dall'area di meta o quando la palla è stata messa a terra da un difensore in area di meta.

Il **calcio di trasformazione** si effettua dopo la meta, da un qualsiasi punto lungo la linea immaginaria, parallela alla *touche*, passante per il punto dove è stata realizzata la meta.

Il **calcio di punizione** si può effettuare sia piazzato, sia al volo, sia di **rimbalzo**.

GLOSSARIO

Calcio di rimbalzo
Il calciatore colpisce la palla con il piede subito dopo che questa è rimbalzata per terra. Questo tipo di calcio è anche chiamato *drop*.

La difesa

Anche i difensori non possono superare la linea di fuorigioco determinata dalla palla. Se durante l'azione si trovassero al di là di tale linea, dovrebbero immediatamente retrocedere.

I difensori possono contrastare, in modo corretto, con le mani e con il corpo, **solo l'attaccante con la palla**. Il contatto tra avversari senza palla avviene soltanto nei raggruppamenti.

IL PLACCAGGIO Avviene quando il giocatore con la palla **è trattenuto correttamente da uno o più avversari e messo a terra**. Chi ha subìto il placcaggio **deve liberarsi della palla**, a meno che non sia vicino alla linea di meta e cerchi subito un "toccato a terra" (vedi *In primo piano*).

L'ANTIGIOCO È qualsiasi azione contraria al regolamento. Comprende: l'ostruzionismo, il gioco sleale e i falli ripetuti. Il giocatore che commette una di queste infrazioni può essere ammonito ed espulso, temporaneamente o in modo definitivo.

in PRIMO PIANO

Le mani imprimono al pallone una rotazione che gli permette di mantenere meglio la traiettoria.

Il placcaggio avviene quando il giocatore con la palla è trattenuto correttamente da uno o più avversari e messo a terra.

Il passaggio è normalmente effettuato a due mani: il giocatore compie un'oscillazione di entrambe le braccia da un fianco all'altro lanciando la palla nella direzione voluta.

Chi ha subìto il placcaggio deve liberarsi della palla.

PASSAGGIO E PLACCAGGIO

Nel placcaggio il giocatore può essere messo a terra correttamente con tecniche diverse (figure a e b).

a.

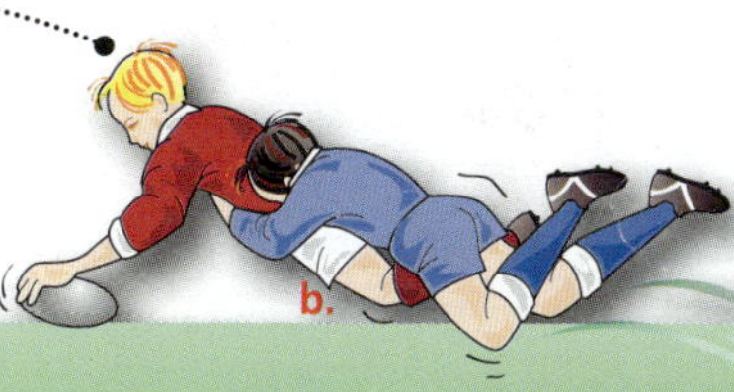

b.

La figura c è un esempio di placcaggio scorretto perché il giocatore placcato è in fase di volo.

c.

I fondamentali di squadra

CHE COS'È...

Television Match Official Negli incontri internazionali, l'arbitro può servirsi del *Television Match Official* (TMO), costituito da alcuni arbitri che riguardano le riprese televisive dell'azione, nel caso in cui la validità di una meta sia incerta.

L'azione "alla mano" o gioco aperto

Per avanzare verso la linea di meta avversaria senza perdere il possesso della palla, è necessario che la squadra proceda con **passaggi all'indietro**. I giocatori di prima linea seguono sempre il pallone, pronti a intervenire nel caso si verificassero dei raggruppamenti spontanei, cioè "aperti".
Gli attaccanti esterni seguono lo svolgersi dell'azione, aprendo il fronte di attacco, pronti a ricevere un passaggio e ad approfittarne con un'accelerazione in verticale.

La mischia ordinata

Dopo un'infrazione non grave o un'interruzione, il gioco riprende con una mischia ordinata, cioè "chiusa". Ogni squadra dispone otto giocatori su tre linee. Tra questi, vi sono il **tallonatore** e due **piloni**.
Tutti gli otto giocatori in mischia devono essere "legati", abbracciati, tra loro. Al segnale dell'arbitro, le due formazioni spingono verso avanti cercando di guadagnare terreno per avere più possibilità di entrare in possesso di palla. Un giocatore della squadra a cui spetta il gioco, il **mediano di mischia**, introduce il pallone a terra tra le due formazioni. I tallonatori cercheranno di calciare la palla dietro verso i compagni. Quando il pallone esce dalla mischia e un giocatore lo raccoglie, comincia il gioco aperto e la mischia si scioglie.

4. Nella prima linea della mischia viene disposto il tallonatore, affiancato da due piloni.

IL RUGBY A 7 O "SEVEN"

Il rugby a sette giocatori utilizza lo stesso campo del gioco a 15; sarà sport olimpico a partire dal 2016. Le differenze regolamentari sono:

- *i giocatori in campo per ciascuna squadra sono sette;*
- *la mischia e la touche sono effettuate da tre giocatori;*
- *il calcio di trasformazione dev'essere effettuato con un drop;*
- *si giocano due tempi da 7 minuti ciascuno.*

Il rugby seven risulta molto spettacolare per il vantaggio che ha l'attacco, avendo più spazio a disposizione, nel superare la difesa avversaria; sono frequenti rapidi ribaltamenti di gioco; spesso le mete sono realizzate con lunghe corse; vengono sottolineate le capacità individuali e soprattutto le doti di velocità e destrezza nel giocare l'uno contro uno. Dato che il tempo di gioco è breve, i tornei e i campionati prevedono più partite in successione. Diminuendo l'importanza dei raggruppamenti a terra e del pacchetto di mischia, è un tipo di rugby particolarmente adatto alle ragazze.

PROVA PER IMPARARE

IL PASSAGGIO

1. **Corri oltre la linea**
   Da metà campo, con la palla in mano, un giocatore inizia a correre per superare la linea di meta. Contemporaneamente 1 o 2 avversari partono dalla linea di meta e gli vanno incontro cercando di placcarlo prima della stessa linea.

2. **In diagonale**
   A coppie o a squadre, correre avanti in linea diagonale con la palla al giocatore più avanzato; eseguire dei passaggi facendo arrivare la palla al compagno più laterale. Appena effettuato il passaggio ci si lascia superare dai compagni fino a ricomporre una diagonale opposta per il ritorno.

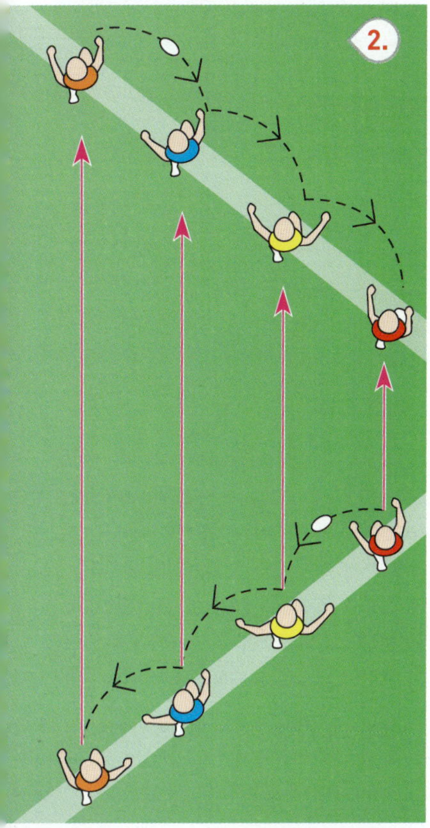

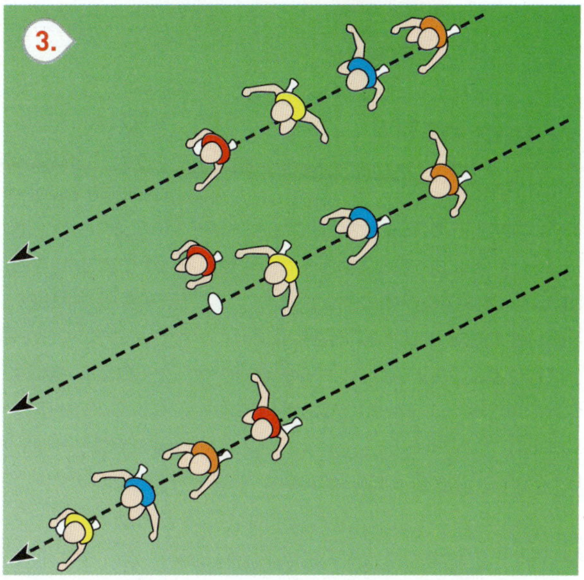

3. **Roll ball**
   Si corre in fila con la palla al giocatore più avanzato. Questi, ogni 10-15 m, appoggia a terra la palla, che viene raccolta dal compagno che gli sta dietro. Dopo aver appoggiato la palla ci si lascia superare dai compagni mettendosi dietro alla fila.

4. **La treccia**
   In formazione a cuneo, con la palla al giocatore più avanzato, effettuare degli incroci (treccia) da destra e da sinistra. Il giocatore più vicino al compagno con la palla corre dietro a questi e riceve il suo passaggio. Dopo qualche metro di corsa, dall'altro lato, gli verrà incontro un altro compagno a cui passerà la palla. Dopo aver effettuato il passaggio ci si lascia superare dai giocatori della propria squadra, ricomponendo la formazione.

5. **Apertura alla mano**
   Squadre composte di 7-8 giocatori: chi corre con la palla avanza fino a quando viene fermato dagli avversari; i compagni gli corrono vicino posizionandosi per l'apertura dell'azione alla mano; la palla viene passata al giocatore più vicino che ricomincia l'azione.

PREPARIAMOCI ALLA PALLAMANO

LE 10 CLAVETTE

1. Si gioca in due squadre che si alternano nell'arco di due tempi nei ruoli di attacco e di difesa.
Una squadra gioca all'interno di un campo da pallavolo e deve collocare diritte sul pavimento, in posti stabiliti, 10 clavette.
Gli elementi dell'altra squadra, posizionati fuori dal campo attorno al perimetro, devono far cadere le clavette colpendole con 5-6 palloni leggeri lanciati con le mani.
Al termine del tempo stabilito (circa 4-5 minuti) si assegna un punto per ogni clavetta rimasta in piedi.
Vince la squadra che, al termine dei due tempi di gioco con inversione dei ruoli, riesce a ottenere più punti.

Regole
È possibile difendere le clavette allontanando i palloni con il corpo; i giocatori che lanciano devono rimanere fuori dal campo e possono entrare solo per recuperare la palla.

Variante
Si può modificare il gioco aumentando o riducendo il numero dei palloni o delle clavette.

1.

IL TIRO AL BERSAGLIO

2. Si gioca in due squadre contrapposte, con i componenti che tengono in mano una palla e sono disposti dietro a due linee distanti 6-9 m. Al centro, fra le due righe, è posizionata una palla medica da 4 kg. Al segnale tutti i giocatori lanciano la propria palla con le mani cercando di colpire la palla medica facendola rotolare verso il campo avversario. Il gioco continua fino a quando la palla non esce completamente dal campo avversario.
Si ripete la prova diverse volte.

LA GRANDINE

3. Si gioca uno contro tutti. Si posizionano alcuni palloni leggeri sulla riga di fondo del campo di gioco da pallavolo, mentre tutti i partecipanti al gioco si pongono dalla parte opposta, fermi dietro la riga.
Al segnale i giocatori devono correre per recuperare i palloni con le mani; quelli che non riescono a impossessarsi del pallone scappano per non essere colpiti dai compagni che invece ne sono forniti: si guadagna un punto per ogni avversario colpito. Al termine si ritorna quindi in posizione di partenza e si ripete la prova.

Regole

Chi recupera la palla ha 30 secondi per tirare, effettuando un palleggio ogni tre passi, prima che l'arbitro interrompa il gioco; chi scappa deve evitare la palla oppure trattenerla al volo.

Variante

- Se si gioca a squadre di due o tre componenti, questi possono passarsi la palla prima di tirare (sempre nei 30 secondi concessi).
- I palloni possono essere posizionati in diverse zone del campo e non tutti sulla stessa riga.

3.

La pallamano

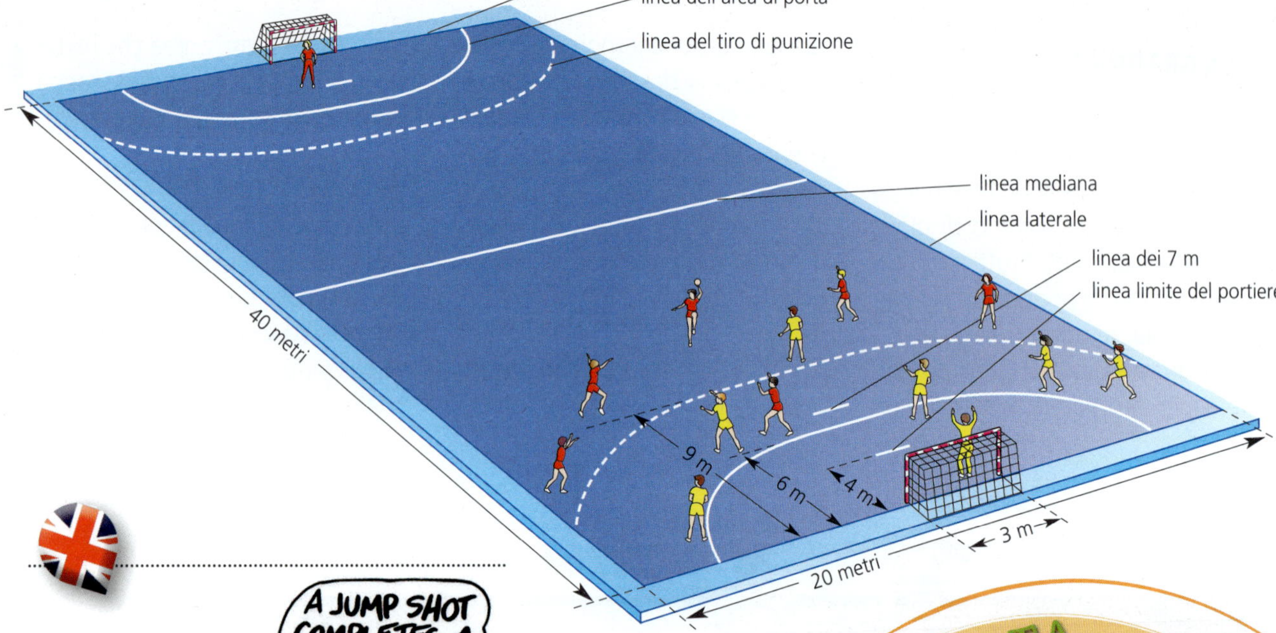

"Un tiro in salto completa un contropiede"

C'ERA UNA VOLTA

Lo sport dal quale ha avuto origine la pallamano moderna si chiamava torball, *"palla in porta", e venne inventato nel 1915 in Germania, da dove si diffuse nel resto del mondo. In un primo tempo la pallamano fu praticata solo da squadre femminili. La prima apparizione ai Giochi Olimpici fu a Berlino nel 1936. Inizialmente si svolgeva all'aperto, con un numero di giocatori maggiore, ed era molto simile al calcio, seppur giocata con le mani. In Italia fu introdotta nel 1965.*

L'AREA DI GIOCO

Il campo è un rettangolo di 40 × 20 m. Le porte, larghe 3 m e alte 2, sono posizionate al centro del lato corto del campo. L'**area di porta** è delimitata da una linea a semicerchio posta a 6 m da quella di porta. Il **punto del tiro di rigore** è a 7 m dalla porta; durante il tiro dai 7 m il portiere può avanzare fino a una linea posta a 4 m dalla porta. A 9 m dalla porta è tratteggiata la linea del **tiro di punizione**.

L'essenziale

- Il gioco si svolge tra due squadre di **7 giocatori** che, **giocando la palla con le mani**, cercano di fare goal nella porta avversaria difesa da un portiere.
- La squadra in possesso di palla avanza con **passaggi** e **palleggi** fino a portare un giocatore al tiro al limite dell'area di porta (ove nessun giocatore può entrare). Il tiro conclude l'azione.
- Vince la squadra che segna più reti.

1. L'azione di tiro è uno dei momenti più spettacolari della pallamano.

Le regole di gioco

LA DURATA DELLA GARA La partita si disputa in **due tempi di 30 minuti** ciascuno, con un intervallo di 10. Ogni incontro è diretto da **2 arbitri**, che hanno la stessa capacità decisionale. Per le categorie giovanili i tempi sono di 20 o 25 minuti.

LA FORMAZIONE DELLA SQUADRA E LE SOSTITUZIONI Una squadra è composta da un massimo di **12 giocatori**. Sul terreno di gioco si schierano **7 giocatori**, uno dei quali è designato come **portiere**. Una riserva può entrare in campo in qualunque momento (e per più volte), a condizione che il giocatore da sostituire abbia già lasciato il terreno. Ogni **cambio irregolare** è punito dagli arbitri con un tiro di punizione e con l'esclusione dal gioco della riserva per 2 minuti (la squadra punita gioca quindi in inferiorità numerica).

L'AREA DI PORTA Nell'area di porta il pallone appartiene al portiere e **soltanto lui ha il diritto di stare in questa area**. Quando un giocatore, con qualsiasi parte del corpo, tocca l'area di porta, può essere punito **se la violazione dell'area comporta un vantaggio**. Tale violazione è sanzionata con:

- un **tiro di punizione**;
- un **tiro da 7 m** (rigore) quando un difensore, nell'area di porta, impedisce una chiara occasione da rete.

La violazione dell'area non viene punita quando non causa alcun tipo di vantaggio: per esempio, cadendo dopo un tiro.

IL TRATTAMENTO DEL PALLONE

È permesso:

- lanciare, spingere, colpire con il pugno, afferrare il pallone con le mani;
- fare fino a tre passi con il pallone in mano e trattenerlo per tre secondi;
- fare rimbalzare il pallone a terra più volte di seguito e riafferrarlo.

Non è permesso:

- interrompere e riprendere il palleggio;
- palleggiare a due mani.

CHE COS'È...
Doppio palleggio
Infrazione che si verifica quando un giocatore interrompe e poi riprende il palleggio.

LA RIMESSA IN GIOCO E IL RINVIO La **rimessa in gioco** è comandata quando il pallone ha superato interamente la linea laterale oppure quando, toccato per ultimo da un giocatore della squadra in difesa, supera la linea di fondo. Un giocatore della squadra a cui spetta il pallone effettua la rimessa mantenendo un piede sulla linea laterale. Il **rinvio** è comandato quando il portiere ha controllato il pallone nell'area di porta o quando il pallone supera la linea di fondo dopo essere stato toccato per ultimo dallo stesso portiere o da un giocatore della squadra avversaria. Il portiere lancia la palla a un compagno fuori dall'area di porta.

I fondamentali individuali

Il palleggio

Nella pallamano, rispetto alla pallacanestro, l'uso del palleggio è limitato. Serve a **spostarsi nell'area di gioco** mantenendo il possesso della palla fino a portarsi in zona d'attacco. Il palleggio si effettua facendo **rimbalzare la palla a terra** e cercando di accompagnarla con la mano bene aperta.
Si palleggia tenendo la **palla bassa**, quando l'avversario è vicino; a **media altezza**, quando l'avversario è lontano; **alta**, quando si effettua, correndo, un contropiede.

2. Le dimensioni ridotte della palla consentono di effettuare passaggi con velocità e precisione.

Il passaggio

Con i passaggi ci si avvicina alla linea dei 6 m cercando di liberare un compagno nella miglior posizione di tiro. Oltre al **passaggio a una mano all'altezza della spalla**, esistono molti altri tipi di passaggio: il passaggio sottomano, quello laterale, a pallonetto, dietro la schiena, a palmo in fuori, a due mani sopra la testa, dal petto e laterale, tipo rugby. Molto frequentemente si esegue il **passaggio in corsa**, o addirittura in salto, dopo una finta di tiro.

Il tiro

Il tiro è il fondamentale più spettacolare e motivante (vedi *In primo piano*). Deve essere forte, rapido e preciso. Si può eseguire in corsa, in salto e in tuffo, oltre che da fermi (come il tiro di punizione e quello di rigore).

IL TIRO DI PUNIZIONE In occasione dell'esecuzione di un tiro di punizione, i giocatori avversari devono posizionarsi ad almeno 3 m da colui che lo esegue o, comunque, sulla linea dei 6 m nel caso di tiro dai 9 m.

IL TIRO DA 7 M Un tiro da 7 m (**rigore**) è concesso quando viene impedita in modo irregolare una chiara occasione da rete a un componente della squadra avversaria. Durante la sua esecuzione tutti i giocatori della squadra in attacco devono posizionarsi dietro la linea dei 9 m e i difensori a oltre 3 m da chi tira.

OCCHIO ALLE REGOLE!

Le sanzioni

In caso di gioco scorretto e falli ripetuti, gli arbitri, seguendo il principio della progressività, puniscono il responsabile attribuendo **tiri di punizione e tiri da 7 m**, e anche con:
- l'**ammonizione**;
- l'**esclusione**: il giocatore deve rimanere fuori dal campo per **2 minuti**;
- la **squalifica**, che è sempre accompagnata da esclusione per 2 minuti, trascorsi i quali la squadra può far entrare in campo un altro giocatore;
- l'**espulsione**, che segue **3 esclusioni** nel corso della stessa partita. La squadra rimane in inferiorità numerica fino al termine dell'incontro.

Gioco passivo

Non è permesso mantenere il possesso di palla senza una riconoscibile azione offensiva o un tiro in porta.

3. Il tiro in tuffo si effettua dalla linea dei 6 m, slanciandosi in avanti per evitare l'intervento dei difensori. In questo tiro è fondamentale saper ammortizzare la caduta che può avvenire anche nell'area di porta.

in PRIMO PIANO

Il tiro in salto si può eseguire dopo una rincorsa fatta con la palla in mano e uno stacco verso l'alto.

Il lancio viene effettuato flettendo il braccio ed estendendolo velocemente nella direzione che si vuole dare alla palla.

Per coordinare il salto con il tiro, è importante mantenere l'equilibrio in volo con l'uso delle gambe, del tronco e del braccio libero.

L'ultimo appoggio della rincorsa avviene sulla gamba opposta a quella del braccio di tiro.

TIRO IN SALTO

4. Il difensore può disturbare l'azione di tiro prima di tutto con il proprio corpo e poi limitando con le braccia la visuale dell'attaccante.

La difesa individuale

Il difensore, a gambe piegate, pronto a muoversi in qualsiasi direzione, contrasta l'avversario cercando di non fargli arrivare la palla. Se l'attaccante ha già ricevuto il passaggio cercherà di impedirgli di passare e tirare, standogli vicino e muovendo le braccia per intercettare il pallone. Quando l'attaccante si muove e tenta di avanzare o tirare, il difensore può opporsi frontalmente (scivolamento), con tutto il corpo, all'azione dell'avversario; non può, però, cinturare, trattenere o "caricare" l'avversario.

I fondamentali di squadra

L'attacco

L'azione d'attacco si realizza con passaggi, finte, entrate in corsa e soprattutto con velocità e con azioni imprevedibili. La squadra si dispone lungo tutto il fronte d'attacco cercando di **creare spazi e situazioni di soprannumero**; spesso uno o più giocatori si muovono dando le spalle alla porta. Il **giocatore centrale** suggerisce ai compagni schemi di azioni o combinazioni offensive, che richiedono rapidità di intesa e affiatamento tra compagni. Gli spazi ristretti e la velocità del gioco rendono inevitabile il contatto fisico tra avversari.

GLOSSARIO

Giocatore centrale
È il giocatore che si posiziona normalmente al centro della linea offensiva e svolge il ruolo di playmaker, cioè di organizzatore dell'attacco.

La difesa

I giocatori della squadra che difende si dispongono intorno all'area di porta e possono effettuare una difesa **a zona**, **individuale** o **mista**. La più utilizzata tra i principianti è quella a zona, che prevede le varianti 6-0, 5-1, 4-2 e così via. Questi numeri indicano quanti difensori si piazzano appena fuori dall'area di tiro e quanti invece si collocano più avanzati a "pressare" gli attaccanti. Nella difesa 6-0 il difensore che contrasta l'attaccante in possesso di palla avanza rispetto alla linea dei compagni. Negli altri due schemi vengono prestabiliti i giocatori che si posizioneranno in avanti rispetto ai compagni.

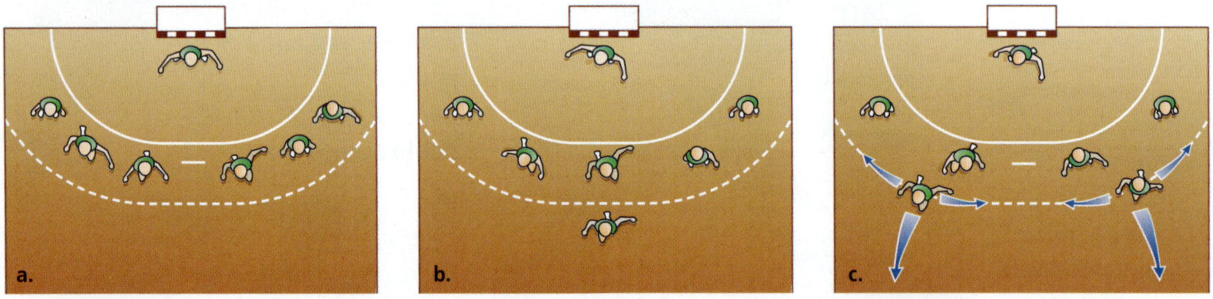

5. La disposizione dei giocatori in difesa dipende dalle loro caratteristiche e dallo schieramento dell'attacco avversario. Nella figura **a** viene mostrato lo schieramento 6-0, nella figura **b** lo schieramento 5-1, nella figura **c** lo schieramento 4-2.

IL PORTIERE

Ricopre il ruolo più importante della squadra. Dev'essere alto, coraggioso, reattivo. Per parare può utilizzare qualsiasi parte del corpo; deve avere una grande mobilità sulle gambe, in quanto, a differenza del portiere di calcio che usa tuffarsi, deve operare con parate ***alte*** *(braccia), a* ***mezza altezza*** *(braccia e gamba che si uniscono),* ***basse*** *(con scivolata in spaccata) e a pelle d'orso.*

PROVA PER IMPARARE

IL TIRO

1. **Senza portiere**
Senza portiere, dalla linea dei 6 m, tirare nella porta divisa in vari settori cercando di colpire le diverse zone.

2. **Tiro dai 6 m**
Mantenere lo sguardo sul portiere. Provare anche a schiacciare la palla davanti alla linea di porta: il tiro è più lento, ma può mettere in difficoltà il portiere.

3. **Tiro in elevazione dai 9 m**
Tirare in elevazione con rincorsa dai 9 m, staccando prima della linea dei 6 m. Sollevare lateralmente il ginocchio della gamba libera.

4. **Tiro con muro**
Tirare in elevazione dai 9 m sopra il muro avversario (difesa piazzata sui 9 m con mani alte). Provare il tiro posizionando un materassino in verticale sui 9 m.

5. **In attacco**
Disporsi in attacco contro una difesa in sottonumero. Passarsi la palla velocemente tra attaccanti, avvicinandosi alla linea dei 6 m fino a trovare lo spazio per tirare saltando dalla linea dell'area di porta.

PREPARIAMOCI ALL'UNIHOCKEY

CACCIA AL BIRILLO

1. Sul campo sono sparsi dei cerchi con dentro un birillo ciascuno; i giocatori, ognuno con una mazza e una pallina, devono far cadere i birilli senza poter entrare nei cerchi.

Variante

Mettere tante palline in campo.

1.

TUTTI CONTRO TUTTI

2. I giocatori, ciascuno con una mazza, sono sparsi sul campo; ognuno ha una pallina con la quale deve colpire i piedi degli altri e non farsi colpire i propri. Si può tirare solo rasoterra.

GUARDIE E LADRI

3. I giocatori, ciascuno con una mazza, sono divisi in due squadre; i componenti di una squadra sono le "guardie" e cercano di colpire i componenti dell'altra squadra ("ladri"). Il gioco è a tempo.

Variante

Solo le guardie hanno la pallina e la mazza.

L'unihockey

"Presta attenzione, non sollevare il bastone!"

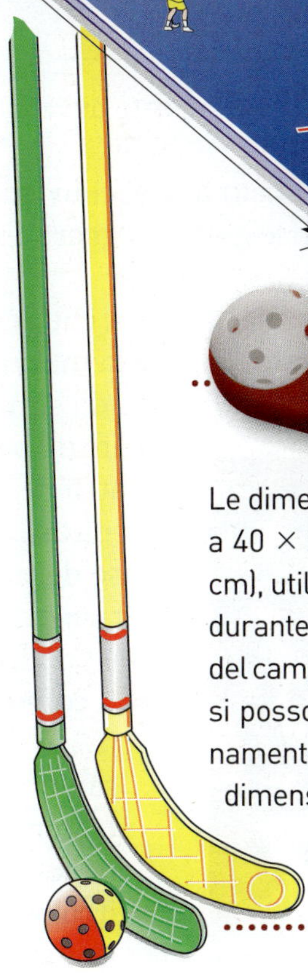

1. Esistono mazze di diverse misure e di diverso materiale. Quelle più usate sono in plastica leggera.

L'AREA DI GIOCO

Le dimensioni del campo possono variare: da 24 × 16 m (minimo) a 40 × 20 m; il campo può essere delimitato da **sponde** (alte 50 cm), utilizzabili per farvi rimbalzare la pallina durante le azioni. Le **porte**, all'interno del campo, sono di 160 × 115 cm, ma si possono utilizzare per l'allenamento anche porte di altre dimensioni (90 × 60 cm) e si può giocare senza portiere.

C'ERA UNA VOLTA

L'unihockey è nato come allenamento per i giocatori di hockey su ghiaccio. Si è diffuso intorno al 1950, negli Stati Uniti e in Canada, e attualmente è praticato in gran parte d'Europa, anche nelle scuole.

L'essenziale

- In un campo di 40 × 20 m si dispongono due squadre, ciascuna di **5 giocatori più il portiere**.
- All'interno del campo di gioco sono fissate **due piccole porte**.
- Ogni giocatore utilizza una **mazza**, in plastica o altro materiale sintetico, che termina con una lama o "spatola" piatta.
- Scopo del gioco è far entrare la pallina nella porta avversaria **colpendola solo con la mazza**.
- Vince la squadra che realizza più reti.
- L'azione può svolgersi anche **dietro la porta**. Il portiere gioca in ginocchio e senza mazza indossando caschetto, maschera e protezioni.

Le regole di gioco

GLOSSARIO

Ingaggio La pallina viene posta dall'arbitro tra due giocatori avversari pronti a colpirla con la mazza. Al segnale i due possono indirizzarla verso i propri compagni.

La partita si disputa in **3 tempi di 20 minuti** ciascuno.
Il gioco inizia con un **ingaggio** a centro campo tra i due capitani.
La pallina può essere controllata, condotta e colpita solo **con la mazza**, e **al di sotto del ginocchio**.
Non è ammesso alcun contatto fisico tra giocatori e nemmeno contatti volontari con la mazza dell'avversario. Il giocatore che commette un fallo grave **può essere espulso per 2, 5 o 10 minuti**.
Il ritmo del gioco molto sostenuto suggerisce di fare **molti cambi**, uno ogni 2-3 minuti circa.
Essendoci le sponde laterali, il gioco si interrompe solo per falli o infrazioni. Il sostituto può entrare in campo in qualsiasi momento dalla zona centrale, dopo che il giocatore da sostituire sia uscito dal campo.

I fondamentali

Le squadre cercano di avvicinarsi alla porta avversaria con passaggi, *dribbling* e corse.
Per evitare di tenere a lungo il busto flesso, conviene usare una **mazza di lunghezza adeguata**, muoversi con le **gambe leggermente piegate** e **correre eretti negli spostamenti**.
Nel controllo si può utilizzare anche un **piede**, che deve però rimanere a contatto con il terreno. **È vietato comunque alzare la mazza al di sopra della cintura**.
La "lama" della mazza può essere utilizzata da entrambi i lati.

2. Bisogna saper condurre la palla anche se si è ostacolati da un avversario.

Il tiro e il passaggio devono essere effettuati tenendo la mazza con **due mani**, mentre solo per il controllo è consentito l'uso della mazza con **una mano**.
Per passare e tirare si possono utilizzare due tipi di colpi:

- il **colpo accompagnato** o "spazzato", il più usato per i passaggi e i tiri rapidi, in cui la mazza striscia sul terreno e spinge la pallina rimanendovi a contatto.
- il **colpo battuto**, "caricando" indietro la mazza e colpendo nettamente la palla. È usato nei tiri da lontano o nei passaggi lunghi.

La **squadra in attacco** si schiera con giocatori laterali e centrali (spesso con spalle alla porta). La possibilità di giocare anche dietro la porta rende più varia l'azione di attacco e più difficile quella difensiva.
I giocatori senza palla si muoveranno nel campo a seconda dello schieramento difensivo e della posizione dei compagni.

OCCHIO ALLE REGOLE!

Il **portiere** deve sempre avere una parte del corpo all'interno della porta (almeno la punta di un piede) e non può bloccare con le mani un retropassaggio di un compagno. Il suo rinvio non può superare la metà campo senza aver toccato il terreno o un giocatore.

CONTROLLO E CONDUZIONE

1. **Torello**
   In cerchio, passarsi la pallina senza farla intercettare dal difensore che sta nel mezzo.

1.

2. **Slalom**
   Condurre con la mazza la pallina tra i birilli e tirare in una porta.

2.

3. **Discesa a due**
   Partendo dal fondo, a coppie, percorrere il campo di corsa passandosi la palla. Ritornare cambiando il lato da cui si colpisce la palla.
4. **Tre contro due**
   Partire dalla propria metà campo e attaccare 3 contro 2 o 4 contro 3.

4.

5. **Tre contro tre**
   Giocare brevi partite 2 contro 2 o 3 contro 3 con piccole porte, senza portieri.

6. **I bersagli**
   Suddividere la porta in 4 o 6 settori con delle funicelle. Tirare cercando di far andare la pallina nel settore voluto. Cambiare posizione di tiro e aumentare gradualmente la distanza dalla porta.

PREPARIAMOCI ALL'ULTIMATE

VORTEX ULTIMATE

1. I giocatori della squadra in attacco devono avanzare lanciandosi il **vortex** (o una palla da pallamano) fino a completare un passaggio nella *end zone*.

Il giocatore in possesso del vortex non può camminare, può solo muovere un piede usando l'altro come perno e deve passarlo a un compagno entro 10 secondi.

Quando il passaggio non viene completato (il vortex cade, esce dal campo o viene intercettato da un difensore), il possesso passa alla squadra avversaria. Non è ammesso il contatto tra i giocatori. Il difensore (non più di uno) può ostacolare il passaggio solo muovendosi davanti all'attaccante a una distanza minima di 1 m.

Il giocatore che afferra il vortex prima della linea di goal, ma che nello slancio la supera, deve ritornare al punto in cui è avvenuta la presa e continuare da lì l'attacco.

Variante

Il possessore del vortex può avanzare correndo verso la meta fino a che non viene toccato da un avversario. Quando viene toccato si ferma e deve effettuare un passaggio.

LANCIO DEL DISCO

2. Due squadre disposte ciascuna nel proprio campo. Il giocatore con il *frisbee* lo lancia in modo tale che vada nel campo degli avversari; questi devono prenderlo al volo e rilanciarlo dal punto della presa. Quando il *frisbee* cade per terra, la squadra avversaria conta un punto.

Variante

Si può giocare in un campo di pallavolo con la rete che suddivide i due campi.

L'ultimate

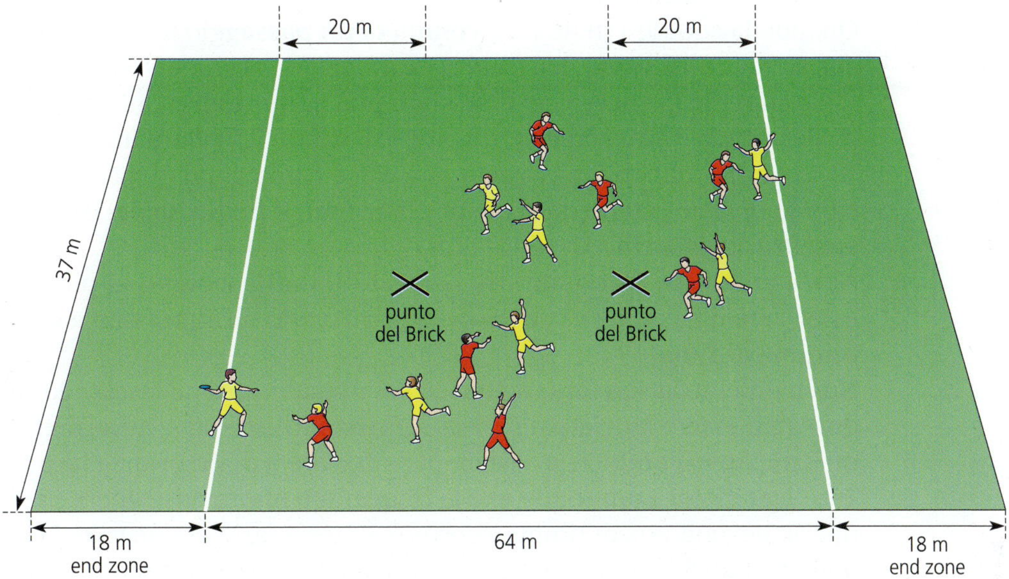

"Puoi muovere solo un piede col disco in mano!"

C'ERA UNA VOLTA

Il frisbee *(o* ultimate*) fu inventato negli anni cinquanta del Novecento dagli studenti dell'Università di Yale (Usa), che presero a lanciarsi il coperchio di una scatola contenente la torta alle mele di Mr Frisbee. Il gioco a squadre fu introdotto alla Columbia High School di New York solo verso il 1970.*

L'AREA DI GIOCO

L'area di gioco è di 64 × 37 m. Oltre la linea di fondo campo comincia la **end zone** o zona di goal, profonda 18 m. A 20 m davanti all'area di meta è posto il "**punto del Brick**", che serve per l'inizio del gioco.

L'essenziale

- Due squadre di **7 giocatori** ciascuna si schierano in un campo di 64 × 37 m.
- I giocatori della squadra in attacco devono **avanzare passandosi il disco**, o *frisbee*, fino a completare un passaggio nella *end zone*.
- Non si può fare più di un passo con il disco in mano.
- Ogni volta che il disco cade a terra, il suo possesso passa alla squadra avversaria.
- I difensori devono cercare di intercettare i passaggi. La partita ha termine quando si raggiungono **15 mete con 2 di vantaggio** e, in caso di pareggio, le 18 mete.

Le regole di gioco

GLOSSARIO

Pull È il lancio che si effettua per cominciare il gioco. Deve essere preso al volo dalla squadra avversaria, che comincia a giocare; se il lancio esce dal campo o finisce in terra, si comincia il gioco dal "punto del Brick".

All'inizio del gioco le squadre sono schierate sulle proprie linee di *end zone*. La squadra che ha perso il sorteggio lancia il disco (***pull***) verso la squadra avversaria e comincia il gioco.

Quando la squadra in attacco **completa un passaggio** a un proprio giocatore che si trova all'interno della *end zone* avversaria segna un punto.

Il giocatore in possesso del disco **non può camminare**, può solo muovere un piede usando l'altro come perno, e deve lanciare il *frisbee* a un compagno entro 10 secondi. Quando il passaggio non viene completato (il disco cade, esce dal campo o viene intercettato da un difensore), **il possesso del disco passa alla squadra avversaria**.

Non è ammesso il contatto tra i giocatori. Il difensore (non più di uno) può ostacolare il passaggio solo muovendosi davanti all'attaccante **a una distanza minima di 1 m**.

Normalmente la squadra in attacco si schiera in campo lasciando spazi liberi dove può essere lanciato il *frisbee*. Appena intuisce dove avverrà il passaggio, un compagno comincia a correre per afferrare il disco prima che questo cada. Tutti i giocatori, comunque, per le frequenti e improvvise alternanze attacco/difesa, devono essere pronti a correre. È necessario essere veloci e possedere doti acrobatiche per raggiungere il disco dopo averne intuito la traiettoria.

In questo gioco **non ci sono arbitri**. È quindi un'attività che richiede molta sportività ed elasticità nell'applicazione delle regole, nel rispetto dello spirito del gioco. Basti pensare che, inizialmente, i falli erano così definiti: «Qualsiasi azione che causa l'ira dell'avversario». Infatti sono i giocatori stessi che chiedono l'interruzione del gioco per un'infrazione o un fallo. Per esempio, il difensore-marcatore del giocatore con il disco conta ad alta voce i 10 secondi a disposizione per il passaggio.

1. Il difensore cerca di ostacolare l'attaccante disturbando il suo campo visivo. L'importante è che non lo tocchi e si mantenga alla distanza di almeno 1 m.

I fondamentali individuali

Il lancio

Il giro o *spin*, che s'imprime al disco con una veloce azione del polso, è fondamentale per la riuscita del lancio, in quanto garantisce stabilità, precisione e lunghezza al volo del *frisbee*.

Vi sono molti modi per lanciare il *frisbee*, ma i più utilizzati sono tre.

- Il **dritto**: il *frisbee* è lanciato dallo stesso lato della mano che lo impugna.

OCCHIO ALLE REGOLE!

Il giocatore che afferra il disco prima della linea di goal, ma che nello slancio la supera, deve **ritornare al punto in cui è avvenuta la presa** e continuare da lì l'attacco.

È tenuto con il palmo della mano rivolto verso l'alto: il pollice sopra; l'indice e il medio nell'incavo inferiore.

- Il **rovescio**: si lancia portando la mano che impugna sul fianco opposto. Il dorso della mano è rivolto alla direzione di lancio.
- **A tre dita dall'alto**: il disco è tenuto con la stessa impugnatura del dritto, ma sopra la testa e ruotando il braccio per tenere il disco in posizione verticale. Questo lancio si usa in situazioni critiche per traiettorie brevi.

CHE COS'È...

Hammer Il lancio a tre dita dall'alto è anche detto *hammer* perché il movimento ricorda l'uso di un martello.

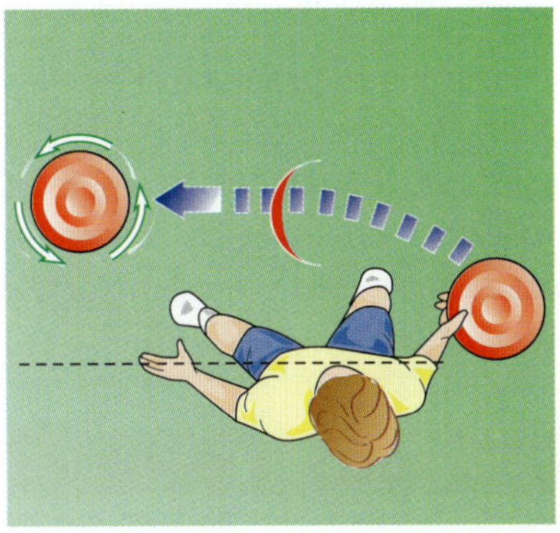

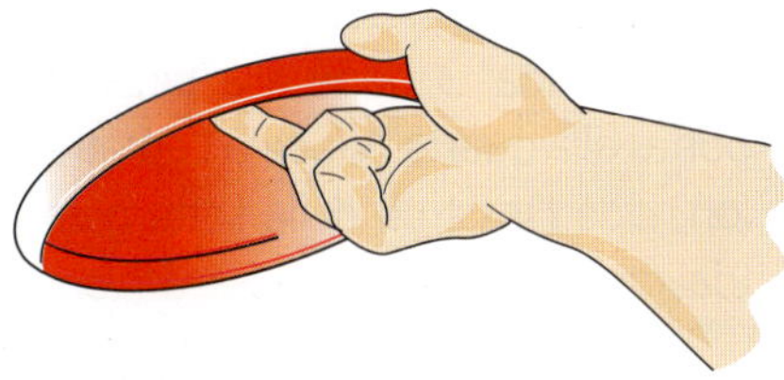

2. Il lancio di dritto è anche detto "a tre dita" per il tipo di impugnatura utilizzata.

3. Il rovescio è il primo tiro che si impara.

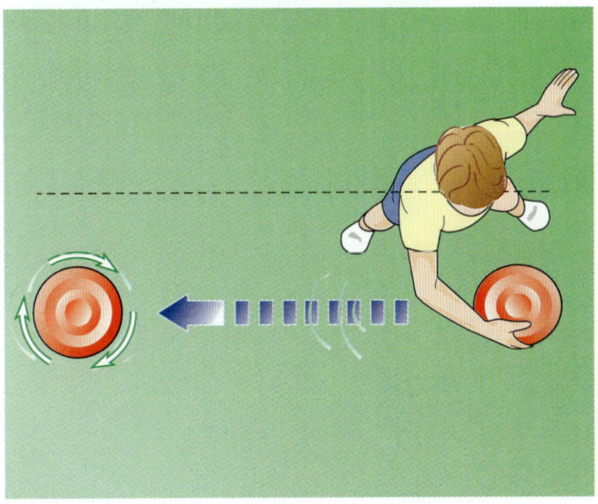

La presa

Per afferrare il *frisbee* si utilizza la presa:

- **a due mani**, con il palmo sopra e sotto (*pancake*), se il disco arriva basso;
- **a una mano** o **due mani sul bordo**, se il disco è alto o si è in corsa.

In ogni caso conviene guardare il *frisbee* fino a quando la presa è completata, nell'eventualità che il disco cambi traiettoria improvvisamente.
In prossimità della *end zone* avversaria è vietato colpire il disco per prolungarne la traiettoria e riprenderlo all'interno dell'area di goal. È inoltre vietato ostacolare l'avversario che sta per afferrare il disco.

PER INIZIARE A GIOCARE

- ***Lanci***: *a coppie, uno di fronte all'altro a 10 m di distanza: passarsi il* frisbee, *utilizzando i vari tipi di lancio e di prese.*
- ***Dai e vai***: *a coppie, lanciare da fermi il disco verso il compagno che sta correndo. Una volta effettuato il passaggio, correre in avanti per ricevere in corsa il passaggio di ritorno.*

PREPARIAMOCI ALL'ATLETICA

L'EPTATHLON A SQUADRE

La classe viene suddivisa in 4 squadre che devono cimentarsi in 7 prove atletiche (nel caso il numero dei giocatori non risultasse uguale, un giocatore a turno esegue più volte la prova). Al termine di ogni prova vengono assegnati: 10 punti alla squadra prima classificata, 6 punti alla seconda, 3 punti alla terza, 1 punto alla quarta. Vincerà l'eptathlon, cioè l'insieme delle sette gare (dal greco *hépta*, "sette", e *âthlon*, "lotta") la squadra che al termine delle 7 prove otterrà il punteggio più alto. Il punteggio ottenuto in ogni prova potrà essere segnato in una tabella come quella riportata qui sotto.

SQUADRA	PROVA 1	PROVA 2	PROVA 3	PROVA 4	PROVA 5	PROVA 6	PROVA 7	TOTALE
A								
B								
C								
D								

Prova 1: le tre partenze

Nel primo turno si eseguono due batterie a cui partecipano in ogni batteria due elementi per squadra: chi partecipa si dispone a gambe piegate con le mani sulla riga di partenza; al via dell'insegnante (o di un compagno che funge da giudice), bisogna alzarsi velocemente e correre fino a superare la linea del traguardo posta a 6-9 metri di distanza. Vengono eliminati gli ultimi 2 giocatori, a cui si assegna 1 punto. Viene quindi effettuata la seconda batteria con le stesse modalità. Tutti i giocatori rimasti in gara ritornano ancora in posizione e ripetono la partenza eliminando questa volta gli ultimi 3 e attribuendo loro 2 punti; dopo avere effettuato la terza partenza ed eliminato ancora gli ultimi 3 giocatori, a cui si attribuiscono 3 punti, a quelli rimasti in gara vengono aggiudicati 4 punti. Al termine delle tre partenze si sommano i punteggi ottenuti da ciascuna squadra e si stabilisce la classifica segnando sulla tabella i punteggi finali della prova.

1.

Prova 2: la staffetta a ostacoli

Questa volta, le 4 squadre si dispongono dietro la riga di fondo del campo di gara con i giocatori in fila. Al via parte il primo di ogni fila che, superando i tre ostacoli (o un nastro colorato teso a un'altezza di circa 40-50 centimetri), raggiunge un cono posto all'altra estremità del campo (18 metri), vi gira attorno e torna indietro, superando nuovamente i 3 ostacoli, per poi toccare la mano del compagno della propria fila che aspetta per dargli il cambio. Vince la staffetta la squadra che compie per prima i giri stabiliti (almeno uno per giocatore), a cui si assegnano i 10 punti. A scalare si attribuiscono gli altri punteggi.

2.

Prova 3: la staffetta a inseguimento

Si corre in senso antiorario attorno al campo da pallavolo. Ogni squadra si colloca in prossimità di un angolo della palestra, in posizione tale da non ostacolare la corsa. Al via, parte il primo componente di ogni squadra con in mano un testimone (un bastone lungo circa 30 centimetri); i 4 staffettisti percorrono tutto il perimetro del campo da pallavolo delimitato da 4 birilli in prossimità degli angoli (correndo all'esterno e arrotondando le curve) fino a dare il testimone a un compagno della propria squadra che aspetta. Durante i cambi bisogna fare attenzione a non ostacolare gli avversari che stanno correndo. Vince la squadra che compie per prima i giri stabiliti (almeno uno per giocatore).

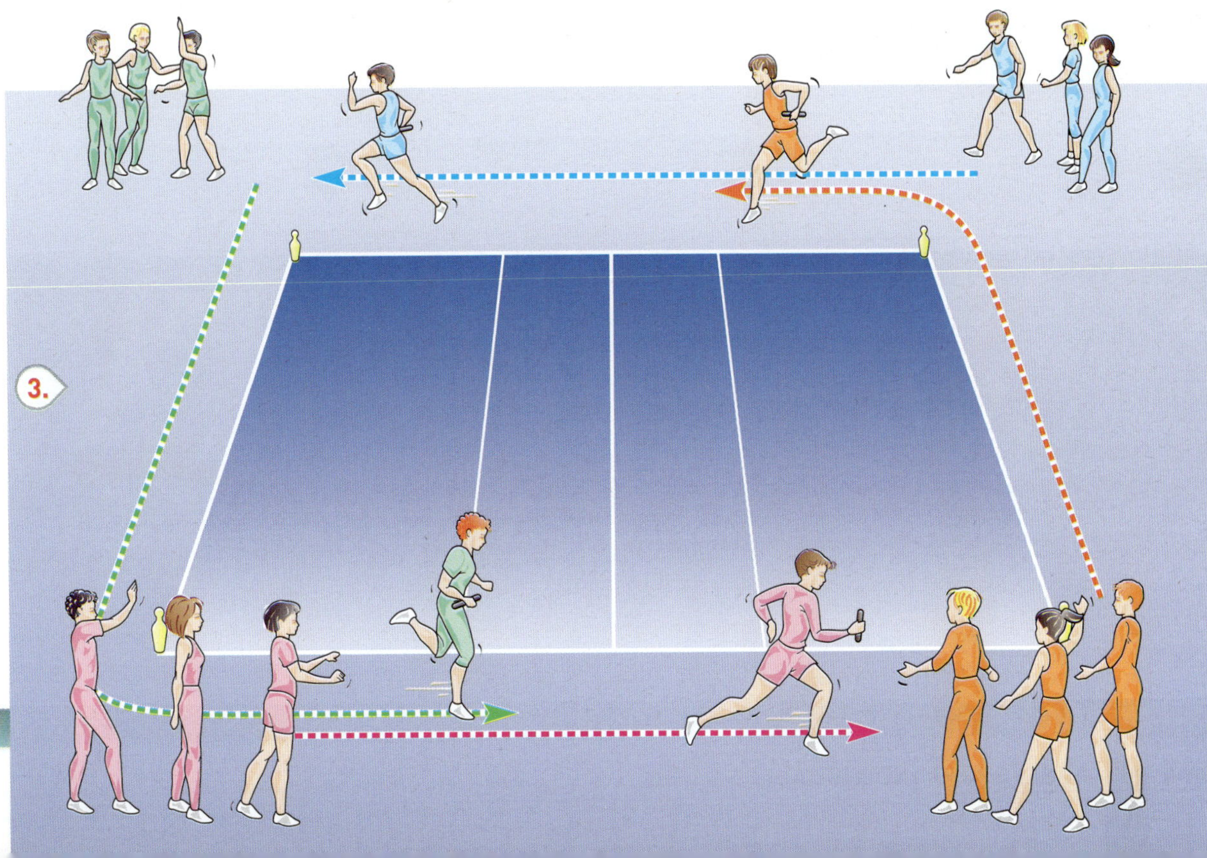
3.

Continua

Prova 4: il salto in lungo a un piede

Il primo giocatore di ogni squadra parte dietro la riga di fondo del campo di gara ed esegue 3 salti sul piede destro e 3 sul sinistro cercando di andare il più avanti possibile seguendo il perimetro del campo; terminati i suoi 6 salti, tocca al compagno di squadra eseguire a sua volta 6 salti, partendo dal punto esatto in cui era arrivato il precedente compagno. Si prosegue di seguito fino a quando tutti i giocatori della squadra hanno eseguito i loro 6 salti. Vince la squadra che arriva più lontano.

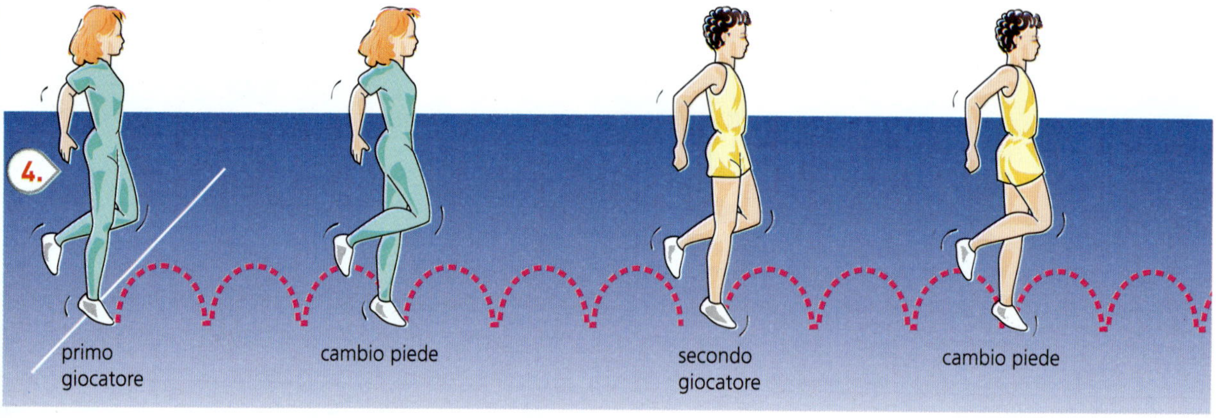

Prova 5: il lancio della palla medica

Il primo giocatore di ogni squadra parte dietro la riga di fondo del campo di gara ed esegue, rimanendo seduto, un lancio in avanti della palla medica da 2 kilogrammi. Tocca al compagno di squadra eseguire a sua volta il lancio, partendo dal punto esatto in cui era arrivato il compagno che l'ha preceduto; si procede, quindi, di seguito fino a quando tutti i componenti della squadra hanno eseguito il proprio lancio. Vince la squadra che arriva più lontano, oppure la squadra che ottiene il punteggio più alto sommando tutti i risultati dei singoli lanci effettuati.

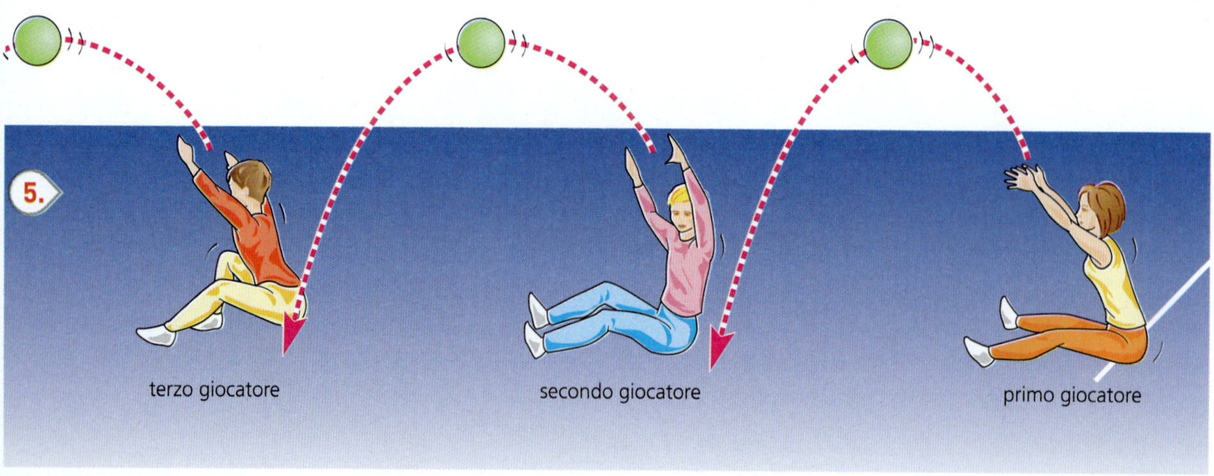

Prova 6: il salto in alto dorsale

Un giocatore a turno esegue un salto all'indietro, senza rincorsa, superando un'asticella (o un cordino) posta prima a 60 centimetri da terra, poi a 70, quindi 80, 90 e 100 centimetri, arrivando con la schiena o con il sedere sui materassi (ben posizionati!).

Si assegnano: 5 punti a tutti coloro che superano i 100 centimetri, 4 punti per i 90, 3 punti per gli 80, 2 punti a chi supera i 70, 1 punto ai giocatori che superano i 60 centimetri.

Sommando i punteggi di ogni singolo componente si ottiene la classifica di squadra.

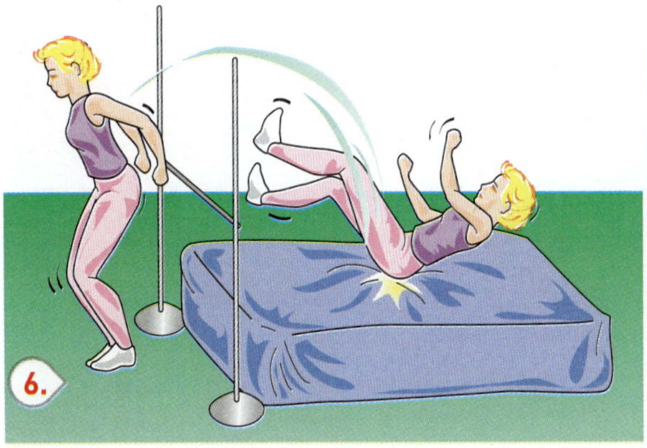

Prova 7: la cronometro a squadre

Si corre in senso antiorario attorno al campo da pallavolo, delimitato da birilli in prossimità degli angoli, correndo all'esterno e arrotondando le curve. Ogni squadra parte in prossimità di un angolo del campo e i componenti devono impugnare una funicella in modo da formare un treno (la funicella deve essere sufficientemente lunga da permettere i movimenti adeguati di corsa).

Al via tutte le 4 squadre partono contemporaneamente e, con esse, il cronometro.

Bisogna percorrere 15 giri di campo (circa 900 metri) senza che nessun giocatore si stacchi dalla funicella; se un compagno fosse in difficoltà, la squadra dovrà rallentare o fermarsi.

Vince la squadra che percorre i 15 giri nel minor tempo possibile.

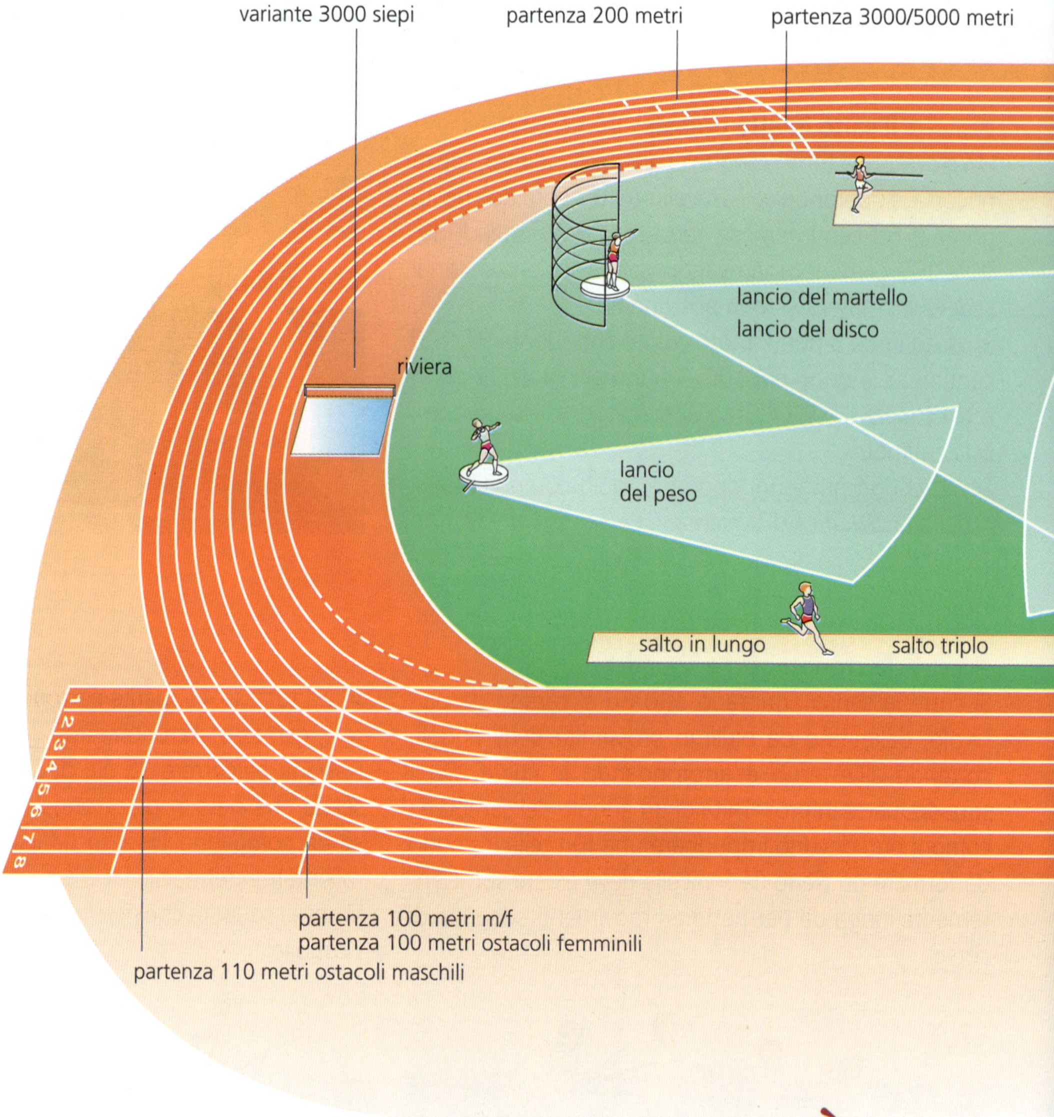

LE SPECIALITÀ DELL'ATLETICA

"Non dimenticare!
Corri all'interno della tua corsia!"

L'essenziale

Le gare di atletica comprendono le **corse** (tra cui la marcia) e i **concorsi**, che includono i salti e i lanci. Nelle varie specialità della **corsa** l'obiettivo dell'atleta è quello di percorrere la distanza prevista nel minor tempo. Nei **salti** l'atleta cerca di proiettare il suo corpo il più in alto o il più lontano possibile, nei **lanci** di scagliare un attrezzo il più lontano possibile.

Le prove di atletica leggera si svolgono intorno e dentro alla pista, che misura 400 m.

Nelle prossime pagine ti presenteremo le specialità di atletica leggera più frequentemente praticate in ambito scolastico.

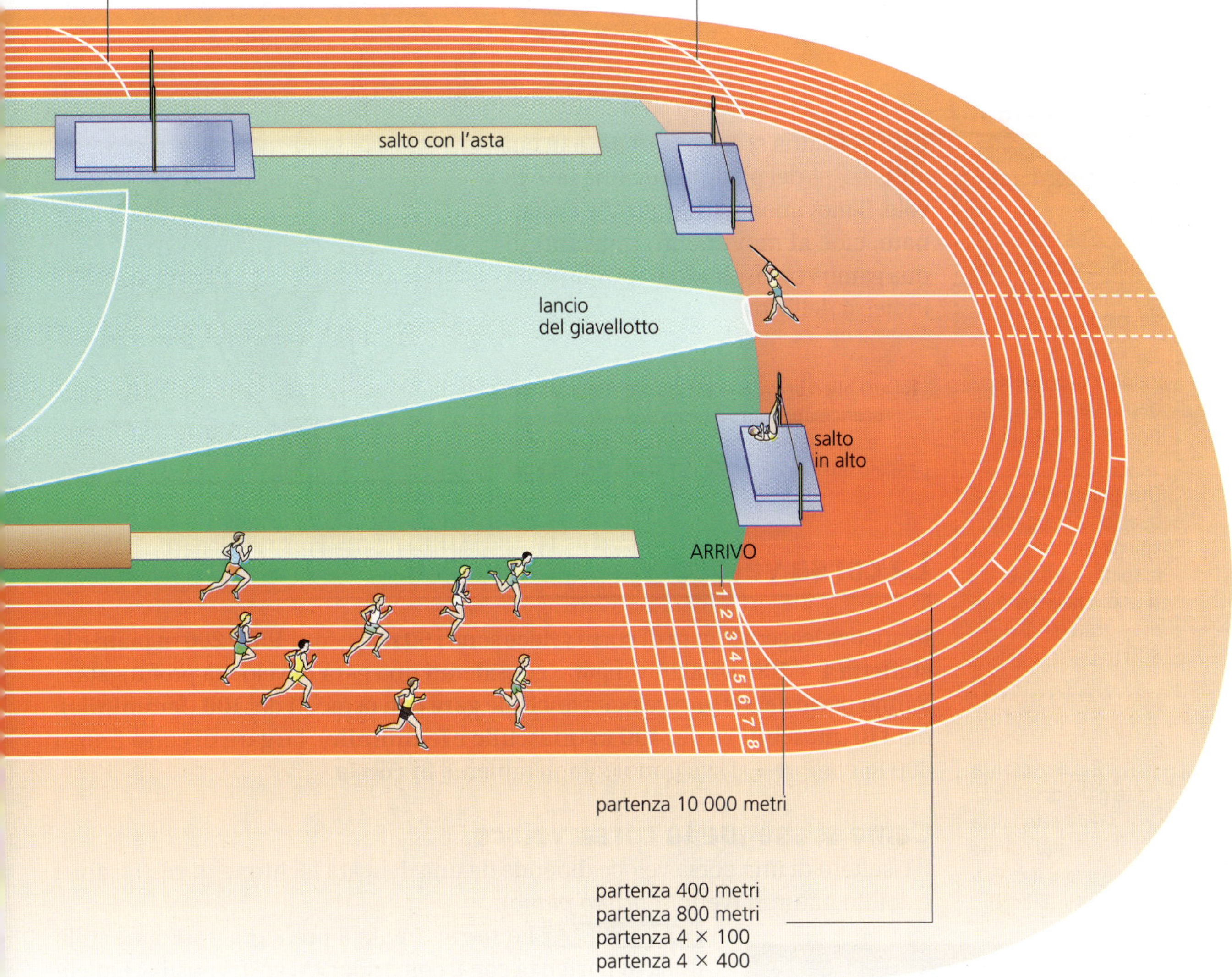

C'ERA UNA VOLTA

*Lo "stadio" (*stadion *in greco) era una gara di corsa dei primi Giochi Olimpici. Si effettuava sulla distanza di 192,27 m, equivalente appunto a 1 stadio, un'unità di misura. I primi Giochi Olimpici si svolsero nel 776 a.C. in Grecia, nella città di Olimpia. Il dato storico ti aiuta a comprendere quanto siano lontane le origini dell'atletica, chiamata giustamente "la regina degli sport". Nei successivi incontri olimpici le gare che oggi definiremmo "di atletica" si moltiplicarono, comprendendo anche le prove di salto in lungo, giavellotto e disco. Le Olimpiadi antiche si protrassero per molto tempo: secondo molti storici, l'ultima "edizione" venne tenuta nel 393 d.C.*

I giochi della prima Olimpiade moderna si svolsero ad Atene nel 1896, per l'impegno del barone Pierre Fredi de Coubertin, che aveva caldeggiato il ritorno di questo evento sportivo. Le Olimpiadi moderne hanno visto la partecipazione di atleti di sesso solo maschile fino al 1928 quando, dopo anni di proteste e contro-manifestazioni sportive, il comitato olimpico ammise anche alcune gare femminili.

La corsa

GLOSSARIO

Appoggio Momento in cui il piede tocca il terreno.

Passo Spazio compreso tra due appoggi successivi dei piedi.

Indoor Le corse indoor sono quelle disputate su una pista al coperto.

Blocchi di partenza Due piani inclinati sui quali si appoggiano i piedi. Facilitano la spinta iniziale e si usano nelle gare di velocità (fino ai 400 m).

La corsa è una sequenza di **passi** in cui all'**appoggio** del piede segue una fase di volo. Il movimento delle gambe è alternato, cioè al movimento in avanti di una gamba corrisponde lo spostamento indietro dell'altra.

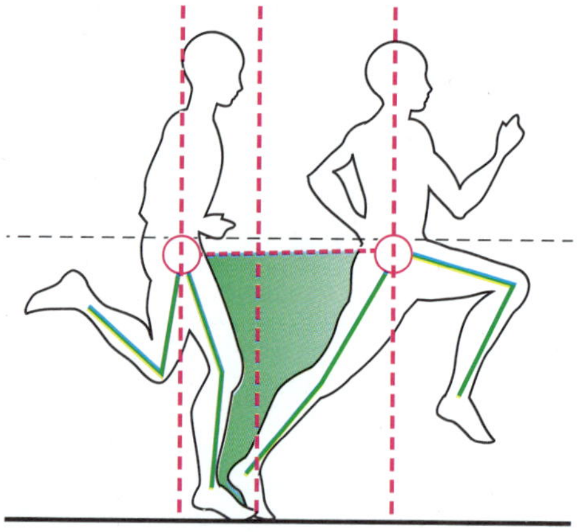

1. Durante il breve tempo di contatto, il piede prende appoggio a terra davanti al corpo e lascia il terreno quando il baricentro è passato oltre la verticale del piede dell'atleta.

La corsa veloce

In atletica leggera le gare di corsa veloce sono i **60 m indoor**, i **100** e **200 m piani** e la **staffetta 4 × 100**. I 400 m vengono considerati una gara di velocità prolungata. Fanno parte del settore velocità anche le **gare con ostacoli** dei **100** (**femminile**), dei **110** (**maschile**) e dei **400 m** (**maschile e femminile**). Le gare di corsa fino ai 400 m compresi si svolgono completamente **in corsia**.

Come si esegue la corsa veloce

Il risultato di una corsa veloce dipende da una delicata alchimia di gesti tecnici e abilità naturali (vedi *In primo piano*).

2. La partenza delle gare di velocità viene effettuata utilizzando dei piani inclinati detti "blocchi".

LA PARTENZA Lo *starter* invita a prendere posizione sulla linea di partenza con il comando: «Ai vostri posti!». L'atleta sistema i piedi sui **blocchi di partenza** e le mani a terra con le dita dietro la linea di partenza, un ginocchio tocca il terreno. Quando lo *starter* comanda: «Pronti!» gli atleti sollevano il ginocchio da terra e, innalzando e avanzando il bacino, portano le spalle avanti. Allo **sparo** entrambi i piedi spingono con forza sui blocchi, le mani si staccano da terra e comincia la fase di accelerazione. Alla pistola dello *starter* è collegato il cronometro, che parte allo sparo.

3. Il velocista parte raccolto per accelerare meglio e porsi nelle condizioni ottimali per effettuare la rimanente fase lanciata.

PRIMO in PIANO

Tutti i muscoli non direttamente interessati dallo sforzo, come quelli del viso e del collo, devono rimanere decontratti per evitare inutile spreco di energie.

Le braccia oscillano lungo il fianco in atteggiamento flesso, in modo coordinato con gli arti inferiori.

I muscoli dell'arto inferiore si preparano all'impatto con il terreno, cercando di far piegare la gamba il meno possibile. Il tempo di contatto del piede a terra deve essere breve ed elastico. Il tallone non si appoggia mai nella fase lanciata.

LA CORSA VELOCE

4. Nella partenza dei 100 m si riassumono tutte le caratteristiche della velocità: reazione fulminea, azione singola potente e frequenze elevate.

CHE COS'È...

Fotofinish
Strumentazione che, tramite una registrazione su nastro, fotografa l'arrivo dei concorrenti e rileva i loro tempi.

LA FALSA PARTENZA Se un atleta spinge sui blocchi prima del colpo di pistola, la strumentazione segnala l'irregolarità; lo *starter* spara quindi un secondo colpo e la partenza viene ripetuta. Con il nuovo regolamento in vigore dal 2010 ogni atleta che effettua una falsa partenza viene squalificato.

L'ARRIVO Vince la corsa chi taglia per primo il traguardo, cioè chi supera la linea di arrivo prima degli altri.

LE ABILITÀ Nella corsa veloce si possono distinguere quattro fasi, che corrispondono a quattro abilità: la **reazione** al segnale, l'**accelerazione**, il raggiungimento di **alte velocità** e la capacità di **contenere il calo della massima velocità** raggiunta.

LA MASSIMA VELOCITÀ Anche nelle gare brevi (100-200 m) non si raggiunge mai la velocità massima assoluta: sarebbe un dispendio di energia troppo elevato che costringerebbe poi a diminuire sia la frequenza che l'ampiezza dei passi. Bisogna sviluppare punte elevate di velocità che si è in grado però di mantenere per il resto della distanza.

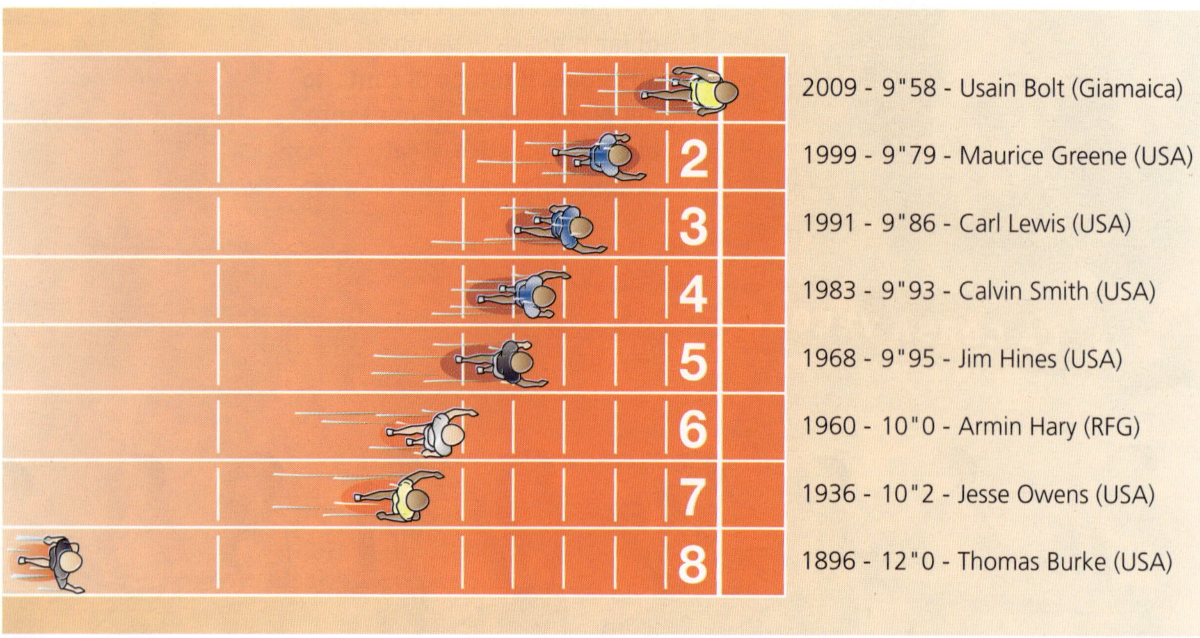

5. Dal 1896 al 2009 il record del mondo dei 100 m è diminuito di 2 secondi e 42 centesimi, pari a circa 19 m percorsi. Ecco l'arrivo virtuale di alcuni velocisti della storia.

PROVA PER IMPARARE

LA CORSA VELOCE

L'apprendimento della tecnica di corsa non comporta necessariamente la rinuncia allo stile e alle caratteristiche personali del gesto. La correzione dei difetti lascerà sempre spazio alle varianti individuali. L'obiettivo è sfruttare le predisposizioni naturali alla corsa, eliminando solo quei particolari del movimento che lo rendono meno efficace.

1. ***Skip***
   Esercizio da eseguire sul posto o in lieve avanzamento. La gamba in appoggio non si piega, consentendo di mantenere breve il tempo di contatto del piede sul terreno, che avviene solo con l'avampiede. A seconda della modalità di esecuzione e della finalità, la corsa in *skip* può essere utile per correggere l'appoggio del piede, la posizione del busto o per incrementare la frequenza. Ecco di seguito alcuni esempi.
   - ***Skip* basso, normale o alto**
     Mentre le ginocchia salgono più o meno oltre l'orizzontale, il piede viene portato sotto la perpendicolare del ginocchio **(A)**.
   - **Corsa calciata**
     È una corsa con leggero avanzamento, nella quale il tallone, subito dopo il rimbalzo a terra, sale veloce verso il gluteo. La coscia può rimanere bassa e perpendicolare al terreno (corsa calciata "dietro"), oppure avanzare leggermente o arrivare parallela a terra (calciata "sotto") **(B)**.

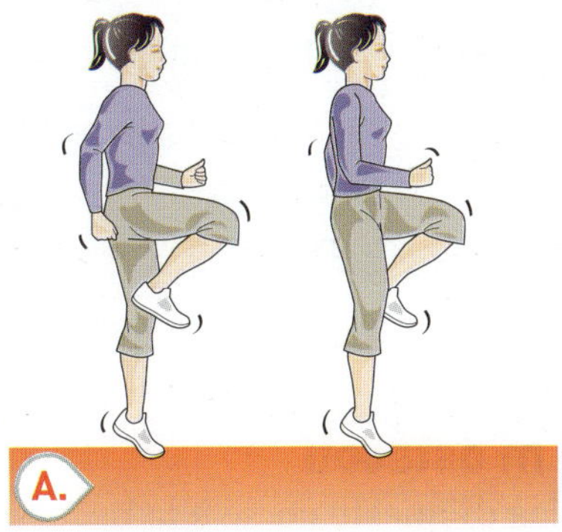

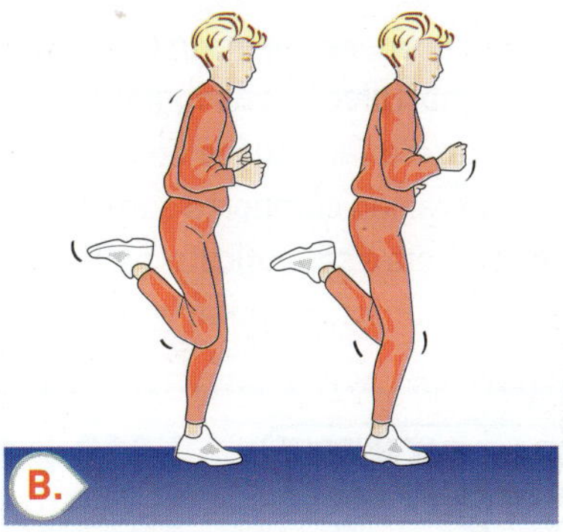

2. **Saltelli e balzi**
   Si possono eseguire a piedi pari, alternati o sullo stesso piede. Hanno un'utilità sia tecnica sia di potenziamento.
   - **Saltelli alternati tra ostacoli bassi:** mirano a sensibilizzare l'uso dei piedi e a controllare l'intervento della caviglia nell'appoggio e nel rimbalzo **(A)**.
   - **Balzi verticali senza o con ostacoli**, posti a varie altezze, effettuati con o senza piegamento al ginocchio **(B)**.
   - **Balzi orizzontali** nei quali si cerca di avanzare con grande ampiezza di passi oppure, mantenendo un'ampiezza stabilita, con la maggior frequenza possibile.

3. **Partenza**
   - **Piede di partenza**
     Per scegliere il piede avanzato nella partenza: mettiti a piedi uniti, sbilanciati in avanti fino a quando, naturalmente, porterai avanti un piede. Il piede di spinta sarà quello che dovrai collocare davanti (se non si usassero i blocchi di partenza) o sul blocco anteriore.
   - **Blocchi di partenza**
     Per il posizionamento e l'utilizzo dei blocchi di partenza: colloca il blocco anteriore e posteriore rispettivamente a 2 e 3 "piedi" dalla linea di partenza.
   - **I "primi passi"**
     Parti controllando il graduale innalzamento del busto e l'energica oscillazione delle braccia, che devono essere flesse al gomito.

La corsa a ostacoli

GLOSSARIO

Passaggio dell'ostacolo
Superamento della barriera. Non viene indicato mai con il termine "salto", proprio perché dovrebbe comportare la minima variazione della corsa.

Fino al 1900 gli ostacoli erano piantati nel terreno. Gli atleti, per paura di inciampare, "saltavano" le barriere più che effettuare un **passaggio dell'ostacolo**. Solo nel 1935 fu introdotto l'ostacolo a forma di L che, salvaguardando l'atleta, permise anche un miglioramento notevole dei tempi di corsa. Naturalmente, il cambio di ostacolo determinò un profondo mutamento del gesto tecnico, fino alla forma attuale. Le corse a ostacoli sono i **110 m** (100 per le donne) e i **400 m** (i 3000 siepi sono infatti considerati mezzofondo). Il numero delle barriere è sempre **10**, ciò che varia è la distanza tra esse e l'altezza.

OCCHIO ALLE REGOLE!

- Si considera superato l'ostacolo quando **entrambi i piedi si appoggiano oltre la barriera**. Urtare e far cadere l'ostacolo involontariamente non comporta sanzioni o squalifiche.
- Un atleta è **squalificato** quando esce dalla corsia o abbatte volontariamente l'ostacolo.

GARA	100 (DONNE)	110 (UOMINI)	400 (DONNE)	400 (UOMINI)
Altezza ostacoli	cm 84	cm 106	cm 76	cm 91,4
Distanza tra h	m 8,50	m 9,14	m 35	m 35
Partenza - primo h	m 13	m 13,72	m 45	m 45
Ultimo h - arrivo	m 10,5	m 14,02	m 40	m 40

"Io attacco l'ostacolo con la gamba destra"

I 110 e 100 m ostacoli

La caratteristica di queste corse è la necessità di ridurre al minimo la perdita di velocità, e quindi di tempo, nel passaggio dell'ostacolo. Lo stacco si effettua a circa 2 m dall'ostacolo. I due arti inferiori valicano l'ostacolo in due tempi diversi: la prima gamba, detta **di attacco**, viene sollevata flessa al ginocchio e quindi distesa oltre l'ostacolo, mentre la seconda, detta **di richiamo**, dopo aver effettuato l'azione di spinta, durante la fase di volo passa flessa sopra l'ostacolo con il ginocchio rivolto in fuori. La prima gamba scende a terra oltre l'ostacolo prima possibile, mentre la seconda, una volta riportata in avanti, si distende per completare il primo passo dopo l'ostacolo. Tra gli ostacoli si eseguono normalmente 4 appoggi (cioè 3 passi) e la componente ritmica dell'esecuzione è un aspetto fondamentale della specialità. Per fare in modo che il corridore si squilibri il meno possibile durante il passaggio della barriera ed equilibrare l'azione degli arti inferiori, il braccio opposto all'arto di attacco viene portato in avanti mentre l'altro lateralmente flesso al gomito (vedi *In primo piano*).

PROVA PER IMPARARE

LA CORSA A OSTACOLI

1. **Passaggio di ostacoli bassi (*over*) in *skip***
Cerca di non cambiare la frequenza dei passi superando gli ostacoli. Mantieni le ginocchia alte e il busto leggermente flesso in avanti.

2. **Passaggio della seconda gamba**
Appòggiati a un muro, con un ostacolo di fianco, e prova il passaggio della seconda gamba. Il tallone non è mai più alto del ginocchio. Dopo aver scavalcato l'ostacolo, il ginocchio si mantiene alto fino a tornare sul piano sagittale.

Continua

IL PASSAGGIO DELL'OSTACOLO

3. Passaggio laterale della prima gamba
Prova il passaggio (laterale) della prima gamba, facendo passare solo questa sopra l'ostacolo.

4. Corsa completa con ostacoli
Prova la corsa completa con gli ostacoli. Inizialmente è preferibile ridurre l'altezza delle barriere ma non le distanze tra loro.

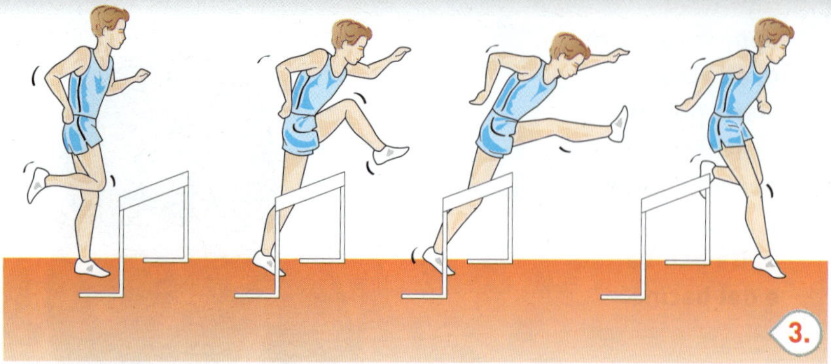

La staffetta 4 × 100

Tra le gare di velocità vi sono anche le gare di atletica **a squadre** e cioè le staffette **4 × 100** e **4 × 400**.

Nella 4 × 100, che si corre completamente in corsia, ognuno dei quattro atleti corre una **frazione** di 100 m, al termine della quale passa il **testimone** al compagno della frazione successiva. Il **testimone** è un bastoncino cavo lungo 28-30 cm. L'obiettivo è percorrere 400 m complessivi con il testimone nel minor tempo possibile. La caratteristica della gara è proprio il **passaggio del testimone** (il **cambio**) tra i compagni di squadra (**portatore** e **ricevente**).

Il cambio deve avvenire alla massima velocità entro uno spazio limitato di 20 m (la **zona di cambio**), compreso tra la fine di una frazione e l'inizio dell'altra. La zona di cambio è preceduta da un'altra zona lunga 10 m (**zona di precambio**), utile per la fase di accelerazione del ricevente.

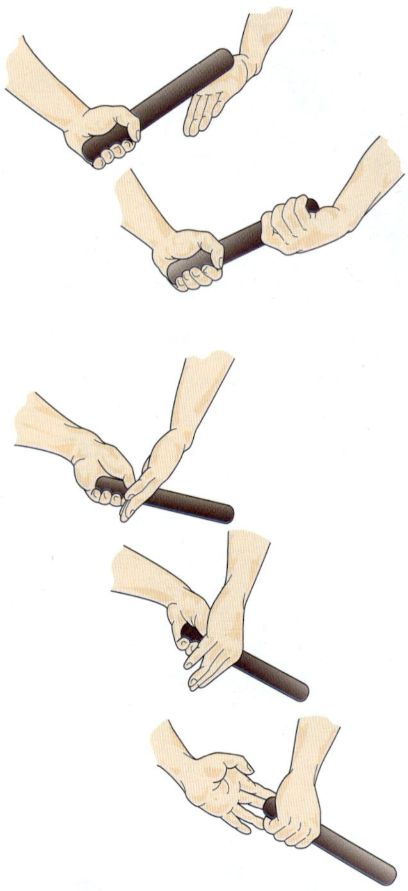

6. Il cambio si può eseguire porgendo il testimone da sopra (**a:** in questo caso la mano di chi lo riceve dovrà avere il palmo rivolto verso l'alto) o da sotto (**b:** il palmo è rivolto verso il basso).

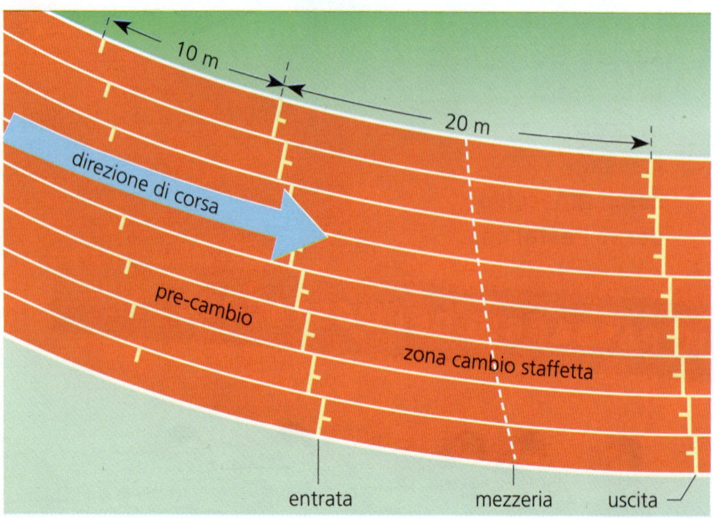

7. La zona di cambio è compresa tra due linee distanti tra loro 20 m. Il frazionista che deve ricevere il testimone si posiziona abitualmente 10 m prima dell'inizio della zona di cambio (zona di precambio).

8. L'ultima frazione della staffetta è generalmente affidata all'atleta più veloce nella corsa lanciata.

Nella staffetta la squadra viene **squalificata** se effettua un cambio fuori dalla zona prestabilita o se un corridore esce dalla propria corsia. Se il testimone cade a terra e viene raccolto da colui che l'ha perso, non vi sono sanzioni tranne l'evidente perdita di tempo.

Come si esegue la staffetta veloce

Per non far rallentare l'azione di corsa, l'atleta ricevente si posiziona all'inizio della zona di precambio e comincia ad accelerare quando chi porta il testimone passa sopra un segno posto a circa 15-20 "piedi" dalla linea di precambio. Quando il portatore ritiene di essere giunto alla distanza ottimale entro la zona di cambio, avvisa chi deve ricevere il testimone con un segnale vocale (*"hop!"*); questi allora, mantenendo costante la velocità, porterà il braccio indietro, senza voltare la testa, con il palmo ben aperto per ricevere il testimone.
Nella staffetta 4 × 400 il frazionista arriva al cambio molto affaticato e la consegna del testimone avviene "a vista", cioè chi deve riceverlo si volta a guardare il compagno e gli strappa di mano il testimone.

"Ecco! Prendi il testimone!"

PROVA PER IMPARARE

LA CORSA A STAFFETTA

1. **Valutazione spazio-temporale**
Parte per primo un atleta posto a 20 m dal traguardo; il compagno, che si trova a 10 m, parte e accelera per arrivare al traguardo contemporaneamente al primo atleta.

2. **Percezione del testimone**
In fila indiana a corsa lenta, si passa il testimone al compagno davanti: quando il testimone arriva al primo, la fila cambia fronte con conseguente cambio di mano per ricominciare l'esercizio. Non ci si volta per ricevere il testimone ma, al segnale del compagno, si porta solo la mano aperta indietro.

3. **Cambio**
Si effettuano cambi in movimento a velocità crescente, cercando però di mantenere fissa la distanza tra gli atleti. Provate il cambio completo, stabilendo con esattezza la distanza della partenza del ricevente. Chi deve ricevere il bastone parte sempre con la massima accelerazione.

Il mezzofondo e il fondo

GLOSSARIO

Corda Correre alla corda vuol dire utilizzare la parte più interna della pista.

Le corse sulle distanze comprese tra gli 800 m e la maratona (42,195 km) sono considerate gare di **resistenza**, anche se per il "mezzofondo veloce" (800 m e 1500 m) è necessaria comunque una discreta velocità di base. Negli 800 m l'atleta corre nella propria corsia dalla partenza fino al termine della prima curva (100 m). Nelle altre gare subito dopo la partenza si può andare alla **corda**.

9. La corsa di fondo è caratterizzata da un minor sollevamento delle ginocchia e da un appoggio dei piedi al suolo più prolungato.

Come si eseguono le gare di corsa lunga

Le gare di corsa lunga richiedono all'atleta di **saper amministrare le proprie energie**. Ogni atleta deve conoscere le sue possibilità ed essere consapevole della sua velocità massima in relazione alla durata della gara. Cercare di mantenere una velocità superiore significa affaticarsi prima del tempo e diminuire la velocità stessa.

LA TATTICA Le gare di mezzofondo e fondo richiedono un **atteggiamento tattico**; si possono riconoscere situazioni simili a quelle di "attacco" e "difesa". Chi preferisce imporre un'andatura veloce spera di affaticare gli avversari e di diminuire le loro possibilità di attacco, soprattutto nei metri finali. Altri, invece, si mettono dietro ai "battistrada", stando nella loro scia, cercando proprio di risparmiare energie per il finale. In preparazione alla gara, che può avere ritmi diversi, ci si allena, anche nella corsa lunga, con variazioni di velocità.

LA PARTENZA Anche nelle prove di fondo la partenza è un momento importante. A seconda della tattica che si vuole adottare si proverà ad andare subito in testa, per decidere l'andatura, oppure si cercherà comunque di non farsi staccare dai primi. Il tratto iniziale dev'essere corso a una velocità tale che sia facile ritrovare, al termine della fase di avvio, il ritmo di gara personale.

CHE COS'È...

Lepre È l'atleta che, in accordo con gli organizzatori della gara, mantiene un ritmo di corsa sostenuto per la prima parte della gara. L'atleta che corre nella scia della "lepre", risparmiando energie, ha maggiori possibilità di realizzare ottimi tempi.

La corsa campestre o cross

La corsa campestre è una specialità di fondo che si corre su varie distanze (da 4 a 12 km). È tipica del periodo invernale. Si svolge su percorsi erbosi che richiedono, oltre a capacità di resistenza, preparazione muscolare e adattamento della tecnica di corsa. Il terreno accidentato infatti obbliga a **frequenti cambi di ritmo**, che affaticano l'organismo più velocemente. Anche l'attenzione che si deve porre a ogni passo è maggiore di quella che si usa in pista.

PROVA PER IMPARARE

IL MEZZOFONDO

1. **Adattamento**
Corri ad andatura uniforme e in ambiente naturale, per abituare il piede e la caviglia ai necessari adattamenti dovuti al terreno più o meno compatto.

2. **Partenza veloce**
Corri 50 m a velocità sostenuta, quindi rallenta e riprendi la tua andatura "di crociera". Individua e ritrova la tua velocità ottimale correndo per 5 minuti.

3. **Corsa con aumento di ritmo**
Corri per 5 minuti aumentando gradualmente il ritmo delle falcate.

4. **Corsa con variazioni di ritmo**
   - Esegui una corsa con variazioni di ritmo. Affronta l'insorgere della fatica senza doverti fermare, ma solo diminuendo la velocità.
   - Esegui una corsa con variazioni prestabilite di ritmo alternando per 10-12 minuti dei tratti di 30 secondi di corsa lenta a 30 secondi di corsa più veloce.

I salti

1. Il salto con l'asta è l'unica specialità dei salti che prevede l'impiego di un attrezzo.

Si possono distinguere **salti in estensione** (in lungo e triplo) e **salti in elevazione** (in alto e con l'asta). La caratteristica che li accomuna è il volo, cioè un tempo durante il quale l'atleta è staccato dal terreno, parte essenziale della prestazione. Nei salti riconosciamo delle fasi comuni, che sono: **rincorsa**, **stacco**, **volo** e **atterraggio**.

- La **rincorsa** serve ad accelerare il corpo dell'atleta predisponendolo allo stacco; deve essere adeguata al salto da eseguire e alle proprie possibilità di stacco. In ogni caso, la rincorsa è la premessa fondamentale per qualsiasi salto e va misurata e preparata con attenzione. La parte finale della rincorsa è costituita da una sequenza di appoggi con una importante componente ritmica. Essa è rappresentata in tutti i salti dagli **ultimi tre appoggi**, i quali permettono di sfruttare al meglio la forza e la velocità che si possiedono.
- Lo **stacco** è l'appoggio che precede il volo, cioè il momento in cui si trasforma la corsa in salto. Se la rincorsa è stata corretta e lo stacco efficace si lascerà il terreno con la velocità e la direzione volute. In tutti i salti il ginocchio della **gamba libera**, al momento dello stacco, viene slanciato verso l'alto.
- Durante il **volo** l'atleta compie gesti particolari, volti a superare l'asticella o atterrare nel migliore dei modi. La capacità di muoversi in volo è frutto di sensibilità e controllo del corpo.
- L'**atterraggio** è una fase determinante nel salto in lungo e triplo, mentre in quelli in elevazione ha un significato di sicurezza. Nei primi è importante mantenere il corpo in equilibrio durante il volo per non compromettere il risultato della prestazione.

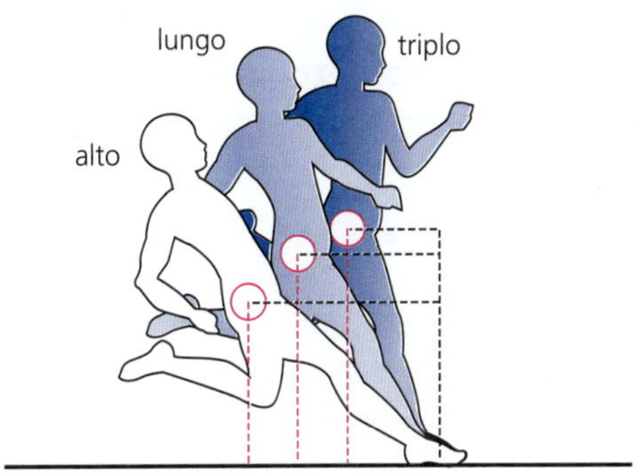

2. Allo stacco, l'abbassamento del baricentro, che trasforma la velocità di rincorsa in volo, è diverso a seconda del tipo di salto: il caricamento è maggiore nel salto in alto e minore nel salto in lungo e nel salto triplo.

GLOSSARIO

Gamba libera È la gamba opposta a quella con cui si effettua lo stacco.

Il salto in lungo

Nelle prime Olimpiadi il salto veniva eseguito anche da fermo. Il più grande campione di questa specialità fu lo statunitense Ray Ewry che nel 1904 saltò 3,47 m. Con la rincorsa un risultato eccezionale fu ottenuto nel 1968, a Città del Messico, da Bob Beamon che realizzò il primato mondiale con la misura di 8,90 m, di ben 55 cm maggiore del precedente! Solo nel 1991, ai Mondiali di Tokyo, questo record venne superato in un memorabile duello tra gli americani Mike Powell (8,95 m) e Carl Lewis (8,91 m).

Come si esegue il salto in lungo

Dopo la **rincorsa**, lo **stacco** avviene spingendo a "tutto piede" verso l'avanti-alto (vedi *In primo piano*). Dopo l'**atterraggio** ("chiusura"), la misurazione del salto avviene tra la linea di battuta e il segno più arretrato che l'atleta lascia sulla sabbia una volta atterrato. Ogni saltatore quindi cerca di toccare la sabbia della buca il più lontano possibile dalla battuta, evitando di ricadere indietro.
Una curiosità: prima del salto alcuni atleti invitano il pubblico a scandire con il battito delle mani il ritmo della rincorsa.

CHE COS'È...

Plastilina Materiale gommoso che consente di individuare i salti nulli, cioè quei salti che sono stati effettuati con il piede oltre la linea di battuta.

Linea di battuta È una linea composta da un'asse di legno che segna il limite oltre il quale lo stacco è nullo.

OCCHIO ALLE REGOLE!

Nel lungo si hanno **tre salti** a disposizione per cercare la migliore prestazione; in molte gare, al termine dei primi tre salti vengono ammessi alla finale solo i migliori atleti (6-8), che effettuano altri tre salti.

PROVA PER IMPARARE

IL SALTO IN LUNGO

1. **"Passo e stacco"**
   Esegui un movimento alternato per assimilare il ritmo degli ultimi due passi (lungo-corto) di un salto. Puoi eseguirlo anche con piccoli ostacoli, effettuando due appoggi tra l'uno e l'altro.
2. **Salto da fermo**
   Salta in lungo da fermo dal bordo della buca, cercando di atterrare il più lontano possibile. I segni sulla sabbia più arretrati devono essere quelli lasciati dai talloni.
3. **Rincorsa controllata**
   Corri in *skip* per pochi metri: "marca" il ritmo degli ultimi 3 appoggi ed effettua gli ultimi 2 passi in corsa prima dello stacco. Controlla il sollevamento e l'avanzamento del ginocchio della gamba libera. Per favorire lo stacco verso l'alto puoi mettere un ostacolino prima della battuta.
4. **Salto da rialzo**
   Esegui una breve rincorsa ed effettua lo stacco ponendo il piede su un lieve rialzo. Ripeti lo stesso esercizio, mettendo un rialzo anche nella zona del penultimo appoggio prima dello stacco.
5. **Stacco preciso**
   Esegui una breve rincorsa, avendo l'accortezza di porre dei segni sulla pedana di salto in corrispondenza del penultimo passo (più lungo) e dell'ultimo (più corto).

1.

3.

4.

PRIMO in PIANO

Con la rincorsa, tra i 30 e i 50 m, l'atleta si porta allo stacco quasi alla massima velocità.

Allo stacco e durante il volo il busto è eretto.

Dopo lo stacco, l'atleta compie in volo alcuni movimenti, con gambe, braccia e tronco, che gli permetteranno di arrivare all'atterraggio nella posizione migliore.

Il salto viene dichiarato nullo se l'atleta durante lo stacco tocca con il piede la plastilina posta oltre la linea di battuta.

IL SALTO IN LUNGO

CHE COS'È...

Differenziale
Indica la differenza tra la misura superata e l'altezza dell'atleta. Se queste coincidono, il differenziale è zero.

Il salto in alto

Fino agli anni sessanta l'atterraggio dopo il salto avveniva su una zona di sabbia. L'introduzione dei materassoni nella zona di caduta fu una vera rivoluzione per la specialità. Fu permesso infatti qualsiasi tipo di salto a un piede. Nel 1968 Dick Fosbury vinse le Olimpiadi con un salto "dorsale", che sostituì nel giro di poco tempo lo stile usato fino a quel momento, chiamato ancora oggi "ventrale".

Come si esegue il salto in alto

Nello stile denominato *Fosbury flop* l'atleta esegue una **rincorsa** di 15-20 m (corrispondenti a circa 8-10 passi). Per arrivare vicino all'asticella con la giusta posizione si corrono 3-4 passi in linea retta e poi 4-5 passi in curva prima dello stacco. Nella fase curvilinea della rincorsa l'atleta corre inclinato verso l'interno del semicerchio, fino quasi allo stacco. Gli ultimi 4 appoggi si effettuano appoggiando tutto il piede per arrivare allo stacco in accelerazione. In particolare **il penultimo passo è un po' più lungo** degli altri, mentre **l'ultimo è più breve**.
Lo **stacco** avviene appoggiando tutto il piede e indirizzando il corpo solo verso l'alto.

L'azione del braccio interno, le spalle indirizzate verso i materassi e l'arco dorsale sollevano il bacino del saltatore che valica l'ostacolo perpendicolarmente a esso. Superata l'asticella con il bacino, è necessario "richiamare" le gambe (svincolo), flettendo le ginocchia al petto per evitare che i piedi tocchino l'asta.
L'**atterraggio** avviene con la parte alta del dorso ed è conveniente arrivare sul materasso con le ginocchia leggermente divaricate in modo da ammortizzare la caduta.
Come si può constatare, la buona riuscita del salto dipende dalla capacità di coordinare e armonizzare in un unico gesto fluido tutte le differenti fasi in cui il salto si divide.

OCCHIO ALLE REGOLE!

- L'atleta viene **eliminato** quando commette **tre errori consecutivi**.
- Il salto è **nullo** quando l'atleta tocca l'asticella provocandone la caduta, oppure quando interrompe la rincorsa ma supera il piano dell'asta o tocca i materassi.

PROVA PER IMPARARE

IL SALTO IN ALTO

1. **Salto a canestro**
Salta sotto canestro, cercando di toccare la retina o il tabellone. "Senti" il ritmo degli ultimi 3 appoggi (*tam-ta-tam*) e l'abbassamento del baricentro sull'appoggio che precede il salto.
2. **Da fermo dorsale**
Da fermo, con dorso all'asticella posta a un'altezza di 70-80 cm, salta a due piedi; immagina di dover portare il prima possibile le spalle sul materassone: ti aiuterà ad alzare il bacino e ad assumere una posizione ad arco. Dopo il valicamento, dovrai recuperare le gambe richiamando le ginocchia al petto.
3. **Misurare i passi di stacco**
Misura gli ultimi 4 appoggi della rincorsa e prova a saltare a forbice l'asticella con solo 4 passi. Segna il punto di riferimento personale del quart'ultimo appoggio, che indica il passaggio dalla corsa rettilinea a quella in curva.
4. **Salto con rincorsa ridotta**
Esegui una rincorsa e un salto completo, con una rincorsa ridotta costituita da 2 passi in linea e 4 in curva.

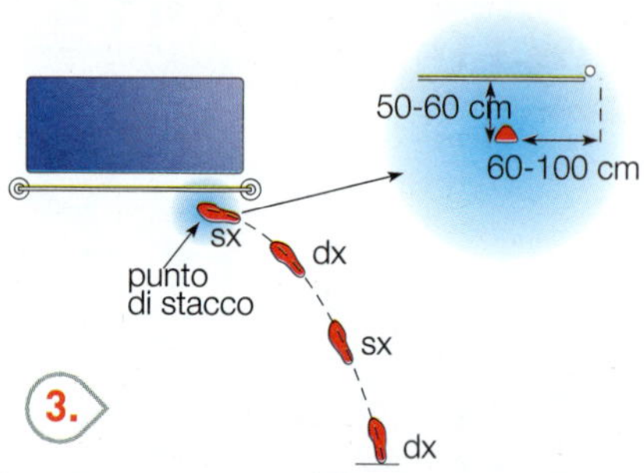

in PRIMO PIANO

Le braccia possono aiutare il salto slanciandosi insieme velocemente da dietro in avanti-alto, oppure continuando il movimento alternato della corsa.

Una volta in volo, grazie anche a una leggera rotazione del ginocchio libero e della spalla interna, il corpo dell’atleta verrà a trovarsi con il dorso all’asta.

È importante che il ginocchio della gamba libera venga slanciato in alto contemporaneamente alla spinta.

IL SALTO IN ALTO

I lanci

OCCHIO ALLE REGOLE!

- In tutte le gare di lancio si dispone di **tre prove** per stabilire la miglior misura.
- In alcune gare, dopo le tre prove di qualificazione, solo chi ha ottenuto le misure migliori (6-8 atleti) effettua i **tre lanci di finale**.
- Gli attrezzi devono cadere all'**interno di un settore delimitato da righe bianche**. Nel settore sono anche indicate alcune misure di riferimento.
- Nelle gare, dopo il rilascio dell'attrezzo, **non bisogna oltrepassare la linea anteriore della pedana di lancio**, altrimenti il lancio viene considerato nullo.

Il **peso**, il **disco**, il **giavellotto** e il **martello** sono le gare di lancio dell'atletica leggera. In tutti i lanci è importante l'uso degli arti inferiori: la fase della rincorsa serve al lanciatore proprio per posizionarsi in modo tale da indirizzare sull'attrezzo tutta la forza che possiede. La tecnica di lancio richiede quindi, oltre alla **forza**, grande **coordinazione** e **controllo del corpo**.

Il getto del peso

Inizialmente il lancio si effettuava restando fermi; il movimento in pedana (la **traslocazione**) cominciò a diffondersi negli anni venti. Solo all'inizio degli anni cinquanta lo statunitense Parry O'Brien, considerato il primo geniale innovatore della specialità, rivoluzionò ulteriormente la tecnica della traslocazione, partendo col dorso rivolto alla direzione di lancio e riuscendo in tal modo ad aumentare lo spazio disponibile e la conseguente velocità di lancio. A partire dalla fine degli anni settanta, su iniziativa del lanciatore dell'Unione Sovietica Baryshnikov, molti atleti utilizzano la **tecnica rotatoria** (simile a quella del lancio del disco).

"Il getto del peso non è la mia specialità!"

OCCHIO ALLE REGOLE!

- L'attrezzo è sferico e **pesa 7,260 kg** per gli uomini e **4 kg** per le donne.
- Nelle categorie giovanili si usano pesi di **3** e **4 kg**.
- La pedana di lancio è **circolare**, con un diametro di 2,13 m.

CHE COS'È...

Fermapiede La parte anteriore della pedana del peso, verso la direzione di lancio, ha il bordo rialzato, contro il quale l'atleta blocca il piede.

Come si esegue il getto del peso con lo stile O'Brien

Possiamo distinguere nel lancio 4 fasi: **1** posizione di partenza; **2** traslocazione; **3** piazzamento finale; **4** finale di lancio.

1 L'atleta si posiziona vicino al bordo posteriore della pedana, spalle alla zona di lancio. Il peso è spinto con le dita contro il collo.

2 Con il peso del corpo sulla gamba corrispondente al braccio di lancio (la destra per i destri), l'atleta flette il busto in avanti, piegando la gamba d'appoggio (caricamento). Con un movimento rapido compie un balzo radente all'indietro, cioè verso il bordo anteriore della pedana.

3 Comincia la rotazione del busto, anticipata da quella del bacino, mentre i piedi ruotano nella direzione di lancio (vedi *In primo piano*).

4 Il busto si raddrizza, terminando la rotazione verso la direzione di lancio. Il braccio di lancio si distende per la spinta finale. Per ritrovare l'equilibrio e non uscire dalla pedana (il lancio sarebbe nullo) l'atleta, dopo il lancio, ricade sull'altra gamba. Il peso viene lanciato, nel punto di massima altezza.

IL GETTO DEL PESO: IL PIAZZAMENTO FINALE

PROVA PER IMPARARE

IL LANCIO DEL PESO

1. **Conosci l'attrezzo**
Cerca di acquisire dimestichezza con l'attrezzo passandolo da una mano all'altra e facendolo rotolare a terra. Al principio usa un peso più leggero.
2. **Lancio da seduti**
Siediti su una sedia o un rialzo, con una palla medica. Rapidamente alzati e continua la spinta delle gambe lanciando la palla a due mani. Abituati alla spinta degli arti inferiori.
3. **Lancio da fermo**
Lancia da fermo a due mani con fronte alla direzione di lancio. Usa gli arti inferiori.
4. **Lancio con torsione**
A gambe divaricate, fronte alla direzione di lancio. Lancia lateralmente a una mano, tenendo il braccio teso, un copertone di bici, un cerchio, una palla con maniglia ecc.
5. **Lancio con partenza laterale**
Lancia da fermo a una mano con partenza laterale. Effettua una torsione di 90° prima del lancio.
Orienta la punta del piede anteriore già verso la direzione di lancio.
6. **Finale di lancio**
Lancia il peso dalla posizione di piazzamento finale.
Coordina la torsione del busto di 180° e dei piedi con la spinta delle gambe e del braccio.

1. Nel lancio del giavellotto la pedana rettilinea permette all'atleta di sfruttare la rincorsa più lunga di tutti i lanci.

Il lancio del giavellotto e del vortex

Verso la metà degli anni ottanta del XX secolo, i lanci hanno cominciato a superare i 100 m, distanza pericolosa per giudici, spettatori e altri atleti presenti in pista. Per ragioni di sicurezza quindi è stato modificato l'attrezzo, spostandone il baricentro per diminuirne la gittata. Ciononostante, nel 1996 il ceco Jan Zelezny ha nuovamente sfiorato i 100 m.
Per anni il giavellotto è stata una specialità essenzialmente finlandese, tanto che la torre dello Stadio Olimpico di Helsinki è alta esattamente quanto il primato mondiale ottenuto dall'atleta finlandese Jarvinen alle Olimpiadi di Los Angeles nel 1932: 76,34 m.

2. Anche nel lancio del vortex, la posizione finale consente di concentrare sull'attrezzo le forze risultanti dalla velocità di rincorsa, dall'estensione del braccio, dalla rotazione del tronco e dalla spinta delle gambe.

Il vortex

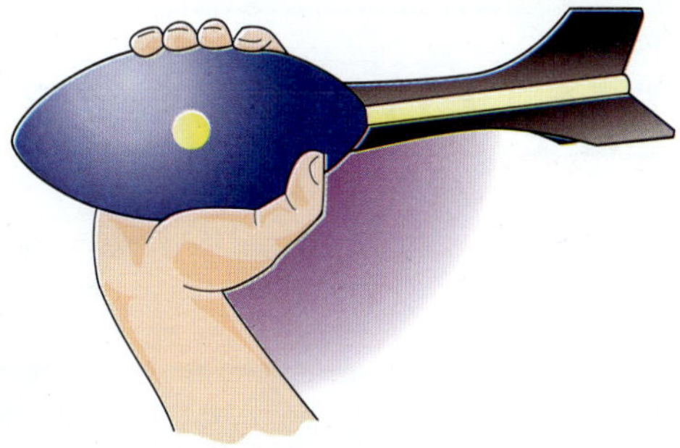

3. Vortex impugnato con mano destra.

È un attrezzo propedeutico al lancio del giavellotto, costituito di materiale morbido e leggero (pesa 130 g). Grazie alle sue caratteristiche, è possibile lanciarlo molto lontano, con grande soddisfazione dei praticanti. Quando è lanciato, mantiene perfettamente la traiettoria e segnala la sua presenza con l'emissione di un fischio (causato dall'aria che passa attraverso dei fori).

Si impugna a una mano e si lancia con la tecnica del giavellotto. Prima di tutto bisogna **tenere saldamente l'attrezzo senza stringerlo inutilmente**. La **rincorsa** si suddivide in due fasi: nella prima l'atleta effettua una **corsa frontale**, con il vortex tenuto a braccio flesso vicino al capo; nella seconda effettua **5-7 passi speciali laterali**, che servono a piazzarsi nel migliore dei modi per la fase finale, ed estende indietro il braccio. In particolare gli ultimi due passi permettono di fermare bruscamente la rincorsa e "**caricare**" **come una fionda il corpo dell'atleta**, per imprimere all'attrezzo tutta la velocità possibile; nella **fase finale** del lancio, l'atleta flette il braccio, il gomito si porta in alto passando vicino alla testa, per poi ridistendersi con forza nella direzione di lancio. Il tronco partecipa al movimento con una rapida torsione.

PROVA PER IMPARARE

IL LANCIO DEL VORTEX

1. **Lanci a una mano**
Esegui lanci di precisione a una mano, tipo baseball, con palline da tennis, vortex, palloni vari.

2. **Lancio laterale a due mani**
Lancia a due mani con partenza laterale. Con un movimento fluido effettua una torsione di almeno 90°. Tenere il vortex con due mani ti aiuterà a sentire l'intervento del dorso durante il lancio.

3. **Lancio da fermo**
Lancia da fermo tenendo l'attrezzo a una mano con braccio disteso dietro; un piede è più avanzato dell'altro.

4. **Lanci con rincorsa semplificata**
Esegui dei lanci con breve rincorsa a passi laterali incrociati.

5. **Lancio con rincorsa ridotta**
Nel lancio con rincorsa, tieni l'attrezzo dietro a braccio disteso. Lancia a una mano con due passi, cioè tre appoggi (sinistra, destra, sinistra per chi lancia con la mano destra); l'ultimo appoggio avviene con la gamba tesa, che blocca l'avanzamento del corpo e consente un leggero inarcamento dorsale. La rincorsa finale massima non deve superare i 6-8 passi.

2.

5.

LA GINNASTICA

La **ginnastica sportiva** comprende la ginnastica artistica (detta anche *attrezzistica*), la ginnastica ritmica femminile, il trampolino elastico e la ginnastica generale. La ginnastica aerobica, nel suo aspetto sportivo, è entrata a fare parte della Federazione di ginnastica.
Anche l'**acrosport** è ormai considerato un'attività ginnastica autonoma.
La **ginnastica artistica**, sia maschile che femminile, è caratterizzata dall'unione di elementi artistici e acrobatici. Nella **ginnastica ritmica**, disciplina esclusivamente femminile, si utilizzano piccoli attrezzi e l'esecuzione dei movimenti deve seguire la base musicale. Il **trampolino elastico** è una disciplina olimpica di recente inserimento e ha come caratteristica l'elevata componente acrobatica. La **ginnastica generale** (o "ginnastica per tutti") comprende movimenti individuali e di gruppo, con particolare attenzione all'aspetto coreografico.

GLOSSARIO

Acrosport Attività sportiva acrobatica derivata dalla ginnastica artistica. Si basa sulla costruzione di piramidi umane a partire da figure a coppie, per coinvolgere un numero sempre maggiore di atleti sostenuti a diverse altezze dal suolo.

Penalità Sono decimi di punto attribuiti al ginnasta per gli errori commessi durante l'esecuzione dell'esercizio e sono codificati in griglie di valutazione.

C'ERA UNA VOLTA

La ginnastica ha origini antichissime: greci e cinesi già la praticavano nel 2700 a.C. È stata da sempre il simbolo della completezza, richiedendo agli atleti elevate doti fisiche, disciplina, coraggio, capacità artistiche ed espressive.
Dalla prima società sportiva italiana (Società ginnastica Torino) del 1844 sono sorte tutte le altre e l'idea del futuro Comitato olimpico nazionale (Coni).

Le gare

In base alle caratteristiche dell'esercizio (difficoltà, originalità ecc.), la giuria attribuisce un **punteggio iniziale** di partenza. Cadere a terra, perdere l'attrezzo, uscire dalla pedana, sbilanciarsi nei movimenti e nell'atterraggio dai salti sono errori sanzionati con **penalità**. Al termine dell'esercizio la giuria sottrae dal punteggio iniziale la somma delle penalità e attribuisce il **punteggio finale**.
La competizione comincia con la **gara a squadre**: vince chi ottiene il maggior punteggio totale in tutte le specialità. I migliori atleti della prova a squadre concorrono nella **finale individuale generale**. I migliori di ogni attrezzo concorrono nella **finale individuale di specialità**.

La ginnastica artistica

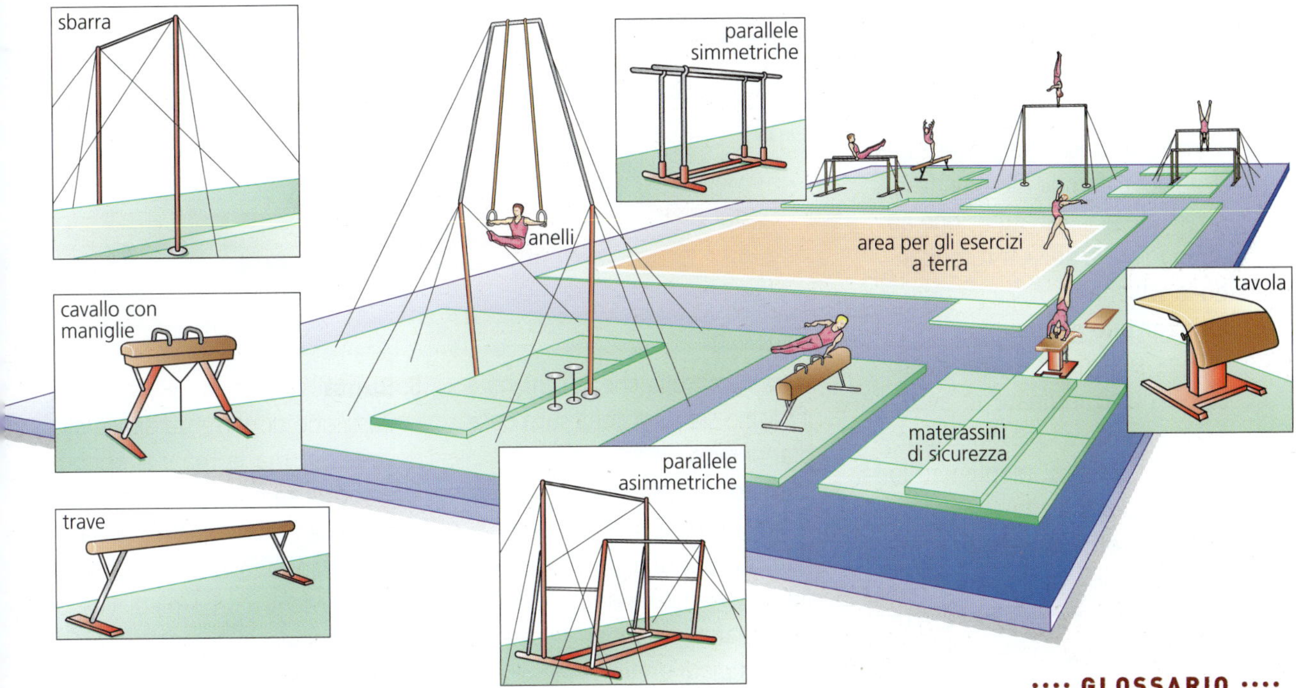

1. Gli attrezzi utilizzati nelle discipline della ginnastica artistica.

Le **specialità femminili** della ginnastica artistica sono: corpo libero, volteggio, parallele asimmetriche e trave. Le **specialità maschili** sono: corpo libero, volteggio, cavallo con maniglie, sbarra, parallele e anelli.

GLOSSARIO

Pedana del corpo libero
Pavimento elastico, con struttura di legno, rialzato dal terreno di circa 10 cm, ricoperto da moquette antiscivolo.

Il corpo libero

Normalmente gli esercizi a corpo libero prevedono sia passaggi acrobatici, solitamente eseguiti lungo la diagonale della **pedana**, sia movimenti più artistici ed espressivi. Il corpo libero femminile si svolge con una base musicale.

Una posizione classica, basilare nella ginnastica, è la **verticale ritta capovolta**. Si appoggiano le mani a terra, con le braccia tese, e slanciando le gambe (successivamente o insieme) si arriva in posizione capovolta, perfettamente in verticale. Anche alle parallele (come vedremo a p. 223, *In primo piano*), alla sbarra, alla trave e al cavallo con maniglie viene spesso eseguito questo movimento.

2. Nella ginnastica artistica il notevole impegno muscolare non deve far perdere la grazia e l'armonia del movimento.

PROVA PER IMPARARE

IL CORPO LIBERO

1. **Capovolta avanti e indietro**
La capovolta è il primo movimento che si impara in ginnastica. Comincia con un piano inclinato in discesa facilitante. Varia la posizione di partenza e di arrivo: a gambe raccolte, tese, divaricate ecc. Fai attenzione ad appoggiare la nuca, arrotondando la schiena.

2. **Orizzontale prona**
Allinea una gamba tesa dietro con il busto inclinato in avanti fino a formare una linea orizzontale. Cerca di mantenere lo sguardo davanti a te.

3. **Verticale a tre appoggi**
Utilizza mani e fronte, poste a triangolo, come base di appoggio. Dalla posizione di quadrupedia, appoggia la fronte a terra e porta il bacino verso l'alto, all'interno del triangolo di appoggio. Quindi estendi lentamente le gambe in alto, spingendo con forza con le mani a terra. Controlla che la schiena e il bacino siano in linea sulla base d'appoggio.

4. **Slancio e verticale**
A braccia ritte, vicino a una parete, slancia una gamba in alto fino alla verticale, appoggiandoti alla parete. Mantieni le gambe tese e i piedi uniti.

5. **Ruota**
Posizione di partenza simile alla verticale, ma le mani si appoggiano in tempi successivi lungo una linea immaginaria, le gambe rimangono divaricate e l'arrivo avviene con i piedi che si appoggiano in tempi successivi sulla stessa linea delle mani.

Il volteggio

Nel volteggio l'atleta, dopo una rincorsa veloce, stacca a piedi pari ("battuta") sulla **pedana elastica** e, dopo un primo tempo di volo (in cui sia mani che piedi non sono in appoggio), appoggia le mani sulla **tavola**, superandola. A un secondo tempo di volo, in cui l'atleta realizza le figure previste, segue l'atterraggio, quando cioè si ferma a piedi pari in uno spazio delimitato.

3. Nel volteggio è richiesto un ottimo controllo del corpo in volo.

GLOSSARIO

Pedana elastica Piano inclinato di legno flessibile, con molle, usato per il volteggio e l'entrata agli attrezzi.

Tavola È l'attrezzo che, da qualche anno, ha sostituito il cavallo nell'esercizio del volteggio, in quanto offre un piano di appoggio più ampio e una maggiore sicurezza.

PROVA PER IMPARARE

IL VOLTEGGIO

1. **Spinta sulla pedana**
   Rincorsa, battuta a piedi pari sulla pedana, salto verso l'alto divaricando le gambe tese. Arrivo sul materassone a piedi uniti. La distanza dell'ultimo appoggio della rincorsa dalla pedana (presalto) ti consente di arrivare alla battuta con il corpo in equilibrio e le spalle un po' arretrate.
2. **Framezzo a due tempi**
   Rincorsa, battuta in pedana e, dopo un breve tempo di volo, appoggio delle mani sull'attrezzo, arrestandoti sul cavallo dapprima in ginocchio e poi in piedi. Nella fase di volo porta il bacino verso l'alto.
3. **Framezzo a un tempo**
   Fai passare le gambe flesse in raccolta fra le braccia in appoggio al cavallo. Non c'è più il momento di arresto sull'attrezzo.
4. **Staccata**
   Dopo la spinta delle braccia sull'attrezzo, porta in avanti le gambe tese divaricate, unendole dopo il passaggio sul cavallo. Dopo la battuta porta il bacino verso l'alto. Le braccia aiutano l'arrivo in equilibrio slanciandosi verso l'alto.

3.

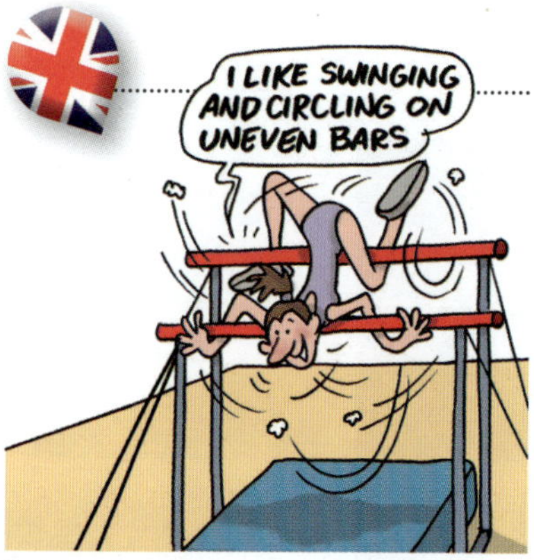

"Mi piace oscillare e volteggiare alle parallele asimmetriche"

L'uscita

Con l'eccezione del corpo libero e del volteggio, gli altri attrezzi, sia femminili che maschili, prevedono l'uscita, ossia l'**ultimo movimento che dall'attrezzo porta sul terreno** e conclude l'esercizio. Essa è importante perché spesso ha un alto contenuto acrobatico e la sua esecuzione può condizionare il risultato dell'intero esercizio. La parte finale della prova è infatti dedicata alla preparazione all'uscita.

Le parallele asimmetriche

Le parallele asimmetriche sono una specialità femminile. L'attrezzo è composto da due staggi (cioè aste di legno con sezione ovale e anima in acciaio) lunghi 2,40 m, posti ad altezza diversa e con una distanza tra loro regolabile dall'atleta. La ginnasta può utilizzare come vuole entrambi gli staggi e passare da uno all'altro con una grande **varietà di prese** e di **voli**.

4. I passaggi da uno staggio all'altro caratterizzano gli esercizi che le atlete eseguono alle parallele asimmetriche.

La trave

Questa specialità femminile si esegue su un'asse di legno larga 10 cm, lunga 5 m e posta a 1,20 m da terra. Sulla trave si eseguono movimenti come **verticali**, **ribaltamenti**, **salti**, che richiedono un **grande equilibrio**. In questa specialità è necessaria una grande precisione, perché è molto difficile rimediare anche al più piccolo errore. Inoltre la fase finale è molto delicata, perché la spinta per il salto di uscita avviene su una base ridotta.

5. La trave è una specialità nella quale è particolarmente difficile rimediare anche al più piccolo errore.

6. L'equilibrio sulla trave è facilitato dallo sguardo in un punto fisso.

PROVA PER IMPARARE

LA TRAVE

1. **Camminate sulla trave**
   Cammina sulla trave con varie andature: in avanti, indietro, a occhi chiusi, cambiando fronte, lateralmente ecc.
2. **Saltelli**
   - Fai un piccolo saltello, frontale e di traverso rispetto alla trave, rimanendovi in equilibrio.
   - Fai un salto con la funicella. Quando atterri, dopo il salto devi ammortizzare l'impatto piegando le gambe e allargando bene le braccia.
3. **In equilibrio da seduta**
   Rimani in equilibrio seduta in posizione di squadra. Mantieni l'equilibrio con l'aiuto delle braccia. Successivamente, prova a cambiare fronte ruotando sul bacino.
4. **Capovolta**
   Esegui una capovolta con arrivo seduta a gambe divaricate, in equilibrio, appoggiando un piede sulla trave.

Il cavallo con maniglie

L'attrezzo di questa specialità maschile è un cavallo con due maniglie, che permettono un comodo appoggio delle mani. I ginnasti eseguono **mulinelli**, **forbici**, **verticali**. Durante le rotazioni è necessario cambiare costantemente l'appoggio delle mani, passando dalla groppa alle maniglie e viceversa. Il corpo non deve mai toccare l'attrezzo.

GLOSSARIO

Forbici Oscillazioni frontali, nelle quali le gambe passano davanti e dietro al cavallo in modo alternato.

Gli anelli

L'attrezzo che si usa in questa specialità maschile è costituito da due anelli di legno sospesi con funi a 2,25 m da terra. Sono l'unico attrezzo mobile della ginnastica artistica. Gli esercizi agli anelli prevedono **fasi dinamiche** e **posizioni da mantenere**, come la "croce", verticali, orizzontali e altro ancora. Durante l'esercizio agli anelli l'atleta non lascia mai la presa dell'attrezzo. Il ginnasta nelle fasi statiche deve mantenersi il più possibile fermo, senza far oscillare le funi.

7. Agli anelli la posizione a croce è una delle più classiche.

La sbarra

Vi si eseguono **oscillazioni** e **giri**. Tipico movimento di questa specialità maschile è la **granvolta**, che consiste nella completa rotazione a corpo teso intorno alla sbarra. Frequenti nei programmi dei ginnasti alla sbarra sono anche i **voli**. L'atleta lascia la presa dell'attrezzo per il tempo necessario a eseguire uno o più salti o giri, per poi riprenderlo al volo e continuare l'esercizio senza arrestarsi.

8. Per oscillare alla sbarra è indispensabile una forte presa dell'attrezzo.

PROVA PER IMPARARE

LA SBARRA

1. **Rotazioni**
In appoggio con le braccia tese sullo staggio (o sbarra) esegui delle rotazioni avanti e indietro intorno all'attrezzo con l'addome in appoggio. Le mani sono in presa a pollici in fuori.

2. **Piccole oscillazioni**
Esegui piccole oscillazioni in sospensione cercando di individuare il punto morto (ovvero il punto o momento in cui l'oscillazione del corpo in una direzione si ferma e inverte il senso) anteriore e posteriore. Recupera frequentemente la presa dello staggio se tendi a scivolare.

3. **Cambi di impugnatura e di fronte**
Prova a eseguire, in corrispondenza del punto morto anteriore, dei cambi di impugnatura e di fronte. Si comincia con lo spostamento di una sola mano per volta, fino a cambiare impugnatura con entrambe le mani contemporaneamente.

Le parallele

A differenza delle parallele asimmetriche, in questa specialità maschile gli staggi sono posti alla stessa altezza e vengono regolati in base alla larghezza delle spalle.

Per sostenersi in appoggio sulle parallele si possono usare le mani o le braccia (presa "brachiale").
Alle parallele si eseguono **oscillazioni**, **verticali** e **salti**, utilizzando liberamente entrambi gli staggi o uno solo.
Gli esercizi prevedono sia fasi di movimento sia fasi statiche, nelle quali l'atleta mantiene per qualche istante posizioni di equilibrio o di forza.

9. Anche alle parallele gli atleti eseguono spesso movimenti che prevedono tempi di volo.

PROVA PER IMPARARE

LE PARALLELE

Capovolta sulle parallele
Con partenza da seduti, esegui una capovolta avanti rotolando sulle braccia e arrivando in appoggio brachiale. Iniziato il rotolamento è necessario cambiare presa.

in PRIMO PIANO

LE PARALLELE: LA VERTICALE

La ginnastica ritmica femminile

1. Nella ginnastica ritmica l'aspetto espressivo ha un'importanza maggiore che nelle altre discipline della ginnastica.

Sebbene sia una disciplina antica, la ritmica fa parte del programma olimpico solo dal 1984. Seguendo una base musicale, della durata massima di 2 minuti e 30 secondi, le ginnaste della prova individuale eseguono movimenti con i **cinque piccoli attrezzi** specifici della disciplina. È molto importante presentare un esercizio originale, con la giusta combinazione di **elementi acrobatici e artistici**, che deve essere eseguito con grazia e precisione; alcuni elementi derivano dalla danza classica e moderna.

Caratteristico della ritmica è il **lancio dell'attrezzo**, che viene ripreso dopo aver eseguito una figura acrobatica.

Gli attrezzi

Il cerchio

È solitamente di plastica, con diametro di 80-90 cm. È usato nei più svariati modi: viene fatto rotolare, lanciato e ripreso, lo si fa girare intorno al corpo, lo si salta e altro ancora, secondo la fantasia dell'atleta.

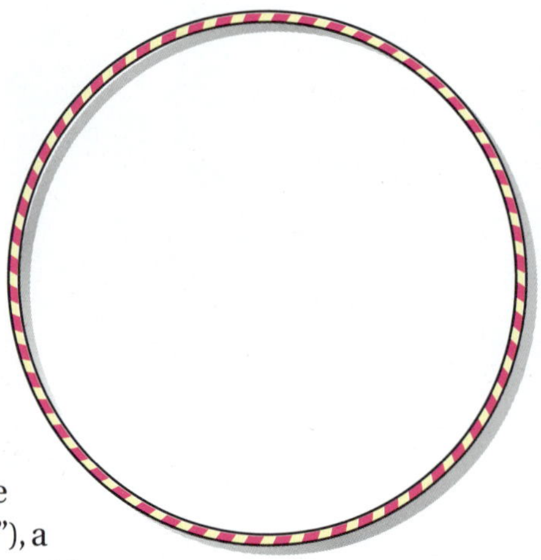

Il nastro

È una bacchetta rigida di 50-60 cm, che termina con un nastro colorato lungo fino a 6 m. Con il nastro la ginnasta compie gli esercizi più coreografici, in quanto il movimento della bacchetta fa assumere al nastro forme circolari ("serpentine"), a spirale e a onde, che cambiano continuamente e accompagnano le figure dell'atleta.

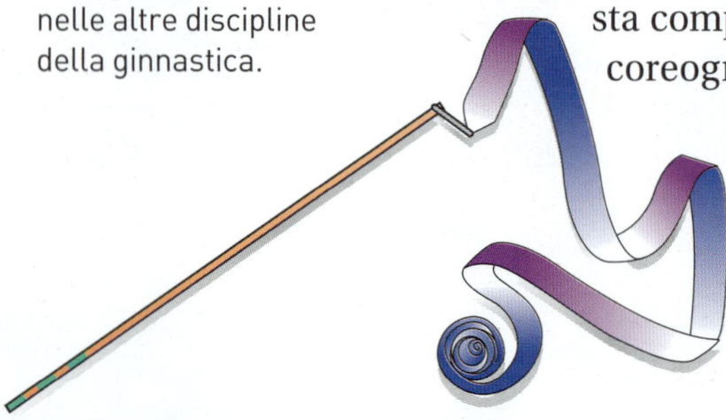

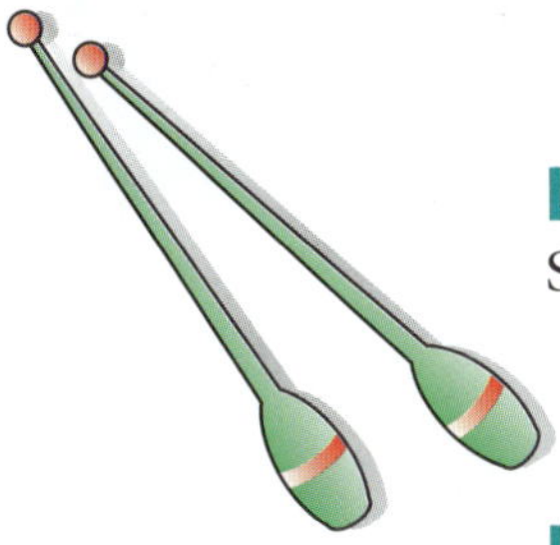

Le clavette

Sono due attrezzi di legno o plastica, di oltre 150 g, che possono essere lanciati e ripresi, fatti rotolare sul corpo e passati da una mano all'altra.

La palla

È di gomma con diametro di 18-20 cm e peso di 420 g. La si lancia e palleggia in tanti modi diversi, la si tiene in equilibrio, la si fa scorrere lungo il corpo e altro ancora.

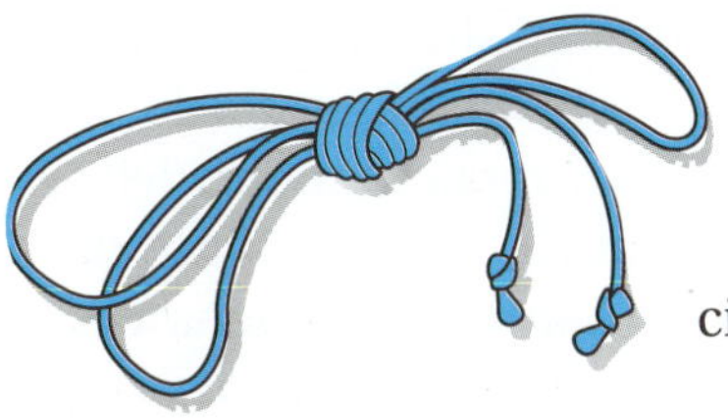

La funicella

È di lunghezza variabile, a seconda dell'altezza delle ginnaste, senza manici. Viene saltata, lanciata, avvolta e girata.

La prova a squadra

La prova a squadra prevede l'esecuzione di un esercizio coreografico su base musicale di **cinque ginnaste**. In una prova esse hanno attrezzi diversi; nella successiva usano lo stesso attrezzo. Devono muoversi in modo sincronizzato e scambiarsi gli attrezzi almeno quattro volte durante l'esercizio; questo è il momento più delicato perché facilmente si incorre in errori.
L'esercizio a squadra, oltre ad avere contenuti tecnici e acrobatici individuali, deve presentare aspetti coreografici ed evidenziare perfetta sincronia.

2. Nella ritmica a squadre la sincronia tra le atlete deve essere accompagnata dalla simmetria spaziale.

Altre specialità della ginnastica

Il trampolino elastico

1. Le rotazioni in volo sono preparate già alla spinta sul trampolino e permesse da precisi movimenti di braccia e gambe.

Il trampolino è un tappeto di tessuto sintetico di 5 × 3 m, agganciato con molle a un supporto metallico che lo tiene teso e rialzato dal terreno. Una croce rossa, al centro del telo, indica all'atleta, maschio e femmina, il luogo esatto dove saltare. Utilizzato da tempo come attrezzo di allenamento per ginnastica artistica e tuffi, è diventato, a partire dal 2000, una vera e propria disciplina olimpica.
La grande elevazione che l'atleta raggiunge (fino a 6-7 m) caratterizza la spettacolarità e la difficoltà degli esercizi. Nelle competizioni gli esercizi consistono, dopo una serie di salti di preparazione, nell'esecuzione di **10 salti consecutivi** tutti diversi tra loro, nei quali il ginnasta inserisce gli **elementi acrobatici** che è in grado di realizzare. Il punteggio viene attribuito considerando la difficoltà dei movimenti, la loro esecuzione e l'altezza dei salti.
In alcune competizioni, oltre all'esercizio individuale, è prevista la specialità syncro a coppie.

La ginnastica generale

Le manifestazioni di ginnastica generale hanno lo scopo di ampliare il numero di praticanti della disciplina. Si basano sull'esecuzione di **percorsi motori individuali e a squadra**, con o senza attrezzi. La principale manifestazione mondiale dedicata alla ginnastica generale si chiama *Gymnaestrada* e si svolge ogni quattro anni. L'aspetto competitivo è considerato secondario, mentre viene sottolineato il piacere di muoversi e di fare spettacolo in un clima di amicizia.

Il badminton

C'ERA UNA VOLTA

Verso la fine del XIX secolo, nella tenuta di Badminton (Inghilterra) vennero fissate alcune precise regole di gara per il gioco del volano, di antichissime origini orientali. Il badminton è divenuto sport olimpico a partire dai Giochi di Barcellona del 1992.

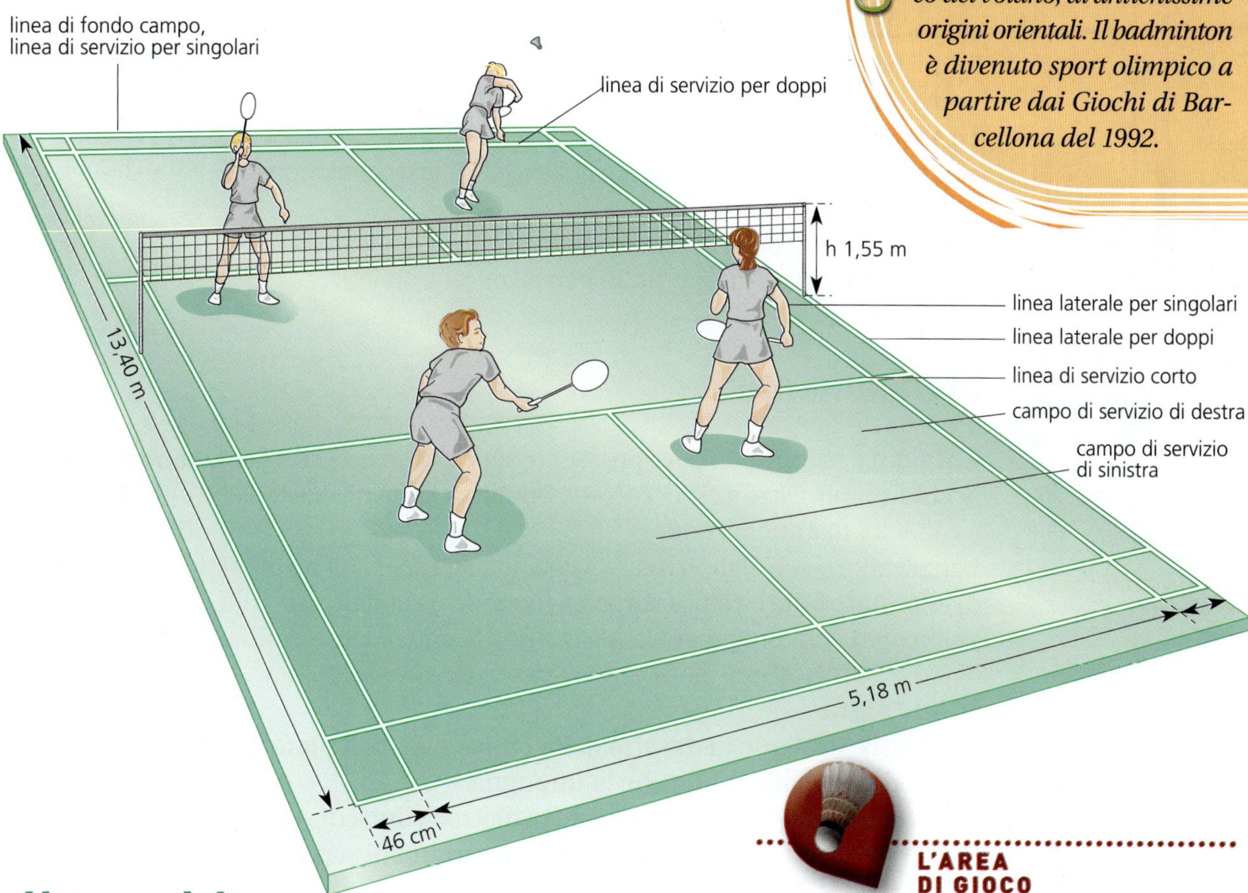

L'AREA DI GIOCO

Il campo è un rettangolo di 13,40 × 5,18 m (6,10 m per il doppio), con le due metà campo separate da una rete alta 1,55 m. Il terreno di gioco è delimitato dalle **linee laterali** e **di fondo**, per il singolo e il doppio. Nelle due metà campo sono tracciate le linee per le **aree di servizio**.

L'essenziale

- In un campo, simile a quello di tennis, due o quattro giocatori (rispettivamente singolo o doppio) si lanciano un volano, **colpendolo sempre al volo** con una racchetta.
- Conquista un **punto** chi riesce a far cadere il volano nel campo avversario oppure chi induce l'avversario all'errore.
- La racchetta è simile a quella da tennis, ma più piccola e leggera.
- Il **volano**, che pesa da 4 a 6 g, è costituito da una base semisferica, pesante, e da un tronco di cono formato da 16 piume. Questa conformazione garantisce che il volano abbia sempre la base rivolta nella direzione di volo e possa così essere colpito facilmente sulla semisfera di gomma o pelle.

1. La frequenza dei colpi corti o laterali richiede rapidità di spostamento e mobilità articolare.

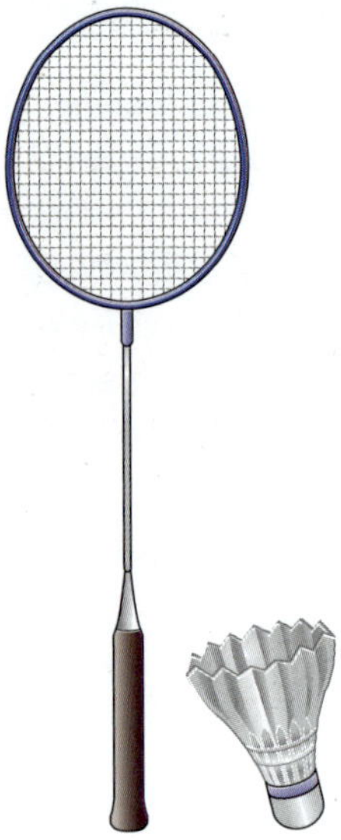

2. Per la forma particolare, il volano, dopo pochi metri di volo, rallenta repentinamente. Maggiore è la velocità del colpo, più evidente sarà la frenata del volano.

Le regole di gioco

La partita è suddivisa in **tre giochi**, contesi ognuno ai **21 punti**. Con punteggio di 20 pari, vince il gioco chi fa 2 punti consecutivi. Sul 29 pari, il gioco termina a 30 punti.

L'INIZIO DEL GIOCO, I PUNTI E LE REGOLE PRINCIPALI Il gioco comincia quando il giocatore al servizio invia il volano nel campo dell'avversario, il quale, con un solo colpo, deve rimandare il volano oltre la rete. Fa **punto** chi vince lo scambio.
Se chi ha effettuato la battuta perde lo scambio, **il servizio passa all'avversario** fino a quando anche questi lo perde.
Lo scambio si conclude quando:
- il volano cade a terra, viene toccato dallo stesso giocatore due volte di seguito o non supera la rete;
- un giocatore tocca la rete o invade il campo avversario;
- il volano tocca il corpo di un giocatore.

I fondamentali

Chi gioca a badminton deve possedere soprattutto una eccellente **coordinazione occhio-mano**. Oltre a ciò occorrono buona rapidità di spostamento, piazzamento e capacità di anticipazione.
L'attaccante cerca di indirizzare il volano negli spazi meno difesi dall'avversario e di effettuare finte e colpi a sorpresa in modo da sbilanciare il giocatore di fronte. Dopo ogni colpo recupera la posizione al centro della propria metà campo.

Il servizio

Si colpisce il volano **al di sotto della cintura** e con **il piatto della racchetta più basso rispetto alla mano che la impugna**.
Il servizio si esegue con i piedi a terra dietro la linea di servizio corto, e **va indirizzato diagonalmente**, oltre la rete, nel campo di servizio opposto.

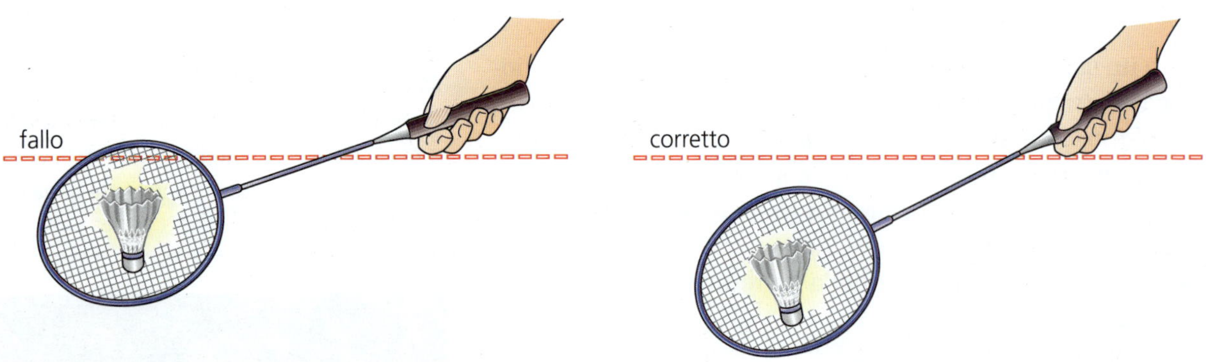

3. Nel badminton il servizio va effettuato obbligatoriamente dal basso. È importante che il piatto della racchetta sia al di sotto della mano.

I colpi

Il volano va colpito sempre **al volo**, scegliendo il colpo più adatto alla situazione tra dritto e rovescio, tra tiri lunghi (*clear*) e corti, tra smorzate (*drop* e *net drop*) e pallonetti (*lob*) e colpi tesi (*drive* eseguiti di solo polso).
Bisogna cercare di colpire il volano in anticipo, cioè sempre il più in alto possibile, per eseguire il colpo dall'alto verso il basso (*smash*), violento e difficile da prendere. Rispetto al tennis, nell'uso della racchetta si utilizza maggiormente il polso.

4. I colpi vengono spesso eseguiti con il minor spostamento possibile per recuperare velocemente la posizione centrale di attesa.

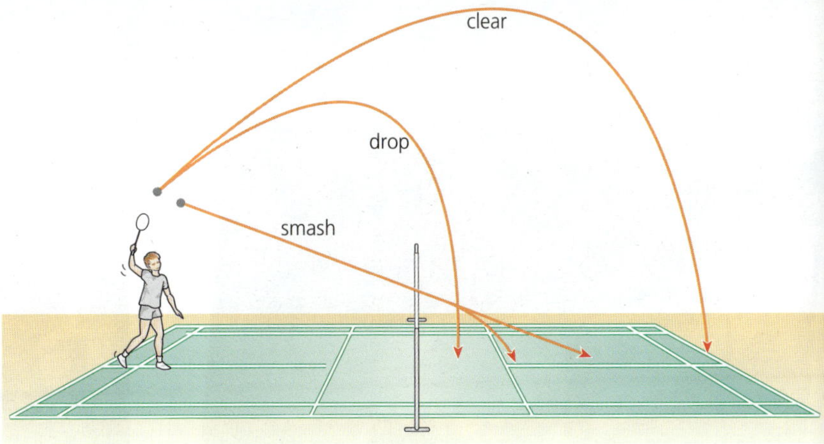

5. I colpi da fondo campo eseguiti dall'alto si distinguono per le diverse traiettorie che imprimono al volano.

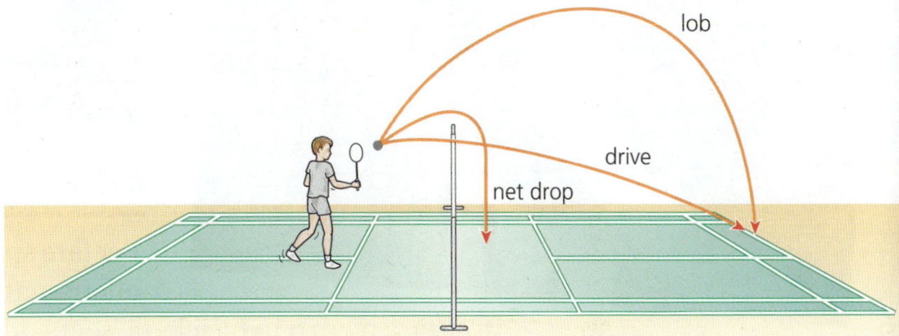

6. I colpi realizzati da metà campo o a rete sono caratterizzati dalla scarsa preparazione del gesto e dalla veloce rotazione di avambraccio e polso.

Il doppio

Si gioca due contro due, nel campo leggermente più ampio di quello per il singolo. Il servizio va effettuato sempre in diagonale, da destra verso sinistra su punteggio pari, da sinistra verso destra su punteggio dispari. Come nel tennis, deve rispondere il giocatore prestabilito. Durante il proseguimento dello scambio, il volano può essere colpito indifferentemente da un giocatore o dal compagno e deve essere indirizzato direttamente nel campo avversario.
Nel doppio il servizio può cadere anche nei corridoi, ma l'area di servizio è più corta.

7. Il badminton è l'unico sport olimpico nel quale, oltre al doppio maschile e femminile, si gioca anche il doppio misto.

PROVA PER IMPARARE

IL BADMINTON

1. **Il volano e la racchetta**
   Da fermo e camminando: colpisci il volano dal basso con la racchetta sia di dritto che di rovescio.
2. **Il colpo lungo**
   A coppie: esegui *clear* sempre più lunghi sia di dritto che di rovescio.
3. **Il proprio spostamento**
   Palleggia con un compagno, oltre la rete, che alterna colpi corti e lunghi.
   Dopo il colpo ritorna sempre al centro del tuo campo.

Orienteering

Fare sport all'aria aperta

Per fare sport all'aria aperta non sempre è necessario allontanarsi dai centri abitati. Per esempio, muoversi in città, a piedi o in bicicletta, seguendo gli itinerari storici e artistici, è un'ottima occasione per praticare attività fisica e allo stesso tempo conoscere meglio il territorio in cui vivi. Allo stesso modo, l'uso dei parchi e dei giardini urbani offre la possibilità di un breve contatto con il verde, anche se niente può battere il piacere di una passeggiata nel bosco: è nell'ambiente naturale che l'esplorazione acquista dimensioni di meraviglia, di vera scoperta e di crescita personale.
Il desiderio di osservare e "vivere" la natura spinge ognuno di noi a esplorarla con i mezzi che preferisce: a piedi, con gli sci, in bicicletta, in canoa e così via. Tutte le attività che svolgi in ambiente naturale richiedono però che tu osservi qualche "regola" di "educazione ambientale", che di per sé non avrebbe bisogno di essere scritta, ma che conviene illustrare e ricordare:

- il **rispetto** dell'ambiente naturale;
- la **conoscenza dei propri limiti**;
- la presenza di un **maestro** che ci introduca alle varie discipline; può essere uno dei tuoi capi scout, una guida alpina, un istruttore di canoa o di arrampicata sportiva o anche uno dei tuoi genitori o fratelli o sorelle più grandi.

Fra le varie attività che puoi svolgere in ambiente naturale abbiamo scelto di parlarti dell'*orienteering*, sport che tutti possono praticare con soddisfazione e che sviluppa competenze utili in diversi ambiti della vita.

Lo sport dei boschi

La corsa di orientamento è un'attività che ti permette di esplorare in modo consapevole il territorio. Un conto è gironzolare nel parco senza una destinazione, un altro è seguire un percorso, secondo una serie ordinata di tappe, cercando di arrivare prima degli altri a una meta prestabilita: nel primo caso hai fatto una passeggiata; nel secondo hai partecipato a una gara di *orienteering*. Questa attività, chiamata anche "lo sport dei boschi", oltre a farti vivere il bosco come una "palestra verde", sviluppa la tua personalità perché stimola il tuo spirito di indipendenza e di intraprendenza; per di più, con poca spesa: bastano un terreno, una carta topografica e una bussola.

La gara

Se vuoi partecipare a una gara di *orienteering*, o corsa di **orientamento**, devi lottare contro il tempo (è una **prova a cronometro**) correndo su un terreno vario, con l'aiuto di una carta e di una bussola: l'obiettivo consiste nel raggiungere il traguardo nel minor tempo possibile.

Durante il percorso passi attraverso una serie di punti di controllo, chiamati **lanterne**, che devono essere visitati nell'ordine e nel numero dato.

Alla partenza ti viene consegnata una carta topografica della zona in cui ti trovi, con l'obiettivo da raggiungere. Sulla cartina sono segnati il punto della partenza (con un **triangolo**), i punti di controllo (con un **cerchio**) e il punto di arrivo (con un **doppio cerchio concentrico**).

Se vuoi essere un buon orientista, devi osservare attentamente la carta, **orientandola con il terreno**, e cominciare a correre verso il primo punto di controllo, che può essere un avvallamento, una piccola cunetta, un albero, una roccia ecc.

A ogni punto di controllo trovi una lanterna, cioè una bandierina a forma di prisma triangolare di colore bianco e arancione appesa a un paletto conficcato nel terreno. Insieme alla lanterna c'è sempre una **punzonatrice**, cioè una pinzetta ad aghi, con cui perforerai il cartellino di gara, o la cartina stessa, per provare che sei passato davvero per quel punto di controllo. Ogni lanterna ha sia un proprio codice che un particolare simbolo di riconoscimento della punzonatrice.

GLOSSARIO

Orientarsi Vuol dire "volgersi verso oriente". Più genericamente significa ricercare gli elementi necessari per fissare la propria posizione nello spazio.

1. Osservare attentamente la cartina è il primo compito dell'orientista.

2. Le lanterne sono generalmente collocate in luoghi non immediatamente visibili da lontano. Il nome deriva dalla forma, che è simile a quella di una "lanterna".

C'ERA UNA VOLTA

La corsa di orientamento ha dei precedenti simili nell'esercizio e nell'addestramento militare, oltre che essere praticata da tempo anche dagli scout.

*Come competizione, l'*orienteering *ha avuto origine all'inizio del Novecento nei paesi nordici. Qui nel 1919 si svolse la prima gara ufficiale.*

*L'*orienteering *gode di immensa popolarità specialmente in Scandinavia, dove è praticato sia come sport competitivo sia come sport per tutti. Vi si svolgono infatti gare di massa, in cui insieme agli atleti gareggiano appassionati della natura, magari in gruppo familiare, per i quali la gara è l'occasione per una passeggiata e la competizione è con se stessi e gli amici. Nel nostro paese, l'*orienteering *si è diffuso dapprima in Trentino, dagli anni settanta, e quindi in tutta Italia, come disciplina associata all'atletica leggera, organizzata dalla Fiso (Federazione italiana sport orientamento).*

La carta

3. Riproduzione di una carta topografica usata in una gara di *orienteering*.

La **carta topografica** è una rappresentazione ridotta del territorio. Quella utilizzata per l'*orienteering* è fra le più precise che si possano trovare sul mercato: rappresenta simboli e dettagli, utili all'orientista, che su altre carte non vengono neppure considerati. Infatti, le sue caratteristiche specifiche sono: la **scala**, la **simbologia** e la **colorazione**.

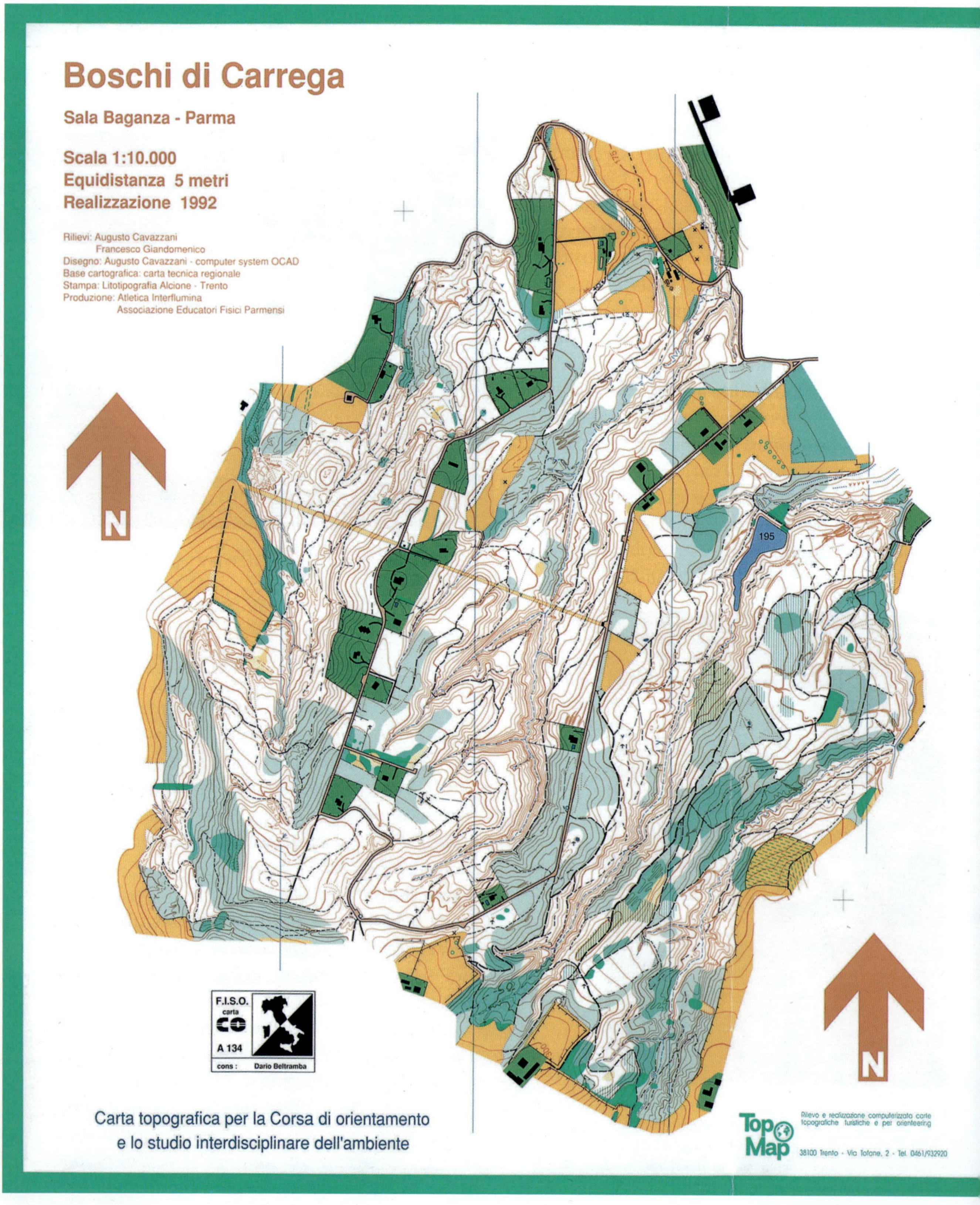

GLOSSARIO

Scala Proporzione di riduzione della carta rispetto al territorio reale. È il rapporto tra due punti sul terreno e la distanza misurabile tra i due punti che li rappresentano sulla carta.

Equidistanza Distanza in metri che separa una curva di livello dalla successiva.

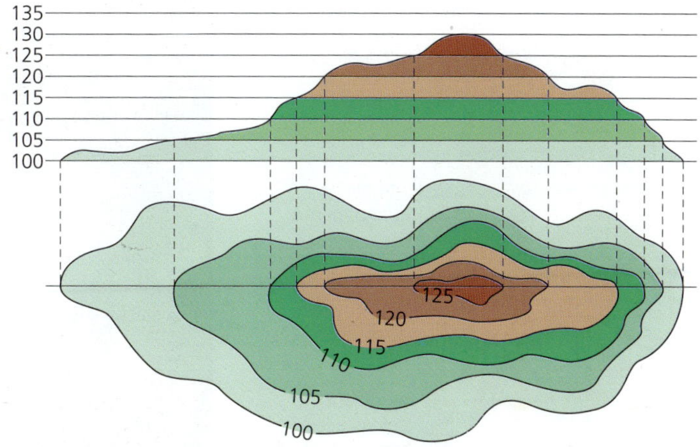

4. Rappresentazione di un rilievo mediante curve di livello con equidistanza di 5 m.

LA SCALA La **scala** utilizzata per le carte da *orienteering* è normalmente compresa tra 1:15 000 e 1:10 000 (ogni centimetro sulla carta corrisponde rispettivamente a 150 e 100 m nella realtà), ma per esigenze particolari vengono utilizzate persino carte più dettagliate, anche 1: 2000. Ovviamente più grande è il secondo numero (divisore) e meno particolari avremo sulla carta; viceversa più il valore è piccolo, maggiori saranno i dettagli.

LA SIMBOLOGIA Non tutti gli oggetti possono essere rappresentati sulla carta rispettando la loro effettiva dimensione; per questo motivo si ricorre a **simboli specifici elencati al bordo della carta** con i rispettivi significati. Cerca di prendere confidenza con questa simbologia: per esempio, un albero isolato è rappresentato da un cerchio verde, un masso da un punto nero, una buca con acqua da una V blu. Anche i rilievi del terreno devono essere resi sulla carta simbolicamente; il sistema utilizzato è quello delle **curve di livello** o *isoipse*, linee che sulla carta collegano tutti i punti che si trovano alla stessa altitudine. Sono disegnate normalmente con un'**equidistanza** di 5 m: più sono vicine tra loro e più il pendio è ripido.

LA COLORAZIONE La simbologia internazionale prevede l'uso di **sei** colori:

- il **bianco**, che rappresenta il bosco;
- il **verde**, con diverse gradazioni, da quello scuro, che indica corsa impossibile (per esempio rovi o bosco impraticabile), a quello **tenue**, che indica una corsa semplicemente rallentata;
- il **giallo**, che indica prato e terreno aperto;
- il **marrone**, che indica le forme del terreno, cioè le curve di livello;
- il **nero**, che indica costruzioni, vie di comunicazione, abitati, ruderi, rocce e grandi sassi;
- il **blu**, che indica tutto ciò che ha a che fare con l'acqua: fiumi, ruscelli, laghetti.

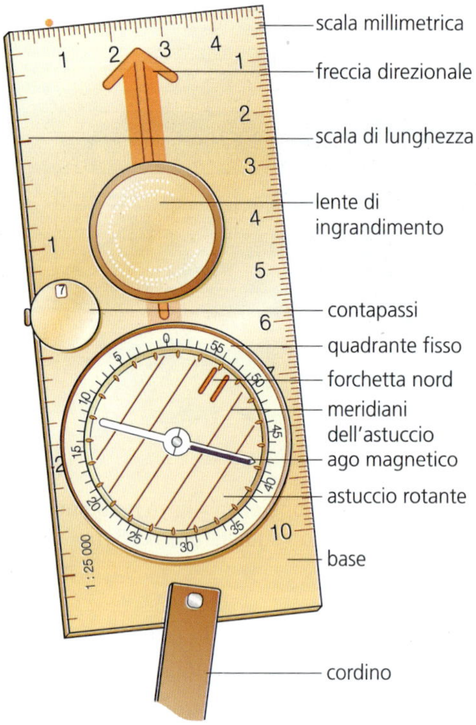

5. La bussola è di materiale plastico e trasparente per consentire la lettura della carta sottostante e calcolare più facilmente direzioni e distanze.

La bussola

È lo strumento che ti consente di orientare la carta, in modo da poter correre nella direzione corretta.
Tutte le carte presentano un simbolo (una N oppure una freccia) per indicare il **nord** della carta.
Utilizzando la bussola, puoi far coincidere il nord della carta con il nord indicato dall'ago magnetico della bussola. In questo modo la carta risulterà orientata e ti sarà possibile operare il confronto carta-terreno verificando la coincidenza tra i riferimenti indicati dalla carta e la realtà.
La bussola è uno strumento indispensabile quando ci si trova in un bosco dove è difficile individuare dei punti di riferimento.
Una tecnica di corsa prevede di spostarsi da un punto all'altro mantenendo costante l'angolo formato dalla direzione di marcia e il nord indicato dalla bussola: è la cosiddetta *corsa all'azimut*.

Gli obiettivi dell'*orienteering*

L'*orienteering* stimola in ugual misura il tuo fisico e la tua psiche, le tue capacità atletiche e le abilità intellettuali, perché avanzando sul terreno devi risolvere contemporaneamente diversi problemi:

1 orientare la carta secondo il terreno;
2 stimare le distanze;
3 effettuare la scelta del percorso;
4 memorizzare parte del percorso scelto;
5 confrontare la carta e il terreno (e viceversa);
6 avanzare velocemente sul terreno.

Come s'impara

Per imparare a orientarsi conviene esercitarsi prima in spazi ridotti e passare gradualmente ad ambienti più ampi e complessi: una piantina dettagliata della tua scuola può essere un primo test di allenamento.
In ogni ambiente della tua scuola dovresti aver notato una piantina con l'indicazione del punto preciso in cui ti trovi e la segnalazione delle vie di fuga da utilizzare in caso di emergenza (incendio, terremoto, necessità di abbandonare

velocemente l'edificio). Osservala con attenzione: ti aiuterà a prendere familiarità con la simbologia delle riduzioni in scala.

La progressione d'apprendimento della tecnica orientistica richiede:

- di saper leggere la carta e di saperla orientare;
- di sapersi orientare lungo chiare linee conduttrici (un riferimento facile da seguire sul terreno come strade, sentieri, margini di bosco) con una sola possibilità di scelta (da A a B seguendo un sentiero oppure attraversando un prato);
- di sapersi orientare lungo chiare linee conduttrici con diverse possibilità di scelta (per esempio scegliere se avanzare seguendo un sentiero oppure "tagliando" attraverso il bosco, con percorso più breve ma disagevole);
- di saper riconoscere sul terreno i particolari segnati sulla carta (un fosso, un avvallamento, un masso ecc.);
- di saper utilizzare la bussola per avanzare senza necessità di consultare la carta.

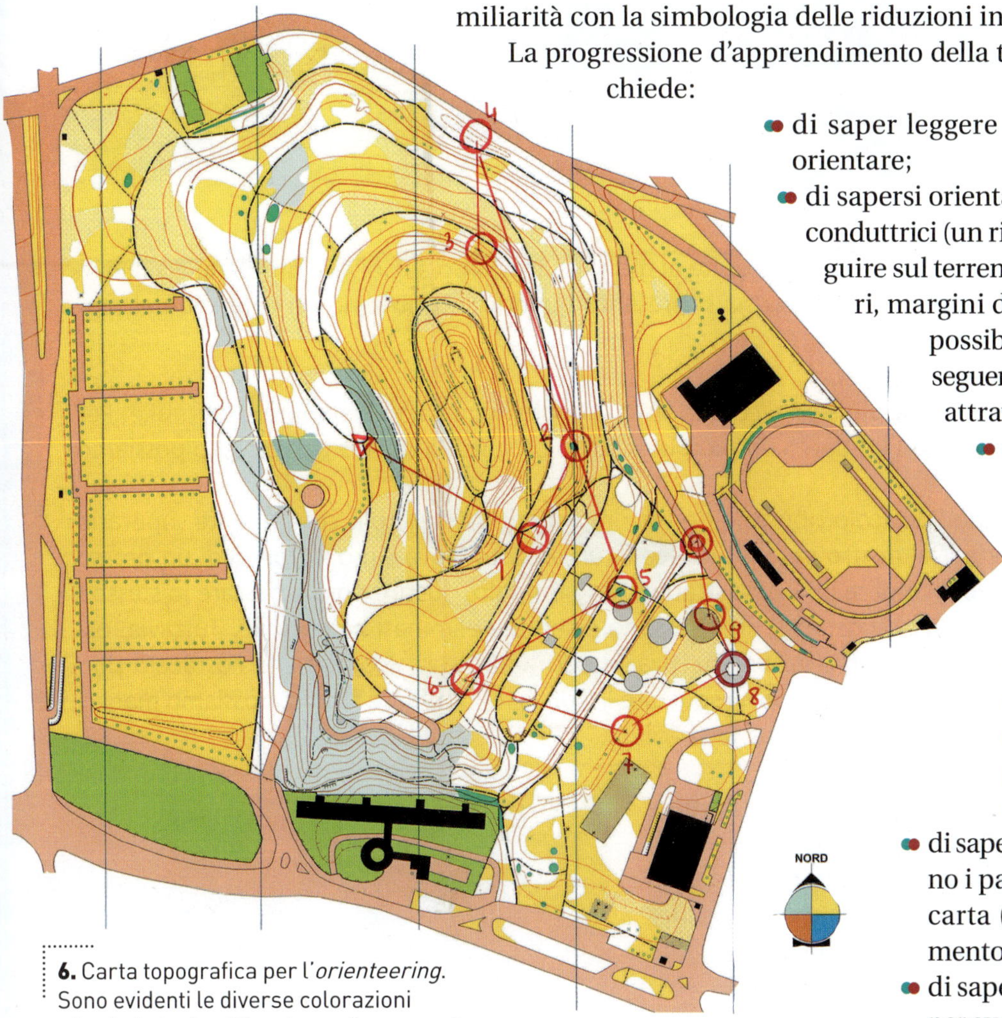

6. Carta topografica per l'*orienteering*. Sono evidenti le diverse colorazioni e le simbologie utilizzate per "mappare" il territorio.

Tipi di corse di orientamento

Oltre alla forma in cui la successione dei punti di controllo è obbligata, esistono gare a punti, dette di *score orienteering*, in cui occorre raggiungere il maggior numero di punti di controllo in un tempo limite. Ogni punto di controllo è valutato con un punteggio a seconda della difficoltà. In questo caso lo studio iniziale della cartina deve essere molto attento per scegliere la successione più conveniente, oltre che il tragitto più opportuno tra i punti.

Inoltre, si possono praticare anche gare nei centri storici delle città, in cui si usano cartine mute, senza i nomi delle strade; gare a coppie, a squadre e a staffetta; benché rare, vi sono gare notturne, in cui gli atleti dispongono solo di una lampada frontale per illuminare il percorso; gare in bicicletta (*mountain bike* d'orientamento), con gli sci e persino con parapendio, in cui si sorvolano i punti nell'ordine previsto, e in immersione, con lanterne poste sott'acqua.

7. Controllare la cartina in corsa è un'abilità che solo gli atleti esperti hanno acquisito.

F

ANALIZZIAMO LA COMPETENZA

Sbagliare non è un problema

Tutti i giorni e, spesso, più volte al giorno ci troviamo a risolvere problemi e a inventare soluzioni. Un problema si presenta quando incontriamo un ostacolo nel raggiungimento di un obiettivo.

Quest'ostacolo può essere:

- **rimosso**. È la soluzione più semplice per alcuni problemi, ma non è sempre praticabile. Per esempio, se correndo in un parco un piccolo arbusto ostruisce il nostro percorso, lo possiamo spostare;
- **aggirato**. Quando l'ostacolo non può essere rimosso, può essere più conveniente superarlo cambiando strada. Nel nostro caso, se invece di un arbusto trovassimo il tronco di un grosso albero, potremmo allungare un po' la strada e, aggirandolo, riusciremmo a passare lo stesso!
- **utilizzato**. Talvolta alcuni ostacoli non possono essere né eliminati né aggirati. Tuttavia, osservando il problema da un'altra prospettiva, si può addirittura scoprire che l'ostacolo può diventare una risorsa. Non potendo né spostare il tronco né cambiare strada, possiamo magari usare un ramo come asta e riuscire a saltarlo!

Per affrontare un problema in maniera costruttiva dobbiamo applicare un metodo che ci aiuti a inquadrare correttamente la situazione e a integrare le nostre risorse, logiche e creative, per trovare soluzioni originali e realistiche.

Occorre:

1. identificare il problema e fissare un obiettivo;
2. ipotizzare le possibili soluzioni;
3. scegliere la soluzione più opportuna;
4. mettere in pratica quanto deciso.

Sono le tue conoscenze e le esperienze precedenti che ti aiutano a individuare i mezzi e i comportamenti più idonei per affrontare una situazione nuova. L'esperienza che fai quando riesci a trovare *con le tue forze* il modo di risolvere un problema che dapprincipio ti appariva insormontabile, oltre a darti una grande soddisfazione, si "fissa" dentro di te ed entra a far parte del tuo bagaglio personale: sarai capace di riutilizzarla in situazioni simili.

Questo tuttavia non significa rifiutare l'aiuto che ti viene offerto dagli amici, dai genitori, dagli insegnanti. Accettando i consigli di chi ha già fatto determinate esperienze, oltre ad ampliare le tue conoscenze, avrai più elementi sui quali riflettere per elaborare nuove soluzioni.

G. SICUREZZA E PREVENZIONE

LA COMPETENZA TRASVERSALE IN GIOCO

Agire in modo autonomo e responsabile

Agire in modo autonomo e responsabile è una competenza che, forse più di altre, segna il passaggio dalla fase infantile a quella di ragazzo che si affaccia a pieno titolo alla vita di cittadino. Significa sapersi inserire in modo attivo e consapevole nella società, dove ognuno ha dei diritti ma anche dei doveri verso se stesso, verso gli altri e verso l'ambiente nel quale vive e agisce. Ciò comporta diventare coscienti delle norme che regolano la vita sociale. Queste non devono essere vissute come una limitazione, bensì come uno strumento della convivenza civile. Nelle prossime pagine potrai riflettere su come comportarti in modo responsabile nelle diverse situazioni in cui si svolge la tua vita: a casa, a scuola, per la strada, sui mezzi pubblici...

ANALIZZIAMO LE COMPETENZE

Gli incidenti domestici

GLOSSARIO

Tempo di latenza
Lasso di tempo che intercorre tra la comparsa dello stimolo e la risposta.

Le cadute

All'origine di molte cadute rovinose vi sono circostanze banali e, soprattutto, la mancanza di precauzioni e di comportamenti adeguati.
Quando si pensa a un incidente, immediatamente si visualizza un incidente automobilistico. Eppure, se la strada rimane in assoluto l'ambiente più pericoloso per l'incolumità delle persone, spesso gli incidenti accadono nei luoghi dove ci si sente più sicuri e dove, probabilmente, si è meno attenti.
È proprio tra le mura di casa che avviene il maggior numero d'incidenti (uno ogni 10 secondi), spesso dovuti a disattenzione, all'uso scorretto di sedie e sgabelli ("dovevo prendere quel libro in alto..."), a scale, a pavimenti scivolosi ecc.
Quando si cade, solitamente ci si trova a terra senza capire come ciò sia accaduto e, a quel punto, non si può fare più nulla!
Questo avviene perché vi è un **tempo di latenza** (circa 0,2 secondi) tra quando si "incomincia a cadere" e quando il cervello ne è informato ed è in grado di elaborare una reazione (0,3 secondi per elaborare una reazione). Tale tempo non può essere in alcun modo modificato e la caduta è probabilmente inevitabile. Tuttavia il movimento di caduta può essere trasformato in una **risposta motoria efficace** (possiamo "imparare" a cadere); questo ci permette di evitare le conseguenze più gravi: infatti, poiché il danno dipende anche dal "come" cadiamo, l'impatto potrebbe essere, ad esempio, trasformato in un rotolamento in modo da alleviare il colpo.

PROVA PER IMPARARE

2.

IMPARO A CADERE

1. **Lasciarsi cadere**
   Lasciati cadere portando avanti le mani e attutendo la caduta all'impatto.
2. **La caduta in avanti**
   Esegui una caduta in avanti, rotolando su una spalla; la partenza avviene con un piede in avanti.
3. **La caduta all'indietro**
   Esegui una caduta all'indietro, con arrivo sul dorso.
4. **La caduta laterale**
   Esegui una caduta laterale, facendo attenzione al movimento del braccio e della gamba del lato di caduta.

3.

4.

Imparare a cadere senza irrigidirsi e lasciando agire i riflessi riduce i danni della caduta stessa. Sviluppare un modo efficace di entrare in contatto col suolo è una capacità che puoi "allenare" e che può tornarti utile in tante occasioni (per esempio nella pratica sportiva, come nei rotolamenti, nei scivolamenti, nelle capovolte, nelle rullate, nei tuffi della pallavolo).

Attenzione agli sforzi!

Un'altra causa di incidente tra le mura domestiche è spesso legata al sollevamento o allo spostamento di carichi eseguiti in modo errato. I danni che ne conseguono riguardano frequentemente la colonna vertebrale e possono essere di varia entità: dallo stiramento, allo strappo muscolare, al dolore lombare fino all'ernia del disco.

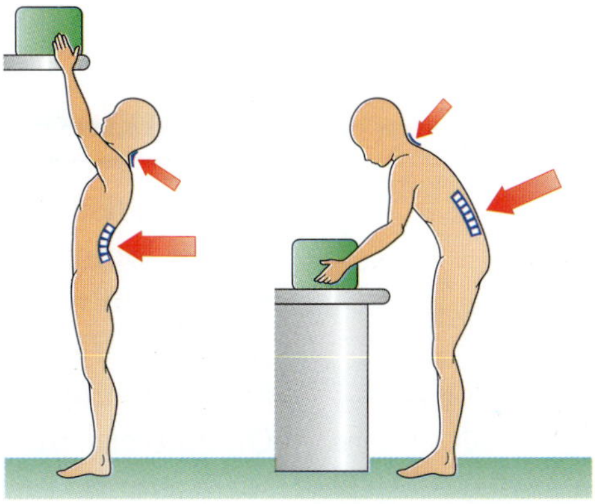

1. Piani di lavoro troppo bassi costringono a un'inclinazione del busto in avanti con inversione della curva lombare e aumento della tensione a livello della muscolatura posteriore. Piani di lavoro troppo alti mettono in tensione le spalle e costringono il collo a iperestendersi aumentando la lordosi cervicale.

Alcuni consigli per evitare movimenti scorretti

Con alcuni accorgimenti puoi evitare posture e movimenti scorretti.
In particolare, quando devi **sostenere** o **spostare carichi**, che possono essere sia leggeri sia elevati:

- avvicinati al carico: il centro di gravità del corpo deve essere il più possibile vicino all'oggetto da spostare;
- fissa la colonna vertebrale contraendo la cintura addominale;
- orienta i piedi nella direzione dello spostamento;
- assicurati una base d'appoggio stabile e ampia, ma che non superi la larghezza delle spalle;
- sfrutta la forza degli arti inferiori;
- serviti del peso del corpo per ridurre lo sforzo di braccia e gambe;
- quando un carico è troppo pesante, per quanto si possano usare posture corrette, è comunque rischioso sollevarlo. In questo caso è sempre meglio lavorare in coppia.

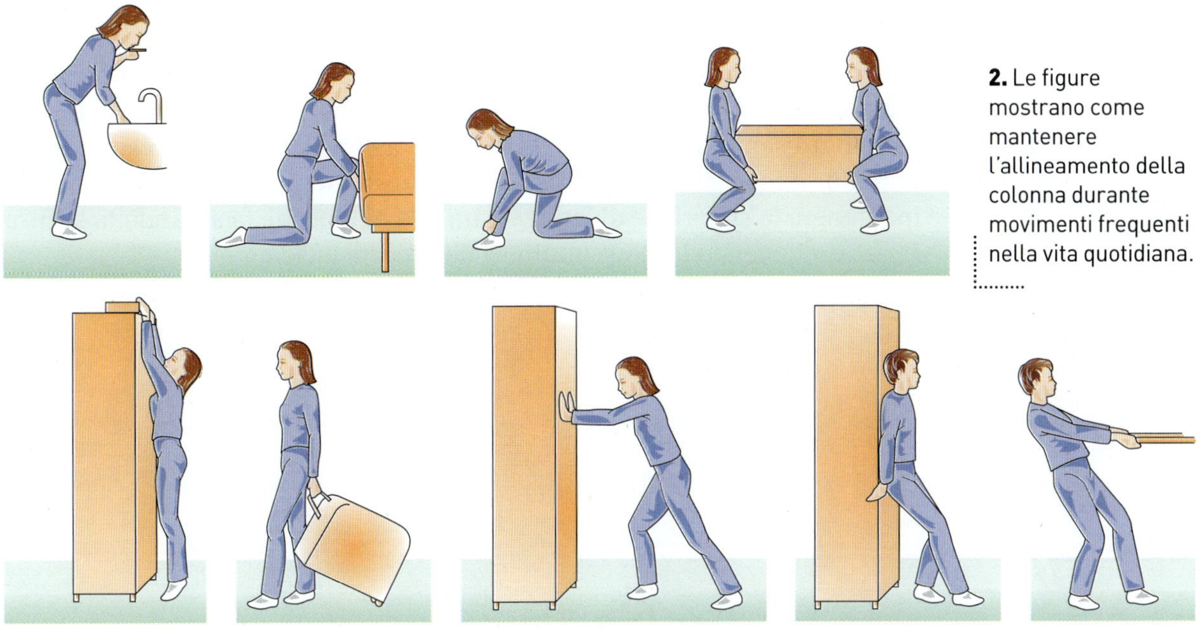

2. Le figure mostrano come mantenere l'allineamento della colonna durante movimenti frequenti nella vita quotidiana.

Le buone abitudini

Attenzione alle curve!

Le curve fisiologiche della colonna vertebrale (lordosi cervicale, cifosi dorsale, lordosi lombare e cifosi sacro-coccigea) permettono la corretta distribuzione dei carichi nei movimenti e nella stazione eretta; a tale fine la tonicità della muscolatura, dorsale e addominale, è indispensabile per garantire il corretto allineamento delle vertebre in ogni istante.

Quando ci si muove poco, si assumono abitualmente posizioni scorrette (come stare seduti storti o ricurvi) o si fanno movimenti che alterano le curvature fisiologiche (come sollevare o trasportare pesi in modo scorretto). In questo modo si rende automaticamente la colonna meno stabile e meno resistente, sottoponendola a sforzi e tensioni che favoriscono l'insorgere del dolore.

Se durante l'età evolutiva si mantengono costantemente posizioni e atteggiamenti scorretti, si può instaurare un **vizio del portamento** (o paramorfismo). Tale postura diventa l'abituale atteggiamento dell'individuo, che spesso non è consapevole di avere un portamento sbagliato e non si rende conto che è proprio quella la causa dei molti piccoli disturbi e dolori che nel tempo possono insorgere.

1. Esempi di sostegno di carichi scorretti (**a**) e corretti (**b**).

Prevenire è meglio che curare

Alcuni semplici accorgimenti da adottare nelle azioni quotidiane permettono di migliorare la postura ed evitare il mantenimento costante di posizioni scorrette.

Durante la lettura

- Per migliorare la postura (non solo del collo, ma di tutta la schiena) e facilitare le azioni di accomodamento e convergenza visiva, puoi utilizzare un **leggio**, ovvero un semplice piano inclinato (fino a 45°) che mantenga sollevato il libro durante la lettura. L'inclinazione del testo permette in questo modo di mantenere la superficie di lettura parallela agli occhi, facilitando la lettura stessa e riducendo i riflessi luminosi della carta lucida.

2. Nei disegni di questa pagina e della successiva sono evidenziate in verde le posture corrette e in rosso quelle scorrette.

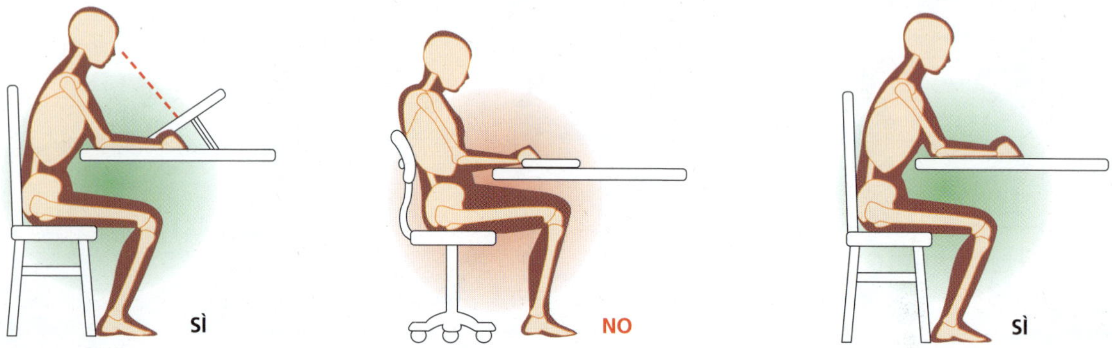

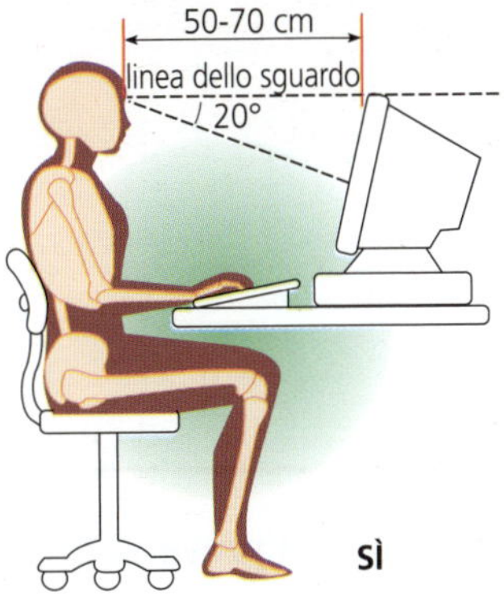

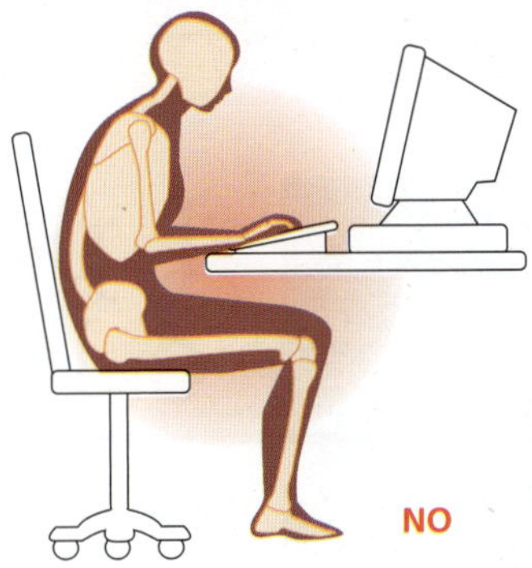

Davanti al computer

- Per evitare l'incidenza diretta della luce sullo schermo è bene posizionare le fonti luminose (naturali e artificiali) perpendicolarmente allo schermo stesso e mantenere l'ambiente un po' meno luminoso dello schermo, sebbene non buio.
- Posiziona il monitor ad almeno 50-70 cm dagli occhi. Il margine superiore del video non deve essere più in alto degli occhi: il centro dello schermo deve trovarsi 20° più in basso rispetto alla linea dello sguardo.
- Davanti alla tastiera devi avere uno spazio per appoggiare gli avambracci che, durante la digitazione, vanno tenuti convergenti verso il centro della tastiera stessa.
- Per utilizzare il mouse tieni la mano parallela al tavolo, evitando angoli al polso.
- Mantieni una postura simmetrica.
- Acquista una sedia regolabile che consenta l'appoggio di tutta la pianta dei piedi a terra e preferibilmente con una leggera inclinazione del sedile (20°) verso il basso.
- Controlla la distanza dallo schermo e l'inclinazione del capo, in modo da non accentuare la curva cervicale.
- Alzati ogni mezz'ora per una breve camminata, oppure stirati e allungati verso l'alto.
- Appoggia i gomiti su un piano di lavoro ampio.
- Focalizza con lo sguardo un punto oltre lo schermo almeno una volta ogni mezz'ora.
- Lubrifica gli occhi battendo spesso le palpebre.

Sdraiati a letto

La posizione sdraiata è la posizione di relax per la colonna. In essa i dischi sono alleggeriti dal peso corporeo e possono reidratarsi aumentando il proprio spessore.
Non tutte le posizioni sdraiate sono però di effettivo *relax*.

- La **posizione supina a gambe tese** mantiene in tensione il muscolo **ileopsoas**, che accentua la curva lombare, impedendo la distensione lombare e la reidratazione dei dischi intervertebrali. È possibile rimediare mettendo un cuscino sotto le ginocchia o piegando le gambe in modo da isolare l'azione di questo muscolo e assumere una posizione realmente comoda.
- La **posizione prona** è sconsigliabile in quanto accentua la lordosi lombare (eventualmente mettere un cuscino sotto la pancia).
- La **posizione sul fianco** con le gambe raccolte è invece una posizione molto confortevole.

GLOSSARIO

Ileopsoas Muscolo dell'addome che dal corpo delle ultime vertebre si inserisce sul femore. La sua contrazione a gambe tese flette e inclina lateralmente la colonna lombare.

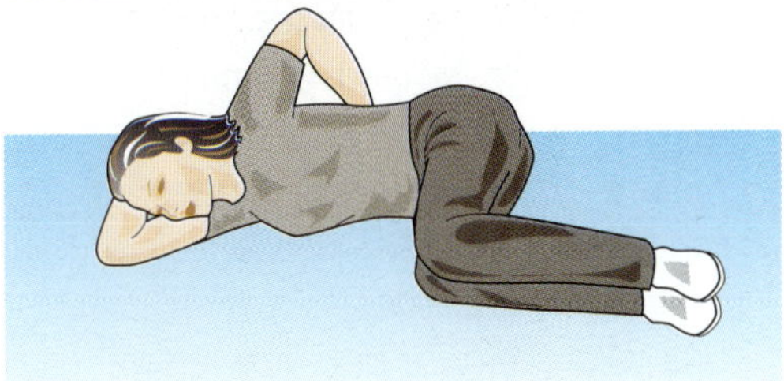

3. Piegando leggermente le gambe quando si è sdraiati si evita di accentuare la curvatura lombare. La posizione sul fianco è la più confortevole.

1. Anche se sulle strisce i pedoni hanno la precedenza, prima di attraversare la strada occorre dare ai conducenti la possibilità di rallentare o di fermarsi.

I pedoni e la strada

Osservare le regole è la prima forma di prevenzione! Devi tenerlo presente ogni volta che esci di casa per andare a scuola, dagli amici o in qualche luogo per un appuntamento. Le variabili che entrano in gioco in un incidente stradale, infatti, sono molte, ma la maggior parte delle volte le cause sono legate al comportamento umano e alla mancata osservanza del codice della strada.
Per salvaguardare la tua incolumità e quella altrui, quando circoli in qualità di pedone, di ciclista o, in futuro, alla guida di un motociclo o di un'automobile, ti sono richieste una grande **responsabilità** e una precisa **conoscenza delle norme del codice della strada**.

Regole per evitare i pericoli a piedi

Il **pedone** è un utente della strada proprio come chi guida; questo significa che anche per lui ci sono **norme e segnali stradali che regolano la sua circolazione** e che segnalano ai conducenti la sua possibile presenza. Ricordati che chi va a piedi è comunque il soggetto più vulnerabile della strada. Ecco alcune norme e consigli per i pedoni.

- I pedoni devono circolare sui **marciapiedi** o **sul margine della carreggiata opposto al senso di marcia dei veicoli** (a sinistra), così da poter controllare frontalmente i mezzi in arrivo.
- Su carreggiate a senso unico devi camminare sul **lato destro** della strada rispetto alla direzione di marcia dei veicoli.
- Per attraversare la carreggiata, devi servirti degli **attraversamenti pedonali**, dei **sottopassaggi** e dei **sovrappassi**.
- Puoi attraversare perpendicolarmente la carreggiata, a condizione che la visibilità sia buona e ricordando che i veicoli hanno la precedenza.
- In un incrocio non regolato da semaforo, **fai un cenno con la mano** agli automobilisti in transito, per far capire chiaramente le tue intenzioni.
- È obbligatorio **rispettare i semafori** e prestare attenzione ai mezzi impegnati nelle svolte.
- Se il semaforo volge al giallo o lampeggia mentre hai già iniziato l'attraversamento, accelera il passo per completarlo in fretta, ma non correre!
- La circolazione con **pattini a rotelle**, ***skateboard*** o **monopattini** è vietata sui marciapiedi e sulle strade; è consentita lungo le piste ciclabili o in zone apposite.

QUANDO SI UTILIZZANO I MEZZI PUBBLICI

- *Sali solo dopo aver lasciato scendere le persone dal mezzo. Nell'attesa, posizionati lateralmente alla porta per non creare intralcio.*
- *Una volta sul mezzo: cerca di lasciare libere le zone d'apertura delle porte di salita e discesa. Fai particolare attenzione allo zaino, che non deve ostacolare il passaggio. È meglio toglierlo dalle spalle e reggerlo con la mano!*
- *Siediti in modo composto o, se sei in piedi, reggiti agli appositi sostegni per evitare cadute in caso d'improvvisa frenata.*
- *Aiuta e offri il tuo posto a persone con disabilità, anziani, donne incinte o con bambini piccoli.*
- *Una volta sceso, se devi attraversare la strada, aspetta che il mezzo sia ripartito. Non attraversare mai davanti al mezzo.*

In bicicletta

1. Secondo i dati Istat 2007, il rischio di mortalità per chi va in bicicletta è tre volte quello di chi va in auto e superiore a quello dei motociclisti.

La bicicletta è sicuramente il mezzo che conosci e utilizzi di più ed è un veicolo ecologico e sano; purtroppo però, a causa della circolazione caotica, di un traffico sempre meno attento a questa categoria di utenti della strada e della insufficiente estensione di piste ciclabili, è anche "il più pericoloso"!
Quando ti muovi in bicicletta nel traffico devi stare molto attento a chi si muove intorno a te e rispettare diligentemente le regole della sicurezza e il codice della strada.

Regole per evitare i pericoli in bicicletta

Innanzitutto, devi mantenere la bicicletta **perfettamente efficiente in tutte le sue componenti meccaniche**. Fai particolare attenzione agli **accessori deputati alla sicurezza**: fanali, campanello, freni.
Di sera e di notte è fondamentale **farsi vedere**: se il faro non è alimentato con una dinamo, ricordati di controllare e sostituire regolarmente le pile di cui è dotato. Verifica, inoltre, la presenza tra i raggi e sui pedali dei **catarifrangenti di colore giallo**, che consentono il riconoscimento notturno.
È altamente consigliato indossare sempre un **casco** per ciclista.
Per **frenare correttamente**: ricordati di agire prima sulla leva del freno posteriore (di solito a sinistra) e poi su quella del freno anteriore: la frenata sarà più graduale ed eviterai il rischio di essere catapultato in avanti.

Bicicletta e circolazione

- Le biciclette, devono circolare **il più vicino possibile al margine destro della carreggiata**. Su strade con pista ciclabile è obbligatorio pedalare all'interno della pista stessa.
- I ciclisti devono procedere su **un'unica fila**; solo nei centri abitati puoi affiancarti ad un'altra bici.
- Quando guidi la bicicletta devi sempre **poter muovere liberamente le braccia e le mani** perché ogni cambio di direzione va segnalato portando in fuori il braccio corrispondente.
- **Non devi mai lasciare il manubrio**. È consentito tenerlo con una sola mano unicamente per segnalare qualche manovra e NON per parlare al cellulare!
- **È vietato**, oltre che pericoloso, **trainare qualcuno o farsi trainare** da altri veicoli.
- **È vietato trasportare persone sulla bicicletta**, in quanto l'equilibrio risulterebbe precario.
- **È consentito trasportare un bambino fino a 8 anni di età** su un apposito sellino, con braccioli e schienale, solo se guida una persona maggiorenne.
- **È consentito trasportare oggetti sulla bicicletta** se sono saldamente fermati e non sporgono oltre 50 cm rispetto alla sagoma del veicolo.

"Hai una pompa? La gomma anteriore è a terra"

Qualche consiglio pratico

Quando usi la bicicletta **su strade asfaltate**:

- riduci la velocità in prossimità di incroci o quando vieni superato. Fermati se necessario!
- evita se possibile le strade trafficate;
- ricordati che le manovre di svolta a sinistra risultano particolarmente pericolose: vanno affrontate con attenzione, indicando con il braccio l'intenzione di svoltare;
- pedala ad almeno 70 cm dalle auto parcheggiate per evitare la possibile apertura improvvisa di una portiera da parte di un automobilista distratto;
- indossa d'abitudine, soprattutto quando diminuisce la luce, un giubbetto con strisce catarifrangenti che aumentano di molto la tua visibilità per gli altri veicoli;

2. La sicurezza di chi va in bicicletta dipende anche dall'affidabilità del mezzo. È bene quindi controllare periodicamente lo stato dei copertoni, delle ruote e dei freni.

- il casco, anche per i ciclisti, riduce la gravità dei traumi alla testa, soprattutto alle basse velocità, quindi anche in città. È indispensabile però che venga sempre allacciato correttamente sotto il mento;
- ricordati che, in caso di pioggia, le strisce pedonali diventano particolarmente scivolose: bisogna dunque evitare di attraversarle in curva velocemente;
- in presenza di rotaie, attraversale di netto per evitare che le ruote vi entrino.

Quando usi la bicicletta **al di fuori di strade asfaltate**:

- percorri solo strade tracciate, per non provocare danni all'ambiente, e rispetta i segnali di divieto d'accesso;
- frena senza bloccare le ruote, per evitare di lasciare solchi sul terreno bagnato: una volta asciutti, si trasformano in binari disagevoli e pericolosi.

LA PRESA D'INFORMAZIONE

*Quando sei alla guida di un mezzo la tua **attenzione** deve essere orientata ai **messaggi sensoriali provenienti da ciò che ti circonda**: veicolo, strada, ambiente. La presa d'informazione è a carico soprattutto della vista, ma conviene utilizzare adeguatamente anche l'udito e il tatto.*

*Con l'**udito**, oltre al clacson e alle sirene dei mezzi di soccorso, puoi individuare la posizione e la velocità dei veicoli che sopraggiungono; per questo motivo pedoni e biciclette (che sono più silenziosi) rappresentano un pericolo di tipo diverso dai veicoli a motore.*

*Con il **tatto** percepisci le vibrazioni del mezzo, la pressione dei piedi sui pedali.*

Per percepire in ogni istante le informazioni che giungono dalla strada e dal mezzo, quando vai in bicicletta (o su qualsiasi mezzo) non ascoltare musica con le cuffie a volume troppo alto: fai in modo di poter recepire attivamente tutti i segnali dell'ambiente attorno a te!

Il ciclomotore

1. È importante allacciare il casco con cura, altrimenti in caso di urto potrebbe sfilarsi e rivelarsi inutile.

Il ciclomotore è il mezzo di locomozione preferito dagli adolescenti per il senso di libertà e autonomia che ispira e per la maneggevolezza che offre. A partire dai 14 anni, dopo aver conseguito il **certificato di idoneità** presso una scuola guida, si può guidare un ciclomotore rispettando alcune **regole**:

- il motore deve essere di **cilindrata non superiore a 50 cc**;
- il ciclomotore deve essere **munito di targa**, registrata alla motorizzazione civile e riportata sul certificato di circolazione;
- il **limite di velocità è di 45 km/h**;
- è necessaria l'**assicurazione che copra la responsabilità civile**;
- vi è il **divieto di trasportare un passeggero** (salvo veicoli omologati condotti da maggiorenni);
- è previsto l'**uso obbligatorio del casco**, che deve essere omologato e correttamente allacciato (pena il fermo amministrativo del veicolo per 60 giorni).

Regole per evitare i pericoli durante la guida

Vi sono alcune circostanze che rendono più pericolosa la guida del ciclomotore. Il **vento**, per esempio, **tende a spostare lateralmente il motorino**. Per questo, in caso di vento tieni saldamente tutte e due le mani sul manubrio.
La **strada bagnata comporta una ridotta aderenza**, che suggerisce di **moderare la velocità e di aumentare la distanza di sicurezza**; la pioggia, inoltre, rende scivolose le rotaie e le strisce pedonali e anche l'asfalto.
Buio e **scarsa illuminazione** falsano la stima delle distanze e della velocità, rendendo difficile l'individuazione dei punti di riferimento del guidatore, la visione dei pedoni, specie se vestiti di scuro, delle biciclette senza luci e catarifrangenti e degli ostacoli fissi come i marciapiedi. È evidente che in casi come questi **la velocità deve essere ridotta e sempre va adattata alle condizioni esterne** di visibilità, di pavimentazione stradale, di traffico, di tempo atmosferico e di carico del veicolo. La velocità va sempre moderata nei **centri abitati**, nei pressi degli **incroci** e delle **scuole**.
Vediamo ora alcune semplici regole.

- È importante mantenere la **distanza di sicurezza**: in caso di frenata di emergenza, un motorino che sta andando a 40 km/h percorre circa 22 m prima di fermarsi.
- L'**intenzione di svoltare** o cambiare corsia va sempre segnalata mediante le frecce o, se il mezzo ne è sprovvisto, con il braccio.
- **È vietato e pericoloso sorpassare a destra.**
- **Non si viaggia affiancati ad altri veicoli.**
- I ciclomotori, come le moto, devono **circolare con le luci anabbaglianti sempre accese**.
- **Non si "impenna"** il ciclomotore: una volta sollevata la ruota anteriore, si perde direzionalità e controllo e il mezzo diventa ingovernabile.

"Ricordati di mettere il casco!"

I pericoli in palestra

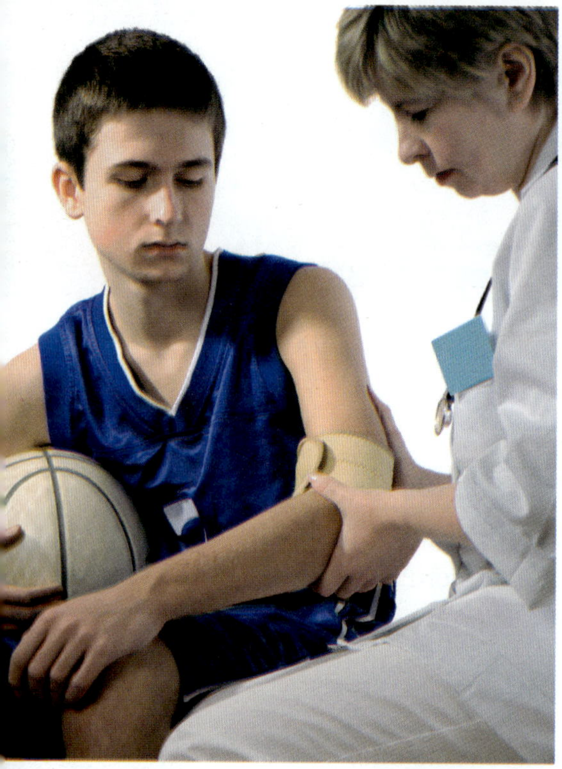

Comportamenti a rischio

Anche in palestra possono verificarsi degli incidenti. Quando si è in tanti e ci si muove contemporaneamente è fondamentale "fare attenzione"!
Gli incidenti possono essere determinati sia da comportamenti sbagliati degli individui, sia dalle caratteristiche dell'ambiente in cui si opera.

Alcuni elementi di rischio da valutare possono essere:
- le differenze di corporatura, forza fisica e abilità tecnica di coloro con cui ti eserciti;
- la velocità insita nelle attività che si eseguono;
- il peso e la velocità degli attrezzi utilizzati;
- l'uso improprio degli attrezzi a tua disposizione (per esempio: appendersi alla traversa della porta, prendere a calci palloni da pallacanestro ecc.);
- gli spazi e i limiti fisici dell'ambiente (muri, stipiti, caloriferi, vetrate);
- il tipo di superficie, e quindi le caratteristiche di aderenza, su cui si opera.

L'assistenza durante la pratica

Generalmente l'insegnante segue e accompagna con attenzione l'esecuzione dei singoli esercizi, soprattutto quando sono di una certa complessità. Tuttavia, una volta che egli abbia verificato la corretta esecuzione da parte dell'allievo, è di solito necessaria una pratica individuale ripetuta per stabilizzare gli apprendimenti. È a questo punto che si rende necessario imparare a prestarsi assistenza reciprocamente, con la stessa cura e attenzione dell'insegnante e con un gran senso di responsabilità nei confronti del compagno che esegue.

Le regole per fare una buona assistenza

Quando presti assistenza a un compagno:
- innanzitutto controlla la presenza e la corretta disposizione del materiale di sicurezza (come materassini, tappeti e dispositivi simili);
- sii attivo, concentrati sull'esecutore e stai attento alle sue reazioni!
- scegli appoggi o prese che non mettano a rischio le articolazioni;
- fai attenzione a non disturbare, anche involontariamente, chi sta eseguendo un movimento;
- vigila attentamente l'esecuzione dell'esercizio per prevenire una eventuale caduta;
- dimostra sempre un'attitudine disponibile: mantieni le gambe flesse e sii pronto a intervenire!

I pericoli in acqua

L'acqua (piscina, mare, torrenti, laghi...) è da sempre fonte di forte attrazione, un divertimento per piccoli e grandi; ogni anno, tuttavia, negli ambienti acquatici avvengono numerosi incidenti, con conseguenze, purtroppo, spesso mortali. Gli incidenti sono generalmente dovuti alla scarsa consapevolezza del pericolo da parte dei bagnanti, che spesso sottovalutano elementi come la risacca, il freddo, la digestione in corso, il vento o la possibilità di un brusco cambiamento del tempo.
La maggior parte degli annegamenti avviene molto vicino a riva; spesso si trova in difficoltà chi entra in acqua per giocare o divertirsi, e il rischio è più elevato per chi, sopravvalutando le proprie capacità di nuotatore, nei momenti critici è assalito dal panico, si affatica e/o perde il controllo.

"Non dimenticare di aspettare 3 ore prima di entrare in acqua!"

Le regole per evitare i pericoli

Per fare sport e divertirsi in acqua è quindi opportuno seguire qualche regola:

- ricordati che la **bandiera rossa** esposta sulla spiaggia significa "pericolo per la balneazione", motivato dallo stato del mare o da un forte vento da terra. In questo caso è bene non entrare in mare;
- considera che, in mare, le correnti di **risacca** possono trascinarti al largo, oppure contro gli scogli; quindi prima di tuffarti in acque che non conosci chiedi informazioni al bagnino o a persone del luogo;
- se vuoi fare un bagno dopo pranzo, mangia in modo leggero per non impegnare l'organismo in una difficile **digestione**;
- non tuffarti in acqua quando sei troppo **accaldato**;
- se decidi di spingerti al largo, evita le nuotate solitarie e misura sempre attentamente le **forze** per il ritorno;
- non sottovalutare la forza della **corrente** di fiumi, stagni e laghi;
- considera che nuotare in **acqua dolce** (laghi, stagni o fiumi) è più dispendioso dal punto di vista energetico perché il galleggiamento nell'acqua salata è favorito dalla maggiore densità dell'acqua stessa;
- ricordati che fiumi e laghi sono insidiosi perché sui fondali possono esservi buche, pietre, tronchi e sbarramenti che creano i pericolosi **mulinelli**;
- prima di tuffarti da scogli, ponti o passerelle verifica l'**altezza del fondale**: un tuffo in acque troppo basse può provocare traumi molto seri al capo e alla colonna vertebrale, addirittura mortali;
- attenzione all'acqua troppo **fredda** perché può causare crampi;
- esci dall'acqua al sopraggiungere di un **temporale** per non correre il rischio di essere colpito da un fulmine;
- non associare mai **alcol** e nuoto: l'alcol, il caldo e lo sforzo fisico sono una miscela esplosiva per l'organismo.

1. Il nuotatore esperto valuta anche l'ambiente in cui agisce. Nuotare in un fiume, nel lago o in mare sono infatti esperienze diverse.

I pericoli in montagna

1. In montagna, il fenomeno delle nuvole basse è indice di bassa pressione atmosferica. La presenza delle nuvole induce a ritenere che il tempo non migliorerà in modo significativo nel corso della giornata.

"Quali previsioni ci sono per domani?"

La montagna, come il mare, offre grandi possibilità di divertimento durante tutto l'arco dell'anno: dalle semplici passeggiate ed escursioni lungo sentieri senza grandi dislivelli, alle vere e proprie vie ferrate e arrampicate che richiedono buona esperienza e l'uso di attrezzature ed equipaggiamenti specifici e in piena efficienza.
In inverno, poi, lo sci e lo snowboard offrono ulteriori possibilità di svago.
Per muoversi in sicurezza, tuttavia, è necessario conoscere e prevedere le possibili variabili di questo ambiente ed essere adeguatamente attrezzati per far fronte all'imprevisto.

Prevedere l'andamento del tempo

Il tempo in montagna può cambiare repentinamente; il pericolo maggiore è rappresentato dai **temporali improvvisi**.
Prima di affrontare un'escursione bisogna quindi **consultare le previsioni del tempo regionali** o, meglio ancora, quelle **locali** della zona interessata.
Arrivati sul posto, **si valuta la situazione del cielo**, per stimare la presenza di quei fenomeni che preludono al mutare delle condizioni meteorologiche, quali: la direzione e l'intensità del vento, il modificarsi o l'instaurarsi di nuvolosità.
È bene sapere, per esempio, che, sulle nostre regioni, la predominanza di venti da sud e da ovest è generalmente portatrice di tempo instabile, mentre i venti da nord e da est anticipano un miglioramento; o che se le strisce di condensazione degli aerei nel cielo sereno si dissolvono, il tempo resterà stabile, mentre se restano intatte a lungo, è possibile un lento peggioramento delle condizioni meteo.
Gli escursionisti devono saper riconoscere i **segni premonitori di un temporale**, come: il rapido passaggio del cielo dal blu al grigio; una repentina cessazione del

GLOSSARIO
Temporale
Fenomeno atmosferico accompagnato spesso da fulmini, vento e precipitazioni.

vento accompagnata dalla formazione di nubi e una diminuzione della visibilità; la formazione di nuvole scure opache e frastagliate; l'improvvisa variazione della velocità dei venti.
In presenza di una situazione meteorologica instabile, che fa presagire l'avvicinarsi di un temporale, non iniziare mai un'escursione!

Regole per evitare i pericoli in caso di temporale

Ecco alcuni consigli nel caso si venga sorpresi da un temporale con **fulmini**:

- i fulmini sono attirati dalle forme appuntite (come le cime delle montagne, le rocce e gli alberi isolati), dai fuochi o dai luoghi dove vi sia emissione di aria calda (come assembramenti di persone o animali), dall'acqua. Evita tutti questi luoghi! Quando sei in marcia, mantieniti a distanza dagli altri, senza correre;
- se ti fermi, colloca gli oggetti metallici e i telefoni cellulari a una distanza di almeno 50 m; se cammini, tieni gli oggetti nello zaino. All'approssimarsi di un temporale, spegni il telefono cellulare poiché le microonde emesse dal trasmettitore attirano i fulmini;
- l'arrivo di un fulmine è anticipato da segni premonitori: l'aumento di intensità del campo elettrico fa drizzare peli e capelli, sulla pelle scoperta si ha una sensazione di solletico, gli oggetti metallici emettono un ronzio. In questi casi occorre isolarsi dal terreno: puoi sederti sullo zaino, ricordando però di togliere dallo zaino e dalle tasche gli oggetti metallici e i cellulari;
- all'interno di un'automobile sei al sicuro: l'involucro metallico dell'auto forma una **gabbia di Faraday**, che isola gli occupanti dai campi elettrici esterni (non devi però toccare le parti in metallo del veicolo).

GLOSSARIO

Fulmine Scarica elettrica di elevata intensità che avviene nell'atmosfera.

Gabbia di Faraday Qualunque sistema costituito da un contenitore in materiale elettricamente conduttore (conduttore cavo) in grado di isolare l'ambiente interno dai campi elettrostatici esterni.

Alcuni consigli per le escursioni in montagna

- Non affrontare un percorso non adeguato alle tue capacità.
- Coinvolgi i tuoi genitori nella pianificazione della passeggiata, concordando luoghi, orari e punto di ritrovo al termine dell'escursione. Inoltre garantisci sempre un collegamento telefonico (telefono cellulare).
- Non allontanarti da solo, soprattutto se non conosci i luoghi.
- Adegua l'attività alla stagione (ore di luce, condizioni del terreno e così via). In caso di escursione a piedi, prevedi sempre tempi di percorrenza superiori al necessario per fronteggiare eventuali imprevisti.
- Assumi liquidi a sufficienza (evita le bevande gassate, preferisci tè zuccherato e succhi di frutta).
- Alimentati con cibi leggeri ma energetici e facilmente digeribili, come frutta secca, cioccolato o zollette di zucchero.

2. Nel pianificare un'escursione in montagna vanno tenuti presenti molti elementi: fra questi, le condizioni meteo, le ore di luce disponibili, le proprie capacità.

Sicuri in montagna con la neve: sci e snowboard

1. Praticare il fuoripista su neve fresca è spesso all'origine di incidenti e valanghe. È bene lasciare tale pratica agli atleti professionisti.

La pratica dello sci e dello snowboard è molto diffusa. Le piste da sci sono sempre più affollate e, purtroppo, gli incidenti si verificano con sempre maggiore frequenza. Ciò accade soprattutto all'inizio o sul finire della giornata sciistica, quando, a causa della muscolatura fredda o affaticata, si è più esposti all'errore e meno pronti alla sua correzione.
Gli incidenti sono inoltre frequenti anche a causa del fascino che la discesa "fuori pista", cioè fuori dalle piste battute, esercita su molti. Questa pratica, in sé non ortodossa, risulta ancora più pericolosa per la diffusa ignoranza di *snowboarder* e sciatori riguardo ai pericoli caratteristici dell'ambiente montano in inverno e in primavera, che spesso porta a comportamenti irresponsabili che possono provocare le valanghe.

Alcuni consigli per la discesa

Prima di affrontare una discesa è opportuno:
- valutare le condizioni del manto nevoso della pista, la situazione delle valanghe, le condizioni atmosferiche (vento, temperatura, visibilità), la preparazione personale e lo stato dell'attrezzatura;
- controllare che gli attacchi siano correttamente tarati sul proprio peso;
- fissare sempre la cinghia di ritenuta dello snowboard al piede anteriore.

L'USO DEL CASCO

Il casco è una misura di sicurezza, resa obbligatoria per legge fino ai 14 anni, con la quale si possono evitare numerosi incidenti. Occorre quindi abituarsi a pensare al casco come a una parte integrante dell'attrezzatura.
Il casco ideale deve essere ***leggero, proteggere in particolare l'occipite*** *con un'imbottitura sufficiente, permettere una* ***buona visibilità*** *e* ***non limitare l'udito; infine deve contrastare l'eventuale iperestensione delle vertebre cervicali.***

2. Una ricerca canadese del 2005 ha dimostrato che l'uso del casco riduce del 29% il rischio di lesioni cerebrali.

EMERGENZA IN MONTAGNA: CHE COSA FARE IN CASO DI VALANGA

Essere travolti da una valanga comporta un elevatissimo rischio di morte. Non è facile in una simile situazione reagire con lucidità e nel modo corretto; tuttavia le seguenti indicazioni potranno essere utili nel caso ci si trovi coinvolti.

- ***Se si avvista una valanga**: se sei sorpreso dalla valanga durante la discesa, cerca di "fuggire", scendendo lateralmente in diagonale verso i margini della valanga. Se possibile, sfrutta le protezioni naturali quali alberi, roccioni o altro per **portarti fuori dalla corrente principale del flusso nevoso**. Ricordati che la valanga è comunque più veloce di te, per cui non devi cercare di precederla.*
- ***Se si è travolti**: liberati subito di bastoncini e sci per evitare di rimanere imprigionato. Tenta di "nuotare" nella massa nevosa, mantenendoti il più possibile in superficie e tenendo chiusa la bocca.*

3. L'elisoccorso allertato attraverso il 118 è in grado di operare anche nelle situazioni più impervie.

- ***Se si rimane sepolti**: cerca di rimanere in posizione fetale con le braccia protese davanti al viso, in modo da creare una fondamentale "camera d'aria" in cui respirare. Chiama solo di tanto in tanto, specie se si sentono dei rumori, per non sprecare l'aria. Se possibile, tenta di aprirti una via di uscita scavando con le mani.*

Le regole per evitare i pericoli: il decalogo della neve

La FIS (Federazione internazionale di sci) ha elaborato un decalogo di sicurezza che vale per tutti gli sport sulla neve. Osservarlo significa contribuire notevolmente alla sicurezza di tutti.

1 **Rispettare gli altri**: non mettere in pericolo l'incolumità degli altri sciatori con il proprio comportamento o col cattivo uso delle attrezzature.
2 **Gestire la velocità**: muoversi sulle piste con coscienza, consapevoli dei propri limiti e viaggiare a una velocità adeguata.
3 **Scegliere la direzione**: lo sciatore a monte ha una posizione dominante nella scelta del percorso e deve tenere una direzione che eviti il pericolo di collisione con lo sciatore a valle.
4 **Il sorpasso**: è indifferente il lato del sorpasso, ma la distanza deve essere tale da consentire i movimenti volontari e involontari dello sciatore o dello *snowboarder* sorpassato. La responsabilità è di chi esegue il sorpasso.
5 **Gli incroci**: rallentare in fase di incrocio delle piste; ha la precedenza chi viene da destra. Attenzione a chi si muove sulla pista più velocemente o più lentamente di noi e in caso di avvicinamento a campi scuola.
6 **Sostare**: lo sciatore deve evitare, se non in caso di assoluta necessità, di fermarsi in mezzo alla pista e nei passaggi obbligati o senza visibilità.
7 **A piedi in pista**: lo sciatore che sale a piedi la pista o la discende deve procedere soltanto ai bordi di essa.
8 **La segnaletica**: i gradi di difficoltà delle piste sono indicati, in ordine decrescente, con i colori nero, rosso, blu e verde. Lungo la pista ci sono segnali per avvertire di eventuali pericoli e vanno rispettati.
9 **Incidente**: chiunque deve prestare soccorso in caso di incidente.
10 **Identificazione**: chi è coinvolto in un incidente e i testimoni devono fornire le proprie generalità ai responsabili della sicurezza.

"Non uscire fuori pista!"

In caso di incidente

È importante che tu sappia come si presta il primo soccorso alle vittime di incidenti o comunque a chi ha un malore o subisce un infortunio.
Per **primo soccorso** si intende l'aiuto che il soccorritore presta al ferito in attesa dell'arrivo del medico. In caso di malore o d'incidente, a scuola, in palestra o in strada, è importante rimanere calmi e agire in modo consapevole per essere d'aiuto e non aggravare la situazione.
Ricordati che **per legge** qualsiasi persona coinvolta in un incidente è tenuta a fermarsi per accertarsi delle conseguenze dell'accaduto. In caso contrario si commette il reato di **omissione di soccorso** (art. 593 del codice penale).
Tuttavia la legge non obbliga a intervenire direttamente, ma solo ad **avvertire il servizio per le emergenze sanitarie** (componendo il numero telefonico **118** o, in seconda battuta, il numero **113** della Polizia di Stato).

COME SI EFFETTUA LA CHIAMATA AL 118

Quando si telefona al 118 è importante comunicare correttamente:
- il **numero del telefono** da cui si chiama (se la linea cade, l'interlocutore potrà richiamare);
- il **luogo esatto** dell'incidente, indicando, se possibile, dei precisi punti di riferimento;
- il **tipo** e la **gravità dell'incidente** (per esempio: "incidente stradale, tre veicoli coinvolti con due persone intrappolate ecc.");
- il **numero**, il **sesso** e l'**età approssimativa degli infortunati** coinvolti e, possibilmente, la **natura delle lesioni**;
- se la vittima respira ed è **cosciente** o **incosciente**.

Come intervenire in caso di urgenza e di emergenza

Per capire come e se intervenire, dovrai valutare la gravità dell'infortunio. Puoi distinguere i casi possibili in due categorie:
- **urgenze**: sono i traumi e le situazioni meno gravi, nelle quali un intervento adeguato è più importante della rapidità con la quale si agisce ed è dunque

GAS E MO.TO.RE.

Sono acronimi che ricordano le giuste fasi della ***manovra per valutare la presenza o meno della respirazione****.*
Per eseguire la ***manovra GAS*** *si spinge il capo dell'infortunato all'indietro (in iperestensione), ci si pone ai lati della testa e si avvicina il proprio orecchio alla bocca e al naso della vittima.*
G *= guardare se si muove il torace*
A *= ascoltare i rumori respiratori*
S *= sentire l'aria che passa*

Mentre si esegue la manovra GAS occorre ***valutare i segni di circolo MO.TO.RE.****:*
MO *= movimento*
TO *= tosse*
RE *= respiro*

meglio aspettare l'intervento medico qualificato; in questo caso dovrai soltanto chiamare il 118 e aspettare l'arrivo dei soccorritori qualificati;
- **emergenze**: sono le situazioni in cui vi è rischio per la vita dell'infortunato, che necessitano di un intervento rapido e immediato. In particolare sono tali quelle situazioni in cui è compromessa la capacità respiratoria o/e circolatoria; in questo caso sarai chiamato ad agire personalmente con la rianimazione cardiorespiratoria.

Limitare i danni

In attesa del soccorso è bene comunque conoscere le misure da adottare per evitare che la situazione si aggravi.

CHE COSA DEVI FARE SE L'INFORTUNATO È COSCIENTE
- Lascia l'infortunato dove si trova. Cerca di capire **che cosa è successo** e **chiama il 118**.
- Cerca di calmare l'infortunato e di alleviarne il dolore. Ponilo nella migliore posizione possibile proteggendolo da freddo, caldo o pioggia fino all'arrivo dei soccorritori.
- Medica le ferite e immobilizza le fratture.

CHE COSA NON DEVI FARE
- Non muovere né spostare l'infortunato.
- Non dargli da bere o da mangiare.
- Non soffermarti sulla singola lesione, ma osserva le condizioni generali per prestare i primi soccorsi.

CHE COSA DEVI FARE SE L'INFORTUNATO NON RISPONDE
- Se l'infortunato non è cosciente, attira l'attenzione di qualcuno che possa provvedere alla chiamata del sistema d'emergenza.
- **Posiziona la vittima supina e apri le vie aeree**, valutando, per non più di 10 secondi, la presenza o meno della respirazione attraverso la manovra **GAS** (*Guarda, Ascolta, Senti*).
- **Se la vittima respira, ponila in posizione laterale di sicurezza** (*vedi* p. 254) **e aspetta i soccorsi**.
- **In caso di assenza respiratoria** (**emergenza assoluta**), occorrerà far **chiamare il 118** o allontanarsi per farlo personalmente, comunicando al telefono l'assenza della coscienza e del respiro; poi dovrai **intervenire con la rianimazione cardiopolmonare** (**RCP**). Una volta iniziata, la manovra di RCP (*vedi* p. 255) **non può essere interrotta**.

"Stai attento a non farti male!"

La posizione di sicurezza

Nel caso in cui ti trovi con **soggetti infortunati incoscienti**, che vomitano o che cominciano a respirare con difficoltà, per mantenere le vie aeree libere e impedire alla lingua di ricadere all'indietro con il rischio di soffocamento dovrai mettere la persona in **posizione laterale di sicurezza**, con il capo iperesteso e la bocca aperta. Si procede in questo modo.

Poniti in ginocchio di fianco all'infortunato.

Slaccia ciò che stringe (bottoni, cravatte, cinture ecc.), spingi delicatamente il capo all'indietro (iperestendere) (**a**) e solleva il mento ponendo una mano sulla fronte e una sotto la punta del mento (si può anche mettere una mano sotto la nuca) (**b**). Apri la bocca e, se sospetti un'ostruzione, liberala da eventuali corpi estranei (denti rotti, gomma da masticare ecc.). Stendi perpendicolarmente al corpo il braccio dell'infortunato verso di te (per esempio il sinistro) (**c**). Fletti la gamba opposta (destra) e, afferrando l'anca e la spalla (destra) (**d**), ruota il corpo del soggetto verso il braccio steso (sinistro), portando l'infortunato sul fianco (**e**).

Iperestendi nuovamente il capo, ponendo una mano sopra la fronte e una sotto la nuca (**f**), posa il ginocchio della gamba destra a terra e sistema il braccio destro piegato al gomito con la mano che tocca a terra, per sostenere la parte superiore del corpo (**g**).

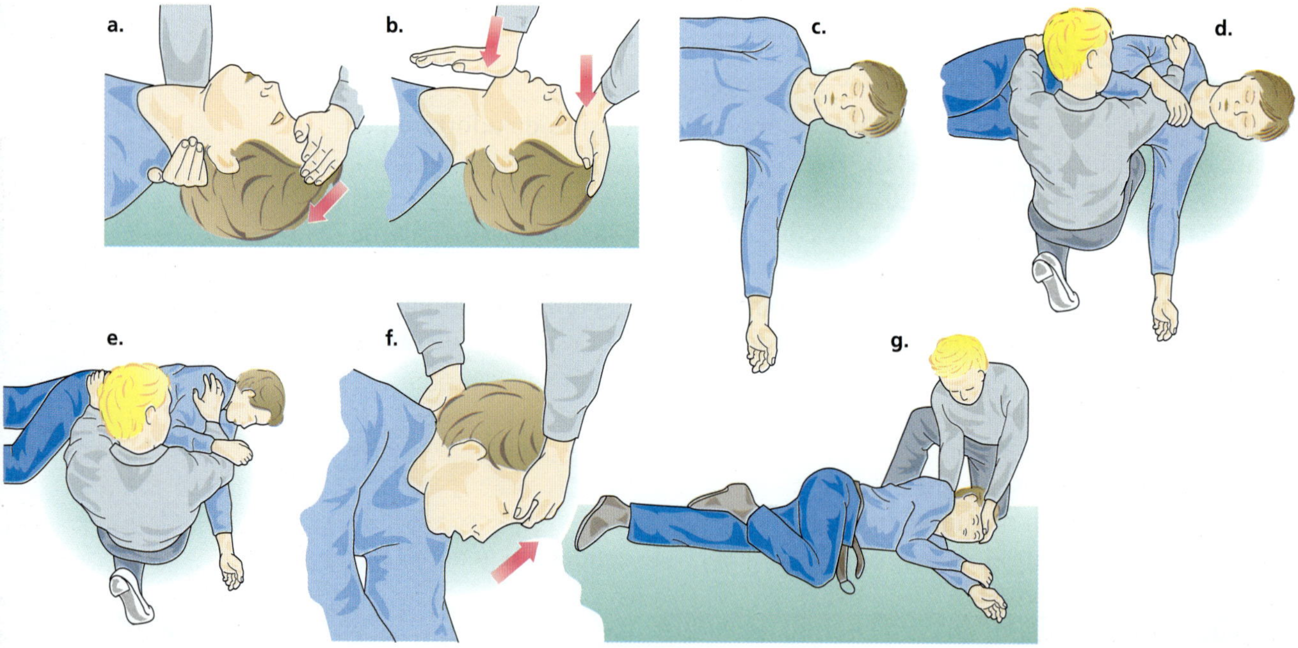

1. I disegni mostrano le fasi da seguire per mettere l'infortunato in posizione di sicurezza.

L'ABC DEL SOCCORRITORE

Per valutare la necessità di soccorso devono essere tenuti presenti i seguenti elementi.

A = **Airway** = *via respiratoria. La presenza di un'ostruzione delle vie respiratorie può portare velocemente all'arresto respiratorio e alla morte.*

B = **Breathing** = *respirazione. Un arresto respiratorio porterà rapidamente all'arresto cardiaco.*

C = **Circulation** = *circolazione. Se il cuore non batte viene compromesso il flusso di sangue al cervello con conseguente alterazione (4-6 minuti) e morte delle cellule cerebrali (10 minuti).*

Il massaggio cardiaco e la respirazione artificiale

Il **massaggio cardiaco** permette di ottenere una **protezione cerebrale anche di 1-2 ore** grazie alla capacità del cuore di espellere una discreta quantità di sangue per compressione ritmica esterna.
Ciò è reso possibile dalla elasticità delle coste e dello sterno che, con un abbassamento di soli 4-5 cm, comprimono il cuore contro la colonna vertebrale, permettendo la fuoriuscita del sangue.
Il massaggio cardiaco si esegue, dopo aver adagiato l'infortunato sopra un piano rigido, **ponendo il palmo della mano con le dita sollevate dalle coste sulla metà inferiore dello sterno** (al centro del torace) ed esercitando una pressione verticale verso la colonna vertebrale.
Per distribuire meglio la forza, una mano va sovrapposta all'altra e il peso delle spalle va scaricato lungo le braccia mantenute tese. Il movimento di compressione va eseguito facendo fulcro sulle proprie anche e non sulle spalle.
Le compressioni vanno eseguite con un ritmo di **100 movimenti al minuto**, poco meno di 2 compressioni al secondo, facendo attenzione a raggiungere la profondità massima di compressione del torace (4-5 cm nell'adulto) e a consentire al torace di riespandersi dopo ogni compressione (stesso tempo tra compressione e rilassamento).
Il massaggio cardiaco è più efficace se eseguito contemporaneamente alla respirazione artificiale (respirazione bocca-bocca o bocca-naso). Tuttavia, se non te la senti, **puoi eseguire il solo massaggio cardiaco**.
Per eseguire la respirazione bocca-bocca, dopo aver avvertito il 118:

- sistema il soggetto in posizione di **iperestensione della testa**, che si ottiene sollevando il mento con due dita o mettendo una mano sotto la nuca e spingendo la testa indietro con l'altra mano posta sulla fronte. Tale manovra serve a mantenere libere le vie aeree, precedentemente liberate da eventuali occlusioni;
- **chiudi il naso** con la mano posta sulla fronte (**a**);
- dopo una profonda inspirazione, **appoggia le labbra attorno alla bocca** dell'infortunato ed **espira** (**insufflazione**) in maniera dolce e progressiva, per evitare di fare entrare aria nello stomaco attraverso l'esofago, verificando l'espansione del torace. La durata di ogni ventilazione deve essere di **circa 1 secondo** (**b**);
- al termine dell'insufflazione dovrai staccarti dall'infortunato lasciando liberi bocca e naso in modo da consentirgli l'espirazione (**c**).

Si devono eseguire **2 ventilazioni di un secondo ciascuna ogni 30 compressioni toraciche**.
Non dovrai interrompere la manovra di **rianimazione cardiopolmonare** (**RCP**) se non alla comparsa dei segni di circolo (**movimento e tosse**).
La persona che effettua le compressioni toraciche dovrebbe cambiare ogni due minuti.
Alla comparsa dei segni MO.TO. dovrai valutare con la manovra GAS se l'attività respiratoria (RE) è presente. In questo caso procederai alla valutazione dello stato di coscienza (per esempio chiedendo all'infortunato di aprire gli occhi o di stringere la mano) e aspetterai con lui l'arrivo dei soccorsi.

Attenzione! Durante la RCP per raggiungere una corretta ossigenazione sono sufficienti ritmi respiratori molto più bassi del normale. Una ventilazione più rapida sarebbe inutile e persino nociva, perché aumenterebbe la pressione interna del torace facendo diminuire il ritorno venoso.

a.

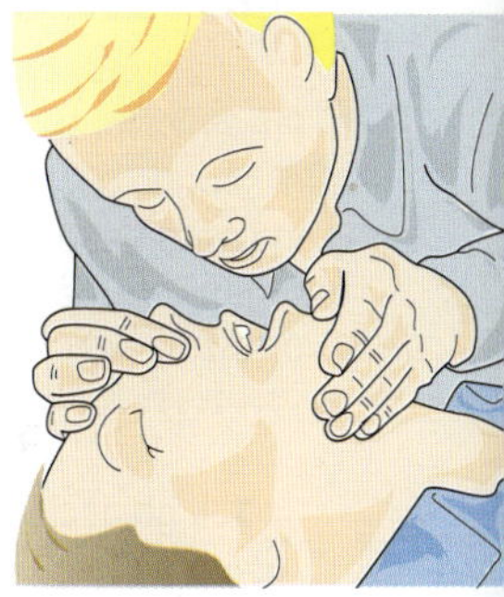

b.

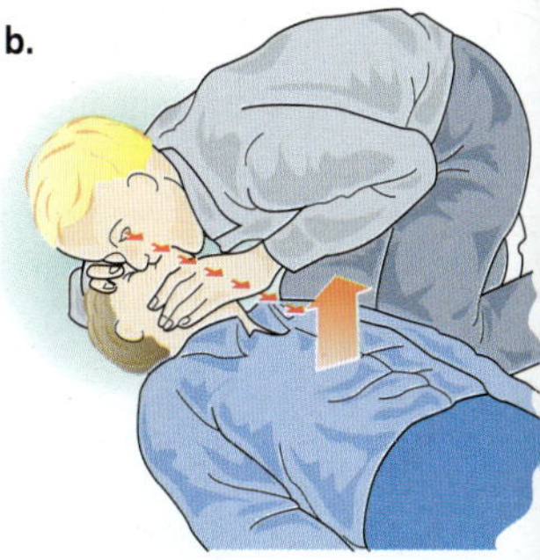

c.

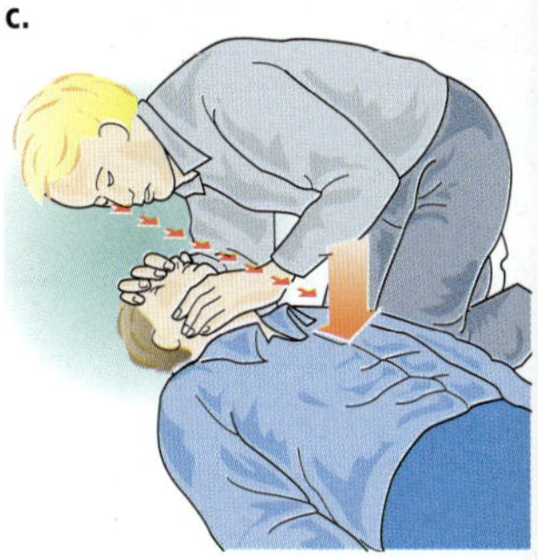

2. L'efficacia della respirazione artificiale si rileva da due segni: la contrazione delle pupille e la comparsa dei movimenti respiratori spontanei.

Come trattare i traumi più comuni

In palestra gli incidenti più frequenti, per i quali potrebbe capitarti di prestare soccorso, sono di solito provocati da cadute, scontri con i compagni, pallonate accidentali, atterraggi mal eseguiti e infortuni muscolari. Si tratta generalmente di contusioni, distorsioni, lesioni muscolo-tendinee o articolari, difficilmente di vere e proprie fratture. Analizziamo questi traumi per imparare a intervenire in maniera adeguata.

GLOSSARIO

Versamento
Presenza inusuale di sangue o siero in cavità naturali, organi, strutture o tessuti.

Le lesioni dei tessuti

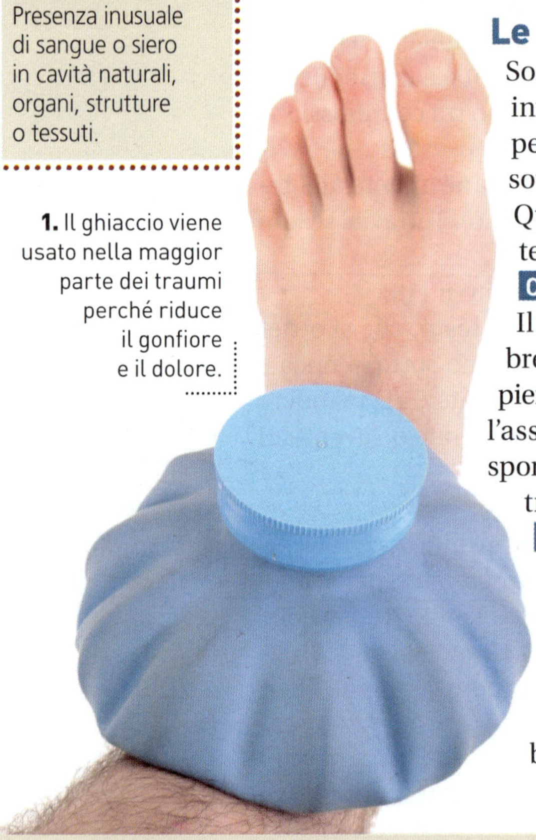

1. Il ghiaccio viene usato nella maggior parte dei traumi perché riduce il gonfiore e il dolore.

Le contusioni

Sono **traumi provocati da un urto diretto**. Generalmente, interessano solo la sottocute, senza lesione della pelle in superficie. In questo caso si riscontra un **versamento** di sangue sotto la pelle che si risolve spontaneamente in pochi giorni. Quando il danno è più grave, può arrivare a coinvolgere i tessuti muscolari, nervosi e vascolari più profondi.

COME SI PRESENTA La zona contusa è **dolorante e gonfia**. Il versamento di sangue può anche raccogliersi tra le fibre muscolari lacerate, formando una vera e propria sacca piena di sangue (**ematoma inframuscolare**). In questo caso l'assorbimento è più lento (6-10 giorni) e, se non si risolve spontaneamente, necessita di un intervento di svuotamento tramite siringa.

COME SI INTERVIENE L'immediata applicazione di ghiaccio o di compresse di garza bagnate con acqua fredda crea vasocostrizione e limita il versamento, permettendo di ridurre i tempi di guarigione e di evitare ulteriori complicanze. Dopo qualche giorno, e non subito dopo la contusione, puoi applicare pomate che facilitino l'assorbimento del versamento.

HA SBATTUTO LA TESTA!

Dopo un trauma alla testa di una certa entità, è sempre opportuno trasportare l'infortunato in ospedale per un controllo, soprattutto in presenza di alcuni sintomi quali vomito, agitazione o torpore, pulsazioni molto basse (40-50 b/min), asimmetria tra le pupille, perdita di coscienza. Una perdita di coscienza di breve durata dopo l'incidente non deve preoccupare eccessivamente, mentre sono gravi la perdita di coscienza tardiva e l'asimmetria delle pupille, segni che indicano un ematoma interno. In questi casi non utilizzare mai la posizione antishock sollevando gli arti: ciò provocherebbe un ulteriore afflusso di sangue al cervello con aumento della pressione intracranica e possibile aggravamento della situazione.

Le ferite e le emorragie

Quando, in seguito a trauma con un corpo tagliente o aguzzo, si crea una **rottura nei tessuti con fuoriuscita di sangue**, si ha una ferita.

COME SI PRESENTA La ferita può essere **superficiale** se interessa cute e sottocute, **profonda** se coinvolge vasi e muscoli, **penetrante** quando sono coinvolti anche organi e cavità naturali.

Può essere provocata da oggetti diversi che la differenziano ulteriormente in:

- **ferita da taglio**, nella quale la pelle viene sezionata nettamente e sanguina con abbondanza;
- **ferita da punta**, che sanguina meno, ma tende a infettarsi più facilmente;
- **ferita lacero-contusa**, in cui, a seguito di una contusione, la trazione della pelle nella zona colpita determina una ferita caratterizzata da bordi irregolari;
- **escoriazione** (o abrasione), che è una lesione superficiale dovuta allo sfregamento della pelle contro una superficie dura.

COME SI INTERVIENE Se la ferita è di lieve entità, basterà lavarla con una garza sterile imbevuta di disinfettante, agendo con movimenti semicircolari che vanno dal centro della ferita verso la periferia per allontanare eventuali materiali estranei e possibili cause d'infezione. Fisserai poi la medicazione con una benda o con un cerotto.

Se la ferita è profonda e continua a sanguinare, dovrai pensare a una **emorragia**.

In questo caso occorrerà cercare di fermare il sangue sovrapponendo diversi strati di garza ben compressi sulla ferita.

Se infine la compressione locale risulta impossibile o inefficace, sarà opportuno comprimere a distanza l'arteria principale che irrora la parte. In ogni caso **accompagna l'infortunato in pronto soccorso**.

Attenzione! Non utilizzare l'alcol come disinfettante: è un vasodilatatore e favorisce il sanguinamento.

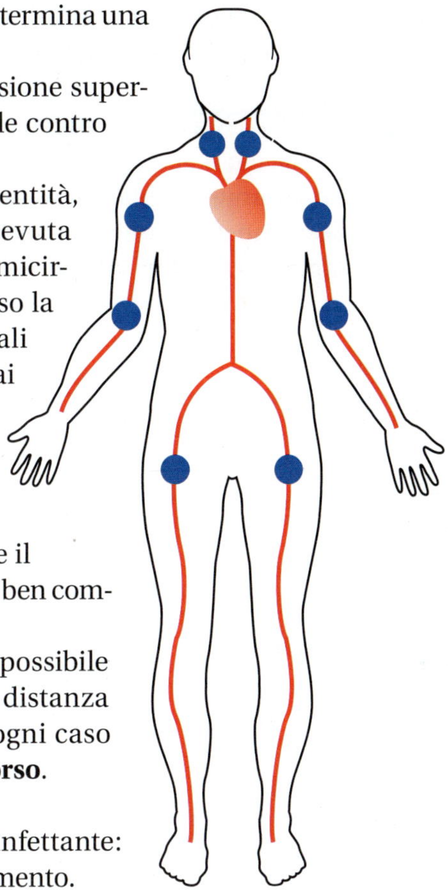

2. Nel disegno i pallini blu indicano i principali punti di compressione in caso di emorragia: al collo (arteria carotide); al braccio e al cavo ascellare (arteria omerale); all'inguine (arteria femorale).

L'emorragia dal naso

È la **perdita di sangue dal naso** che si produce a seguito di un colpo (pallonata o trauma) o, semplicemente, per un forte starnuto o un intenso sforzo muscolare.

COME SI PRESENTA Può essere di una certa entità e causare una significativa perdita di sangue che corre il rischio di essere ingerito, provocando vomito o soffocamento.

COME SI INTERVIENE Fai sedere l'infortunato con la testa leggermente inclinata in avanti. Esercita una pressione ai lati del naso per circa 10 minuti ed eventualmente applica ghiaccio e spugnature di acqua fredda sulla fronte per creare vasocostrizione.

La presenza di liquido limpido insieme al sangue è indice di una probabile frattura cranica.

In questi casi non tappare le narici e non cercare di arrestare il flusso in altro modo.

Le lesioni scheletriche

La distorsione

È la **temporanea fuoriuscita di un capo articolare** dalla propria sede naturale, seguita da immediato ritorno spontaneo in giusta sede. È causata da una forte sollecitazione dell'articolazione su piani diversi da quello del normale movimento.

COME SI PRESENTA Lo spostamento dei capi articolari causa la distensione e spesso la rottura dei tessuti circostanti (legamenti e capsule articolari) e dei vasi sanguigni, determinando **forme semplici di distorsione**, caratterizzate da gonfiore, edema e possibilità di emartro (versamento di sangue in una cavità articolare), e **forme più gravi**, che oltre a tumefazione ed edema possono rivelare segni di instabilità articolare. Il dolore è spontaneo e si aggrava con il movimento.

COME SI INTERVIENE Adotta la tecnica RICE (*vedi* p. 259); fai interrompere l'attività, applica ghiaccio o acqua fredda per ridurre il dolore e il gonfiore, fai sollevare la parte dolorante e applica una fasciatura per limitare l'edema. L'eventuale immobilizzazione dell'articolazione spetterà al medico, che stabilirà se impiegare una semplice fasciatura o un gesso.

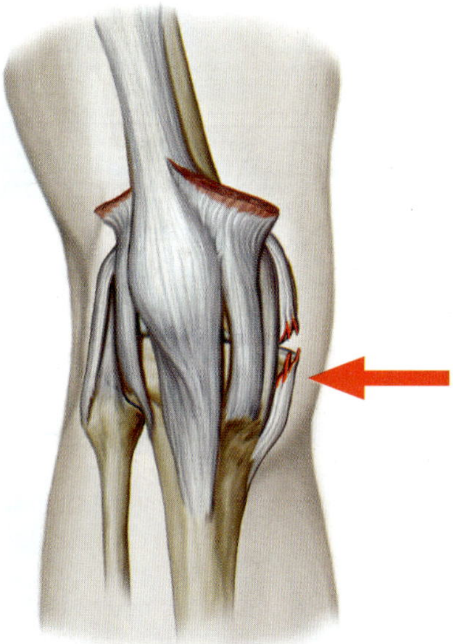

3. La temporanea fuoriuscita dei capi articolari provoca spesso distorsione o rottura dei legamenti e della capsula.

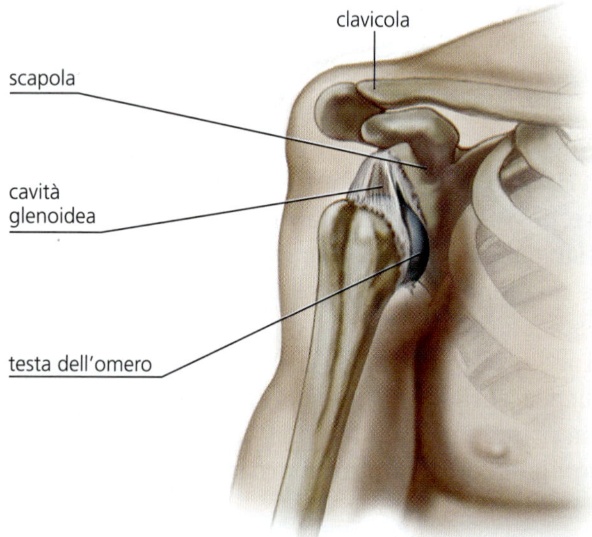

4. Nel disegno è evidente la fuoriuscita della testa dell'omero dalla cavità della scapola.

La lussazione

È la fuoriuscita **permanente dei capi articolari** dalla propria sede fisiologica (quando i rapporti articolari non sono totalmente persi si parla di **sub-lussazione**). Generalmente è dovuta a un colpo molto violento e comporta grave lacerazione della capsula articolare e dei legamenti.

COME SI PRESENTA I sintomi immediati sono il fortissimo dolore che si aggrava con il movimento, l'incapacità funzionale e l'edema. L'articolazione, inoltre, presenta deformità per lo spostamento dei capi articolari e per il gonfiore secondario all'edema.

COME SI INTERVIENE Adotta la tecnica RICE; fai mettere l'articolazione colpita a riposo, con la muscolatura rilasciata. In attesa del medico è possibile solo calmare il dolore e contenere la tumefazione con una borsa di ghiaccio. Non rischiare di agire impropriamente! È necessario uno specifico intervento medico immediato (senza aspettare le 24 ore, come spesso si fa per una frattura)!

LA TECNICA RICE

L'acronimo inglese **RICE** *(***R***est: riposo,* **I***ce: ghiaccio,* **C***ompression: compressione,* **E***levation: elevazione) riassume il comportamento più idoneo da adottare immediatamente dopo un trauma muscolo-scheletrico.*

*Il riposo (***rest***) è una risposta naturale e immediata di reazione al dolore e favorisce il recupero dell'integrità fisica.*

*L'applicazione di ghiaccio (***ice***) induce la vasocostrizione, limitando il versamento e il gonfiore (funzione antinfiammatoria) e contenendo la percezione del dolore. Il ghiaccio andrà in seguito applicato 3-4 volte al giorno per circa 20 minuti, non direttamente sulla pelle.*

*La compressione (***compression***), che si attua per lo più con un bendaggio apposito, l'elevazione (***elevation***), come anche il mantenimento dell'articolazione in scarico servono a drenare il versamento e a limitare l'edema: ciò consentirà un recupero più rapido.*

La frattura ossea

È la **rottura di un osso** dovuta a una forza capace di superare la resistenza dell'osso stesso. Viene classificata in diversi modi in relazione:

- al tipo di lacerazione: **frattura completa**, **incompleta** o **frammentaria**;
- al tipo di trauma: **diretto** o **indiretto**;
- alla posizione dei segmenti fratturati: **composta** o **scomposta**;
- all'esposizione dell'osso: **frattura aperta** (o **esposta**) quando l'osso fuoriesce dalla cute (con possibilità d'infezione); **frattura chiusa** in caso contrario.

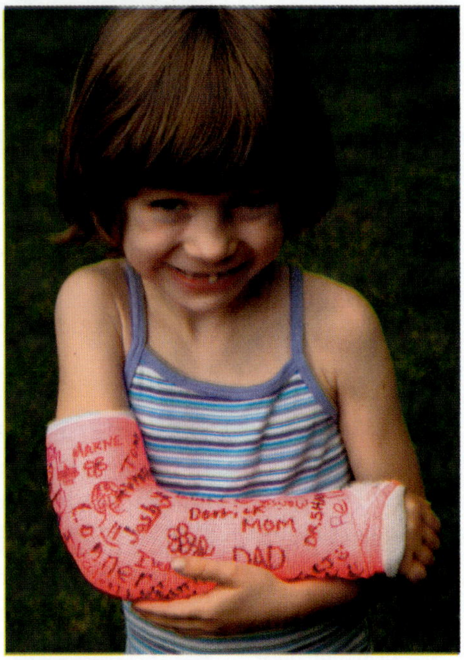

5. Si ingessa l'articolazione a monte e a valle dell'osso fratturato per garantire l'immobilità.

COME SI PRESENTA Il sintomo fondamentale è il dolore, che aumenta con il passare del tempo. Altri segnali sono il rumore determinato dalla rottura, la tumefazione, l'impotenza funzionale, l'ipermobilità dei monconi e le posizioni patologiche acquisite (per esempio la rotazione di un arto).

COME SI INTERVIENE

1 Non far muovere l'infortunato, evitando che il peso carichi sulla parte lesa, e aiutalo a ricercare la posizione in cui trova maggior sollievo.
2 Taglia gli abiti che coprono la parte che si sospetta fratturata e ricerca i sintomi.
3 In caso di fratture esposte, non intervenire sulle ferite e limitati a coprirle con garze sterili.
4 Applica la borsa del ghiaccio per attenuare dolore ed ematoma.
5 In attesa del medico, immobilizza con mezzi d'emergenza il punto di frattura e le due articolazioni a monte e a valle della frattura (per esempio, in caso di frattura del radio bisognerà immobilizzare gomito e polso).

Le contratture e le lesioni muscolari

Il crampo muscolare

È una **contrattura muscolare involontaria**, acuta e improvvisa, causata solitamente da eccessivo affaticamento fisico in situazione di sudorazione abbondante, oppure dal freddo o da posizioni forzate inusuali mantenute a lungo.

6. Distendendo la muscolatura colpita dal crampo si ottiene un immediato giovamento.

COME SI PRESENTA Il muscolo appare duro e dolorante con temporanea impotenza funzionale.

COME SI INTERVIENE Può risolversi in modo spontaneo o con un allungamento che induca il muscolo a rilassarsi. Puoi intervenire con una pressione costante eseguita localmente, con un massaggio e con l'applicazione di una borsa d'acqua calda (il caldo favorisce il rilassamento).

Lo stiramento muscolare

È il grado più semplice di lesione muscolare, dovuto a una **tensione eccessiva** che supera la capacità di estensione del muscolo.

COME SI PRESENTA Il dolore, forte e improvviso, non causa immediata impotenza funzionale ed è quasi assente a riposo, ma ricompare con il movimento, impedendo di continuare l'attività.

COME SI INTERVIENE La guarigione è spontanea e il muscolo recupera la sua piena funzionalità con 5-6 giorni di riposo.

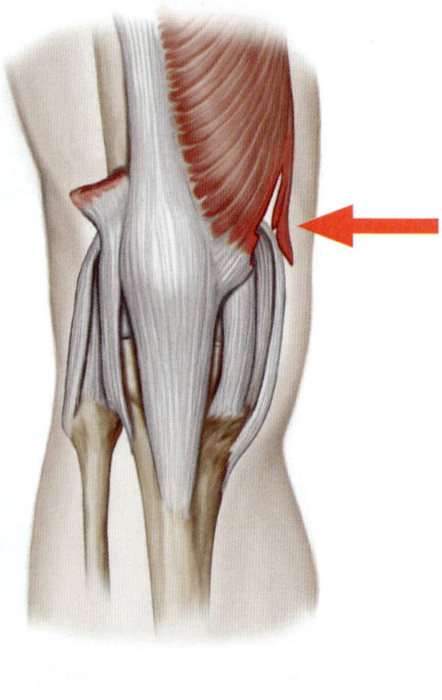

7. A seguito di sforzi intensi e veloci si può verificare la lacerazione di alcune fibre del muscolo.

Lo strappo muscolare

Quando l'eccessivo stiramento provoca anche la **lacerazione delle fibre del muscolo** o di parte di esse, si parla di distrazione o strappo muscolare. È una lesione frequente negli sport di massima sollecitazione muscolare e può interessare uno o più muscoli.

COME SI PRESENTA L'improvviso dolore è acutissimo e si accentua al minimo movimento. La lesione si caratterizza per la presenza di un avvallamento lungo il muscolo, dovuto alla rottura delle fibre muscolari, e obbliga a completa immobilità.

COME SI INTERVIENE Adotta la tecnica RICE. Poni l'infortunato in posizione di riposo, mantenendo decontratta la muscolatura interessata. Non massaggiare le fibre lese, ma applica subito del ghiaccio, che deve essere tenuto per le prime 48 ore. Negli 8-10 giorni seguenti la muscolatura dovrà rimanere in assoluto riposo per favorire il riassorbimento dell'ematoma e la cicatrizzazione della lesione.

Le alterazioni fisiologiche

La perdita di sensi

È una **temporanea perdita di coscienza** legata a diminuzione dell'irrorazione sanguigna del cervello. Spesso è dovuta a un brusco abbassamento della pressione arteriosa e della frequenza cardiaca, scatenato da stati emotivi o fisici quali dolore, fatica, digiuno.

COME SI PRESENTA Il soggetto perde i sensi in modo graduale, cosa che gli permette di sedersi o sdraiarsi prima della crisi. La perdita di coscienza non è mai totale e si presenta come un grave stato confusionale. Prima della crisi, appaiono sintomi generali quali: sudorazione abbondante, freddo, nausea, offuscamento della vista. Si differenzia dallo **svenimento**, nel quale la perdita di coscienza è brusca. La modalità d'intervento è identica in entrambi i casi.

COME SI INTERVIENE Metti il soggetto in **posizione antishock**, disteso a terra con i piedi sollevati (a circa 30 cm), per favorire l'afflusso di sangue al cervello. Mantieni la posizione per una decina di minuti, anche dopo il ritorno allo stato di coscienza, per evitare il ripetersi dell'episodio. Non somministrare bevande alcoliche al soggetto, al massimo fagli bere qualche sorso d'acqua dopo che ha ripreso coscienza.

"Non mi sento bene, sto per svenire!"

Il colpo di calore

È una vera e propria emergenza che può verificarsi in situazioni di temperatura elevata con alto grado d'umidità, in luogo chiuso non sufficientemente ventilato (per esempio in un'automobile surriscaldata in estate), o in seguito a un'eccessiva sudorazione non compensata da riequilibrio (disidratazione). La temperatura interna continua ad aumentare e l'organismo a causa dell'umidità non riesce a far evaporare il sudore, **bloccando il meccanismo di termoregolazione** legato alla sudorazione.

COME SI PRESENTA Si manifesta con mal di testa, vertigini, spossatezza, nausea, crampi muscolari, eccessivo pallore o colorito rosso e successivamente cianotico, pelle inizialmente umida e successivamente secca, respiro superficiale e affannoso, polso debole e frequente.

COME SI INTERVIENE Porta l'infortunato in un luogo fresco, spruzza acqua o applica un asciugamano bagnato sul corpo per abbassare la temperatura corporea e reintegrare la perdita d'acqua e sali minerali. Se è cosciente, mettilo in posizione semiseduta e dagli da bere acqua leggermente salata (mezzo cucchiaino di sale in mezzo litro d'acqua) o con bicarbonato. In caso di incoscienza, mettilo in posizione di sicurezza (*vedi* p. 254) e chiama il soccorso medico.

8. In caso di colpo di calore bere o somministrare all'infortunato acqua leggermente salata.

ANALIZZIAMO LA COMPETENZA

Sulla strada di autonomia e responsabilità

Autonomia e responsabilità sono due termini molto impegnativi nel tuo processo di crescita.
È fin da piccolo che hai mosso i primi passi verso la maturazione di queste competenze.
Nel tempo infatti dovrai diventare sempre più **autonomo**:

- **nei movimenti**, controllando il tuo corpo, gli oggetti che utilizzi e lo spazio in cui agisci;
- **nella relazione con gli altri**, diventando sempre più indipendente da genitori, insegnanti, amici, capace di fare scelte e prendere decisioni senza l'aiuto degli altri, di gestire le tue emozioni, di riconoscere i tuoi punti di forza e di debolezza, sapendo chiedere aiuto quando necessario;
- **nell'organizzare il tuo lavoro**, i tuoi spazi, i tempi della tua giornata, i materiali, in modo da poter realizzare quanto ti sei ripromesso;
- **nell'utilizzare le conoscenze** che, collegate e messe in relazione tra loro, ti permettono di prendere decisioni e risolvere situazioni problematiche.

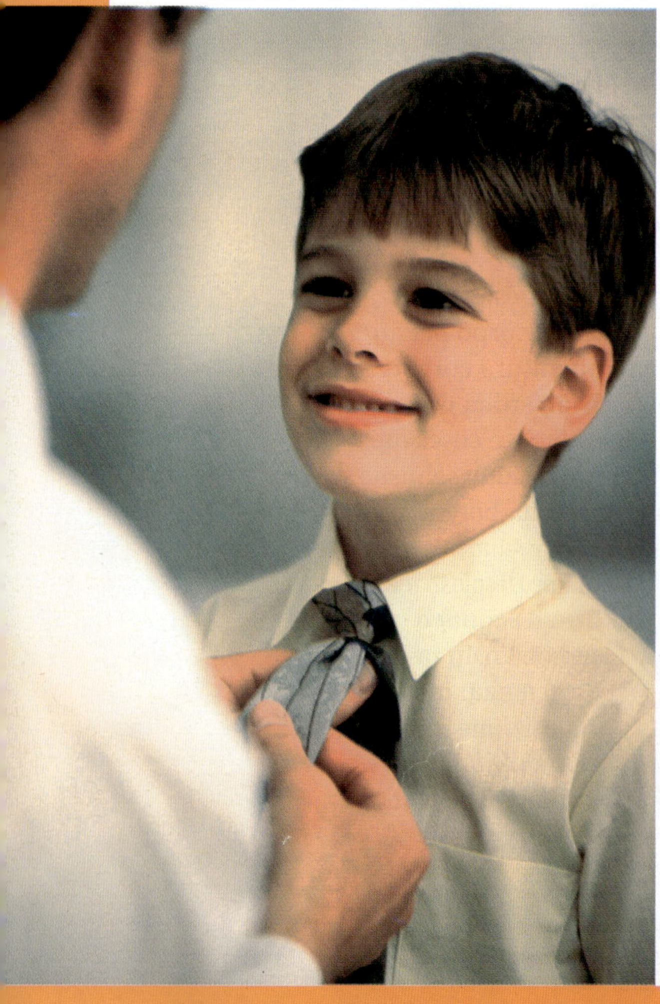

Con l'autonomia acquisti una libertà che può essere mantenuta e accresciuta solo diventando consapevole delle regole, dei limiti, dei confini che devi rispettare, adottando comportamenti che non possono più essere egoistici e riguardare solo i tuoi interessi. Stai diventando responsabile! Anche nelle scienze motorie e sportive queste caratteristiche di comportamento sono molto importanti perché ti permettono di muoverti con sicurezza nello spazio, sia in palestra che fuori (casa, strada, montagna...), e di saper organizzare le tue esperienze facendo scelte oculate (utilizzando gli attrezzi, conducendo la bicicletta o il ciclomotore, preservando l'ambiente...).
Dimostrerai **responsabilità** se saprai:

- **collaborare in modo costruttivo** con i compagni, senza farti condizionare e influenzare dai loro comportamenti o opinioni;
- **rimanere disponibile all'aiuto e al confronto reciproco**, attento alle richieste e alle necessità dei compagni;
- **rispettare il diritto di tutti alla sicurezza e alla dignità**, evitando situazioni che possano mettere a rischio l'integrità fisica dei tuoi compagni o atti di prevaricazione e prepotenza.

H. SALUTE E BENESSERE

LA COMPETENZA TRASVERSALE IN GIOCO

Acquisire e interpretare l'informazione

Nella società attuale le fonti di informazione sono numerose. Le notizie che ci giungono con ogni mezzo e da ogni parte del mondo sono così tante e riguardano gli argomenti più disparati che non è possibile controllarle né memorizzarle tutte.

Per saper scegliere in questa moltitudine di dati quelli che ritieni importanti per la tua crescita, la tua maturazione e per i tuoi interessi, devi sviluppare la competenza di acquisire e interpretare l'informazione.

Anche in una materia come le scienze motorie e sportive è necessario sapersi orientare nel numero e nella varietà di informazioni che riguardano la salute e il benessere, imparando a distinguere fra informazioni scientifiche e teorie fantasiose, poco attendibili e talvolta pericolose.

ANALIZZIAMO LE COMPETENZE

Mantenere lo stato di salute

Il concetto di salute dinamica

Per **salute** s'intende **la capacità dell'individuo di preservare, in ogni condizione, il benessere individuale**. La salute non è quindi un semplice stato di "assenza di malattia", ma è una **capacità dinamica**, grazie alla quale la persona riesce ad adattarsi continuamente trovando nuovi equilibri fra fattori in costante cambiamento. Questi fattori non sono solo di ordine fisico, ma anche psicologico (molte malattie dipendono da un eccesso di stress o dall'incapacità di gestire le emozioni) e sociale (pensa a come possono incidere la malnutrizione dovuta alla povertà o la carenza di impianti sportivi per praticare una idonea attività sportiva). L'individuo sano è quindi colui che è in grado di far fronte a tali cambiamenti, raggiungendo, mantenendo e ristabilendo di volta in volta il suo benessere.

Una legge fondamentale

Un elemento fondamentale per raggiungere il benessere psicofisico è il mantenimento dell'efficienza fisica. Puoi conseguire questo obiettivo solo **attraverso il movimento**.

Facendo **attività fisica**, infatti, sviluppi le potenzialità del tuo organismo e lo mantieni operativo nel tempo, migliori l'efficienza dei tessuti e le funzioni del corpo, rallentando i processi d'invecchiamento.

L'organismo è regolato da una legge fondamentale secondo la quale "Tutto ciò che è attivo cresce, mentre ciò che non viene utilizzato degenera". Il movimento e stili di vita corretti ti aiutano dunque a crescere in modo sano e a rallentare il fisiologico invecchiamento naturale.

Vediamo ora che cosa succede se "rinunci" a muoverti.

1. La sedentarietà, unita ad abitudini alimentari scorrette, è all'origine di gravi malattie del metabolismo.

La sedentarietà: una malattia

La carenza di movimento (o sedentarietà) ha conseguenze importanti non solo a livello dell'**apparato muscolare e scheletrico** ma su tutto il corpo ed è in grado di indurre gravi problemi di salute che possono condizionare pesantemente non solo la tua condizione attuale ma soprattutto la qualità della tua vita futura da adulto.

Considera che i tessuti muscolari rappresentano ben il 40% della massa corporea totale. Puoi capire come la loro degenerazione dovuta alla sedentarietà vada inevitabilmente a influire sul **metabolismo generale dell'organismo** e sulla sua regolazione.

2. I giovani non dovrebbero trascorrere troppo tempo davanti a televisione e computer: un ragazzo attivo diventerà quasi sicuramente un adulto sano e dinamico.

La carenza di movimento

Le conseguenze negative si ripercuotono non solo sull'**apparato locomotore**, ma anche sul **funzionamento del cuore, del sistema circolatorio, dell'apparato respiratorio**.

- **A livello dell'apparato locomotore**, la carenza di movimento (**ipocinesia**) porta alla **debolezza di muscoli e legamenti**, che perdono elasticità, **e delle articolazioni**, che diminuendo il proprio grado d'escursione vanno più facilmente incontro a infortuni. La riduzione della tonicità muscolare favorisce l'instaurarsi di **paramorfismi e dismorfismi della colonna vertebrale**. Essi influiscono, a loro volta, sulle dinamiche degli apparati cardiaco e respiratorio e sull'insorgenza di problemi artromuscolari quali **lombalgie**, **sciatalgie** e **coxalgie**. Con l'avanzare dell'età, questi problemi possono accompagnarsi a fenomeni d'artrosi a evoluzione progressiva.
- **A livello cardiocircolatorio** l'ipocinesi porta a una progressiva **riduzione della capacità contrattile del cuore**. A parità di carico di lavoro, il cuore di un soggetto sedentario deve lavorare di più facendo maggior fatica. L'elasticità delle pareti dei grossi vasi diminuisce portando al graduale **deterioramento** di vene, arterie e capillari, che si traduce nella cattiva ossigenazione di organi e apparati: ciò ne accelera l'invecchiamento.
- **A livello respiratorio** la scarsa attivazione dell'apparato legata al poco movimento ne limita la capacità funzionale. **Si riduce la capacità di ventilazione e diminuisce l'elasticità polmonare**, con conseguente peggioramento degli scambi respiratori e cattiva ossigenazione dei tessuti.

GLOSSARIO

Ipocinesia Dal greco *hypó*, "poco", *kínesis*, "movimento", scarso movimento.

Algia Dal greco *algos*, "dolore". La lombalgia è un dolore alla regione lombare; la sciatalgia è un'infiammazione del nervo sciatico; la coxalgia è il dolore all'articolazione coxofemorale dell'anca.

Il problema dell'ipocinesia non è legato solo alla degenerazione delle funzioni, ma soprattutto al fatto che **vi sono funzioni del corpo che non vengono del tutto attivate**. L'organismo stenta così a realizzare le sue potenzialità. Il corpo si abitua a bassi livelli di prestazione, così che ogni richiesta e stimolo superiori vengono percepiti come faticosi, non eseguibili e stressanti.

Più precocemente si instaurano le condizioni di ipocinesia, maggiori sono i danni provocati, non solo a livello corporeo, ma anche a livello cognitivo.

L'abitudine a stare molte ore davanti al televisore o al computer riduce enormemente il tuo potenziale "bagaglio motorio", cioè le capacità e le conseguenti abilità che puoi acquisire, e diminuisce la funzionalità dei tuoi organi. I compiti motori che ti vengono assegnati, anche se semplici, ti sembrano eccessivi e questa incertezza motoria si ripercuote sulla formazione del tuo carattere e sulla tua autostima!

Il movimento come prevenzione

"Sei veramente in forma!"

Alla tua età muoversi è un'esigenza ed è una condizione pressocché naturale; purtroppo man mano che si cresce i ritmi della vita cambiano: lavoro, famiglia, preoccupazioni, stanchezza tendono a prendere il sopravvento e non permettono a tutti di svolgere con regolarità attività fisica.
Guarda gli adulti intorno a te e ti renderai conto di quanto pochi siano quelli che praticano uno sport con regolarità. Per mantenere un buon rapporto col movimento è importante educarsi fin da adesso a ritagliare sempre una piccola parte del proprio tempo per fare attività fisica.

Perché il movimento è importante

Se pratichi un'attività fisica costante e ben programmata produci nell'organismo dei **cambiamenti preventivi** capaci di limitare e abbassare il rischio di molte condizioni patologiche.
L'**aumentata capacità dei sistemi cardiaco e vascolare** derivante dal movimento può evitare l'insorgenza di problemi circolatori e prevenire, per esempio, l'**arteriosclerosi**.
Un'attività motoria costante favorisce la **normalizzazione del peso** corporeo e diminuisce l'inevitabile perdita di calcio dal tessuto osseo, rallentando l'insorgenza dell'**osteoporosi**.
Non dimenticarti inoltre che protagonista del movimento è il **sistema nervoso** che percepisce, impara, programma, costruisce, comanda e coordina i diversi gesti motori: il movimento costituisce un ottimo strumento per mantenere attivi tutti questi complessi meccanismi altamente differenziati che permettono l'azione.

GLOSSARIO

Arteriosclerosi Degenerazione e indurimento delle pareti dei vasi arteriosi. L'arteriosclerosi può essere l'evoluzione dell'aterosclerosi, che è la malattia dei vasi arteriosi nella quale vi è formazione di placche contenenti "ateroma", cioè materiale lipidico.

Osteoporosi Progressiva diminuzione di calcio nelle ossa, dovuta all'età o a malattie. Le ossa, divenendo più fragili, sono maggiormente soggette a fratture.

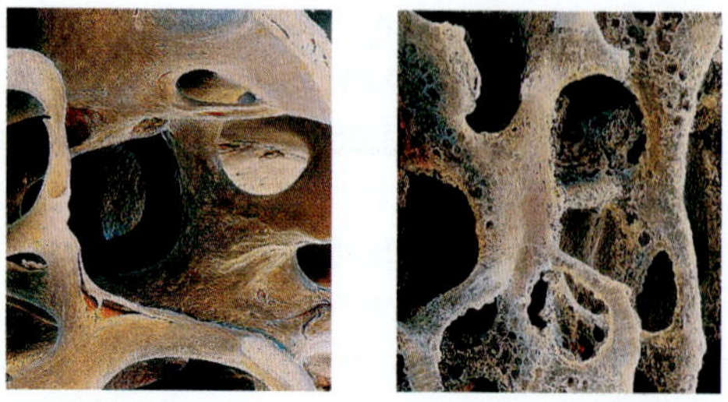

1. Osso sano (a sinistra) e osso colpito da osteoporosi (a destra). È evidente la minor compattezza dell'osso dovuta alla perdita del calcio.

Un aiuto al cuore

L'esercizio fisico ben condotto ed equilibrato porta adattamenti che rendono **più forte e funzionale il tuo cuore**, riducendo i rischi futuri di malattie cardiocircolatorie e di infarto. L'attività fisica, infatti, contribuisce al buon funzionamento delle arterie collaterali del cuore permettendo una **migliore ossigenazione** dello stesso.
L'**aumento della forza di contrazione muscolare** dovuta al movimento, inoltre, permette un migliore ritorno venoso del sangue dalla periferia verso il cuore, agevolato dal continuo gioco di contrazione e rilassamento dei muscoli scheletrici in attività. Questo produce un più attivo ritmo circolatorio costituendo un eccezionale sostegno periferico per il cuore.

Prevenire l'obesità

Un'attività regolare ti aiuta a prevenire l'**obesità**, malattia sempre più diffusa nella "società del benessere". L'eccessivo aumento di peso porta ad un esagerato accumulo di grasso nelle cellule e provoca gravi danni alla salute quali il **diabete**, le **malattie coronariche** e l'**ipertensione**.
Tieni presente che il numero delle **cellule adipose** (adipociti) può aumentare fino alla prima adolescenza, tendendo poi a stabilizzarsi nella fase adulta. La carenza di movimento e la sovralimentazione stimolano la formazione di adipociti con un più elevato contenuto di grasso al loro interno. Insieme, questi diventano fattori congiunti per l'insorgenza dell'obesità.
Poiché il rischio d'infarto cresce in proporzione alla percentuale di grasso corporeo, è fondamentale tenere il peso sotto controllo e il movimento si rivela un fondamentale mezzo di prevenzione.

GLOSSARIO

Obesità Situazione patologica in cui la massa adiposa (grassa) in eccesso è causa o elemento aggravante di malattie e scompensi fisiologici.

Ipertensione Irregolare aumento della pressione sanguigna dovuto a ispessimento e perdita di elasticità dei vasi arteriosi.

Combattere l'ipertensione

Una delle più comuni patologie legate all'accumulo eccessivo di grasso è l'ipertensione. Essa è un irregolare aumento della pressione sanguigna, provocato dalla necessità del sangue di continuare a fluire adeguatamente attraverso quei vasi arteriosi che hanno perso la propria elasticità e ridotto il proprio lume (arteriosclerosi) a causa del deposito dell'eccesso di grasso trasportato dal sangue sulle loro pareti.
Il permanere di tale situazione provoca seri danni al sistema cardiocircolatorio e può condurre a ictus cerebrale, infarto e insufficienza renale. L'attività fisica svolta con regolarità **riduce la pressione arteriosa**, rappresentando un valido mezzo di prevenzione alla patologia.

Obiettivo benessere

Non è necessario essere un atleta per sentirsi fisicamente a posto!
Essere sani significa avere e mantenere un sistema cardiovascolare in regola, non essere in sovrappeso e avere capacità motorie sviluppate in maniera adeguata.
L'**obiettivo benessere** è infatti differente dal miglioramento delle proprie prestazioni sportive, perché la perfetta funzionalità organica si raggiunge con un **allenamento diverso** da quello sportivo, che, pur avvalendosi degli stessi principi, deve mantenere caratteristiche di moderazione, gradualità e gradevolezza, e non deve mai portare all'esaurimento psicofisico.
Se non sei uno "sportivone" cerca almeno di trovare un'attività fisica divertente e ricreativa da svolgere con regolarità, magari insieme a qualche amico!

Alimenti e nutrienti

Il segreto è l'equilibrio

Una sana e bilanciata alimentazione è fondamentale per mantenere il benessere fisico e psicologico. Purtroppo non sempre i cibi che preferiamo sono i migliori per il nostro corretto accrescimento. Sembra quasi che le cose buone siano quelle meno sane! In realtà non è proprio così. Il trucco sta nel **conoscere gli alimenti e la loro composizione** e nel trovare il **giusto equilibrio** tra tutti i componenti. Questo ci permetterà di inserire nella nostra dieta, sia pure con moderazione, anche i cibi che ci piacciono di più. Ma... partiamo dall'inizio!

I fabbisogni biologici

Tutte le sostanze che l'organismo può sfruttare per l'accrescimento, il mantenimento e il funzionamento delle strutture corporee sono **alimenti**. Ogni alimento è costituito da più **nutrienti** che, legandosi tra loro, ne determinano la struttura e le caratteristiche.
I nutrienti si dividono in:
- **macronutrienti** (carboidrati, proteine, grassi, acqua), presenti in grande quantità nell'organismo;
- **micronutrienti** (sali minerali, vitamine), presenti in piccole quantità.

Macronutrienti e micronutrienti sono entrambi necessari per soddisfare i fabbisogni biologici, che si distinguono in:
- **fabbisogno idrico**, cioè l'apporto d'acqua, che è indispensabile alla vita;
- **fabbisogno plastico**, cioè l'apporto di sostanze per il rinnovamento e la crescita di tessuti e cellule;
- **fabbisogno bioregolatore e protettivo**, cioè l'apporto di sostanze necessarie al corretto funzionamento dei **processi metabolici** e di **sintesi**;
- **fabbisogno energetico**, cioè l'apporto dell'energia necessaria allo svolgimento di tutte le funzioni organiche.

Una buona alimentazione deve combinare alimenti diversi per rispondere a tutti i fabbisogni biologici dell'organismo, assicurando l'energia sufficiente e l'apporto degli specifici principi nutritivi.
Gli alimenti che, una volta introdotti nell'organismo, danno luogo alla liberazione di energia si chiamano **sostanze nutritive**: **glucidi**, **lipidi** e in minor misura le **proteine** sono i nutrienti che hanno funzione energetica.
Acqua, **sali minerali** e **vitamine**, che pure sono alimenti utili e indispensabili alla vita, non sono sostanze nutritive; svolgono invece un'**azione bioregolatrice** e **catalizzatrice** nelle reazioni chimiche in cui sono coinvolti i macronutrienti e, in alcuni casi, un'azione di **protezione** nei confronti di possibili fattori in grado di danneggiare le strutture cellulari.

GLOSSARIO

Processo metabolico Processo di demolizione del glucosio o del materiale di riserva per produrre energia.

Processo di sintesi Processo di formazione e rigenerazione.

Azione catalizzatrice Azione che consiste nell'accelerazione delle reazioni chimiche.

Acqua, sali minerali e vitamine

L'acqua

È la principale componente inorganica del corpo umano e rappresenta quasi il 60% del peso corporeo. **Non fornisce energia ma è essenziale per la sopravvivenza**: bastano due giorni senza apporto idrico per causare rilevanti alterazioni metaboliche che possono condurre anche alla morte.
Il fabbisogno giornaliero di acqua per mantenere lo stato di buona salute è pari a circa 2,5-3 litri. L'acqua si assume attraverso alimenti e bevande e, in minor parte, si forma nell'organismo in seguito ai **processi di ossidazione**. Non è dunque necessario bere 3 litri d'acqua al giorno: tale quantità deve essere assunta globalmente, tenendo conto delle differenti fonti di provenienza (frutta, verdura, alimenti vari).

1. È sufficiente una perdita d'acqua del 2% contenuta nel nostro corpo per creare alterazioni che influiscono sul rendimento fisico. Quando si arriva al 5% subentrano i crampi.

I sali minerali

Sodio, calcio, magnesio, fluoro, fosforo, ferro **non sono sostanze energetiche** ma **regolano le reazioni chimiche** che liberano energia. Intervengono negli scambi di sostanze tra il sangue e le cellule del corpo e nel mantenimento dell'equilibrio idrosalinico. Svolgono anche **funzione plastica** poiché entrano nella costituzione di ossa e muscoli e di molecole essenziali quali l'emoglobina nel sangue e la mioglobina nei muscoli. Sono dunque **fattori fondamentali per il buon funzionamento dell'organismo**.
Si assumono con gli alimenti (acqua, frutta, verdura ecc.) e vengono assorbiti a livello intestinale. Devono essere introdotti giornalmente perché in parte si perdono attraverso la sudorazione; se si svolge una normale attività fisica il loro apporto è largamente assicurato da una dieta bilanciata e non è giustificata l'assunzione di bevande integratrici saline.

2. Sia sali minerali che vitamine si trovano in frutta e verdura.

Le vitamine

Sono micronutrienti indispensabili al funzionamento dell'organismo. Esse **non forniscono energia** ma svolgono un'importante **funzione protettiva e regolatrice**: agiscono come fattori di crescita, rafforzano le strutture nervose, aumentano la resistenza alle infezioni e intervengono in tutte le reazioni organiche con funzione di controllo delle attività biochimiche. Hanno, inoltre, importanza fondamentale nel metabolismo dei grassi e dei carboidrati.
Devono essere introdotte con l'alimentazione: il fabbisogno giornaliero di vitamine, contenute soprattutto nella frutta e nella verdura, è ampiamente garantito da una dieta equilibrata.

Le sostanze nutritive

1. Gli zuccheri sono la principale fonte di energia fornita all'organismo dagli alimenti.

"Ricordati di non mangiare troppo!"

I glucidi

I glucidi (dal greco *glykerós*, "dolce"), detti anche zuccheri o carboidrati, sono la principale fonte energetica fornita all'organismo dagli alimenti e rappresentano un combustibile di pronto impiego.
Si dividono in:

- **glucidi semplici** o **monosaccaridi**, se composti da una sola molecola (come glucosio, fruttosio, galattosio);
- **disaccaridi**, composti da due molecole di monosaccaridi (come maltosio, lattosio e saccarosio);
- **glucidi complessi** o **polisaccaridi**, se composti da più molecole di monosaccaridi (gli amidi, il glicogeno e la cellulosa).

I **glucidi semplici** sono alimenti facilmente digeribili e quindi subito utilizzabili. Una volta giunti nell'intestino tenue, vengono velocemente veicolati al fegato che li metabolizza trasformandoli in **glucosio**. Il glucosio viene a sua volta trasportato dal sangue alle cellule che lo trasformano in energia. Sono contenuti nella frutta, nella verdura, nel miele.
I **glucidi complessi** devono essere scomposti e vengono digeriti più lentamente. Non sono quindi immediatamente disponibili come quelli semplici, tuttavia costituiscono un **importante serbatoio di riserva energetica**. Sono contenuti nella pasta, nel pane, nei legumi, nei tuberi e nel latte.
Vi sono poi alcuni glucidi complessi (come la cellulosa o fibra, presente nei vegetali) che l'organismo umano non è in grado di assorbire: essi svolgono **importanti funzioni di regolazione del transito intestinale** dei vari alimenti.

2. Un piatto semplice come la pasta con le verdure fornisce i carboidrati necessari a una dieta equilibrata ed è facilmente digeribile.

Il glucosio

La fonte energetica direttamente utilizzabile dall'organismo è il **glucosio**. Esso è presente come tale (monosaccaride) in tutte le cellule; si trova invece immagazzinato sotto forma di **glicogeno** (glucide complesso formato da molte molecole di glucosio) nei muscoli (circa 300 g) e nel fegato (circa 90 g).
Il glucosio captato dai muscoli scheletrici e dai tessuti viene utilizzato a scopo energetico o, se in abbondanza, immagazzinato come glicogeno.
Quando le riserve di glicogeno sono sature, viene trasformato in grasso e immagazzinato nelle cellule adipose.

I lipidi

I **lipidi** (dal greco *lípos*, "grasso") o **grassi** sono i nutrienti con il più alto potere calorico: producono circa il doppio di energia degli altri nutrienti. Svolgono funzione energetica, di termoregolazione, sono veicolo per sostanze essenziali come le **vitamine liposolubili** e fanno da supporto per gli organi interni (grasso strutturale). Vengono prevalentemente immagazzinati nel tessuto adiposo per essere portati, quando necessario, alle cellule che li utilizzano per produrre energia. Si distinguono in:

- **lipidi semplici** (trigliceridi), che rappresentano i grassi di deposito; hanno prevalentemente una funzione energetica e costituiscono circa il 10% del peso corporeo;
- **lipidi complessi** (fosfolipidi), che rappresentano i grassi strutturali e costituiscono le membrane cellulari; hanno principalmente una funzione plastica e regolatrice.

GLOSSARIO

Vitamine liposolubili Sono le vitamine A, D, K presenti nel fegato, e la vitamina E, presente in tutti i tessuti. Esse si assimilano attraverso i lipidi e possono essere accumulate nei grassi di deposito dell'organismo.

I cibi che forniscono oli e grassi possono essere d'**origine animale** (latte, burro, formaggi, carni, salumi) o d'**origine vegetale** (olio d'oliva e di semi). Questi ultimi sono i più importanti dal punto di vista biologico perché, a differenza dei grassi animali, non innalzano il valore del colesterolo.

I protidi

Le **proteine** (dal greco *próteios*, "di prima qualità, primario") costituiscono e rinnovano le cellule dei tessuti dell'organismo, svolgendo una **funzione plastica ed enzimatica**. Solo in parte assolvono funzione energetica.
Sono formati da unità semplici, dette **aminoacidi** (AA), che legandosi tra loro e con altre molecole formano catene a struttura più o meno complessa caratterizzante le diverse proteine.
Gli **aminoacidi ordinari**, contenuti nelle proteine assunte con l'alimentazione, sono una ventina. Tra essi otto sono considerati **aminoacidi essenziali** e vanno introdotti giornalmente con la dieta perché l'organismo non può sintetizzarli e la loro mancanza preclude la formazione di nuove proteine o tessuti.
Gli alimenti d'**origine animale** (carne, pesce, uova, latte e suoi derivati) sono quelli che contengono proteine ad "**alto valore biologico**" perché possiedono tutti gli aminoacidi essenziali.
Le proteine d'**origine vegetale** sono contenute nei legumi e nei cereali (pasta, pane, piselli, fagioli, soia ecc.). Esse sono prive di alcuni aminoacidi essenziali e vanno quindi integrate per costruire complessi proteici ben equilibrati (per esempio: latte e cereali).

LA QUOTA MINIMA DI LOGORIO

*Poiché l'organismo degenera, anche a riposo, una certa quantità di proteine, una certa quota di aminoacidi essenziali deve essere assicurata giornalmente. Tale quantità è detta **quota minima di logorio e corrisponde a circa 30 g**. Il fabbisogno giornaliero totale di proteine (1g/kg di peso corporeo), invece, varia in relazione all'età e al tipo d'attività fisica. È maggiore negli sportivi per il continuo ricambio dei tessuti muscolari sottoposti a elevati carichi di lavoro (1,5-2g/kg).*

Una dieta equilibrata

Quantità e qualità

Livelli di assunzione raccomandati elaborati dalla Società italiana di nutrizione (SINU)

ADOLESCENTI

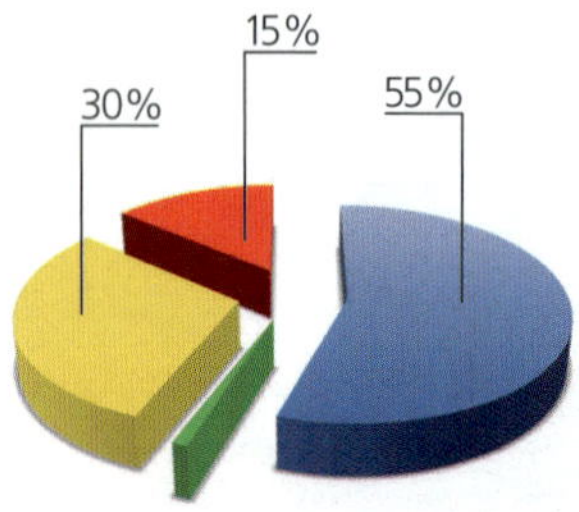

Una dieta equilibrata deve tenere conto sia della quantità sia della qualità degli alimenti di cui è composta. Deve comprendere tutti i nutrienti e assicurare l'equilibrio tra energia spesa ed energia introdotta per non rischiare di assumere troppo cibo o, al contrario, di mangiare troppo poco.
La distribuzione ottimale delle sostanze nutritive nella razione alimentare secondo la Società italiana di nutrizione è definita nei cosiddetti **L.A.R.N.**, che sono i *livelli di assunzione raccomandati*:

- **glucidi 55%**;
- **lipidi 30%**;
- **protidi 15%**;
- **sali minerali e vitamine**.

Per definire le percentuali dei nutrienti nel fabbisogno alimentare totale ci si basa **principalmente sulle necessità proteiche** dell'organismo, che sono le più importanti per la rigenerazione dello stesso e che non devono mai scendere sotto la quota di logorio (30 g). La percentuale del fabbisogno totale, non coperta dalle proteine, sarà poi ripartita tra glucidi e lipidi.
La **quota glucidica** deve coprire la massima parte del valore calorico nella dieta (55-60%) perché gli zuccheri sono nutrienti facilmente digeribili e possono essere ingeriti in gran quantità, dando come prodotto terminale o di scarto H_2O e CO_2 (acqua e anidride carbonica), allontanabili dall'organismo senza sovraccarico su alcun organo o sistema.
La **quota lipidica** occupa ben il 30% del valore calorico giornaliero. L'importanza principale dei grassi nella dieta, oltre alla funzione di riserva energetica, è però legata al **trasporto di alcune sostanze essenziali** e al fatto che, essendo dei condimenti, **migliorano l'appetibilità dei piatti** condizionando la secrezione dei succhi digerenti; svolgono dunque un ruolo fondamentale nella digestione che altrimenti potrebbe risultare scarsa o insufficiente.

1. Lo schema della piramide alimentare può essere un valido aiuto per bilanciare nella dieta quantità e qualità degli alimenti.

LA PIRAMIDE ALIMENTARE

Nella scelta degli alimenti e delle quantità da introdurre nella tua dieta, per non rischiare di esagerare con le calorie e trovarti in sovrappeso, puoi aiutarti con lo schema della cosiddetta "piramide alimentare".
La piramide è divisa orizzontalmente in diversi settori, ciascuno dei quali corrisponde a una tipologia di alimento e al "peso" che esso deve avere in un'alimentazione sana: alla base vi sono l'acqua e i cibi da consumare quotidianamente e in quantità maggiore, al vertice quelli da assumere con moderazione.

Alimentazione e sport

Alimentazione e performance

Anche se non esistono diete miracolose in grado di migliorare la prestazione, una sana alimentazione contribuisce a mantenere l'organismo in forma, favorendo le possibilità di una buona performance.

L'efficacia della dieta dipende dal suo adeguato apporto calorico, dalla composizione e dalla giusta distribuzione degli alimenti durante le varie fasi del programma sportivo (*preparazione, gara* e *recupero*). Deve quindi tenere conto delle caratteristiche fisiche dell'atleta, del tipo di allenamento che svolge e della programmazione degli impegni agonistici.

Nel periodo di allenamento lontano dalla gara, l'alimentazione dello sportivo sarà normale. Egli dovrà solo fare attenzione all'**aumento del fabbisogno energetico** e **rigenerativo** dovuto all'intensità degli allenamenti.

Nel periodo di allenamento pre-gara (2 o 3 giorni prima della gara), l'alimentazione dovrà tenere presente le caratteristiche della gara stessa e dovrà considerare il **progressivo impoverimento delle scorte di glicogeno** che si verifica durante la performance. L'atleta cercherà di aumentare **le riserve di glicogeno muscolare** attraverso una dieta **leggermente iperglucidica (70-75% dell'ETG) e allenamenti brevi e di bassa intensità**.

GLOSSARIO

ETG Energia totale giornaliera. È l'energia necessaria per svolgere, oltre alle semplici funzioni vitali, tutte le attività della nostra giornata (quotidiane e sportive).

I CONSIGLI PER GLI ATLETI

Un atleta attento avrà cura di:

- *consumare i pasti completi almeno 3-4 ore prima dell'allenamento o della gara, favorendo cibi più velocemente digeribili come pasta o verdure;*
- *adottare una dieta a prevalente carico dei carboidrati, preferendo gli zuccheri complessi (pasta, riso, biscotti secchi), per il loro graduale assorbimento, agli zuccheri semplici (zuccheri, miele, frutta);*
- *reintegrare, nei primi 30 minuti dopo l'attività, le perdite di liquidi e di glicogeno con bevande zuccherate o frutta fresca di facile assorbimento;*
- *non mettersi a tavola prima che sia trascorsa almeno 1 ora dalla fine dell'allenamento, per permettere il ritorno del sangue agli organi della digestione, preferendo un pasto poco calorico (un passato di verdura o un brodo);*
- *innalzare leggermente la quota di proteine giornaliere (fino a 1,8-2,0 g/kg di peso corporeo) per rigenerare le proteine muscolari usurate con l'attività;*
- *reintegrare le perdite di acqua bevendo poco e spesso;*
- *in caso di sudorazione abbondante, assumere bevande contenenti acqua, sali minerali e zuccheri semplici.*

Un "respiro di sollievo"

Dopo un'interrogazione o un esame, dopo una gara o uno spavento, quante volte hai detto a te stesso: "Ora posso tirare un respiro di sollievo!", vale a dire: "Adesso posso davvero rilassarmi!". Respirazione e rilassamento sono infatti strettamente legati tra loro. La respirazione è alla base di tutte le tecniche di rilassamento e, se vogliamo imparare a rilassarci davvero, dobbiamo cominciare proprio con il prendere coscienza di come respiriamo.

Impariamo a respirare

Se osservi i tuoi compagni ti accorgerai di come vi siano diversi modi di respirare: chi respira con la pancia, chi con l'addome retratto e un accentuato movimento del torace, chi innalzando le spalle e le clavicole. In realtà i diversi tipi di respirazione che vedi sono fasi di un **unico atto completo e complesso**.

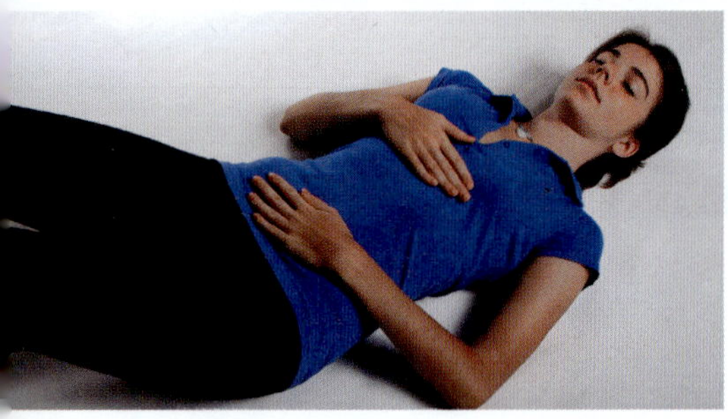

1. Appoggiare le mani sull' addome esterno aiuta a percepire con più precisione il movimento delle parti corporee coinvolte nella respirazione.

LA RESPIRAZIONE ADDOMINALE Si esplica ad opera del diaframma, il muscolo respiratorio principale, posto a cupola sotto la gabbia toracica. Esso contraendosi si abbassa, aumentando lo spazio longitudinale a disposizione per l'espansione dei polmoni, e comprime i visceri sottostanti spingendoli contro la parete addominale. È per questo che ti sembra che la "pancia si gonfi"!

Questo tipo di respirazione è la più economica e naturale e basta da sola a svolgere le normali attività della vita di relazione, cioè quando non stai praticando un'attività fisica impegnativa.

Se ti sdrai a terra con le gambe piegate e metti una mano sulla pancia (addome) e l'altra un po' più in alto, sullo sterno, puoi esercitarti a respirare "solo" con l'addome spingendo l'aria sotto l'ombelico fino a che la pancia comincia a gonfiarsi come un palloncino.

LA RESPIRAZIONE TORACICA Si attiva quando la necessità di ossigeno aumenta, per esempio durante l'attività sportiva. I polmoni possono espandersi anche in senso trasversale grazie all'ampliamento della cassa toracica ad opera dei muscoli inspiratori che agiscono sulle coste.

Se appoggi due oggetti piatti sull'addome e sul torace puoi giocare con le due respirazioni cercando di sollevare e abbassare solo uno dei due oggetti.

LA RESPIRAZIONE CLAVICOLARE Agisce in caso di ulteriore necessità di ossigeno e permette il riempimento della parte superiore del polmone per innalzamento della clavicola e delle prime coste ad opera di altri muscoli accessori della respirazione.

Se porti le mani alla base del collo ed esegui un'inspirazione profonda, puoi percepirne il movimento.

LA RESPIRAZIONE COMPLETA Dovrebbe integrare i tre tipi di respirazione esaminati sopra in un unico movimento naturale e armonioso, ampio, ritmico, regolare, fluido e, nel suo complesso, quasi impercettibile.

Ci si può esercitare partendo da supini, prima di provare da in piedi, seduti e in spostamento.

2. Un luogo tranquillo e una posizione confortevole facilitano il controllo della respirazione e del rilassamento.

Impariamo a rilassarci

Partendo dalla presa di coscienza della respirazione, puoi cominciare a "esplorare" il tuo stato interiore. Sapersi ascoltare non è però sempre facile né piacevole. In un primo momento puoi provare sensazioni anche fastidiose e, a volte, occorrono più tentativi per riconoscere i segni della decontrazione muscolare. Questi segnali sono comunque importanti e indispensabili. A poco a poco si affinerà la tua capacità percettiva e riuscirai a riconoscere le sensazioni interne.
Ecco alcuni suggerimenti per favorire il rilassamento.

- **L'ambiente:** cerca un ambiente tranquillo, arieggiato e adeguatamente riscaldato (il freddo non favorisce il rilassamento).
- **La superficie:** trova una superficie che non sia né rigida né eccessivamente cedevole.
- **La posizione:** le prime volte rilassati da supino, in seguito anche in altre posizioni (il suggerimento è quello di trovare una posizione comoda che possa essere mantenuta per tutto il tempo di esecuzione). Cerca di conservare la posizione iniziale senza muoverti, anche se può sembrarti fastidiosa: se porti l'attenzione sulla parte che duole, a poco a poco le sensazioni dolorose si attenueranno fino a scomparire.
- **L'abbigliamento:** deve essere comodo. Se possibile, stai a piedi nudi.
- **Come rilassarsi:** mantieni gli occhi chiusi in modo che le informazioni visive non siano di disturbo e l'attenzione sia posta completamente sui cambiamenti dello stato interno del corpo (la tensione dei muscoli, i tendini e i legamenti, le articolazioni, la temperatura, il peso del corpo o di una sua parte, il fluire del sangue e così via).
- **L'atteggiamento mentale:** il corretto atteggiamento mentale è quello della distensione: bisogna richiamare immagini mentali capaci di influenzare positivamente l'equilibrio di mente e corpo. Per esempio, prova a immaginare di trovarti in riva a un lago, o di galleggiare sulla superficie del mare lasciandoti trasportare dalle onde, di volteggiare tra le nuvole o di distenderti su un prato con l'erba appena tagliata.

Nella **prima fase del rilassamento** ricerca il completo abbandono delle tensioni e la distensione della mente; nella seconda fase del rilassamento cerca di concentrare e indirizzare l'energia che è parte e conseguenza della quiete raggiunta. Le prime volte lasciati guidare da un insegnante che ti accompagna attraverso le immagini e il suono lungo il tuo percorso di scoperta del corpo; in seguito, prova a ricercare e ricostruire le sensazioni autonomamente.

"Chiudi gli occhi e respira profondamente!"

Perché il sonno è importante

Il sonno è una necessità dell'uomo, un momento fondamentale di riposo e rigenerazione di tutto l'organismo. La sua mancanza riduce la vigilanza, la memoria e la concentrazione e danneggia le prestazioni fisiche. Chi è privato del sonno per lunghi periodi va incontro a forti variazioni dell'umore e disturbi, che possono arrivare anche alle allucinazioni.
Dormire è importante per mantenere un buon equilibrio psicofisico. È infatti durante il sonno che viene rilasciato l'**ormone della crescita**, indispensabile per stimolare nei giovani le naturali fasi di accrescimento e mantenere negli adulti una funzione emozionale e sociale ottimale durante il giorno.

1. Se il soggetto viene svegliato in fase REM, è ancora "nel" sogno, e quindi lo ricorda perfettamente.

Le fasi del sonno

Il sonno è diviso in **cicli**, che hanno una durata variabile da individuo a individuo e che si ripetono durante la notte. La differente lunghezza dei cicli, determinata geneticamente, è una delle ragioni per le quali alcuni individui hanno bisogno di dormire più di altri.
In genere i **cicli di sonno** sono 4-5 per notte (di circa 90-110 minuti); a seconda della lunghezza del ciclo, si faranno nella notte più o meno cicli.
Ogni ciclo è composto da **cinque stadi**.
Lo **stadio 1** è la **sonnolenza**, o fase dell'addormentamento, di breve durata (circa 5-10 minuti).
Lo **stadio 2** è quello del **sonno leggero**, che è il più lungo (circa 45 minuti). In questa fase sia le onde cerebrali sia il battito cardiaco rallentano e la temperatura corporea diminuisce. Lo stadio 2 del sonno è una fase dalla quale bisogna sempre passare per scendere nel sonno profondo.
Seguono **due fasi di sonno profondo**, lo **stadio lento 3** e lo **stadio lento profondo 4** (circa 30 minuti). In queste fasi le onde cerebrali sono estremamente lente. Non ci sono movimenti oculari né attività muscolare: è il momento del massimo **recupero fisico**.
L'ultimo stadio è la **fase REM** (*Rapid Eye Movement*), che occupa all'incirca il 20% del tempo totale del sonno. Questa fase è caratterizzata dai "movimenti rapidi degli occhi", che si spostano in varie direzioni, dall'aumento della frequenza cardiaca (che può raggiungere anche i 180 battiti al minuto nonostante l'assenza di impegno fisico), dalla respirazione irregolare e dalla mancanza di termoregolazione. È come se il cervello si scollegasse dal resto del corpo.
In questa fase, che è anche "la fase dei sogni", avviene il **recupero psichico**.

GLOSSARIO
Cicli di sonno Per ciclo di sonno si intende il tempo tra il momento in cui ci si addormenta e la fine di una fase REM o tra la fine di una fase REM e un'altra fase REM.

Coricarsi presto per dormire meglio

Il numero dei **cicli di sonno** e il tempo di ogni fase all'interno di un ciclo dipendono dall'ora in cui si va a dormire.
La prima parte della notte è la più ristoratrice perché è la più ricca di sonno len-

Anche il numero di ore di sonno che riesci a fare dipende dall'ora in cui vai a dormire! Vediamo perché.
L'alternarsi di sonno e veglia segue un **ritmo circadiano** *collegato al ciclo luce-buio.*
La mancanza di luce stimola la produzione di ***melatonina****, un ormone che induce il sonno, mentre l'arrivo della luce riduce la sua presenza nel sangue permettendo il risveglio.*
Anche quando sei in vacanza e puoi dormire a lungo, senza preoccuparti degli orari della scuola, se vai a dormire entro la mezzanotte riuscirai facilmente a dormire fino alle 8 del mattino, ma se vai a dormire molto tardi difficilmente riuscirai a dormire per le successive otto ore perché l'organismo rispetta il suo ritmo circadiano e, nonostante la stanchezza, tenderà a svegliarsi alla solita ora e con la luce del giorno.

GLOSSARIO

Ritmo circadiano Dal latino *circa diem*, "circa un giorno". È un ciclo di circa 24 ore durante il quale negli esseri viventi avvengono variazioni periodiche dei processi fisiologici.

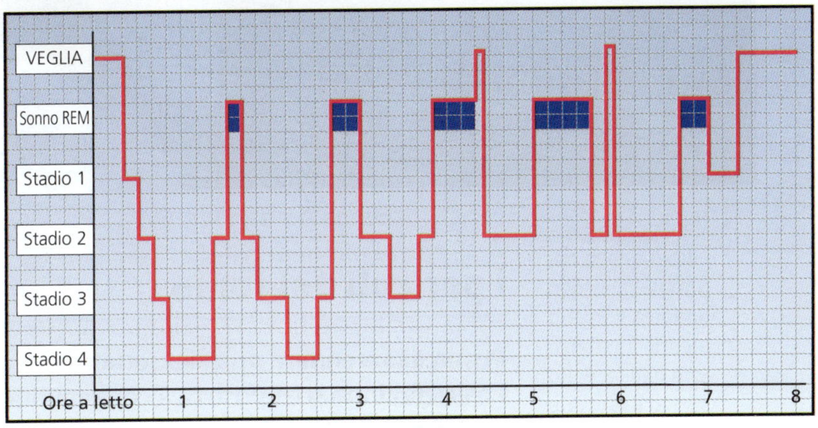

to profondo. Nel corso della notte **le fasi di sonno lento profondo 4** diminuiscono progressivamente per lasciare maggiore spazio alle **fasi REM**. Questo significa che più tardi vai a dormire, più "perdi" il tempo dedicato al sonno lento profondo.
Quando si dorme rispettando il proprio ciclo naturale di sonno, si ha un "primo ciclo" con *sonno lento profondo 4* ampio e una fase molto corta di *sonno REM*. Nel successivo ciclo di sonno, che come tempo è complessivamente uguale al primo, aumenterà il tempo della fase REM.
Se vai a dormire sempre alla stessa ora avrai sempre un "primo ciclo" con sonno lento profondo ampio e sonno REM breve. Quando vai a dormire più tardi, "salti" il reale primo ciclo del sonno e passi subito a un diverso "primo ciclo" con una fase REM più lunga a scapito di una fase di sonno lento profondo 4 più breve.
Se infine vai a coricarti ancora più tardi, il "primo ciclo" del tuo sonno avrà una fase REM molto più lunga e un sonno lento profondo 4 quasi inesistente.
Ricordati però che è nel sonno lento profondo che avvengono gli adattamenti per il recupero fisico! Non è dunque la stessa cosa andare a dormire più tardi!
Anche se puoi prolungare durante la giornata le tue ore di sonno (per esempio la domenica o in vacanza), a parità di quantità di ore di sonno quello che cambia è la qualità del sonno e il tipo di recupero che puoi avere.

Qualche consiglio per un buon sonno

- Mantieni degli orari fissi: cerca di andare a letto e di svegliarti più o meno alla stessa ora.
- Quando è il momento di dormire oscura la stanza ed elimina i rumori.
- Se puoi evita il sonnellino durante il pomeriggio.
- Non andare a letto subito dopo una cena copiosa.
- Evita di bere bevande a base di cola, tè, caffè prima di dormire: la caffeina rimane attiva nell'organismo a lungo e rende difficile addormentarsi.

"Questa notte non ho chiuso occhio!"

Il tabacco

1. La nicotina crea dipendenza nei fumatori perché innalza il livello di alcune sostanze che nel cervello sono associate a sensazioni di piacere.

Negli ultimi decenni la ricerca scientifica ha reso inequivocabilmente chiaro il **rapporto attivo tra fumo e numerose malattie** quali il tumore ai polmoni, la bronchite cronica e l'enfisema polmonare. Il fumo uccide, eppure la sigaretta continua a rappresentare per troppi ragazzi un simbolo del passaggio all'età adulta, quasi che con una sigaretta in bocca ci si sentisse più sicuri, più grandi, parte del gruppo, senza considerare i danni che le sostanze in essa contenute producono a breve e a lungo termine sull'organismo.

I pericoli del fumo

Prima di accendere una sigaretta rifletti sulle conseguenze a cui vai incontro. L'**assuefazione** al fumo arriva con rapidità e gli effetti dell'**intossicazione cronica** si sommano in maniera progressiva nel tempo, creando le premesse per ulteriori danni all'organismo, in particolare all'apparato cardiocircolatorio.
Il rischio di sviluppare una malattia correlata al fumo è strettamente dipendente alla precocità di inizio dell'abitudine.

LA NICOTINA È la sostanza nociva più nota contenuta nel tabacco. Essa è assimilabile a una droga perché, agendo sul sistema nervoso centrale, provoca assuefazione. È un veleno vegetale che entra nell'organismo con il fumo: dai polmoni passa nel sangue e raggiunge velocemente il cervello; la parte non assorbita viene bruciata e in parte rimane nel mozzicone e nel filtro della sigaretta.

L'OSSIDO DI CARBONIO La combustione incompleta del tabacco forma l'ossido di carbonio, un gas incolore e inodore in grado di fissarsi all'emoglobina del sangue sostituendosi all'ossigeno. Per questo motivo il sangue del fumatore risulta poco ossigenato; ciò determina una sensibile diminuzione della capacità respiratoria e di sopportare la fatica.

IL CATRAME Si forma dopo che, aspirando, si estrae la nicotina e il vapore acqueo dal fumo. Esso si concentra nell'ultima parte della sigaretta, vicino al filtro, facendo diventare quelle "ultime boccate" le più pericolose. Le particelle fini di catrame inspirate condensandosi si depositano nei polmoni e sono responsabili della maggior parte delle malattie polmonari, in particolare del cancro.

IL FUMO PASSIVO Quando fumi danneggi sia te stesso che gli altri! La parte di nicotina che non supera la barriera alveolare viene espirata e rimandata all'esterno con il fumo residuo, creando le premesse per il fumo passivo, particolarmente nocivo per bambini e anziani, che hanno ridotte capacità di difesa.

"Il fumo uccide!"

L'alcol

Nella nostra cultura vi è un alto consenso sociale relativo al consumo di bevande alcoliche. L'"iniziazione" avviene spesso in famiglia, con un consumo che potremmo definire "alimentare" (ossia durante i pasti). Le bevande alcoliche sono in libero commercio, facilmente reperibili e relativamente di basso costo. Il consumo e l'abuso di alcol tra giovani e giovanissimi ha oggi però assunto caratteristiche preoccupanti: inizia quasi per gioco, legato alla cultura dello stare insieme e del divertirsi, ma si trasforma velocemente in abitudine a piccole quantità di alcol, determinando la necessità di assumere alcol con assiduità, come avviene per la droga.

L'alcol e i suoi effetti

L'**alcol** si ottiene dalla fermentazione e distillazione degli zuccheri presenti nella frutta e nei cereali; una volta ingerito, è assorbito dal tratto digerente, passa nel sangue e raggiunge il fegato, dove viene metabolizzato. Viene poi eliminato attraverso le vie respiratorie, i reni e, in piccola parte, attraverso la traspirazione. **Svolge la sua azione prevalentemente a livello del sistema nervoso**.
Il fegato può metabolizzare circa 10-15 g di alcol per ora, impiega dunque molte ore per smaltirne un'ingente quantità. La parte di alcol non metabolizzata resta in circolo e raggiunge tutte le cellule, comprese quelle del sistema nervoso centrale dove agisce provocando un senso di **ebbrezza e disinibizione**. È per questo che, inizialmente, piccole dosi di alcol sembrano facilitare le relazioni sociali!
Quando la quantità in circolo si eleva, la persona va incontro a una **fase depressiva**: si indebolisce la capacità d'ideazione e di pensiero, vengono compromessi la coordinazione motoria, l'equilibrio, la vista e la parola. In questa fase chi beve tende spesso a isolarsi e a continuare a bere. La continua assunzione di alcol porta a stati di sonnolenza, confusione, perdita di coscienza, coma etilico e, nei casi più gravi, la morte.

I pericoli dell'alcol

- L'alcol è una sostanza tossica, potenzialmente cancerogena, capace d'indurre dipendenza in modo superiore a molte sostanze stupefacenti.
- L'eccesso di alcol altera la funzionalità del fegato e può portare a cirrosi epatica; causa un cattivo assorbimento delle vitamine, aumento di grassi nel sangue, calo delle difese immunitarie, aritmie e scompensi cardiaci.
- I giovani sotto i 16 anni sono più vulnerabili ai suoi effetti perché il loro organismo ha minore capacità di metabolizzarlo.
- I ragazzi per lo più non sono in grado di capire quando "sono sbronzi"; le tristi conseguenze sono le "stragi del sabato sera" .
- L'alcolista nasconde facilmente il suo problema perché non assume comportamenti illegali: accumula alcol nell'arco della giornata, durante incontri al bar, di lavoro o tra amici, ma, soprattutto, in solitudine.

"Per divertirsi non è necessario bere!"

Che cos'è il doping

GLOSSARIO

Doping Dall'inglese *to dope*, "drogare", è il ricorso a sostanze o metodiche per migliorare artificiosamente le proprie prestazioni fisiche.

Atto sportivo illecito Comportamento contrario ai principi di lealtà (rispetto di regole e avversari) e correttezza propri dello sport.

Una pratica illecita

Per **doping** si intende *"l'uso di sostanze o metodiche che, per natura, dosaggio, metodo e applicazione, sono nocive alla salute e/o possono migliorare artificiosamente la prestazione fisica"* (Codice antidoping, 1° gennaio 2000). Poiché il doping altera artificiosamente i risultati ottenuti con gli allenamenti, è una pratica illecita, contraria al principio di correttezza caratteristico dello sport.

Perché combattere il doping?

La pratica del doping è un **atto sportivo illecito** per diversi motivi.

- Essa costituisce un **vantaggio acquisito slealmente**. Ogni sport contempla, oltre alle regole di gioco, anche dei divieti, come il divieto di partenza anticipata (falsa partenza) o la proibizione di far uso di equipaggiamento non regolamentare. Il rispetto delle regole serve a garantire a tutti i partecipanti uguali condizioni di partenza; l'infrazione di tali regole viene dunque punita con la squalifica o con la sospensione dalle gare.
- L'uso indiscriminato di farmaci provoca **rilevanti danni organici**. Tutti i farmaci hanno un definito **indice terapeutico** che deriva dal rapporto fra effetti curativi e tossici. Nessuna delle sostanze dopanti agisce solo dove si vorrebbe. Sono coinvolte più parti dell'organismo e i danni organici, spesso irreversibili, a volte mortali, si scoprono anche a distanza di anni.
- La pratica del doping ha una **diffusione preoccupante tra i giovani**. In passato si assumevano farmaci solo quando si era malati; oggi invece vi si ricorre per ogni piccolo disturbo. Talvolta diventano addirittura un supporto per affrontare, svolgere e migliorare le normali attività professionali. Nello sport questo si traduce nella convinzione che per vincere sia necessario essere sostenuti da qualcosa di artificiale, a discapito del corretto spirito sportivo basato sul sacrificio e sulla costanza dell'allenamento. Si insinua nelle abitudini dei giovani una sorta di doping "artigianale": ingeriscono sostanze di cui non conoscono del tutto, o per nulla, gli effetti.

Per combattere il doping è **necessario**:

- **comprendere** che i farmaci sono mezzi indispensabili per far fronte alle malattie e non per migliorare l'efficienza fisica;
- **essere ben consapevoli** che qualunque sperimentazione di farmaci su soggetti sani è da considerarsi un atto illecito;
- **combattere** l'atteggiamento remissivo che considera il doping ormai così diffuso da non permettere ai nuovi atleti di emergere senza farne uso;
- **ricordarsi** che le prestazioni si migliorano con **adeguati stili di vita**, una **corretta alimentazione** e una buona **programmazione degli allenamenti**.

Il vero confronto con il proprio avversario deve rimanere un confronto fra atleti e non tra farmaci!

La World Antidoping Agency

Nel 2009 l'Agenzia internazionale contro il doping (WADA, *World Antidoping Agency*) per contenere questo fenomeno che investiva sempre più violentemente il mondo sportivo sia professionistico sia amatoriale ha approvato un nuovo **Codice antidoping** (**Codice WADA**). Il Codice **amplia il concetto di doping** affermando la responsabilità penale non solo per chi utilizza ma anche per chi procaccia, prescrive e/o somministra i farmaci o cerca di alterare i risultati delle analisi (dunque tutti questi comportamenti costituiscono reato); inoltre ha istituito una *Commissione di vigilanza e controllo sul doping* che **aggiorna ogni 6 mesi** l'elenco delle sostanze e delle pratiche mediche che devono essere considerate doping.

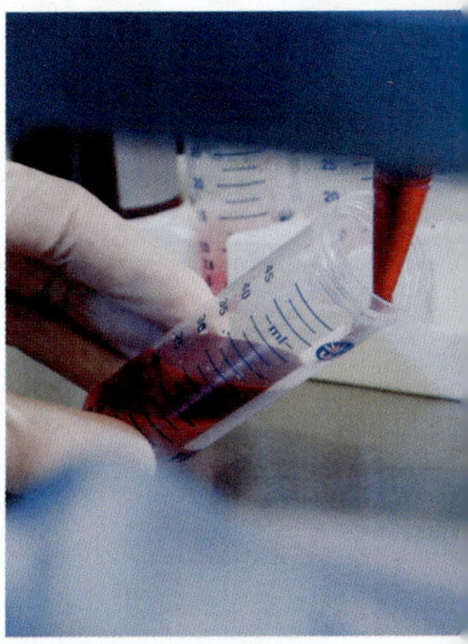

1. Il campione di sangue prelevato a un atleta viene conservato in un contenitore sigillato, che sarà poi portato in un laboratorio dove verrà eseguito il controllo antidoping.

Il Codice WADA

Secondo il **Codice WADA**, il doping è: il "**verificarsi di una o più violazioni delle norme sportive antidoping contenute nel Codice mondiale antidoping**".
In particolare sono considerate violazioni del Codice:

- **l'uso o il tentativo di uso e anche il solo possesso** (anche da parte del personale di supporto dell'atleta) di una sostanza vietata o di un metodo proibito (durante la competizione o fuori dalla competizione);
- **il rifiuto o l'omissione**, senza giustificato motivo, di sottoporsi a prelievo di controllo;
- **l'omessa comunicazione** di informazioni utili per la reperibilità dell'atleta chiamato a test antidoping;
- **la manomissione o il tentativo di manomissione** di una qualsiasi fase dei controlli antidoping;
- **il traffico o la somministrazione** di sostanze vietate o di metodi proibiti.

Il Codice WADA inoltre:

- sancisce il principio della **responsabilità oggettiva dell'atleta** (*strict liability*), in base al quale ogni atleta è responsabile per la presenza di una sostanza vietata nel proprio campione di urina o sangue;
- richiede la **reperibilità degli atleti**, che devono poter essere sottoposti ai controlli a sorpresa anche fuori gara, ritenendo doping anche la ripetuta mancata reperibilità per sottoporsi a tali controlli;
- pretende che ogni assunzione di farmaci venga **motivata da cause cliniche** espressamente dichiarate e comprovate.

GLOSSARIO

Passaporto biologico Profilo dell'atleta con i valori del sangue e delle urine, elaborato in base ad almeno sei controlli a sorpresa eseguiti nell'arco dell'anno.

La frequenza dei controlli antidoping dovrebbe consentire di valutare i reali valori fisiologici naturali dell'atleta, che andrebbero così a comporre una sorta di "**passaporto biologico**" e una possibile via d'individuazione del doping.

La Nuova lista antidoping

La Nuova lista antidoping entrata in vigore il 1° gennaio 2009 comprende nuove e diverse categorie:

1 sostanze e metodi sempre proibiti (in e fuori competizione);
2 sostanze e metodi proibiti in competizione;
3 metodi proibiti;
4 sostanze proibite in particolari sport.

2. Al termine di una competizione gli atleti sorteggiati vengono direttamente accompagnati da un addetto in un apposito locale, di cui lo stadio deve essere dotato, per effettuare il controllo antidoping.

Le sostanze sempre proibite

GLOSSARIO

Ormoni Dal greco *hormôn*, "mettere in movimento".

Anabolizzante Sostanza in grado di aumentare la velocità del metabolismo delle cellule (in particolare di quelle muscolari).

Esogeno Che proviene o è assunto dall'esterno.

Virilizzazione Comparsa in una donna dei caratteri sessuali secondari tipici dell'uomo, quali aumento di massa muscolare, abbassamento della voce, riduzione del seno, perdita di capelli, aumento della peluria.

Nel codice WADA si operano alcune distinzioni tra le sostanze considerate in grado di influire sulla performance. Vi sono sostanze considerate **sempre proibite** (in e fuori competizione). Vediamone alcune.

Gli steroidi anabolizzanti androgeni (SAA)

Sono derivati sintetici del **testosterone**, **ormone** sessuale maschile responsabile delle modifiche tipiche della differenziazione sessuale maschile (caratteri sessuali secondari) e dell'aumento della massa muscolare e della forza (effetto anabolico) nell'adolescenza e nell'età adulta.
Gli steroidi **anabolizzanti** (SAA) hanno composizione e azione simile al testosterone, ma possiedono azione virilizzante ridotta. Come il testosterone, aumentano la massa muscolare e la resistenza allo sforzo permettendo allenamenti intensi e conseguentemente più efficaci; riducono la massa grassa e favoriscono il recupero dopo lavori intensi. Una loro assunzione ingiustificata, però, altera la funzionalità di tiroide, fegato e reni, con alta incidenza di tumori al fegato.
L'introduzione **esogena** di ormoni che svolgono la stessa funzione del testosterone porta all'**inibizione della produzione naturale dell'ormone**, alla **perdita di elasticità del tessuto connettivo muscolare**, con conseguenti rotture tendinee, a una precoce saldatura delle cartilagini di accrescimento con **arresto della crescita staturale**. Nelle donne conduce a **virilizzazione** e provoca gravi danni all'apparato sessuale.

I diuretici e altri agenti mascheranti

Sono farmaci che favoriscono l'**eliminazione di liquidi attraverso la diuresi**. In genere vengono assunti da atleti che praticano attività sportive dove esistono categorie di peso (come la lotta, il sollevamento pesi, il pugilato) allo scopo di rientrare nella categoria di gara inferiore; queste sostanze permettono inoltre di diluire o eliminare rapidamente eventuali sostanze illecite attraverso l'urina.
Il loro impiego comporta gravi rischi. La riduzione della massa liquida interessa le cellule e il sangue circolante: l'atleta non perderà solo urina, ma subirà anche la diminuzione del volume liquido del sangue circolante, con conseguente abbassamento della pressione arteriosa e minore fluidità del sangue stesso (**rischi di trombosi**); andrà incontro a **difficoltà di termoregolazione** e al **blocco del sistema di sudorazione**, con rischio di grave disidratazione.

1. L'uso di steroidi anabolizzanti in discipline come il body building è purtroppo molto diffuso, anche nella pratica amatoriale.

2. La necessità di sopportare sforzi prolungati e intensi anche per 5 o 6 ore, senza perdere lucidità nell'azione, ha contribuito alla diffusione dell'EPO in discipline come il ciclismo.

Gli ormoni

Gli ormoni sono "messaggeri" chimici, prodotti dalle ghiandole endocrine, che agiscono su organi bersaglio. Essi trasmettono segnali da una cellula all'altra, regolando il metabolismo di specifiche cellule e organi o stimolando la produzione di altri specifici ormoni. Gli ormoni sono dunque prodotti naturalmente dall'organismo. È l'assunzione di ormoni esogeni che ha effetto dopante ed è per questo che è vietata.
Appartengono a questa categoria l'**eritropoietina** (**EPO**) e la **somatotropina** (**GH**).

L'eritropoietina

L'eritropoietina (EPO) è l'ormone che stimola la **produzione dei globuli rossi** ad opera del midollo osseo. La produzione naturale di globuli rossi dipende dal livello di ossigenazione del sangue. Quando l'apporto di ossigeno si riduce, come in alta montagna, la necessità dell'organismo di adattarsi induce la produzione di EPO nel sangue che, a sua volta, stimola la produzione di ulteriori globuli rossi. Poiché una maggiore percentuale di globuli rossi assicura una più alta capacità del sangue di fornire ossigeno ai muscoli, normalmente gli atleti ricercano questi adattamenti fisiologici svolgendo allenamenti in alta quota.
L'adattamento fisiologico in alta quota è lento e progressivo: occorrono almeno 3-4 settimane perché vi sia un aumento dal normale valore fisiologico dei globuli rossi nel sangue (45%) al **valore fisiologico massimo consentito per gli atleti** (**50%**). L'assunzione farmacologica di EPO, invece, provoca un lieve aumento già dopo 24 ore e un picco massimo dopo 4-6 giorni, senza ulteriore somministrazione, arrivando anche a raddoppiare la quota di globuli rossi circolante. Questo tipo di variazione è troppo veloce e molto pericoloso: provoca un'**elevata viscosità del sangue** che è all'origine di problemi cardiocircolatori con **aumento del rischio di trombosi, ictus e infarto cerebrale**.

"Barare è disonesto!"

La somatotropina o GH ("ormone della crescita")

Il GH (*Growth Hormone*) è l'ormone responsabile dell'accrescimento in lunghezza delle ossa. Viene prodotto naturalmente dall'organismo durante il lavoro muscolare.
Nell'adulto agisce stimolando l'efficienza del trasporto di proteine per aumentare la massa muscolare.
Il commercio e la distribuzione di quest'ormone (con scopi non terapeutici) sono considerati amorali e pericolosi perché gli effetti collaterali dell'assunzione sono gravissimi: l'aumentata viscosità del sangue può condurre a **cardiopatie**, **ipertensione** e **diabete**; l'aumento del GH esogeno altera il funzionamento della tiroide e sommandosi a quello di produzione endogena può causare **acromegalia** e **sviluppo scheletrico anomalo**.

GLOSSARIO

Acromegalia
È l'aumento delle dimensioni del cranio, delle estremità e di alcuni organi; viene comunemente definita gigantismo.

Le sostanze proibite in competizione

Alcune sostanze sono considerate doping solo quando vengono usate o ritrovate nei campioni biologici degli atleti **durante o dopo una competizione** (non nei periodi di allenamento precedenti o successivi). Talune sono vietate solo in alcune specifiche competizioni perché in grado di favorire solo quel tipo performance.

Le sostanze proibite in tutte le competizioni

Gli stimolanti

Gli stimolanti sono sostanze come le **anfetamine** e i suoi derivati, la **cocaina**, l'**efedrina** che agiscono aumentando le funzioni del sistema nervoso.
Essi innalzano la pressione del sangue, la forza contrattile del cuore e la profondità degli atti respiratori, favorendo l'irrorazione sanguigna dei muscoli scheletrici. Gli stimolanti, inoltre, aumentano concentrazione, competitività e resistenza allo sforzo e riducono la percezione della fatica.
Grazie a questi effetti farmacologici gli atleti hanno la sensazione di effettuare una prestazione eccezionale; tali sensazioni sono però seguite da una fase depressiva.
Se assunti senza una necessità terapeutica o con dosaggi sbagliati, gli stimolanti danno **assuefazione** e **dipendenza**, causano **disturbi dell'umore e del sonno**, provocano **inappetenza**, **anoressia**, **esaurimento psicofisico** e possono generare **problemi cardiovascolari**.
Nella lista antidoping approvata nel 2009 **durante la competizione è proibita l'assunzione di tutti gli stimolanti**, comprese quelle sostanze stimolanti che, essendo presenti in specialità medicinali, potrebbero essere assunte dall'atleta in modo non intenzionale, quindi non per inosservanza volontaria delle regole antidoping.
L'ignoranza non è dunque più concessa come attenuante: l'atleta non può assumere farmaci contenenti stimolanti anche se non appartengono alla lista doping o contenuti in farmaci non considerati doping.

GLOSSARIO

Assuefazione Abitudine dell'organismo a una sostanza estranea che conduce ad assumerne livelli sempre maggiori.

Dipendenza Alterato stato fisiologico provocato dalle ripetute assunzioni di una sostanza, la cui privazione provoca disturbi organici noti come sindrome da astinenza. La dipendenza psicologica è la sensazione di soddisfazione mentale provocata dall'assunzione sporadica o continua di una certa sostanza, la cui privazione determina insoddisfazione, irrequietezza psichica.

1. Narcotici e analgesici agiscono sul sistema nervoso riducendo la percezione del dolore. Per questo sono talvolta utilizzati in sport di combattimento come il pugilato.

I narcotici e gli analgesici

Fanno parte di questa categoria **morfina**, **eroina**, **metadone** e **pentazocina**. Sono sostanze derivanti dall'oppio. Agiscono direttamente sul sistema nervoso centrale permettendo di ridurre ed eliminare la percezione del dolore e inducendo un temporaneo stato di euforia che aumenta il senso di sicurezza e il prolungamento dello sforzo.
Narcotici e analgesici sono prevalentemente impiegati negli sport di contatto, come la lotta e il pugilato.
Gli atleti che senza una giustificazione terapeutica fanno uso di narcotici vanno incontro a numerosi potenziali danni fisici: il dolore è infatti un campanello d'allarme dell'organismo che suggerisce o obbliga a fermarsi. La soppressione del dolore può portare l'atleta a **ignorare lesioni traumatiche gravi** che potrebbero causargli maggiori problemi in un secondo tempo.
Particolarmente rischiosa è l'assunzione di questi farmaci in associazione con l'alcol.
L'effetto più grave è comunque l'insorgere della tossicodipendenza.

I cannabinoidi

Gli effetti dei cannabinoidi (**cannabis**, **marijuana**, **hashish**) ricercati in ambito sportivo consistono nel ridurre la tensione prima e durante la gara (aumentano la pressione sanguigna e il battito cardiaco dando una sensazione di euforia). Tuttavia nel complesso i loro effetti nuocciono alla prestazione perché **alterano la coordinazione motoria e cognitiva**, **diminuiscono la forza**, **provocano confusione mentale** e, ad alti dosaggi, **psicosi** e **allucinazioni**. Tutti effetti che mettono a rischio l'incolumità dell'atleta.

Le sostanze proibite in particolari sport

L'alcol

Il divieto di assumere alcol in gara vale solo per quelle discipline nelle quali all'atleta sono richieste una particolare freddezza e molta concentrazione, per esempio il tiro a segno e il tiro con l'arco. Modeste quantità di alcol possono infatti aumentare la sensazione di rilassatezza e quindi limitare eventuali tremori, soprattutto delle mani.
Il divieto imposto dal CIO è motivato dal fatto che viene minacciata la sicurezza e l'incolumità dell'atleta: anche piccole quantità diminuiscono equilibrio, fermezza, tempo di reazione, coordinazione, velocità di percezione e messa a fuoco visiva.

2. Sport di alta precisione, come il tiro con l'arco o con la pistola, necessitano di elevati livelli di concentrazione e di freddezza che basse dosi di alcol o i betabloccanti possono favorire.

I betabloccanti

Sono diffusi negli sport in cui è richiesto un grado elevato di concentrazione e precisione (come tiro a segno, tiro con l'arco ecc.) in quanto rallentano il battito cardiaco e permettono la riduzione degli stati ansiosi. Il repentino rallentamento del battito può però provocare un arresto cardiaco.

I metodi proibiti

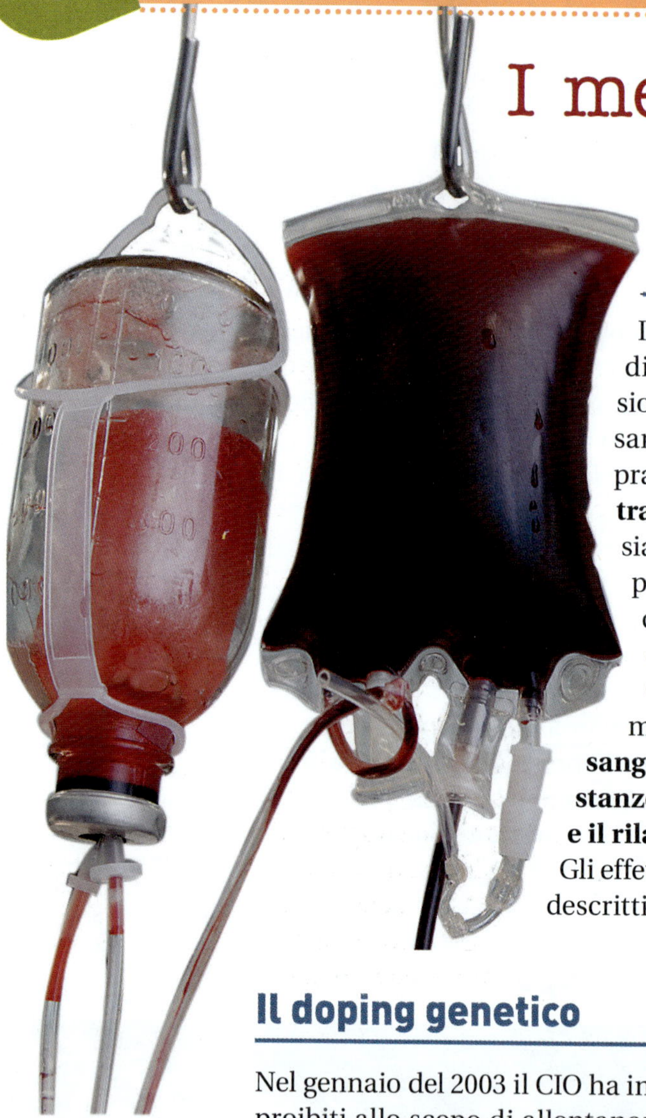

Il doping ematico

Il **doping ematico** consiste nella somministrazione di globuli rossi a un atleta sano tramite trasfusione con lo scopo di aumentare la capacità del sangue di trasportare ossigeno ai muscoli. Questa pratica è vietata sia nella modalità dell'**autoemotrasfusione**, che è la trasfusione di sangue proprio, sia in quella con **sangue omologo**, cioè simile al proprio ma proveniente da altra persona, sia in quella con **sangue eterologo**, cioè proveniente da altra specie.

Costituiscono doping ematico anche la somministrazione di prodotti artificiali **sostituti del sangue a base di emoglobina** e l'assunzione di **sostanze che potenziano l'assorbimento**, **il trasporto e il rilascio dell'ossigeno**.

Gli effetti e i rischi legati a questa pratica sono gli stessi descritti a proposito dell'EPO.

1. Il doping ematico un tempo non era una pratica vietata, ma poiché fornisce un vantaggio illecito e mette a rischio la salute degli atleti, ormai da diversi anni è stato inserito fra i metodi proibiti.

Il doping genetico

Nel gennaio del 2003 il CIO ha inserito il **doping genetico** nella lista dei metodi proibiti allo scopo di allontanarlo dallo sport. Pertanto è vietato l'utilizzo di cellule o elementi genetici in grado di alterare la funzione dei geni endogeni aventi la capacità di migliorare la prestazione atletica.

Per ora il ricorso a prodotti genetici è strettamente limitato all'uso terapeutico sperimentale e la terapia genetica si svolge in ambienti controllati e con prodotti sicuri ampiamente testati, ma i progressi ottenuti nell'ambito di questo nuovo campo rischiano di offrire nuove possibilità di sperimentazione anche per il doping sportivo.

Teoricamente tutti i livelli di proteine presenti nel nostro organismo possono essere modificati tramite la genetica e questo aprirebbe nuove possibilità di intervento: poiché i muscoli sono costituiti da proteine, si potrebbe ottenere un aumento programmato della massa muscolare, alterare la percentuale di fibre bianche e rosse in funzione dello sport praticato, modificare la struttura dei sarcomeri e la capacità contrattile dei muscoli ecc.

Tutti gli sport potrebbero trarre vantaggio dal doping genetico; individuando i geni che determinano la predisposizione di un individuo per uno sport specifico, diventerebbe possibile programmare i futuri atleti già in giovane età.

I rischi della terapia genetica non sono ancora stati valutati. Occorre tenere presente che le modifiche sui geni rimangono permanenti e trasmissibili alla prole, e che eventuali conseguenze dannose dovute a un simile intervento ricadrebbero su di essa.

Le sostanze non soggette a restrizione

Gli integratori alimentari

Gli **integratori alimentari** sono prodotti che hanno la capacità di favorire l'assunzione di determinati principi alimentari. Alcuni di essi sono ritenuti in grado di migliorare la performance, ciononostante non sono ancora sottoposti a particolari restrizioni.
In generale una dieta bilanciata copre tutti i fabbisogni dello sportivo; gli integratori dovrebbero essere usati nei casi in cui si rendesse necessaria un'azione supplementare legata a un particolare disequilibrio organico.
L'uso indiscriminato e l'abuso di queste sostanze, delle quali non si conoscono ancora gli effetti e le eventuali complicazioni legate a una somministrazione continuata e non motivata, dovrebbe essere sconsigliato o quantomeno regolamentato.

Gli aminoacidi a catena ramificata (BCAA)

Si tratta di tre aminoacidi essenziali (**leucina**, **isoleucina** e **valina**) che si trovano principalmente nelle uova, nella carne e nei formaggi. Il loro uso supplementare nella pratica sportiva si basa sul presupposto che i BCAA sono presenti soprattutto nel muscolo e hanno la capacità di stimolare la sintesi delle proteine muscolari (**effetto anabolico**), favorendo l'impiego dei grassi e una maggior produzione di testosterone e di GH. Non vi sono, tuttavia, prove scientifiche a favore di questa tesi.

La creatina

La creatina è una molecola proteica immagazzinata prevalentemente nei muscoli scheletrici sotto forma di **fosfocreatina** (CP), riserva di energia di pronto utilizzo per la contrazione muscolare. Questo motivo ne ha fatto uno dei più importanti integratori alimentari impiegati dagli sportivi per aumentare la massa muscolare e la resistenza alla fatica.
La reale correlazione tra livello muscolare di creatina e performance non è ancora dimostrata.

La carnitina

La carnitina è una molecola proteica composta da due aminoacidi essenziali (**lisina** e **metionina**) contenuta nei muscoli scheletrici e nel miocardio. Ha **funzione energetica**, perché trasporta le molecole di grasso ai mitocondri; quindi la capacità del muscolo di utilizzare i grassi è direttamente proporzionale al livello di carnitina presente in esso; questo spiega il grande interesse in ambito sportivo. Poiché l'esercizio fisico può provocare una perdita di carnitina da parte del muscolo, la sua assunzione come integratore può rientrare nella dieta e nel recupero, ma una dieta bilanciata può coprire da sola la necessità giornaliera.

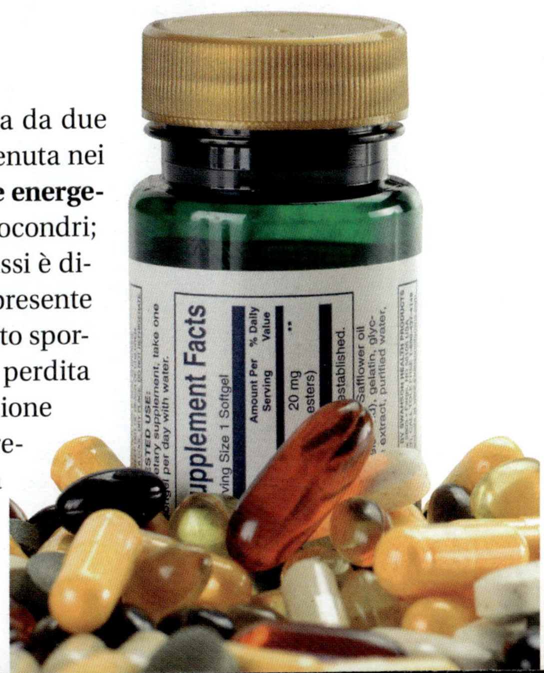

H

ANALIZZIAMO LA COMPETENZA

Attento alle informazioni da "quattro soldi"!

Per diventare artefici della propria salute e del proprio benessere bisogna essere in grado di muoversi tra una quantità di informazioni che, oltre che imponente, è ricca di contraddizioni: si trova tutto e il contrario di tutto. Ciò dipende dal fatto che, accanto a informazioni scientifiche (che per essere validate, cioè considerate attendibili dalla comunità scientifica, devono essere ricavate da studi condotti in modo rigoroso, ripetuti nel tempo su campioni diversi e infine esaminati e discussi da scienziati), se ne trovano altre non corrette, poco serie, frutto di interpretazioni personali non sostenute da fatti e talvolta persino disoneste. La diffusione di internet ha infatti aperto uno spazio che persone di pochi scrupoli utilizzano come strumento pubblicitario per diffondere suggerimenti mirati o, peggio, informazioni false per vendere prodotti.

La ricerca nel campo della salute e del benessere, come in tutte le aree di ricerca, è in evoluzione. In questa sezione del manuale sono state raccolte nozioni da utilizzare come punto di partenza per una ricerca o un approfondimento personale. Tante sono le informazioni che ti sono state fornite per comprendere il concetto di "salute dinamica" e quali comportamenti puoi assumere per poterla mantenere.

Tieni presente che i consigli su come adottare uno stile di vita sano non cambiano da un giorno all'altro: prima di seguire "nuove mode", utilizza il buon senso e una buona dose di scetticismo. Una corretta strategia per orientarsi tra le notizie riguardanti la salute e il benessere è quella di conoscere il parere e gli studi condotti sull'argomento da parte delle organizzazioni nazionali e internazionali competenti, per esempio per l'alimentazione la SINU (Società italiana di nutrizione umana) e la FAO (*Food and Agriculture Organization of United Nations*), per la salute il Ministero della Salute e l'OMS (Organizzazione mondiale della sanità) ecc.